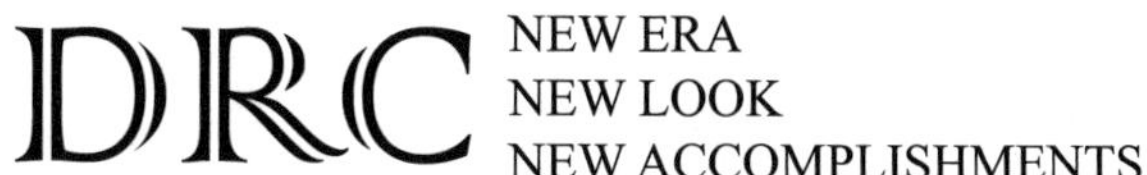


# 新时代　新气象　新作为

## ——2018年湖南发展研究报告

RESEARCH REPORT ON DEVELOPMENT OF HUNAN (2018)

湖南省人民政府发展研究中心
主　编／卞　鹰
副主编／唐宇文

社会科学文献出版社
SOCIAL SCIENCES ACADEMIC PRESS (CHINA)

# 主要编撰者简介

**卞　鹰**　湖南省人民政府发展研究中心主任、党组书记。历任湖南省委政研室科教文卫处副处长、处长，城市处处长，湖南省委巡视第一组副组长，湖南省委巡视工作办公室副主任，湖南省委巡视工作办公室主任，湖南省纪委副书记。主要研究领域为区域经济、城市发展等，先后主持多项省部级课题研究。

**唐宇文**　湖南省人民政府发展研究中心副主任，研究员。1984 年毕业于武汉大学数学系，获理学学士学位，1987 年毕业于武汉大学经济管理系，获经济学硕士学位。2001 ~2002 年在美国加州州立大学学习，2010 年在中共中央党校一年制中青班学习。主要研究领域为区域发展战略与产业经济，先后主持国家社科基金项目及省部级课题多项，近年出版著作主要有《创新引领开放崛起》《打造经济强省》《区域经济互动发展论》等。

# 前　言

湖南省人民政府发展研究中心是省委省政府的核心智库机构。近年来，中心按照习近平总书记在哲学社会科学座谈会上提出的“立时代之潮头，通古今之变化，发思想之先声”的要求，以十九大精神为指引，不断加强政策研究、政策解读和政策评估工作，为促进党委和政府决策的科学化，做了大量积极有益的探索，并取得了较好的效果。本书荟萃了过去一年来本中心部分适宜公开发表的研究成果。

2017 年，中心决策咨询工作紧紧围绕省委、省政府重点工作和服务全省经济社会发展大局的核心使命，深入调研、狠抓成果质量，圆满完成了各项工作任务。全年共完成重大调研 32 项，其中，省领导交办重大调研 26 项，重大政策评估 6 项。完成各类课题 37 项，自主选题若干。研究报告质量显著提高，31 项成果获得杜家毫、许达哲、乌兰、陈向群、易炼红、胡衡华、谢建辉、张剑飞、何报翔、隋忠诚、王柯敏、向力力、戴道晋、赖明勇、袁新华等多位省领导和国务院发展研究中心副主任隆国强的批示，共 51 批次，研究人员人均批示率达 1.7 批次，均创历史新高。具体来看，过去一年，中心完成的政策咨询研究工作主要包括以下几个方面。

## 一　切实发挥省委省政府核心智库作用，高质量完成省领导交办任务26项

中心围绕省委省政府工作大局，高质量完成杜家毫书记、乌兰副书记、陈向群常务副省长等 10 位省领导交办的 26 项重大调研任务。涵盖人才发展、财税结构、创新开放、扶贫、农村农业、产业链、金融、长株潭一体化、湘江新区、国资监管、组织信息化等关系国计民生的多个领域。调研成果获得省领导的多次肯定性批示，有的成果直接推动相关政策的出台。如《优化我省财政收入结构的对策建议》获得省委书记杜家毫的肯定性批示，省财政厅随后成立了以厅长为组长的调研组，并邀请中心开展联合调研，完成《直面差距 奋力赶超——落实

创新引领开放崛起战略 提升财政经济运行质量的调研报告》和系列配套政策文件，再次获得省委书记杜家毫的批示、省长许达哲的两次肯定性批示。再如，《加强国资监管体系建设，促进国企改革发展》获省委书记杜家毫肯定性批示，根据指示要求，省委改革办牵头并邀请中心共同参与调研，推动政策建议的落实。

## 二　紧扣中心政策评估职能，完成重大政策实施效果评估6项

根据2014年出台的《湖南省人民政府重大决策实施效果评估办法（试行）》，中心承担湖南省人民政府重大决策实施效果评估工作，历时三年，成效显著，得到多位省领导的肯定。2017年，省政府决定将《湖南省人民政府重大决策实施效果评估办法》作为正式文件印发，继续委托中心为省重大政策实施效果评估的唯一承办单位。中心研究人员按照省政府的要求，2017年共完成6项重大政策实施效果评估，分别是对《关于加快推进洞庭湖生态经济区建设的实施意见》（湘发〔2014〕19号）、中共湖南省委湖南省人民政府《关于促进创新创业带动就业工作的实施意见》（湘发〔2015〕7号）、《关于建设长株潭国家自主创新示范区的若干意见》（湘发〔2015〕19号）、湖南省人民政府《关于加快发展服务外包产业的实施意见》（湘政发〔2015〕26号）、《促进海关特殊监管区域科学发展的若干政策措施》（湘政发〔2015〕29号）、湖南省人民政府《关于加快新材料产业发展的意见》（湘政发〔2015〕48号）等6项重大政策开展全面系统的评估。评估报告获得省委常委、常务副省长陈向群、副省长何报翔等省领导的5次肯定性批示。此外，还完成省委改革办委托的“先照后证”改革、经济体制改革、行政体制改革等文件的第三方评估，以及省发改委委托的《洞庭湖生态经济区规划》中期评估。

## 三　研究人员政策敏锐性和工作主动性增强，自主研究成果丰硕

中心研究人员政策敏锐性显著提高，围绕省委省政府的重点工作、难点问题及领导和社会关心关注的方面，研究工作主动性增强。例如，马栏山视频文创产业园是省委省政府关注的重点，研究人员紧扣马栏山视频文创产业园项目推进中

的瓶颈问题，找准“痛点”深度剖析，获杜家毫、陈向群、向力力等多位省领导的肯定性批示；年初，国家发改委支持武汉、郑州建设国家中心城市后，研究人员敏锐地发现了这一事件将对湖南造成的重大影响，围绕“热点”及时研究，得到时任长沙市委书记易炼红的肯定性批示。还如，全国“人才争夺战”如火如荼，中心研究人员从全球视野，选择湖南海外“招才”问题进行研究，《进一步推动湖南海外科技人才引进的对策建议》的报告，获得省人大常委会副主任王柯敏的肯定性批示。

## 四　正确分析和把握当前经济社会发展形势，为省委省政府决策提供重要依据

围绕湖南经济社会形势，完成42个形势分析报告。其中，世界经济形势分析与展望报告4个，国内经济形势分析与展望报告4个，湖南经济形势分析及对策建议4个，主要经济指标分析预测报告5个，主要经济指标比较分析报告11个，全国主要经济指标数据解读报告10个，国际国内经济环境分析及展望、产业经济发展形势分析与预测、社会发展形势与展望、两型社会与生态文明建设情况与展望报告各1个。形势分析成果获得省领导肯定，如省政协副主席袁新华在《2017年湖南经济形势分析及2018年对策建议》上批示，认为该报告贯彻了党的十九大和中央经济工作会议精神，符合湖南改革发展实际，对落实省委经济工作会议精神和2018年改革发展任务，有很好的指导作用。

## 五　坚持开门做研究，加强与其他部门合作

为了提高决策咨询工作科学化、民主化水平，决策咨询相关处室强化开放意识，坚持开门做研究，通过“纵横结合”的方式，积极深化与国家部委、其他厅局之间的合作，提升了研究咨询工作的质量和水平。一方面，强化纵向合作，加强与中宣部、国家发改委、国务院发展研究中心等部门的合作，承担中宣部重大委托课题“生态环境保护和两型社会建设研究”，与国家发改委联合调研长株潭城市群创新创业发展环境等，提升了调查研究的层次和水平，借助更高平台加强成果转化工作。另一方面，深化与省市职能部门的横向合作，通过联合调研、委托研究等方式，为省市职能部门提供解决方案，反响良好，有效解决研究决策“两张皮”问题。此外，还注重加强与智库之间的沟通联系，优势互补，联手攻

关。例如跟湖南科技大学一同申报“产业发展大数据与智能决策湖南省工程研究中心”，于2017年11月份成功获批。

## 六　狠抓品质，着力推进智库品牌化建设

通过决策咨询全体人员的共同努力，研究成果转化应用加快，品牌知名度提升。全年编撰出版经济、社会、两型等蓝皮书以及智库成果汇编；编发内刊《专供书记省长信息》40期，专供省级领导及省委省政府主要组成部门负责人参阅的《专报》40期、《对策研究报告》50期、《经济蓝页》41期、《社会蓝页》30期，以及《研究与决策》月刊12期。此外，注重运用新媒体增强社会影响力，中心智库微信公众号自2015年开通以来，目前关注用户数达4886人，全年推送文章248期，社会影响良好。如智库报告《我省合乡并村后基层组织运行情况、存在的问题及建议》阅读量达4447人次。同时，研究人员通过公开发表文章，提升了中心知名度。全年在《人民日报》《湖南日报》《新湘评论》《中国科技期刊研究》《管理科学学报（英文版）》等报刊上发表文章23篇，出版专著《创新引领开放崛起：拓展富民强省之路》1本，被评为第八届湖南省优秀社科普及读物。中国社科院发布的《中国智库综合评价AMI研究报告（2017）》显示，中心荣登核心智库榜单，成为全国10家“地方政府智库”的入选智库之一。

## 七　深入实际，大力弘扬求真务实的调研作风

中心研究人员充分发挥调查研究在科学决策、破解难题、推动发展中的重要作用，坚持问题导向，紧扣省领导交办的重大任务和社会经济发展中的难点热点问题，深入基层、深入群众、深入一线，扎实开展调研。全年中心研究人员跑遍了省内14个市州，深入县、乡镇、村基层调研，共计331人次；为了学习省外先进经验，研究人员赴北京、上海、广东、江苏、浙江、湖北、福建等十多个省市调研96人次。在调研方法上，注重点面结合，采用走访入企、交流座谈等方式以及问卷、抽样、网络等多种调查方法，创新运用信息化、大数据等手段，做到多角度、多层次地认识和分析问题。例如，根据有关省领导的要求，中心领导带队赴营商环境评价先行地区——江苏省政府及宿迁市调研，形成了《江苏省营商环境评价调研情况汇报》和《全省营商环境评价方案》的汇报材料，获得

许达哲、陈向群、何报翔等省领导的批示，为下一步全面开展县域营商环境评价工作做好了充分的准备；根据省委秘书长谢建辉的指示，中心合乡并村专题调研组走进基层一线调研，到田间地头与乡镇村干部及村民进行沟通交流，撰写的报告“接地气”，得到省领导的肯定；再如，为了摸清企业税费负担，研究人员发放几百份调查问卷，并多次深入企业与负责人面谈，获取第一手资料，成果得到省领导的充分肯定。

## 八 加强自身能力建设，为智库发展提供坚强保障

着力提升研究处室干部把握政策、调查研究、文稿写作和交流合作能力。一是从制度层面创新课题研究、政策评估、研究成果转化等方法和经验，形成推动工作的长效机制；二是积极组织研究骨干参加各类培训交流，研究人员全年累计参加各类培训 12 人次，各类学术会议 62 人次；三是积极参加省直机关工委组织的各项比赛，充分发挥工会作用，活跃干部职工工作生活，不断营造团结和谐、健康向上的工作氛围；四是邀请了知名专家学者来中心讲学，全年开展了 5 次大型读书会活动。

由于篇幅所限，本书只选编了中心完成的部分研究成果，主要包括得到省领导批示肯定、产生了较好社会反响、适宜公开发表的报告。应该说，这些成果体现了中心研究的特点。一是选题紧贴实际，坚持问题导向，紧扣省领导交办的重大任务和全省经济社会发展中的重点、难点、热点问题进行研究。二是重视调研。中心研究人员充分发挥调查研究在科学决策、破解难题、推动发展中的重要作用，深入基层、深入群众、深入一线，扎扎实实开展调研。三是不断提高对策研究水平。坚持理论联系实际的优良学风，立足为党和政府工作献计献策，力求提出的对策建议具有前瞻性、战略性和可操作性。

迈进新时代，贯彻新思想，需有新作为。我们深知，中心政策咨询研究水平与新形势新任务和省委省政府的新要求相比，还存在一定差距。2018 年是贯彻党的十九大精神的开局之年。十九大报告提出了一系列新论断、新观点、新举措，开辟了决策研究的新时代。我们将牢牢把握为省委省政府决策服务的根本方向，加快推进新型智库建设，紧紧围绕习近平新时代中国特色社会主义思想在湖南的贯彻落实等一系列重大问题开展调查研究，为省委省政府提供高质量、高水平的决策咨询服务。

# 目　录

## Ⅰ　贯彻创新引领开放崛起战略



## Ⅱ　建设现代化经济体系

## Ⅲ　推进供给侧结构性改革



## Ⅳ　促进区域协调发展

## Ⅴ 实施乡村振兴战略



## Ⅵ 打好三大攻坚战



## Ⅶ 政策评估

# 贯彻创新引领开放崛起战略

## 真学真悟真用五大发展理念 努力捕捉新常态下的新机遇

卞 鹰

在新常态下，经济增长出现速度换挡、结构调整和动能转换等新特征。面对这种情况，极少数同志感到无所适从，有的甚至滋长了悲观情绪，主要原因是他们看不到新常态下机遇仍然大于挑战的大趋势。党的十八届五中全会指出："我国发展仍处于可以大有作为的重要战略机遇期，也面临诸多矛盾叠加、风险隐患增多的严峻挑战。"经济发展总体向好的基本面没有改变。只要我们真学真悟真用五大发展理念，牢牢抓住这把"金钥匙"，就一定能捕捉破解发展难题、增强发展动力、厚植发展优势的新机遇。

新机遇产生于创新发展。创新驱动是湖南省第 11 次党代会确定的重点战略。要以新的理念为"指挥棒"，大力创新工作方式方法，坚决破除思维定式、工作惯性和路径依赖，真正让新发展理念落地生根。凡是看准了的事，只要符合中央的大政方针，就要大胆地闯、大胆地试。在科技创新方面，要进一步深化科技体制改革，扩大创新主体的自主权；改进科技创新的组织体系、研发体系、分配体系、成果评价体系，推进产学研金融合、军民融合、科技资源融合和空间融合；建立健全激励机制，对贡献突出的创新团体和创新人员，采取分红、补助、奖励等办法；强化企业创新的主体地位，提高企业研发经费的比重，实行高新技术企业孵化器等税收优惠政策；鼓励企业在提高消费品品质，开展个性化、多样化定制以及扩大精品生产等方面迈出坚实步伐；推进长株潭国家自主创新示范区、湘江新区、“两型社会”试验区、“中国制造 2025”试点示范城市群联动发展，争取更多国家级战略综合性平台、国家工程中心、研发中心落户，探索可复制、可推广的经验和办法；落实大众创业、万众创新的各项政策措施，发挥乘数效应，迅速掀起创新创业新高潮。

相对科技创新而言，管理制度和工作方式方法创新具有周期短、见效快、不确定性少等优势。在这方面，我们要放开手脚，进行大胆探索。深化放管服改革，削减行政审批事项，着力解决“放小不放大、放虚不放实、放轻不放重”等问题；推行综合执法，着力解决“多头执法、随意执法、有偿执法”等问题；推进“互联网 + 政务服务”，着力解决“办事难、办事慢、办事贵”等问题；降低市场准入门槛，允许非公经济进入交通、能源、通信、市政等重要领域，公平参与市场竞争；抓好国企股权多元化、选人用人、资产管理以及剥离社会职能等多项改革，不断增强国企的活力和竞争力；改善招商引资和投资建设环境，防止和克服“新官不理旧事、不对历史负责，说一套做一套、不对政府信誉负责，明哲保身、不对发展负责，好高骛远、不对本地人才负责”等行为；学习借鉴先进地区的经验，对各地营商环境组织开展第三方评估并将结果公布于众，倒逼营商环境优化。

新机遇产生于协调发展。协调是成事成功的一大铁律。协调发展包括城乡协调、区域协调、经济社会协调等诸多方面。就湖南现阶段而言，推进城乡协调和区域协调发展尤为重要和紧迫。比如，在脱贫攻坚方面，湖南要啃的硬骨头太多了。目前湖南还有 2 大片区、49 个扶贫重点县、5871 个贫困村、331 万贫困人口，而且不少是贫中之贫、坚中之坚。到 2020 年全面实现既定的脱贫目标，其艰巨性和复杂性可想而知，必须举全省之力、义无反顾地打好这场硬仗。要进一步发挥制度优势，发挥政府投入的主体和主导作用以及金融资金的引导和协同作用，争取国家加大财政转移支付力度，重点解决武陵山和罗霄山片区贫困地区的公共服务、基础设施以及基本医疗保障的问题；聚焦精准发力，精准精细实施“五个一批”，细化落实特色产业、劳务输出、异地扶贫搬迁、生态补偿、教育扶贫、医疗救助、保障兜底“七大扶贫行动”，务求脱贫实效；抓好检查督查，全面落实扶贫工作责任制，确保深度贫困地区脱贫攻坚人员、工作、效果“四个到位”，坚持年度脱贫攻坚报告和督查制度，防止数字脱贫、虚假脱贫。

又比如，在新农村建设方面，湖南的任务也十分繁重。可以设想一下，作为拥有3200多万乡村人口的农业大省，改善农村水、电、路、气、网等基础设施需要多少项目和多大投资？改造农村危房，需要多少项目和多大投资？处理农村垃圾，需要多少项目和多大投资？虽然这些项目和投资，大多带有公益性质，商业化直接融资十分困难，但只要我们敢于探索、敢于创新，就一定能找到切合实际的融资渠道。

新机遇产生于绿色发展。绿色发展理念是马克思主义生态文明理论的集中体现。绿水青山就是金山银山。湖南是生态资源大省，从长株潭“两型社会”试验区到“绿色湖南建设”，“绿色湘军”声名远扬。贯彻绿色发展理念，绿水青山有望进一步产生巨大的生态效益、经济效益和社会效益。

比如，在传统产业绿色化改造方面，湖南的潜力很大。对钢铁、有色金属、医药食品、石油化工、烟花陶瓷、纺织服装等传统优势产业，大力推广余热余压利用、中水回用、重金属污染减量、有毒有害原料替代、废渣综合利用等绿色工艺技术装备；持续提升电机、锅炉、内燃机及电器等终端用能产品能效水平；推进新一代信息技术与制造技术的融合创新，全面提升企业的资源配置优化、生产管理精细化和智能决策科学化水平，最大限度地减少资源浪费。

又比如，在做大做强新型环保产业方面，湖南也有不少优势。加快发展新材料、新能源汽车和节能环保等绿色产业，进一步提高产业创新能力、加强质量品牌建设、优化产品结构和产业布局，推动先进储能材料、复合材料、硬质材料等新材料产业做大做强；进一步发挥湖南在动力电池及电机、电控等方面的优势，加快发展发动机、变速箱、汽车电机电器等关键零部件和系统总成产品，推进新能源汽车产业集群发展形成新增长点；进一步推进湘江保护和治理“一号重点工程”、清水塘等历史遗留工矿土壤污染治理与修复、重金属污染耕地修复等重点工程，大力推广环境污染第三方治理、PPP等新型商业模式，加强技术创新和研发，打造集研发、设计、生产、运营于一体的环境治理装备制造、环境监测仪器制造和环境服务产业集聚区，推动节能环保产业再上新台阶。

新机遇产生于开放发展。开放是湖南崛起的必然要求和潜力所在。湖南口岸数量居中西部省份前列，航空、铁路、水运等对外通道体系完备，开放开发基础坚实，且具有“一带一部”的独特区位优势，在国家大力推进“一带一路”建设、构建开放新格局的大背景下，应该可以更有作为。

开放的本质和核心是互利多赢。现在一些地方就是缺乏这样的观念和意识，需要花大功夫、下大力气加以解决。因为开放的观念比开放的政策更加重要。没有开放的观念，再好的开放政策也是一纸空文。湖南扩大开放的空间十分广阔，比如：加强与国家推进“一带一路”重大基础设施建设的对接，畅通以长株潭为枢纽，以岳阳、郴州、怀化为门户的对外大通道，加强与长江中游城市群、长江经济带和西部经济带的联系；加强与东盟、中亚地区的产业深度对接合作，推动“湘品出境”和“湘企出湘”，支持装备制造、轨道交通等优势产业龙头企业在海外建立生产基地，加快湖南优质剩余产能转移出境，深化与沿线国家的经贸文化交流与合作；支持鼓励优势企业积极开展海外并购，建立海外研发中心，直接吸收海外人才和技术，提升核心竞争力；加大招商引资力度，全面深入研究世界500强、中国500强、民营500强企业与湖南现有产业的关联度，主动上门对接招商；发挥“湘商会”等群体的桥梁纽带作用，继续加大力度迎老乡回故乡建家乡，加快承接产业转移，着力引进产业链条、产业集群、中高端产业和各类人才；加快港口口岸、海关特殊监管区等实体平台建设，加大对境外园区建设的支持力度；完善开放政策促进机制，抓好优惠政策的落实，全面实施单一窗口和通关一体化，建立便利的服务体系。

新机遇产生于共享发展。共享是中国特色社会主义的本质要求，是关系中国共产党性质和使命、关系人民群众福祉的科学理念。在当前和今后一个时期，湖南必须着力补齐教育、医疗、社保等公共服务供给方面的短板，尽力解决好最广大群众最关心最直接最现实的利益问题。

加大教育资源共享力度。促进义务教育均衡发展，加快推进义务教育学校标准化建设，大力改善包括村小学和教学点在内的义务教育学校办学条件。实现更高水平的普及教育，鼓励社会力量兴办优质高中，进一步扩大优质普通高中教育资源。多渠道扩大学前教育规模，持续推进公办学前教育机构建设，大力扶持普惠性幼儿园。完善资助方式，提高资助政策精准度，实现对家庭经济困难学生资助的全覆盖。扩大优质教育资源供给，通过“互联网＋教育”、名校对口帮扶、教育资源倾斜等方式，将优质的资源向落后地区、困难群体和薄弱学校渗透，解决“择校热”“学区房”“城镇大班额”等热点教育问题，让更多孩子“有学上”“上好学”。

加大医疗卫生资源共享力度。深化医疗卫生体制改革，实行医疗、医保、医药联动，完善覆盖城乡的基本医疗卫生制度。优化基本医疗卫生资源配置，加快公立医院改革步伐，促进医疗资源向基层与农村流动，鼓励社会力量发展健康服务。提高基层医疗机构的服务能力，加强对基层医护人员的培养，提高基层医疗机构人才待遇，加大乡镇卫生院与大医院的远程医疗帮扶力度，提高基层医保报销比例，推进建设基层首诊、双向转诊、上下联动、急慢分治的分级诊疗模式，切实解决好广大群众特别是基层群众“看病难”“看病贵”的问题。

加大社会保障资源共享力度。建立更加公平更可持续的社会保障制度，进一步推进全民参保登记工作，全面实施城乡居民基本养老保险制度、城乡居民医疗保险制度、城乡居民大病保险制度，健全参保缴费激励约束机制，建立城乡居民基本养老保险待遇合理调整机制，完善补偿、预防、康复三位一体的工伤保险体系。统筹社会救助体系，加强社会救助政策衔接，整合基本生活救助制度，健全城乡特困人员救助供养制度、临时救助制度和残疾人基本福利制度，对遭重大疾病、意外伤害等原因导致生活陷入困境的群众进行“救急兜底”，使困难群众遇急有助、遇困有帮，让社会充满关爱和温暖。

捕捉新常态下的新机遇关键在干部。要完善选人用人和督查问责机制，营造“想干事”浓厚氛围。注重选拔任用想干事、真干事、干实事的干部，对不适宜担任现职的领导干部要调整岗位，对不作为、慢作为、乱作为的干部要严肃问责。要完善考核评价和容错纠错机制，营造“敢干事”浓厚氛围。进一步改进干部考核评价办法，把体现发展质量效益、发展结构平衡、生态环境改善、发展内外联动、社会公平正义等方面的内容纳入考核评价体系。建立健全科学合理的容错纠错机制，严格落实“三个区分开来”要求，树立“为担当者担当、为负责者负责、为干事者撑腰”的正确导向。要完善教育培训和身心关爱机制，营造“能干事”浓厚氛围。针对干部知识空白、经验盲区、能力弱项，开展精准化培训，增强其适应新形势新任务的信心和能力。加强思想政治工作，建立帮扶机制，畅通诉求渠道，使广大干部以饱满的热情和激昂的斗志投入工作中去。

# 创新引领　开放崛起：拓展富民强省之路

唐宇文

为深入贯彻落实新发展理念，紧紧抓住新一轮科技革命、产业变革蕴含的历史性机遇以及产业梯度转移、空间梯度开发、开放梯度推进和国家实施“三大战略”等重大机遇，实现经济发展转型升级，中共湖南省委结合湖南省情，在省第十一次党代会上创造性地提出了实施“创新引领开放崛起”战略，开启了建设富饶美丽幸福新湖南的崭新篇章。

## 一　实施“创新引领开放崛起”战略是时代的召唤

湖南提出实施“创新引领开放崛起”战略是时代的召唤，符合中央精神、时代要求和发展需要，是湖南未来发展的潜力所在、希望所在、出路所在，它不仅是未来五年湖南发展的“指南针”，也是湖南落实“一带一部”区位优势和走在中部崛起前列、实现富饶美丽幸福新湖南美好愿景的“奠基石”，为湖南发展擘画了“施工图”。

创新和开放是湖南全面对接国家战略的重大举措。党的十八届五中全会提出创新、协调、绿色、开放、共享五大发展理念。根据国内外形势，提出实施“一带一路”建设、京津冀协同发展、长江经济带发展等重大战略和倡议。湖南提出实施“创新引领开放崛起”战略，是新发展理念在湖南的具体落实，是湖南在创新型国家建设中夯实中部高地的“先行手”，也是湖南对接“一带一路”和长江经济带的“关键招”。

创新和开放是湖南积极应对“新常态”的科学决策。当前，湖南经济已经进入新常态，新常态伴随着新矛盾新问题，一些潜在风险渐渐浮出水面。要适应新常态，还必须用好创新与开放这对利器。实施“创新引领开放崛起”战略，有助于湖南培育发展新动能，加快推进经济结构优化调整和发展动力转换，有效解决新常态下发展速度放缓、发展不足、发展不优、发展不平衡等问题。创新和开放是湖南审时度势应对新常态的良策，是湖南经济转型升级的助推引擎，是湖南抢抓机遇的制胜法宝。

创新和开放是湖南落实“一带一部”定位的必然要求。“一带一部”是新时期党中央对湖南发展的新定位和新要求，“过渡带”要求湖南省不断集聚创新资源要素，“结合部”要求湖南省不断扩大对外开放。全面创新、深度开放，可以让湖南在东部沿海地区向中西部地区梯度发展中、在长江开放经济带和沿海开放经济带协同发展中分享经验、聚集要素、抢占先机、赢得优势，进而突破瓶颈，补齐发展短板，释放发展潜力，实现区位价值向经济价值的转变，是湖南落实“一带一部”定位的必然要求。

创新和开放是湖南实现全面小康迈向基本现代化的现实需要。湖南要确保到2020年贫困人口全部脱贫，如期全面建成小康社会，阔步迈向基本现代化，必须坚持“创新引领开放崛起”战略。创新是推进供给侧结构性改革的关键举措，有利于转变经济增长方式，实现从经济大省向经济强省的转变；开放是全面发展和繁荣富强的必由之路，有助于优化资源配置，提高经济发展的质量和效率，实现从内陆大省向开放强省的转变。创新和开放是全省跨越“中等收入陷阱”、百姓脱贫解困的关键，是立足省情实际的慎重决策。

## 二　实施“创新引领开放崛起”战略的基础条件

党的十八大以来，在以习近平同志为核心的党中央的坚强领导下，湖南省深入贯彻落实党的十八大和十八届三中、四中、五中、六中全会精神，深入领会贯彻习近平在湖南视察和参加全国“两会”湖南代表团审议时的重要讲话精神，主动适应把握引领经济发展新常态，坚持稳中求进工作总基调，着力推进供给侧结构性改革，大力推进“三量齐升”“四化两型”“五化同步”，推动经济、政治、文化、社会、生态文明建设和党的建设全面进步，为实施“创新引领开放崛起”战略筑牢了坚实基础。

经济为“创新引领开放崛起”战略奠定坚实之“基”。湖南省始终坚持以经济建设为中心，主动适应引领经济发展新常态，全力稳增长、促转型，经济规模持续扩大，步入稳中有进新阶段；经济结构持续优化，进入转型发展新轨道；发展水平持续提高，跨入量质齐升新时期，为“创新引领开放崛起”战略的实施奠定了坚实基础。

科教为“创新引领开放崛起”战略开拓活力之“源”。湖南省自2006年确立“科教兴湘、建设创新型湖南”的主导战略以来，科教资源禀赋凸显，科技创新尤其是工程技术创新的优势明显、成果显著，为推进经济社会发展由要素驱动向创新驱动转变提供了坚实的科技保障；湖南省高度重视教育事业，坚定不移地贯彻中央关于教育的方针政策，落实教育优先发展的战略地位，建设教育强省成绩突出，为实施“创新引领开放崛起”战略提供了更加强有力的人才支撑。

区位为“创新引领开放崛起”战略构建空间之“势”。“一带一部”的区域定位，将湖南省的发展视角扩展到全国和全球，从更广视野、更高层次上提升了区域经济定位，极大地拓展了湖南省发展的空间范围，推动湖南省进入全方位大开放新时代，为实施“创新引领开放崛起”战略构建了空间之“势”。

文化为“创新引领开放崛起”战略注入湖湘之“魂”。湖湘文化是中华文化多样性结构中的一个独具特色的组成部分。近百年来，随着湖湘人物在历史舞台上的出色表演，湖湘文化已受到世人瞩目，其中，“敢为人先，心忧天下”的湖湘文化集中体现了湖南的创新和开放精神。近年来，湖南省文化产业稳步发展，创意产业走在全国“第一方阵”，文化事业蓬勃发展，为实施“创新引领开放崛起”战略营造了良好氛围，注入了湖湘之“魂”。

环境为“创新引领开放崛起”战略营造可持续之“本”。环境是经济发展的软实力。改革开放近40年来，尤其是党的十八大以来，湖南积极响应党中央号召，大力推进改革开放，政务环境逐步优化，生态环境更加优美宜居，社会环境更加积极活跃，为“创新引领开放崛起”战略营造了可持续之“本”。

## 三　“创新引领开放崛起”战略的实施路径

省第十一次党代会对“创新引领开放崛起”战略进行了深刻阐述，并描绘了未来实施的“路线图”和“时间表”。省委十一届三次全会审议通过的《中共湖南省委关于大力实施创新引领开放崛起战略的若干意见》，进一步明确了实施创新引领开放崛起战略的重大意义、指导思想、主要目标、重点任务和保障措施。

大力推进科技创新，建设中部科技高地。科技创新有利于加快转变经济发展方式，形成经济发展新动能，提高经济增长质量，引领国民经济持续健康发展。

湖南作为中部科教资源集聚地，必须要加快打造中部科技高地，将丰厚的资源转化为经济社会发展的“推动力”。一方面要紧跟世界科技发展趋势，积极对接国家科技重大专项，形成一批“国字号”重大科技成果。另一方面要围绕关系全省发展战略大局的领域，突破若干省级科技重大专项，形成一批“省字号”科技创新成果。

大力推进产品创新，加快发展新产业。大力培育发展经济新动能是湖南实现转型升级的关键所在，也是“创新引领开放崛起”战略最重要的组成部分。湖南省要围绕产品质量加强品牌建设和业态创新，推动“湖南产品”向“湖南品牌”转变；围绕“湖南智造”打造现代产业体系，围绕“生态高效农业”打造全国现代农业基地，大力推进“新技术、新产业、新模式、新业态”等“四新”经济发展。

大力推进文化创新，加快发展文化创意产业。文化创新是创新引领的推动社会实践发展的不竭动力，是一个民族永葆生命力和富有凝聚力的重要保证。省第十一次党代会提出文化强省战略目标，赋予了文化强省新的时代内涵、新的目标任务和新的更高要求，这迫切需要湖南省加快文化创新，加快发展文化创意产业，培育发展一批文化知名企业，建设一批文化创意集聚区，实施一批文化惠民工程，加快构建普惠性、保基本、均等化、可持续的现代公共文化体系，切实肩负起文化强省建设新的责任使命。

大力推进管理创新，加快构建新机制。管理创新是创新引领的重要手段，是将创造性思想转变为现实生产力的有效途径。推进管理创新，一方面要坚持管理创新与政务服务相结合，深化“放管服”改革，创新政府管理体制机制和服务模式，推进治理体系和治理能力现代化，走出一条信息化、网络化、数字化条件下的精兵简政之路。另一方面，要以供给侧结构性改革释放市场主体活力，深化国企改革，针对小微企业实施降税减费政策，帮助企业“轻装上阵”。

加快创新资源整合，推进“四个融合”发展。当今时代的创新是全域、全社会、全系统的创新，需要系统发力，整体推进。湖南省要进一步发挥市场力量，整合企业、科研机构、高校、金融机构等各部门的创新资源，突出产学研金融合、军民融合、科技资源融合、空间融合等“四个融合”，加快创新资源的流动，为创新战略提供有力支撑。

实施对接500强、提升产业链群行动。抓住全球产业重新布局和产业调整的重大机遇，全面对接世界500强、中国500强、民营500强企业，建立信息库、项目库，开展差别化招商、产业链招商，着力引进一批关联度大、集聚度高的配套企业，争取三分之一的500强企业在省里有投资、有项目、有企业，有一批500强企业在市县落户。

实施对接“新丝路”、推动走出去行动。湖南实施“创新引领开放崛起”战略必须拥有国际视野，对接“一带一路”倡议，发挥“一带一部”区位优势，打通国际开放对外通道，拓展国内多层次空间，构建“一核三极四带多点”的省内开放格局，带动“四大区域板块”开放发展，实现内陆大省向开放强省迈进。

实施对接自贸区、提升大平台行动。以创建自由贸易区为抓手，以临空、临港、临铁经济为重点，精准施策，全力做大外贸总量，推进“湘品出境”和“万商入湘”，鼓励湘商“抱团出海”，推动湖南省开放向更宽领域、更深层次、更高水平发展。

实施对接湘商会、建设新家乡行动。充分发挥湘商大会、湖南异地商会等湘商平台的桥梁纽带作用，结合沪洽周、珠洽周、中博会等重要活动平台，依托产业集聚区、创新基地、开发区、湘商总部基地、湘商产业园等承接平台，瞄准京津冀、长三角、珠三角、环渤海地区和境外湘商集聚地等重点区域，营造亲商、安商、兴商、富商的环境，深入开展迎老乡回故乡建家乡活动，鼓励湘商回乡创业，大力引导农民工返乡创业。

实施对接北上广、优化大环境行动。学习北上广开放理念和创新精神，借鉴好的做法经验，全面开展营商环境调查和评估，着力破除制约和影响湖南经济发展环境的突出问题，从“软”“硬”两个方面创造宽松有序的投资环境、高效务实的政务环境、快捷便利的贸易环境，构建“亲”“清”政商环境，努力营造国际化、法治化、便利化的营商环境。另外，加强开放发展，基础先行，以完善的交通运输体系和交通网络为支撑，建设湖南内陆水、铁、空口岸体系，加快构筑国际性开放平台，为开放崛起夯实基础。

大力推进芙蓉人才计划，增创发展新优势。当今世界，谁拥有人才，谁就拥有未来。当今时代的区域经济竞争，表面上看是对经济资源、产品质量和市场占有率的竞争，实质上是对技术创新和人力资本的竞争。为此，湖南省要推进人才创新，加大人才引进培养力度，出台有利于本地区创新人才脱颖而出的政策，大力引进、聚集高层次科技人才，发展壮大创新型企业家队伍，加快建设高技能产业工人队伍，积极支持培养湖湘青年英才，大力扶持农村基层人才创新创业，推动形成创新人才层出不穷的生动局面，造就一支规模宏大、结构合理、素质优良的创新人才队伍。

## 四　构筑“创新引领开放崛起”战略的强大保障

为切实落实好“创新引领开放崛起”战略，推进“创新引领开放崛起”战略实施的科学化、制度化、常态化，需进一步达成思想共识，建立组织架构，营造良好环境，抓好具体落实，确保“创新引领开放崛起”战略持续深入推进。

达成“创新引领开放崛起”战略思想共识。实施“创新引领开放崛起”战略，需要加大舆论宣传力度，在全社会开展全方位、多形式、立体化的宣传教育，强化全省各级党委、政府的创新开放意识，培育和增强全社会的创新精神、开放意识和发展新理念，形成有利于创新开放的良好社会风尚。

建立“创新引领开放崛起”战略组织架构。实施“创新引领开放崛起”战略需要加强地区间、部门间的统筹协调，形成上下联动、协调推进、统一高效的工作机制；需要完善“创新引领开放崛起”战略的“路线图”和责任“分工表”，细化各阶段建设的目标任务、进度安排、实现路径、核心策略、行动计划，切实将“创新引领开放崛起”战略落到实处。

营造“创新引领开放崛起”战略的良好环境。实施“创新引领开放崛起”战略需要营造有益于创新和开放的公平正义的法治环境，在创新文化、科研项目管理、创新人才培养和引进、创新服务体系等方面营造大众创业万众创新的良好氛围，加快形成有利于开放的竞争有序的市场环境、透明高效的政务环境。

抓好“创新引领开放崛起”战略具体落实。实施“创新引领开放崛起”战略，关键要抓好战略的具体落实，要出台一整套配套政策和实施细则，强化创新开放与财税、金融、产业等政策法规的衔接配套；建立创新开放政策评估长效机制，不断加强对相关政策实施效果的评估；进一步强化监督考核，定期对“创新引领开放崛起”战略的实施进展情况进行督查、考核，确保战略措施落地生根。

# 构筑湘江西岸创新走廊畅想

唐宇文

当你打开湖南地图，找到长株潭城市群所在的位置，目光沿着穿越城市群中心的湘江，从北向南移动，你会发现一条有意思的狭长地带：

北起望城经开区，途经长沙高新区、岳麓山大学城，南至湘潭九华经开区、湘潭高新区及株洲高新区，这条沿湘江西岸长不过50多公里、宽不过10多公里的狭长地带，布局了3个国家级高新区、3个国家级经开区，聚集了源源不断推出创新成果和创业人才的中南大学、湖南大学等十多所优质本科院校，以及数十所能够提供大量高技能人才的高职院校，还集中了为数众多的研发机构和创新型企业。

这条狭长的地带，既是长株潭城市群国家自主创新示范区的核心地带，也是湖南创新发展的精华地带。

我多么希望，有一天，这条狭长的地带，能够真正发展成为湘江西岸一条亮丽的创新走廊，一条真正引领发展的“硅谷”地带。

然而，这样的一天还有多远？

思绪把我带回十六年前遥远的异地。2001年秋季，我第一次去美国硅谷调研，坐落在旧金山湾区的这块谷地，同想象中的硅谷实在是大相径庭，它没有国内开发区的热闹与喧嚣，很难让人相信这就是传说中的硅谷，但那些如雷贯耳的世界级高科技公司，却真真切切地就在那些再普通不过的矮房子里。后来的多次调研，使我对它的了解不断深入。硅谷在它发展的头20年里没有名字，人们曾经笨拙地叫它“西岸电子工业”。直到1971年，一个名叫唐·霍夫勒的记者为它起了“硅谷”这个简洁的名字，后来媒体关于硅谷的新闻日益增多。到2000年，硅谷地区总人口达到200万，其中工程师22万；同时有近万家高科技公司，每年吸引全美1/3的风险投资，每周有一家高科技公司上市；2000年，硅谷上市公司总市值超过1万亿美元，相当于当时中国所有上市公司总市值的两倍，人均年收入62600美元，比全美人均年收入36200美元足足多出73%。

硅谷的奇迹也许是无法复制的，但硅谷神话激励着我们去造梦，硅谷精神、硅谷机制更激励着我们去追梦。

当前，湖南在大力实施创新引领、开放崛起战略，作为全省创新引领的核心区——长株潭国家自主创新示范区亦已出台三年建设行动方案，该方案提出要着力实施高层次人才聚集、军民融合、科技成果转化、创新型产业集群培育等四大工程，搭建长株潭科技公共服务、科技金融服务、科技成果（知识产权）交易、对外合作交流、规划展示等五大平台，力争到2019年，实现新引进高端创新团队100个以上、每万人有效发明专利拥有量20件、高新技术企业达2000家以上、科技进步贡献率达65%等。

在此愿景下，应积极推动长株潭城市群空间融合与优化，及时调整城市总规划，科学整合湘江西岸科教、产业及创新资源，从地理空间上推进创新布点连线整合成网，尽快生成外溢效应和创新生态系统，不断催生新技术、新产品、新业态、新模式和新公司。同时，要充分发挥国家自主创新示范区与中国制造2025试点示范城镇群、国家两型社会综改试验区、湘江新区等国家政策支持的联动效应，以科技创新为引领，辅之以制度创新、文化创新和管理创新等手段，加大开放合作力度，打造若干要素集聚、特色鲜明、功能突出、具有较强辐射带动力的创新集聚区，做大做强长沙·麓谷创新谷、株洲·中国动力谷和湘潭智造谷，使贯穿长株潭城市群的湘江西岸发展成为湖南的“硅谷地带”和实施创新引领开放崛起战略的强大引擎。

要以人才体系→创业文化→风险资本→政府法制→基础设施为主线，着力构筑湘江西岸创新走廊和高新技术产业带。创新走廊的形成，首先是由人来推动的。要以研究性大学和工程科学为依托，特别是要发挥中南大学、湖南大学、湖南师范大学、湘潭大学、湖南科技大学、湖南中医药大学、湖南工程学院、湖南工业大学、湖南商学院等十几所本科院校及几十所高职院校的科教资源优势，形成学以致用的人才培养格局。

但光有人才还远远不够，这些人还必须有强烈的创业意识，否则科技成果也只能躺在书斋里。因此，要尽快形成鼓励创新创业的文化生态系统，打造以观念革命、崇尚创新、容忍失败为特征的新型湖湘商业文化。广泛培养人们对产品和技术的迷恋，倡导协作精神，形成“共享思想，交换爱好”的风气，重视高水平的互联网文化、信息共享及技术应用。在湘江西岸掀起并保持一股强烈的“创业热潮”，鼓励科研人员和教授们创办公司，鼓励学生们在公司兼职，或自己创业，形成一种师生共同创业的浓厚氛围。

还应创造条件让更多的风险资本加入进来，使其成为打造湘江西岸创新走廊的催化剂。风险资本与创业息息相关，它是高新技术成果走向创业公司的重要条件。据调研，2015 年湖南拥有创投基金 37 支，创投管理机构 20 家，管理资本 132 亿元，居中部第 3 位。与建设创新走廊的要求相比，这样的规模还远远不够。因此，应充分发挥多层次资本市场的作用，以其灵活的机制推动湘江西岸高科技产业更快发展，使风险投资的退出渠道更加畅通。上市既是通过资本市场筹措企业发展资金的方式，也是激励创业者向外扩张的重要动力。应创造条件促进更多的中小企业通过资本市场的助力，发展成为超级企业。

同时，要改进政府服务，健全法治体系，创造良好软环境。在构筑湘江西岸创新走廊的进程中，政府应尽量提供力所能及的优质服务，确保最基本的法律环境，依法保护创业者的产权和经营利益。具体来看，政府要为创新走廊的建设，提供完善的法治体系，确保安全可靠的商业与财产所有权，建立稳定的知识产权与专利体制，形成现代企业制度、完善且配套的创新创业法律、鼓励创新的分配政策等。政府还应加大对公共教育与大学系统的支持力度，加大政府采购及政府补贴力度，为高科技产业的发展提供更有力的支撑和更广阔的市场。

此外，要健全完善创新走廊的内外交通、水资源、动力、环境等基础设施系统。要加快在湘江西岸创新走廊建设发达的交通运输和通信设施，打造快捷、可信及多元化的供应及外购体系，构筑现代化的、完善的物流配送通道和后勤与零售商系统，提供有力的金融与资本市场支持，培育高效、优质的商业顾问与咨询队伍，设立网络化的、活跃的专业人员协会和教育培训机构，重视建设各种创业设施、孵化器及众创空间，以较高生活质量和清新环境吸引海内外的创新创业者在此集聚，为湘江西岸高新技术产业的发展做出贡献。

# 大幅度提高湖南 R&D 经费在 GDP 中的占比的思路与对策研究*

湖南省人民政府发展研究中心调研组**

加大研发投入是提高自主创新能力的重要保障。R&D 经费占地区 GDP 的比重（简称 R&D 投入强度）是衡量一个地区自主创新水平的核心指标。“十二五”以来，通过一系列政策引导和资金支持，全社会创新意识明显增强。2016 年，全省 R&D 投入强度达到 1.58%，比上年提高 0.15 个百分点，但离创新型湖南设定的 2% 的目标仍有较大差距。

## 一　湖南 R&D 经费投入比较

### 1. R&D 经费投入总量偏少、强度偏低

如表 1 所示，与全国平均水平相比，湖南省 R&D 投入总量偏少，强度偏低。从投入总量来看，尽管“十二五”期间湖南省 R&D 经费投入从 2011 年的 233.22 亿元增加到 2015 年的 412.67 亿元，年均增长 12.1%，排全国第 11 位，但仍与湖南省 GDP 排名不相符。

从投入强度来看，“十二五”期间湖南省 R&D 投入强度从 2011 年的 1.19% 提高到 2015 年的 1.43%，排全国第 15 位，较之 2.07% 的全国平均水平也低了 0.64 个百分点，在中部六省中仍明显低于安徽、湖北，见表 2。

---

* 本报告获得时任湖南省政府副省长向力力、省政协副主席赖明勇的肯定性批示。本报告为2016年度湖南省智库专项重大委托课题“湖南实现从经济大省向经济强省转变的思路与对策研究”（16ZWA11）阶段性成果。

** 调研组组长：卞鹰；副组长：唐宇文；成员：禹向群、李银霞、贺超群。

**表 1　“十二五”期间全国及湖南 R&D 经费投入总量及投入强度**

| | | 单位 | 2011 | 2012 | 2013 | 2014 | 2015 |
|---|---|---|---|---|---|---|---|
| R&D 投入总量 | 全国 | 亿元 | 8687 | 10298.4 | 11846.6 | 13015.6 | 14169.9 |
| | 湖南占比① | % | 2.68 | 2.79 | 2.76 | 2.83 | 2.91 |
| R&D 投入强度 | 全国 | % | 1.84 | 1.98 | 2.08 | 2.05 | 2.07 |
| | 湖南 | % | 1.19 | 1.30 | 1.33 | 1.36 | 1.43 |

①当年湖南 R&D 经费投入总量占全国研发投入总量的比重。
数据来源：《中国科技统计年鉴》（2016）。

**表 2　2015 年中部六省 R&D 经费投入和 R&D 投入强度**

| | 单位 | 山西 | 安徽 | 江西 | 河南 | 湖北 | 湖南 |
|---|---|---|---|---|---|---|---|
| R&D 经费投入 | 亿元 | 132.5 | 431.8 | 173.2 | 435 | 561.74 | 412.67 |
| R&D 投入强度 | % | 1.04 | 1.96 | 1.04 | 1.18 | 1.9 | 1.43 |

数据来源：《中国科技统计年鉴》（2016）。

2. R&D 投入中政府资金投入严重不足

从 R&D 经费投入来源看，湖南省政府资金投入不足。2015 年，全省 R&D 经费投入中政府资金为 50.89 亿元。绝对额仅为北京的 6.43%、上海的 14.93%、浙江的 67.59%、广东的 34.89%。政府资金占 R&D 投入的比重为 12.31%，低于全国平均水平 21.26% 近 9 个百分点，分别比北京、上海低 44.87 个、24.08 个百分点；比湖北、安徽、江西、山西分别低 5.9 个、7.68 个、2.67 个、6 个百分点，投入严重不足。

同时，作为衡量 R&D 投入的重要指标——地方财政科技经费支出占当年财政支出的比重，湖南省在“十二五”期间也是不升反降，见图 1。2015 年，湖南省比重为 1.16%，比全国平均水平 3.98% 低 2.82 个百分点，比江苏、浙江、广东分别低 2.68 个、2.61 个、3.28 个百分点；在中部六省中，比湖北、安徽、江西、河南分别低 1.41 个、1.66 个、0.53 个、0.06 个百分点。从总额看，湖南省地方财政科技经费支出总额仅为广东的 11%、北京的 23%、上海的 24%、浙江的 26%；中部六省中，仅为湖北的 42%、安徽的 45%、河南的 79%、江西的 88%。

3. 企业 R&D 投入积极性不高

研发投入不高。2015 年，全省规模以上工业企业研发支出占主营业务收入的比例为 0.99%，与国际上认可的 2% 基本生存、5% 以上才具有竞争力的法则对照相去甚远。即使是湖南省研发投入较多的化学原料和化学制品制造业、通用

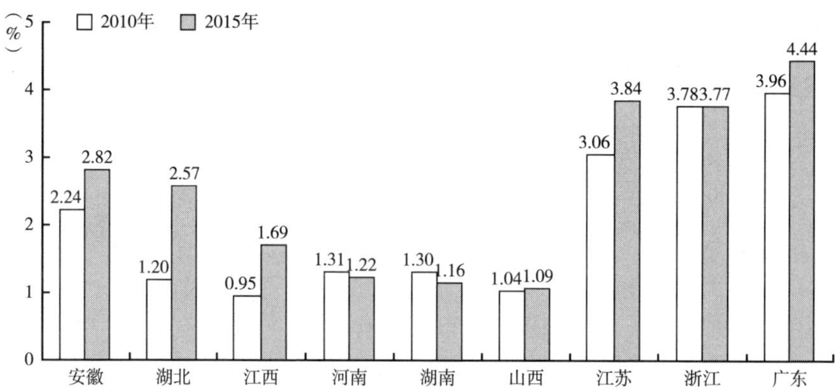


**图1　地方财政科技经费支出占当年财政支出的比重**

数据来源：国家统计局官方网站。

设备制造业以及电气机械和器材制造业，投入强度都比全国同行业平均水平低2.1个、2.1个、1.8个百分点。食品加工、纺织服装、服饰业等劳动密集型产业，研发投入强度远低于全省平均水平。

有研发支出的企业占比过低。2015年湖南省规模以上工业企业中，设有研发机构的仅占10.7%，开展R&D活动的仅占19.5%，全省开展R&D活动的企业中有近1/2的企业开展R&D活动的稳定性和持续性无技术研发机构做支撑（见图2）；开展R&D活动企业的数量仅为广东的33.7%、浙江的20%。从企业规模看，66.4%的大型企业、33%的中型企业有R&D活动，仅16%的小型企业开展了R&D活动。

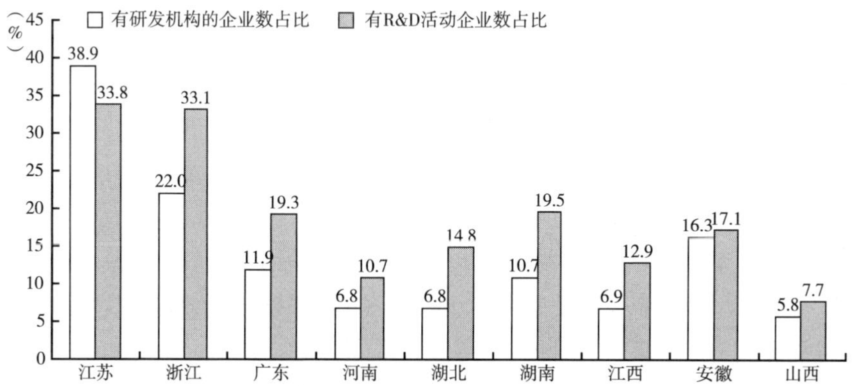


**图2　2015年规模以上工业企业研发基本情况**

数据来源：《中国科技统计年鉴》（2016）。

## 二　湖南 R&D 投入强度不高的主要原因

1. 政府科技投入市场导向作用不强

一是政府投入模式单一，不能激发企业投资热情。湖南省科技项目大多采取的前补助方式不能完全满足企业科研发展需要，市场需要具有普惠性和具有反哺机制的投入方式，而此类财政投入，如普惠性补助、事后奖励等补助方式创新较少。运用财政科技投入与金融支持协同创新较少，股权投资、基金投入、债券投资等市场化运作经验不足、成功模式不多、规模总量不大。二是杠杆资金规模与科技创新的实际需求缺口较大。全省确立了“十二大重点产业”“二十个新兴优势产业链”，但是并没有设立配套的扶持资金，现有的基金分散到每个产业中，社会资金、金融资本流入科技创新领域的重点分散，不能起到明显的引导作用。

2. 企业加大 R&D 投入的技术创新环境不优

湖南省多数产业园区大项目少、行业龙头企业少，尚未形成完善的产业链集群，创新引导能力弱，创新集聚效应难以显现。如，雨花经开区作为省内唯一的工业机器人产业集聚区，工业集中度达 99.5%，但缺乏拥有机器人模块化设计、深度学习、语音识别等技术支持企业，企业难以在本地找到合作方，只能自行研发或到省外寻求合作单位，研发风险较高。同时，全省多数高新园区成果转化能力不足，企业科研成果转化缺乏畅通的转化平台和强有力的政策引导。

3. 企业加大 R&D 投入的政策环境不优

税收优惠方面：据省国税数据显示，2015 年全省规模以上工业企业中，仍有 2/3 有研发投入的企业未享受研发加计扣除政策优惠。有的企业因不了解国家有关优惠政策，没有积极争取；有的企业因对研发活动识别不准确、研发项目管理不到位而无法满足税收优惠政策的要求；部分税收来源不多的地方税务部门对税收优惠政策抱有消极态度，主动为企业服务意识不强。金融政策方面：金融要素与科技创新发展错配严重，现行的以银行信贷为主的金融服务手段和模式无法解决自主创新型中小企业的资金可得性问题。政府采购政策方面：政府采购中对本土科技企业产品的采购规模较小、引导指向性不够。同时，企业知识产权保护诉求较高，如湖南华菱线缆集团、湖南迅达集团等行业龙头企业 R&D 投入力度大，但市场非标产品、假冒伪劣产品“横行”，妨碍了企业竞争力和研发投入的积极性。

4. 企业自身研发投入积极性不高

观念落后和创新谨慎也是企业研发投入积极性不高的重要原因之一。部分企业家对技术创新投资相对谨慎，习惯于现有生产模式。调研发现，多数企业尚未定期制定研发计划，研发投入持续增长机制缺乏，企业投资以扩大生产规模、获取短线利润为主，对企业的长远发展考虑不足。2015 年，全省有近 1/2 的有 R&D 活动的规模以上工业企业无技术研发机构，无法开展高层次的研发和创新活动；多数中小科技型企业因资金缺乏无力购买试验仪器等科研设备，即使引进技术和项目也难以达到消化吸收再创新的目的。多数企业对科技人员缺乏有效的创新激励机制，难以吸引创新人才，生产一线专业技术人才外流现象较严重。

## 三　大幅提高湖南 R&D 投入强度的建议

1. 建立健全财政 R&D 投入稳定增长机制

财政资金是 R&D 经费投入的重要来源。一是要建立健全财政资金投入 R&D 经费的稳定增长机制。明确政府财政科技经费支出占当年财政经费支出的比重逐年提高，明确政府资金投入 R&D 经费增长速度必须高于 GDP 的增长速度。二是要强化政府资金 R&D 支出的绩效考核。将财政资金 R&D 经费增长率作为一项重要指标，列入各市州绩效考核指标，并定期监督检查落实情况。三是加强省市县三级科技项目联动，引导地市财政科技投入。以扶持企业技术创新为导向，鼓励各市州县整合财政科研资金，完善补助机制，集中力量办大事。

2. 创新财政科技资金投入方式

要厘清市场和政府投入边界，在保证市场失灵领域的公益性、基础性研发投入无偿资助的基础上，创新财政科技资金投入方式。继续推行企业研发费后补助、高新技术企业培育补助、创新券后补助等现有补助方式，探索普惠性专项资金新模式，鼓励企业建立研发准备金制度。对重大关键技术研发、成果转化及产业化、市场化阶段的创新项目，设立科技企业专项扶持基金、科技信贷风险补偿资金等专项资金，利用市场化机制筛选项目、评价技术、转化成果，探索以科技金融为主的引导性投入方式，带动风投、创投等社会和金融资本共同投入科技产业。适时探索产业基金 + PPP 模式，提高 R&D 投入。对政府产业基金或市场化产业基金，鼓励其投资收益以 PPP 的方式用于研发投入，并围绕湖南省新兴优势产业链、创新链，推动资金向产业链核心关键技术集中，提高战略性新兴产业竞争力。促进财政资金与金融资金的融合，提高金融资本在 R&D 投入中的比重。

3. 建立健全企业 R&D 投入正向激励机制

一是加强国家税收政策宣传。对研发加计扣除等国家税收政策进行大范围宣讲，公开和规范税收优惠政策的申请、减免、备案和管理程序，不定期开展 R&D 投入税收优惠政策督查，对执行不力的税务部门实行问责。加强与财政、科技、税务等部门的沟通，对有研发投入但未享受优惠政策的企业实行上门服务。适当放宽中小科技型企业认定标准，让更多的企业享受 175% 的所得税抵扣优惠。二是建立科技项目信息共享平台。整合各部门科研经费，使各部门科研经费在一个平台上运行，实现各计划决策部门对各年度、各类别项目申报、立项等数据信息的互访，防止同一项目多头支持。拓展“税银”合作广度和深度，建立全省科技型中小微企业融资需求库，确定一批年度具有自主知识产权的科技成果和产业化项目进入融资需求平台，以贷款贴息、知识产权质押、投贷联动等方式带动金融资本对科技型中小微企业的资金扶持。三是建立由科技、财政、经信、发改、税务等部门组成的联席会议制度，共同研究确定后补助扶持重点，共享项目申报、论证、立项等信息。加强项目执行考核，对年度任务执行较好的项目，在下一年度实行优先扶持。四是落实促进科技型企业发展的政府采购政策，修订《湖南省科学技术进步条例》，对新技术、新产品、新成果的政府采购做出明确规定。推动实施创新产品和服务远期约定政府购买制度，及时发布自主创新产品和服务清单。扩大公开招标采购比例，细分采购项目、缩小标的规模，在同等条件下，优先采购本地科技型企业的产品和服务。

4. 鼓励成立行业性科技创新联盟

积极支持企业自发组织成立行业科技创新联盟。鼓励企业以项目众筹等方式在联盟中开展联合攻关，创新联盟既可负责组织企业关键共性技术的重点科技项目联合攻关，也可对外招标。政府可以给予创新联盟一定的资金和政策支持，形成政府直接补助市场和项目平台的机制。对于承担国家或省级重大关键技术研发、成果转化及产业化、市场化阶段的创新联盟项目，采取最优惠的所得税加计扣除等政策。充分发挥联盟的桥梁作用，引导一批生产基地在湖南、研发中心在外地的科技创新型企业，将研发中心迁移到湖南来。如株洲麦格米特，要想方设法将这类企业的研发总部“挪”到湖南来。同时，联盟要做好企业与国家、省级科技项目对接引导工作，为企业申报科技项目提供智力支持。

# 点燃“星星之火” 孕育新动能*

## ——湖南加快“四新经济”发展的对策建议

左　宏

“新”蕴藏着发展机遇，当前经济需要培育“新动能”、打造“新引擎”。杜家毫书记3月份在全省全面建成小康社会推进工作会议上强调要“积极培育发展新技术、新产业、新业态、新模式等新经济形式，发展壮大新的增长动力”。“四新经济”虽然体量尚小，却是“星星之火”，将形成燎原之势，对于湖南省对冲经济下行压力、实现新旧动能转换、汇聚经济发展能量意义重大。

## 一　盘点基础：湖南“四新经济”蓄势待发

湖南作为中部创新高地，近年来在新技术、新产业、新业态、新模式等方面亮点频现，积蓄着即将喷薄的能量。

——新产业潜力可期。2016年，全省战略性新兴产业实现增加值3499.24亿元，同比增长9.4%。一批代表未来方向的新产业呈现蓬勃之势。例如，以华曙高科为代表的3D打印产业以医疗应用为突破口，2016年1～8月同比增长122%；工业机器人2016年增长12.6%，雨花机器人示范园1～8月份引进项目63个；新能源汽车2016年1～11月累计生产汽车29707辆，同比增长107%，居全国前列，成为全国新能源汽车产业链最齐全的生产基地之一；长沙已成为全国移动互联网产业“第五城”，截至2016年底聚集企业3200多家，并以每天新增2～3家的速度发展。此外，2016年智能电视增长3.7倍，安全、自动化监控设

* 本报告为2017年度湖南省社会科学成果评审委员会重点课题“湖南发展重点新兴产业培育新兴经济增长点研究”（XSP17ZDI017）阶段成果，2015年度中国特色社会主义理论体系研究中心重大项目“生态环境保护和两型社会建设研究”（2015YZD19）阶段成果，2016年度湖南省智库专项委托课题“湖南打造增材制造（3D打印）产业生态系统的思路与对策”（16ZWC07）阶段成果。

备增长137.1%，北斗导航、虚拟现实、无人机、基因测序等新兴产业也发展迅速。

——新业态亮点纷呈。互联网+取得明显进展。长沙获评“2016中国十大‘互联网+’城市”，其中“互联网+”总指数在全国351个城市中排名第九，“互联网+”智慧城市分指数居全国第三，仅次于深圳、广州。智能工厂推动传统产业转型。三一重工18号厂房是亚洲最大的智能化制造车间，已建成全国领先的智能系统。梦洁家纺、九芝堂、长高集团等开展智能工厂改造，生产效率提高30%，成本减少20%。“双创”催生新业态。已构建了覆盖企业全生命周期的“众创空间-孵化器-加速器-产业集群”阶梯式产业培育体系，不断优化“双创”生态。“共享经济”正在崛起。湖南引进了以“58到家”为龙头的平台企业；远大住工从生产、管理到“全民营销”，实现了经济分享。

——新模式不断涌现。调研中发现，目前出现了四大模式创新。一是平台整合模式。长沙中电软件园以推进“互联网+双创+中国制造2025”融合、创新、共享发展为主线，形成了产业聚集、协同创新、企业成长、共享发展的中电模式。二是商业拓展模式。海翼电商推出“街电”商业模式，以充电宝、数据线为产品牵引，创造企业、商家、个人共赢的生态环境。长泰机器人推出“长沙一号”租赁业务，每月租赁价仅3999元，相当于花1个生产线工人的工资获得4个人力的效率。三是跨界重组模式。2016年，千山药机出资5960万元收购宏灏基因52.57%的股权，利用其基因检测技术完善布局，而宏灏基因利用千山药机资源提升研发速度。中国联通、金蝶互联、科创信息等开展云计算和大数据应用；中联重科并购奇瑞重工、意大利纳都勒等都是跨界融合的案例。四是军民融合模式。率先实现“四个突破”，一是省政府与国防科大联合成立产业技术协同创新研究院，突破了军队院校成果转化障碍；二是建立成果转化机制，突破发明人动力不足的制约；三是设立军民融合产业园和专项资金，突破了载体建设和融资通道；四是制定以知识产权使用权出资入股的政策，突破了利益分配和法律瓶颈。2016年全省军民融合产业实现增加值220亿元，增长20%，呈现加速发展良好局面。

——新技术不断突破。“十二五”期间，全省共获国家科技奖励107项，每万人发明专利拥有量达到3.29件，创新综合能力排名全国第11位。2016年，全省专利综合实力首次跻身全国七强；国家科技奖励数排全国第7位。“天河二号”超级计算机、超级杂交稻、高铁牵引系统、炭/炭刹车材料等重大成果国际领先。IGBT芯片、特高压输变电设备、增材制造装备等产品实现重大突破。智能制造、基因检测、现代中药、北斗导航等领域形成了一批全国制造和应用示范中心。

## 二 直面挑战：湖南面临的瓶颈和不足

——新经济相关的制度供给创新不足。一是政府的管理理念不适应新经济的发展趋势和规律，制度的“适应性效率”较低。例如，步步高作为最早的跨境电商企业，囿于体制机制的原因，主要从广州等地海关进口货物，成本竞争力不足。二是缺乏宽松、高效的配套制度体系。新业态跨界经营涉及多部门管理认定，但新型协调机制没有建立。例如，长沙高新区的肆零科技等移动互联网企业在跨界进入食品、文化、冷链运输等领域时，难以获得准入资质或经营许可证。

——研发投入强度和成果转化率不高。研发投入强度偏低。2015 年湖南全社会 R&D 经费投入强度为 1.43%，低于全国 2.07% 的平均水平。成果转化还不够，2014 年每投入一亿元 R&D 内部经费，产出的有效专利仅 241 项，不足全国水平的 78%，排在全国第 18 位；2014 年全省高校有效专利达 4395 件，但专利所有权转让及许可数仅 56 件，转化率为 1.27%，不及中部平均水平的 60%。

——新兴产业链群延伸不足。中电 48 所的光伏装备制造业规模居全国第一，而市场规模更大的下游光伏电池和发电设备却没有发展起来；又如储能材料中，长沙正极材料产业具有较大优势，而上游原材料和下游电池及电子产品基本没在长沙布局。

——新经济基础设施和公共服务配套供给不足。以信息基础设施配套为例，我们在长沙高新区等园区调研发现，目前的带宽资源难以满足移动互联网等新产业的发展需求，又如新能源汽车产业面临着充电桩等配套不足的问题。公共服务配套有待完善。高科技企业往往对信息交流、技术交流、商务交流等需求较大，湖南省园区内相应的交流平台不足。创业培训、创业投资、商务中介、咨询服务等配套服务还没跟上。

## 三 选择路径：四大策略组合推进

湖南省要高度重视“四新经济”，加快落实“创新引领、开放崛起”战略，形成四大策略“组合拳”，推进新经济发展。

——“无中生有”策略：以“两个清单”为核心建立“四新经济”扶持体

系框架。新经济的发展本身是“无中生有”的过程，其中最需要非禁即入的“负面清单”思路+重点引导的“正面清单”补充。一方面，完善“负面清单”管理方式。加快破除一切阻碍新经济发展的准入壁垒，只制定“负面清单”目录。可借鉴欧盟出台的“分享经济指南”，例如，对只作为信息中介的平台企业不设置准入要求或其他门槛；不对服务提供者施加从业批准、许可等准入义务等。此外，探索产业准入的审管分离制度，建立以事中事后为重点的新型监管追责体系。另一方面，探索“正面清单”的引导作用。定期发布更新《湖南“四新”经济重点领域发展导向》，突出指导性、及时性、融合性、轻资产性。

——“老树新芽”策略：以“跨界融合”为重点推动传统产业转型“四新经济”。当前既要在发展新产业提升“增量”上做文章，更要在改造升级盘活“存量”上下功夫，因此，“跨界融合”是关键。推进五类模式：第一类是服务业与制造业融合发展。鼓励湖南省工程机械、汽车等传统制造业与服务业融合发展，发展后服务市场和金融租赁等市场。第二类是金融投资与实业投资融合。在光伏发电等新兴产业领域统筹利用众筹、众创、众包等创新模式，减少单一投资风险。第三类是以互联网为纽带的产业融合。鼓励产业链垂直整合，电信运营商、内容服务商、设备制造商等向上下游延伸，打造硬件、软件、应用服务一体化的产业模式；鼓励互联网与传统产业融合，以云计算和大数据向生产、消费领域渗透，促使生产、消费、服务和流通一体化。第四类是平台融合。通过建设综合性或者专业性开放平台，将提供平台服务作为赢利模式；采取免费来争取更多消费者体验（即争取入口），实行“羊毛出在猪身上”的赢利模式。第五类是军民融合。以国防科大和中南大学等国防技术转化为重点，加大“军转民”和“民转军”融合力度。

——“培土育苗”策略：以“生态系统”为关键构筑“四新经济”发展环境。良好的生态环境犹如土壤、养分、水、阳光和空气，既为新兴经济提供开放的平台、广阔的空间，又为其供应必要的养分。一方面要从产业“全周期”视角着手，形成政府与市场的合理分工。新兴产业头3年的成活率最低，也是资本市场介入较少的时期，政府要建立引导基金着力于初创期的“育苗”，鼓励市场充分介入成长期的“壮大”。另一方面要查“缺”补“漏”，开创新的扶持模式。制订既接轨国际又适合省情的政策和专项管理办法，允许新兴经济先发展起来再规范，开创性地制定扶持监管办法，加快完善知识产权保护与运用、科技成果转化等普适性的政策体系。

——“固本夯基”策略：以“四大工程”为着力点完善“四新经济”配套

体系。第一，新兴载体建设工程。以湘江新区为核心创建国家“四新”经济实践区，探索“产业基地 + 产业基金 + 产业联盟 + 产业人才基地”模式；建设“四新”高技能人才实训基地，围绕新兴产业链，用五年时间打造 10 ~ 20 个示范性实训基地。第二，新兴产业链延展工程。大力推进 20 个工业新兴优势产业行动计划，延伸链条，引导企业聚集，提高企业间协作配套能力，形成产业有效供给能力。第三，新一代基础设施建设工程。坚持先行引导、适度超前原则，加快建设新一代信息基础设施网络、智能化城市承载系统、智能电网、物流信息平台、电动汽车充电设施等新兴基础设施。第四，新兴市场培育工程。着力实施七大应用示范工程：新能源汽车市场推广工程、节能及新能源产品市场推广工程、住宅两型化和产业化应用示范工程、智能制造应用示范工程、“数字湖南”应用示范工程、湖南大数据应用示范工程、北斗导航应用推广工程。

# 加大财政研发投入　补齐创新发展短板*

湖南省人民政府发展研究中心调研组**

湖南省 R&D 经费投入占 GDP 的比重仅为 1.5%，低于 2.1% 的全国平均水平，“十三五”期间要完成 2.5% 的目标任务难度很大。围绕这一问题，我们开展了数据分析和调研，发现湖南省 R&D 支出的特点是：与企业研发投入相比，政府资金对科技研发的投入更为不足，建议加大政府资金对科技研发的支持力度，到 2020 年至少要达到 130 亿元。

## 一　R&D 支出构成显示：政府研发支出占比仅为12%，比全国平均水平低9个百分点；企业研发支出占比为85%，比全国平均水平高10个百分点

根据《2016 年全国科技年鉴》数据，2015 年，湖南省 R&D 经费内部支出①中，政府资金为 50.9 亿元，占 R&D 经费内部支出的比重为 12%；企业资金为 352.6 亿元，占 R&D 经费内部支出的比重为 85%。湖南省政府研发投入占比在全国排名第 24 位（倒数第 7 位），企业研发支出占比在全国排名第 7 位（见图 1），政府研发投入比重仅高于山东（8%）、浙江（7%）、广东（8%）、福建（9%）、江苏（9%）、河南（11%）等民营经济较为发达的省份。根据课题组 2017 年 11 月对长株潭 137 家企业的问卷调查结果，79% 的企业关键核心技术资金来源于企业自有资金，只有 7% 来自政府专项科研经费（见图 2）。以上结果并不是说明湖南省已进入以企业研发投入为主的阶段，而是反映出湖南省财政资金对科研的投入严重不足。

---

* 本报告获得时任湖南省政府副省长向力力的肯定性批示。

** 调研组组长：卞鹰；调研组副组长：唐宇文；执笔：左宏、闫仲勇。

① R&D 经费包括内部支出和外部支出两类，外部支出数额较小，不纳入分析，下文中的研发支出均指内部支出。内部支出包括政府资金、企业资金、国外资金和其他资金四类。其中，除了政府资金和企业资金外，国外资金为 0.3 亿元，其他资金为 8.9 亿元，占比很小。

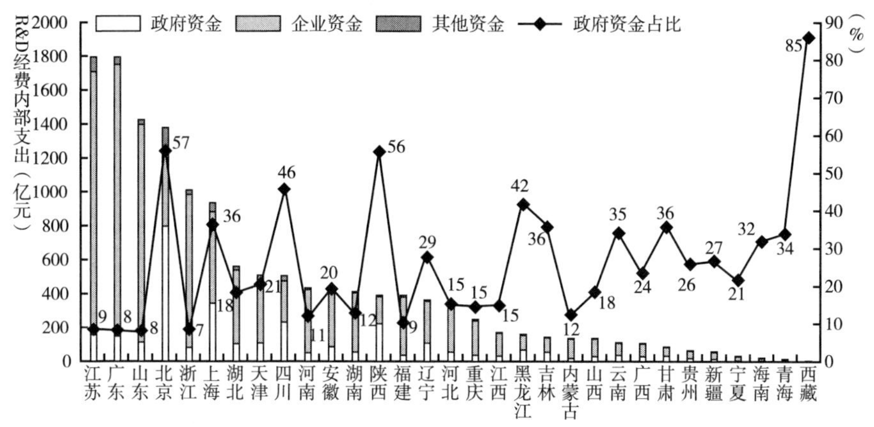


**图 1　2015 年全国各地 R&D 经费支出**

数据来源：《中国科技统计年鉴》（2016）。

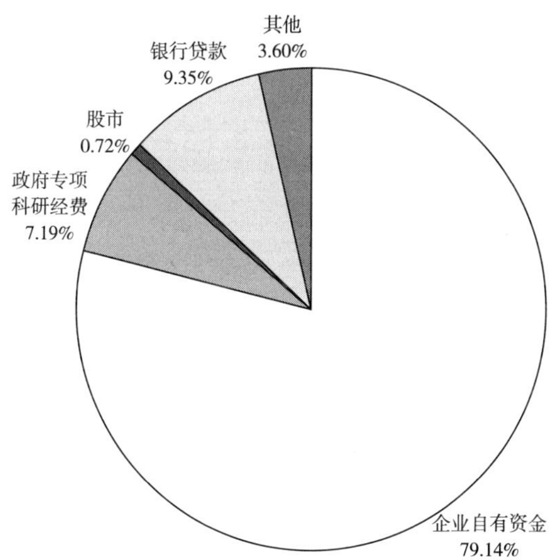


**图 2　长株潭企业关键核心技术的资金来源情况**

数据来源：课题组网上调查。

从 R&D 占 GDP 的比重来看，政府研发投入占 GDP 的 0.018%，远低于全国平均水平（0.4%）；企业研发投入占 GDP 的 1.2%，仅略低于全国平均水平（1.5%）。这也说明，虽然湖南全社会 R&D 投入整体不足，但其中尤其值得关注的是财政资金投入少。不过，据调研了解，国防科大及众多的军工企业研发投入因为保密的需要，未做到应统尽统，例如中国航发湖南动力机械研究所（简称：608 所）每年的研发投入只有极少部分报给了统计部门，这也对财政投入数据统计造成了影响。

## 二　财政支出结构显示：湖南省科技支出占总的财政支出的比重为1.1%，不到全国平均水平的一半

根据 2017 年《中国统计年鉴》数据，2016 年湖南一般公共预算支出中，科学技术支出仅为 71.44 亿元，占全省一般公共预算支出的 1.13%，不到全国平均水平（2.4%）的一半（见图 3）。与湖南省一般公共预算支出总额接近的湖北（湖南省一般公共预算支出为 6339 亿元，湖北为 6423 亿元），其科学技术支出为 190.11 亿元，是湖南的近 3 倍。同时，湖南科技支出也低于同为中部地区的安徽（259.50 亿元）、河南（96.10 亿元）、江西（83.12 亿元），在中部省份中排

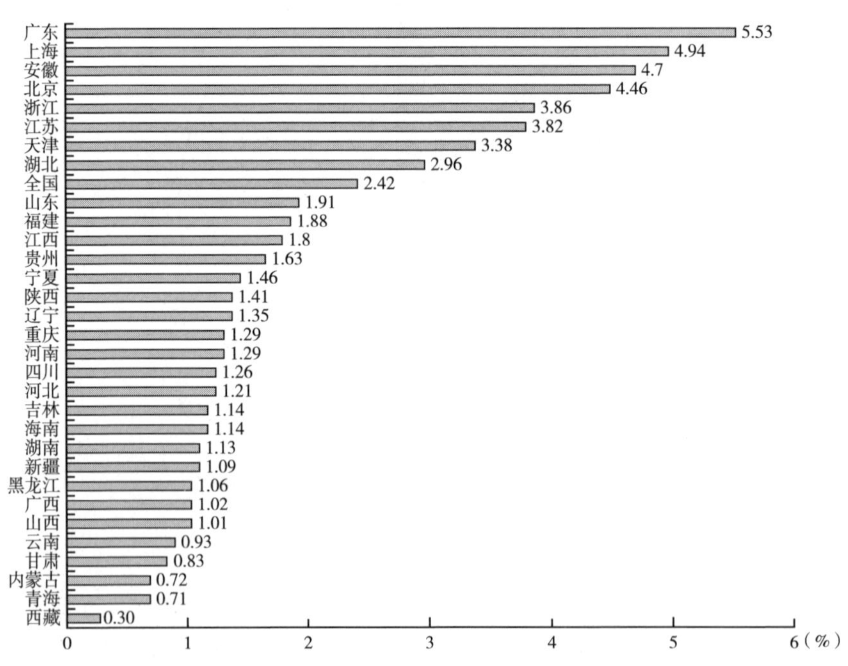


**图 3　2016 年全国各地财政科技支出比重**

数据来源：2017 年《中国统计年鉴》。

名倒数第二。更值得警惕的是，十八大以来，湖南省科技支出在财政支出中的比重是逐年下降的，从 2012 年到 2016 年分别为 1.52%、1.48%、1.18%、1.16%、1.13%。分析可见，现有的财政支出结构与湖南省提出的“创新引领开放崛起”战略目标明显不匹配。

## 三　经济发展规律显示：湖南省还处于工业化中后期阶段，这一阶段财政资金投入是创新发展必不可少的手段

发达国家研发投入模式的变迁轨迹显示，地区的研发投入来自政府资金的比重和该地区的工业化水平成反比，在工业化发展的初始阶段，以政府主导型模式为主，在工业化发展的后期，则会逐步过渡到政府、企业双主导型，并将最终过渡到企业主导型。也就是说工业化水平越低，政府资金占研发经费的比重应该越大。以韩国为例，在 20 世纪 60 年代科技发展初期，政府 R&D 支出比重占绝对优势（70% 以上，企业不足 20%）；到 1981 年，韩国政府和企业的 R&D 支出比例调整为 56.4∶41.5；到 2014 年，韩国政府和企业的 R&D 支出比为 24∶75.3。2014 年，韩国人均 GDP 已经达到 2.8 万美元，属于发达经济体，而湖南省 2016 年人均 GDP 为 6935 美元，还处于工业化中后期，与工业化发展阶段不相匹配的是，湖南省政府科技研发投入比例还远远低于韩国。

## 四　几点建议

增加全社会 R&D 投入需要政府和企业两方面共同发力，两者在投入方向和发挥的功能上是不同的，在鼓励企业加大研发投入同时，更要加大财政资金向科技研发倾斜的力度，充分发挥财政资金的基础性和杠杆性作用。

——加大湖南省财政研发投入力度，到 2020 年至少要达到 130 亿元。根据湖南省“十三五”规划发展目标测算，到 2020 年，湖南省全社会 R&D 投入要达到 1083 亿元，从湖南省现有的政府和企业的投入比（12%∶85%）来看，到 2020 年，湖南省财政投入研发资金要达到 130 亿元，年均增速 20% 左右；如果按照全国平均水平（21%∶75%），湖南省财政投入研发资金要达到 227 亿元，年均增速 35% 左右。为实现 2020 年目标，未来 3 年要调整财政支出结构，

适当降低在基础设施等领域的支出比例，重点向科技研发支出倾斜。

——争取国家对湖南省的科技投入，打造国家科技创新中心和大科技装置集聚地。安徽、湖北财政研发投入很大一部分是因为国家科技项目和重大科技基础设施在当地落地，例如国家已建成的22个大科技装置有7个落户安徽合肥。建议湖南省要以长株潭"中国制造2025"试点示范城市群和长株潭国家自主创新示范区为主要载体，积极申报国家科技创新中心和国家制造业创新中心，举全省之力，就科技创新领域重大项目争取国家财政支持。推动本地科技项目与国家重大发展战略融合对接，与中科院等科研部门加强沟通合作，达成战略合作协议，紧盯国家科技创新重点工程在全国加速谋篇布局的机遇，积极争取更多的龙头项目落地。仔细研究《国家重大科技基础设施建设"十三五"规划》发布的十个重大科技基础设施项目，争取1~2个重大科技装置和其他大科技装置落户湖南，争取将长株潭打造成为大科技装置集聚地。

——创新多元化财政投入方式，减轻财政压力的同时提高效率。尽快出台《湖南财政支持创新发展的实施意见》，采取多元化模式支持科技研发投入，并发挥财政的杠杆作用。一是不断创新政府间接投入机制。近年来，美国等发达国家的政府综合利用贷款、担保等方式来加大财政对科技创新的支持力度。湖南省可以采取直接拨款以外的间接方式，形成多元化的财政投入机制，如制定财政担保制度或设立湖南科技研发担保基金，以政府信用为基础，为具有较大的外部效应且市场前景良好的科技创新提供财政担保，发挥财政资金的杠杆作用。二是完善投入方式。从原来的"评项目、前补助"，转变为"定门槛、后补助、普惠制"，积极推行普惠性以奖代补和后补助，按照企业研发投入的一定比例给予补助，发挥财政资金的杠杆作用，引导企业加大自身研发投入。

——争取将更多军工创新投入纳入统计，不断完善科技统计体系和财政科技投入绩效评估体系。一是梳理军工等领域的研发投入，争取更多地将其纳入统计。鉴于军工类企业研发投入确实存在保密性的需求，建议跟国家相关部门申请，根据军工院所数量和重要性，在研发费用支出上给一个放大系数。另外，财政在国防、公共安全、公共服务、教育等领域的支出中，有些支出和科技创新有关，建议将这些领域和科技创新有关的支出也列入财政科技支出范畴。二是完善科技统计体系。由于全社会R&D投入统计监测分散在几个部门（统计部门负责企业统计，科技部门负责科研院所统计，经信部门负责军工院所统计，教育部门负责普通高校统计），要建立行政主管部门牵头，相关单位齐抓共管的统计监测体系。三是建立财政科技投入绩效评估体系。发达国家经验表明，针对研发项目建立科学规范的绩效评价体制有利于明确财政重点投入领域，提高科技投入的使用效率。实施科技计划资金分类管理，提出各类科技计划的绩效评估、动态调整和终止机制建议，以此作为财政拨款的依据，有针对性地给予资金支持。

# 加快长沙临空经济示范区发展的对策建议[*]

湖南省人民政府发展研究中心调研组[**]

近年来，临空经济作为机场及机场周边地区的一种新型区域经济形态迅速在全球范围内发展壮大，并逐渐成为内陆经济转型发展和提升国际竞争力的重要手段。长沙作为国家“一带一路”倡议的重要内陆节点城市和湖南“一带一部”区域定位的核心区，已经成功获批全国第 7 个国家级临空经济示范区，大力发展航空偏好型和航空关联型临空经济，将其作为弥补开放短板、建设新增长点、促进全省经济社会发展的战略举措势在必行。

## 一　长沙临空经济示范区发展现状

长沙临空经济示范区紧邻长沙黄花国际机场，规划总面积 140 平方公里，包括芙蓉区、雨花区和长沙县三个区（县）所管辖的 10 个镇（街）。作为湖南临空经济发展的排头兵，长沙临空经济示范区虽拥有得天独厚的区位条件，但其发展仍处于起步阶段。

### 1. 机场实力强劲，发展潜力大

机场服务能力和服务效率较高是临空经济发展的基础。长沙黄花国际机场自 2010 年起 7 年中有 6 年旅客吞吐量居中部第 1 位；2012 年成为国内第 5 个、中部第 1 个获得国际三星级认证的国际机场；2015 年率先在全国实行“一证通关”“微信值机”服务，打造全国首个“互联网 + 智慧机场”集群；2016 年成为中部地区首个突破 2000 万旅客吞吐量的机场。目前，机场客运已开通国内外 168 条航线，通达 4 大洲 120 个航点，其中国际地区定期航点 25 个；已开通全货机航

* 本报告获得时任湖南省委常委、长沙市委书记易炼红和长沙市委副书记徐宏源的肯定性批示。

** 调研组组长：卞鹰；副组长：唐宇文；成员：谢坚持、廖仲华、李学文、黄玮、张诗逸；执笔：张诗逸。

线4条，2017年还将开通3~5条国内外全货机航线，初步形成了覆盖国内外各大中城市的航空运输网络。

2. 园区基础配套逐步完善，综保区建设加快推进

区内交通大体成型。建成通车的人民路东延线与黄金大道（S207）南延线构成临空经济示范区“十”字架主干道路网。机场大道及黄金大道（S207）南延线B段、金阳大道长沙县段、机场联络线（S210）南延线等主要道路于2017年内建成通车。区内配套初具规模。水、电、气、网络、通信等设施与道路建设同步规划、设计和建设。临空变电站已确定站址、110千伏线路路径通道；临空污水处理厂已确定厂区选址，完成立项、设计招标工作。长沙黄花综合保税区已实现验收，即将封关运营，现有在谈项目60余个，已签约项目27个，33个公司已办理或正在办理工商注册。

3. 较早提出发展临空经济，但园区发展目前仍处于起步阶段

2008年9月湖南省政府下发了《关于成立湖南省临空产业领导小组的通知》，由省委常委、常务副省长担任组长；11月出台《关于支持民航产业发展的意见》，明确提出“推进临空产业发展，加快培育以航空运输业为核心的临空产业集群”。2012年底，长沙县空港城管委会成立，规划建设总面积54.6平方公里的“知识型现代服务业生态城”。2015年6月，湖南省和长沙市政府全力开展国家级临空经济示范区申报工作。虽然湖南省2008年在省级层面就对临空产业予以关注，机场条件也颇具竞争力，但对比国内其他省市临空经济区（航空港）的发展，长沙临空经济示范区在管理层级、交通配套以及项目招商等方面都显得滞后（见表1）。

**表1　2016年国内主要临空经济区（航空港）发展对比**

| 名称 | 机场客运吞吐量（万人次） | 机场货邮吞吐量（万吨） | 规划面积（平方公里） | 管理层级 | 区域交通配套情况 |
|---|---|---|---|---|---|
| 长沙临空经济示范区 | 2129.7 | 13 | 140 | 长沙县人民政府代管（正处级） | 机场通过磁悬浮连接高铁站，快速道、机场高速直通市内 |
| 武汉临空经济区 | 2077.2 | 17.5 | 1105 | 临空港经济技术开发区管委会（副厅级） | 机场通过地铁直通高铁站、火车站和市内 |
| 郑州航空港实验区 | 2076.3 | 45.7 | 415 | 航空港经济综合实验区管理委员会（正厅级） | 机场通过城铁、地铁连接高铁站、市内及周边城市交通 |

续表

| 名称 | 机场客运吞吐量（万人次） | 机场货邮吞吐量（万吨） | 规划面积（平方公里） | 管理层级 | 区域交通配套情况 |
|---|---|---|---|---|---|
| 广州空港经济区 | 5973.2 | 165.2 | 460 | 空港经济管委会（正厅级） | 机场通过地铁联通高铁站和市内交通 |
| 重庆临空经济示范区 | 3588.9 | 36.1 | 74 | 空港工业园区管委会（正厅级） | 机场通过轻轨联通高铁、市内 |
| 上海虹桥临空经济示范区 | 4046 | 42.9 | 13.89 | 长宁区人民政府（正厅级） | 集机场、高铁、地铁、快速路于一体的亚洲最大交通枢纽，3小时交通圈覆盖长三角核心城市 |
| 成都临空经济示范区 | 4603.9 | 61.2 | 100.4 | 双流县人民政府（副厅级） | 机场拥有目前国内最大地下高铁车站，通过城际铁路连接成都火车南站和成都火车东站，实现与德阳、眉山等城市半小时内到达，与江油、绵阳、乐山、峨眉山等城市一小时内到达。 |

数据来源：中国民航局2016年全国机场生产统计公报、中国民航官网、各临空经济区官网。

## 二 长沙临空经济示范区发展存在的问题

长沙临空经济发展“醒得早、起得晚”，究其原因，主要存在以下四方面的制约。

1. 缺乏统筹规划和高位协调，政府主导作用发挥不足

临空经济作为一种新型区域经济体系，其快速发展离不开体制机制的改革创新。临空经济发展涉及海关、商检、外汇、税务、商务、国土、金融、工商、机场、空管等多个部门，顶层制度设计需由国家和省级层面协调和创新，这就决定了临空经济区主管部门必须具备高位协调的能力。全国具有代表性的几大临空经济区主管部门级别均在副厅级及以上，拥有市级经济管理权限，并由省级层面组织规划部署，如河南省建立了航空港经济综合实验区与省直部门直通车制度，并建立了以发展规划、总体规划以及26个专项规划为主体的航空港实验区规划体系。对比之下，湖南尚未建立高层级的工作组织和机制来推进临空经济示范区发展，长沙临空经济示范区发展一直处于由长沙县人民政府代管的状态，仅由长沙

县推进示范区建设的能力十分有限，规划编制、协调和争取临空经济的相关政策难度非常大，导致临空经济示范区基础设施建设和项目落地困难重重。

2. 没有针对临空经济示范区发展的具体优惠政策，政策扶持力度偏弱

临空经济的发展与政府政策支持密不可分。国内外发展迅速的临空经济区，政府在关税、金融、土地、财税改革方面都赋予其先行先试权，不断创新、优化发展环境，避免临空经济区发展过程中的政策束缚。例如韩国政府允许企业可以在机场园区建设货站设施，最长可以运营50年；上海长宁区政府出台了支持航空服务业的产业政策，在税收、人才、办公用房、项目等方面给予资金支持，以及在金融、科技、制度创新等方面予以配套。目前湖南省临空经济产业相关的优惠政策可操作性不强，省级层面促进临空经济示范区发展的政策措施处于空白状态，导致长沙临空经济示范区比较优势发挥不足，项目审批进度慢、招商引资难。

3. 基础设施配套体系存在欠缺，口岸优势未能充分发挥

以机场为核心的立体化综合交通换乘枢纽带来的强大客货集散能力，是临空经济区发展不可或缺的元素，强联通性决定了临空经济区是国际贸易发展的最佳场所，因此各地纷纷在临近空港的区域划定范围建立自由贸易区、综合保税区，让全球企业享受“境内关外”的快速、便捷通关服务和贸易政策。长沙黄花机场目前还未形成协同高效的陆空交通体系，既没有实现货运集装箱与公路、铁路的对接，也没有实现城轨、地铁与机场的连接，而国内外的大型机场已将城轨、地铁甚至高铁直接开进了机场航站楼（见表1），相较之下，长沙黄花机场地空换乘效率明显偏低。此外，长沙黄花机场综合保税区口岸建设相对滞后，目前仅获批进境食用水生物、进境冰鲜水产品两个指定口岸，影响高端制造型企业和国际物流巨头进入，致使湖南省具有空运进出口需求的企业如蓝思科技、衡阳富士康等，其产品不得不经陆路南下，从广州和深圳通关出口。

4. 航空物流存在明显短板，产业布局没有形成合力

航空物流是临空经济区的核心竞争力，国内外成功的空港与其兴旺的航空物流相辅相成。近年来长沙黄花机场货运资源增长乏力，保税航油、保税航材等业务缺失导致机场对国际航班的吸引力降低，加之无本土航空公司的现状致使航线自主权受限，国内、国际航线均少于成都、西安、武汉、郑州等内陆城市。2012年货邮吞吐量还落后于长沙黄花机场的郑州新郑机场，在2013年实现快速反超，且河南航空在2014年独立运营后，把郑州作为其重要的货运枢纽和主要货机运营基地，打通了河南与海外的货运往来渠道，航空货运增速连续3年保持全国第

一。2016 年，长沙黄花机场货邮吞吐量仅为 13.03 万吨，远低于郑州新郑机场的 45.7 万吨；货运种类主要为快件、服装、蓝思玻璃面板、机械配件、电子集成线路板等，周边企业航空运输利用率低，全货机航线少，大大影响了境外企业来湘投资。同时，园区内进驻的企业与航空物流关联性不强，尚未形成临空产业集聚合力，产业做大做强难度大。

## 三　加快长沙临空经济示范区发展的建议

1. 加强组织保障，做好顶层设计

为高效推进长沙临空经济示范区建设，建议省政府成立发展临空经济工作领导小组，尽快成立临空经济示范区管委会，参照湘江新区赋予临空经济示范区市级经济管理权限，实行与省直部门政策直通车制度，着力整合区内各类行政资源，理顺内部行政管理体制，破除制约示范区发展的体制机制障碍。在全面衔接省市县和长沙机场相关规划的基础上，高起点编制长沙临空经济示范区规划，科学确定示范区的发展规模、产业布局和功能定位，统筹综合保税区、自贸区规划建设，增强临空经济示范区规划的动态性和指导性。

2. 加大扶持力度，出台针对性强、可操作的政策

构建以招商引资、财税金融、用地管理、口岸通关、人才引进等为核心的政策扶持体系。建议量身定制临空经济示范区税收优惠政策，针对入驻的航空偏好型高端产业采取直接财政补贴、税收返还的方式予以培育和扶持。依托湖南省现有产业发展专项资金，设立政府财政资金和社会资本共同参与的长沙临空产业引导基金，按照市场化运作方式，探索出让限定期限收益权、股权投资、担保等多元化产业扶持引进的运作模式，引导社会资本投入临空产业和项目，拓展临空产业发展融资渠道。弹性管理园区发展用地指标，确保基础设施和项目建设用地需要，帮助园区企业以点球突破方式对接国家、省、市级有关部门，完善临空产业所需的外汇支付、跨境结算、异地报关等特殊业务支持功能，并为企业开辟行政审批绿色通道。建立完善的人才引进和成长机制，为对临空产业发展有重大贡献的高层次人才，提供居住、就业、子女就学、出入境等方面便利化条件，并按其贡献程度给予一定金额奖励。

3. 突出枢纽建设，完善开放平台体系

通达全球的枢纽机场、便捷的陆空综合交通网络、高效完善的贸易平台是临空经济区发展壮大的必备条件。加快长沙临空经济示范区发展，要突出提升以下

三个方面的功能。

一是成立湖南本土航空公司，进一步加密黄花机场航线网络，提升航空运力。一方面，通过基地航空公司提升机场枢纽功能。成立湖南本土航空公司可拥有更多的航线自主权，特别是在开拓全货机航线、加密支线航班、补齐货运短板方面起到关键作用；同时，鼓励中外各大航空公司在长沙设立基地航空公司，在土地、税费方面予以基地航空公司优惠，加大对新开通重要国际国内航线、通航城市、支线航班、中转航线及国际货运航线航班的补贴和扶持力度，增强黄花机场的全球易达性。另一方面，通过升级机场的软硬件设施提高机场运力。加强机场运力技术改造，引入国际领先的航空信息服务企业提升机场运行效率，加快实施机场扩建和货运仓储设施建设，全面增强黄花机场航空客货运国际中转能力。

二是加快完善地面联运交通网络，提升客货集散能力。加快建设黄花机场与铁路、公路的立体交通网络衔接，充分利用长浏城际、长株城际、轨道 6 号线、轨道 11 号线以及机场中低速磁悬浮等多种交通方式，强化机场与市区、高铁新城以及周边城市的联系。建议渝长厦高铁线路在黄花机场综合交通枢纽中设立站点，实现长沙空铁联运强强联合；尽快启动城铁 S11 和地铁 6 号线建设，便捷城际和市内换乘，真正实现地铁、磁浮、高铁、机场的高效无缝对接，打造具有区域竞争力的陆空综合交通枢纽。

三是强化航空口岸功能，提高贸易便利化程度。建议进一步增强航空口岸功能，尽早建成与沿海相当、与国际接轨的开放口岸体系。积极申报食品、药品、植物种苗、肉类等特种商品口岸，提升指定口岸数量和种类。拓展口岸签证签注、保税航油、保税航材、进出境免税商店等特殊功能。搭建航空审批类公共服务平台，促进企业办事便利化。深化贸易便利化试点，充分发挥临空经济示范区贸易便利化“一站式”服务中心平台功能，推动海关、检验检疫等机构联合入驻，探索开发 7 × 24 小时作业的快递货运全时运转通关系统，为企业提供“一次申报、一次查验、一次放行”等通关便利化服务。

4. 全方位精准务实招商，构建现代临空产业体系

建议给予临空经济示范区最优惠的入园政策，设置严格的园区准入门槛，依托黄花机场客流量优势发展综合枢纽导向型①临空经济。在临空经济示范区开展点对点、产业链、专业化招商，锁定世界 500 强、国内 500 强企业，重点吸引生产性服务业、贸易产业和通用航空产业等大型跨国企业入驻（见表 2）。主动加

① 临空经济主要分为枢纽型、产业集聚型、旅游休闲型三种发展模式。

强与联邦快递（FedEx）、TNT 快递运输、康捷空（Expeditors）、泛亚班拿集团（Panalpina Group）、加拿大 Onex 公司、我国台湾积体电路制造公司、通用飞机租赁（GECAS）、中银航空租赁（BOC Aviation）等大型航空偏好型跨国公司的对接；充分利用长沙建设跨境电子商务试点城市、全国电子商务示范城市的机遇，加强与阿里巴巴、圆通速递、申通物流、兰亭集势、小笨鸟、敦煌网等国内知名电商和物流企业的战略合作，加快推进航空物流与临空产业联动发展；重点发展总部经济、商贸会展、旅游休闲等高端服务业态；抢抓通用航空产业发展先机，发展航空培训、航空维修、航空租赁、航空运动、航空作业、应急救援等通航应用业务，把长沙临空经济示范区打造成最具活力的现代临空产业集聚地、国际知名空港、中部地区对外开放的核心增长级。

**表 2　长沙临空经济示范区可发展的重点招商对象**

| 企业名称 | 级别 | 类型 | 总部地点 | 国内布局情况 |
|---|---|---|---|---|
| 联邦快递 | 世界 500 强 | 国际快递物流 | 美国田纳西州孟菲斯 | 已在武汉设立中国区公路转运中心 |
| TNT 快递运输 | 世界 500 强 | 国际快递物流 | 荷兰 | 在我国香港设有两个运营中心，在内地未有布局 |
| 康捷空（Expeditors） | 世界 500 强 | 国际快递物流 | 美国西雅图 | 在北京设有国际货运代理公司 |
| 泛亚班拿集团（Panalpina Group） | 世界 500 强 | 国际快递物流 | 瑞士巴塞尔 | 在上海设有中国总部，在中部未有布局 |
| 加拿大 Onex 公司 | 世界 500 强 | 电子设备制造、远程通信、电子商务等 | 加拿大多伦多 | 国内尚未布局 |
| 台湾积体电路制造公司 | 世界 500 强 | 半导体制造 | 台湾新竹 | 已在南京建厂，在中部未有布局 |
| 通用飞机租赁（GECAS） | 世界 500 强、全球最大飞机租赁公司 | 飞机租赁 | 新加坡、爱尔兰香农、美国康尼狄格州诺沃克 | 在北京、香港、上海设有办事处，中部未有布局 |
| 中银航空租赁（BOC Aviation） | 亚洲最大飞机经营性租赁公司 | 飞机租赁 | 新加坡 | 在天津设有办事处 |
| 阿里巴巴集团 | 中国 500 强、全球最大的零售交易平台 | 电子商务 | 中国杭州 | 在我国香港、台湾均设有分部，中部未有布局 |

续表

| 企业名称 | 级别 | 类型 | 总部地点 | 国内布局情况 |
|---|---|---|---|---|
| 圆通速递 | 国内快递行业龙头 | 速递、物流、电子商务 | 中国上海 | 在浙江嘉兴建设自有航空基地机场，并在北京、广州、成都设航空基地，中部未有布局 |
| 申通物流 | 国内第一家拥有跨大洲全货机包机的快递公司 | 国际、国内快递运输服务 | 中国上海 | 在我国内地尚未布局航空基地 |
| 兰亭集势 | 国内跨境电商龙头 | B2C 在线外贸销售 | 中国北京 | 北京、上海、深圳均有分公司，中部未有布局 |
| 小笨鸟 | 国内跨境电商龙头 | B2B、B2C 整合电商平台 | 中国北京 | 我国其他城市暂未布局 |
| 敦煌网 | 国内跨境电商龙头 | B2B 在线外贸交易平台 | 中国北京 | 深圳有华南总部，中部未有布局 |

资料来源：百度百科、各大公司官网。

# 建设岳阳综合交通物流枢纽 拓展湖南开放崛起通道

湖南省人民政府发展研究中心调研组*

省第十一次党代会提出实施“创新引领、开放崛起”战略，打造内陆开放新高地，实现湖南从内陆大省向开放强省转变。岳阳作为全省唯一沿江门户城市，被省委省政府寄予厚望，被要求打造为湖南经济发展新增长极和通江达海的“桥头堡”。近年来，岳阳区位交通和口岸平台优势日益明显，完全有基础、有条件，也有责任通过建设综合交通物流枢纽，发展大物流促进大开放，拓展湖南省开放崛起对外通道。

## 一　岳阳建设综合交通物流枢纽具备良好基础

1. 区位交通优势日益凸显

岳阳作为国家“十三五”交通规划明确的全国性综合交通枢纽城市，具备承东启西、连南接北的区位优势。近年来，岳阳大力推进交通基础设施建设，铁、公、水、空“四位一体”的立体交通网络即将形成。公路方面，境内拥有随岳、通平等 6 条高速公路，等级公路里程和公路密度居全省第三。水运方面，境内拥有 163 公里的长江黄金水道和 60% 的洞庭湖水域面积，可连接全省 80% 的地域和 70% 的大中型工矿企业。铁路方面，京广铁路、京广高铁纵向穿越，蒙华铁路荆岳段、岳吉段已开工建设。航空方面，作为国内民航支线机场的三荷机场正在建设，2018 年有望正式投入运营。

2. 开放平台体系逐步搭建

目前，岳阳基本形成了以港区为龙头，以园区为基础，以各类政策性、功能性、服务性平台为补充的综合开放平台体系。临港产业新区开通了五定班轮航

* 调研组组长：卞鹰；调研组副组长：唐宇文；执笔：刘琪。

线、城陵矶港至上海洋山港和港澳台直达航线、21 世纪海上丝绸之路岳阳至东盟和澳大利亚接力航线。城陵矶综合保税区 2016 年 8 月正式封关运行，当年完成进出口贸易额 10 亿美元，是全省外贸额增幅最大、项目落地速度最快的综保区。肉类、粮食、汽车整车、固废进口四个功能性口岸 2016 年分别实现进口肉类冻品 3802 吨、粮食 50. 3 万吨、汽车 289 台、固废 17. 5 万吨，其中粮食口岸已成为长江中上游最大的粮食进口口岸。

3. 政策支持体系逐步健全

2010 年，湖南省就出台《湖南省人民政府办公厅关于支持湖南城陵矶临港产业新区加快发展的意见》支持城陵矶港产业新区发展。2016 年 5 月岳阳获批全国 20 个现代物流创新试点城市之一，成为湖南省唯一入选城市后，岳阳市相继制定出台《岳阳市“十三五”物流业发展规划》《岳阳市现代物流创新发展城市试点工作方案》《岳阳市打造千亿现代物流产业行动方案（2017 ~2020)》，从财政扶持、用地保障、税收支持、金融服务等方面明确了具体优惠扶持政策和措施。

4. 现代物流发展初具规模

2016 年全市物流从业人员 11. 5 万人；物流业产值达 626. 6 亿元，比上年增长 10. 8%；物流业增加值占三产的 19. 7%，占 GDP 的 8. 2%。建有物流基地 17 个，占地面积 161. 4 万平方米。全年完成货物运输总量 3. 1 亿吨，同比增长 9. 2%，增幅高出全省平均水平 5. 8 个百分点（见图 1）。全市货物运输量占全省货运总量的比重由 2012 年的 10. 12% 升至 2016 年的 14. 95%。其中 2016 年全市

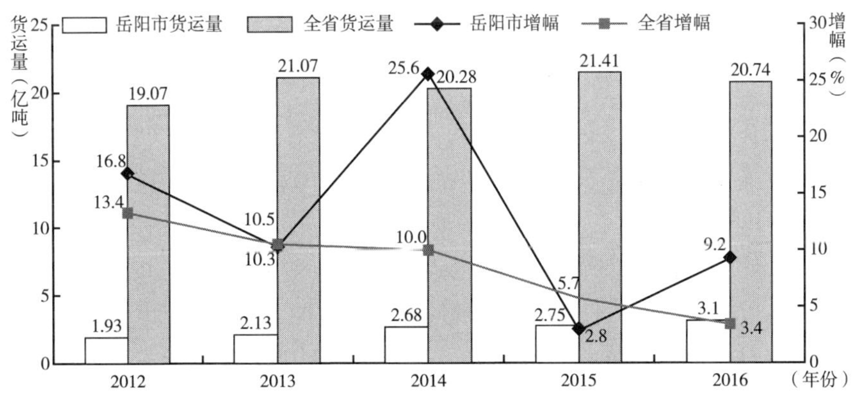


**图 1　2012 ~2016 年岳阳市及全省货运量变化情况**

数据来源：历年湖南省统计年鉴。

铁路、公路、水运分别完成货运量 0. 15 亿吨、1. 96 亿吨和 0. 95 亿吨，分别占全省总量的 38. 46% 、10. 95% 和 40. 6% 。全市主要港口实现货物吞吐量和集装箱吞吐量 1. 41 亿吨和 29. 4 万标箱，分别占全省总量的 48. 79% 和 73. 08% （见表 1），在长江干线港口城市中均居第六位。

**表 1　2016 年岳阳市及全省各种方式货运量比较分析**

| | 岳阳 | 全省 | 岳阳占全省的比重(%) |
|---|---|---|---|
| 货运量(亿吨) | 3. 1 | 20. 74 | 14. 95 |
| 增幅(%) | 9. 2 | 3. 4 | |
| 铁路货运量(亿吨) | 0. 15 | 0. 39 | 38. 46 |
| 增幅(%) | 73. 2 | -5. 9 | |
| 公路货运量(亿吨) | 1. 96 | 17. 90 | 10. 95 |
| 增幅(%) | 10. 8 | 3. 9 | |
| 水运货运量(亿吨) | 0. 95 | 2. 34 | 40. 6 |
| 增幅(%) | 0. 7 | 1. 7 | |
| 主要港口实现货物吞吐量(亿吨) | 1. 41 | 2. 89 | 48. 79 |
| 增幅(%) | 7. 1 | 8. 8 | |
| 主要港口集装箱吞吐量(万标箱) | 29. 4 | 40. 23 | 73. 08 |
| 增幅(%) | 22. 87 | 11. 7 | |

数据来源：湖南省、岳阳市 2016 年国民经济和社会发展统计公报。

## 二　岳阳建设综合交通物流枢纽面临的困难和挑战

1. 基础设施等配套建设还需加强

一是综合交通网络和集疏运体系尚未形成，没有形成水公铁管空多式联运，物流基础设施之间不衔接不配套等问题较为突出。京港澳高速复线、杭瑞高速等在岳阳境内出现“断头”；三荷机场按规划为民航支线机场，只有一条跑道和六个停机位，发展航空货运所必需的配套设施以及与蒙华铁路的连接线等均处于空白；水运航道制约严重，长江武汉至城陵矶段通航能力偏低，枯水期深度仅 4 米左右，3000 吨级海轮仅能季节性通航。而武汉阳逻港水深 6 米，可常年通航万吨级船舶，湖南省华菱集团的钢材出口及材料进口，株冶 90% 的产成品出口，全省 60% 的烟花鞭炮出口均需取道武汉阳逻港。二是现代化物流配套设施不足，部分装卸设备、堆场、仓库还是 20 世纪 80 年代投入使用的，设施严重落后，机械化程度不高。另据调研反映，整车口岸没有滚装码头，直接影响为湖南省重大装备制造业配套的车辆进口。与肉类口岸配套的冷库和与粮食口岸配套的仓库也难以满足需要。三是信息化程度不高，统一的区域物流综合信息平台尚未建立，港口之间、港区企业之间物流信息尚不能实现互联互通和共享。

2. 各类平台的集聚带动作用发挥不明显

虽然岳阳各类开放平台较为齐全，但建设运营水平有待提高。如码头、运力较为分散，低水平重复建设和资源浪费现象较为严重，港口辐射带动力不强；五定班轮少、航线航班少，吸引的船代公司、货代公司也少，港澳直航常态运营困难，没有形成定期班轮。平台建设运营水平不高直接影响集聚带动作用的发挥。2016 年，岳阳市进出口总额为 14. 9 亿美元，在全省 14 个市州中仅居第 6 位；3. 2% 的外贸依存度比全省平均水平低 2. 5 个百分点，居全省第 7 位；实际利用外资额 4. 15 亿美元，也仅列全省第 8 位。这些都与岳阳 GDP 排名全省第二的地位极不相符。与安徽芜湖、江西九江、湖北宜昌三个长江中下游沿江城市相比，岳阳的开放型经济实力同样较弱，2016 年进出口额分别只有芜湖、九江和宜昌的 26. 3%、29. 6% 和 55. 8%，实际利用外资分别只有芜湖和九江的 16. 2%、39. 5%，仅略高于宜昌。

3. 周边省市发展大物流的竞争日趋激烈

湖北、安徽、江西突出将宜昌、芜湖、九江建设区域物流枢纽城市作为建设省域次中心城市、打造省域第二增长极的关键抓手，加大对口岸经济的扶持力度，在降低物流企业进入门槛和运营成本、鼓励开辟航线航班、减免进出港口的集装箱车辆高速公路通行费等方面给予了大力支持。湖北早在 2010 年就成立正厅级的武汉新港管委会，推进省内岸线资源整合，对武汉、鄂州、黄冈、咸宁等四市的岸线资源实行统一规划、管理和运营。调研中城陵矶港反映，川渝地区集装箱在城陵矶港中转量连年下滑，重庆太平洋等三家公司 2012 年在城陵矶港中转量为 1. 8 万标箱，到 2016 年已经为零，均改在武汉阳逻港中转。另外，周边省市还纷纷通过引进物流龙头企业来推进物流枢纽建设，如联邦快递在武汉设立中国区公路转运中心，顺丰在湖北鄂州建立了全国航空物流中心，圆通在浙江嘉兴建立航空基地飞机场。

## 三　推进岳阳综合交通物流枢纽建设的几点建议

1. 统一认识，加强省级层面统筹谋划

岳阳建设综合交通物流枢纽事关全省开放崛起大局，要站在全省发展战略全局的高度进行总体谋划。一是建议在省发展开放型经济领导小组下设“推动岳阳打造综合交通物流枢纽办公室”，定期召开由省直有关部门、岳阳市及相关市州领导参加的联席会议，协调重大事项，解决有关问题，形成统一指导、协调配合的工作机制。二是建议制定出台省级层面关于支持岳阳建设综合交通物流枢纽的实施意见，明确岳阳建设综合交通物流枢纽的总体思路、重点任务和政策措施。三是建议借鉴湖北的成功经验，支持岳阳率先试点港口岸线资源整治整合行动，以城陵矶港为枢纽，逐步整合全省湘资沅澧四水流域的重点港口资源。四是建议省级层面统筹并明确省内各机场的定位，考虑到岳阳的综合区位交通优势，可明确岳阳三荷机场为省航空货运枢纽机场，与长沙黄花机场形成“北货南客”格局，在重大产业项目布局等方面实现与长沙黄花机场的整体联动、错位发展。

2. 围绕互联互通，加强配套设施建设

一是加快推进岳望高速、杭瑞高速洞庭湖特大桥等重大项目建设，尽早拉通京港澳高速复线和杭瑞高速等在岳阳境内的“断头”路段，突破制约立体交通网络搭建的瓶颈。二是加快推进岳阳水、铁、公、空多式联运体系建设，推进港区、机场、公路和铁路的互联互通，重点推进蒙华铁路进港支线、城陵矶新港区疏港铁路公路工程、三荷机场与港区以及蒙华铁路连接线等重点多式联运项目的建设，全方位打通进出通道。三是推进长江湖南段及湘江湘阴段航道疏浚治理，将长江航道等级提升至Ⅰ级，维护水深提升到4.5米以上，湘江航道维护水深提升到2.6米以上。四是加快推进城陵矶新港二期、三期工程建设，整车口岸二期工程和滚装码头，以及粮食口岸和肉类口岸的仓库、冷库建设。

3. 加强产业培育和引进，以“大产业”带动“大物流”

一是加强精准招商，积极引进龙头物流企业。有针对性地开展点对点、专业化招商，主动加强与目前暂未在中部布局基地的荷兰TNT快递运输、美国联合包裹（UPS）、美国康捷空（Expeditors）、中邮等能承接全球航运和提供物流一体化服务的大型物流企业，以及中储、中铁快运、申通、中通、韵达等龙头快递企业的对接，争取其在岳阳设立总部或者区域运营中心、采购中心、分拨中心。二是大力发展航运物流业。依托城陵矶港口平台优势，支持发展航运龙头企业，深化与上海港、宁波港等长江沿线港口的合作，拓展国际国内航线，培育港口装卸、码头仓储、理货、代理、货代、船代、船舶经纪以及航运信息、航运金融、航运培训等较为完整的航运物流产业链。三是加快融入沿江产业发展链，研究制定临港产业发展引导目录，招商引资时重点引导新能源汽车、新材料、节能环保设备等大运量、大需水产业项目优先布局城陵矶港区，以及电子信息类航空偏好型产业项目布局三荷空港，大力发展生产型和外贸型相结合的大企业、大项目，打造具有沿江临港特色的产业体系。

4. 加强重点平台建设，健全综合物流枢纽功能体系

一是尽快与国家相关部委衔接沟通，对三荷机场按航空货运枢纽机场的标准调整建设规划，启动空港物流产业园及其他相关配套设施建设。二是建议加快推动湘欧快线岳阳铁路北站口岸的申报，依托铁路口岸建设铁路物流园及其他相关配套设施。三是加快推进岳阳湖南国际航运交易所建设，搭建综合性航运服务平台和货运信息中心、物流配送中心、运力交易中心。四是加快推进岳阳“平台监管、数据处理、政策发布和国际物流动态”一体化电子口岸和国际贸易“单一窗口”建设。五是整合物流信息资源，建设岳阳现代物流公共服务综合平台。六是支持岳阳公铁水集装箱多式联运示范工程申报国家发改委、交通部第二批多式联运示范项目。

5. 加强要素保障，加大政策支持力度

一是支持满足城陵矶港、三荷机场等重点工程基础设施和项目建设用地需求，纳入省级重点工程统筹。二是积极引导银行等金融机构加强适合物流特点的金融产品和服务创新，积极探索抵押或质押等多种融资担保方式；鼓励支持符合条件的企业通过发行短期融资券、中期票据、区域集优集合票据等债务融资工具募集资金。三是对航线航班及货运包机给予财政补贴，对省内企业实行直航江海轮项目奖励和税费返还政策，并在贷款贴息、新增运力申报等方面给予政策扶持。参照湖北、江西、江苏等省做法，建设公路集装箱运输绿色通道，对进出城陵矶口岸的集装箱车辆，免收或者减半征收湖南段高速公路通行费。四是重点引进一批高级物流专业人才，对引进人才提供居住、就业、子女就学、出入境等方面的便利化条件。

# 建设现代化经济体系

## 深刻领会现代化经济体系的科学内涵

唐宇文

习近平总书记所做的党的十九大报告，站在新的历史起点，高瞻远瞩，审时度势，首次提出了“现代化经济体系”的概念，并对建设现代化经济体系做出了全面部署。通过学习党的十九大报告和习近平新时代中国特色社会主义经济思想，我认为，对于立志实现“两个一百年”奋斗目标的中国来说，“现代化经济体系”主要涵盖了三个方面的核心要义。

### 一　现代化的发展观

目前，我国经济已由高速增长阶段转向高质量发展阶段，正处在转变发展方式、优化经济结构、转换增长动力的攻关期，建设现代化经济体系是跨越关口的迫切要求和我国发展的战略目标。必须贯彻创新、协调、绿色、开放和共享发展的理念，必须坚持质量第一、效益优先的发展观。高质量发展是强国之基、立业之本和转型之要，提高效率效益是发展的永恒主题。世界上一些发达国家的崛起，都证明了这一道理。例如，德国政府在20世纪50年代，实施了“以质量推动品牌建设，以品牌助推产品出口”的国策，在全球确立了“德国品牌、质量一流”的国家形象；日本崛起前的几十年，假冒伪劣就是其产品的代名词，但在20世纪60年代，日本实施了“质量强国”战略，设立了以美国质量管理专家的名字命名的“戴明国家质量奖”，而且在企业广泛推行全面质量管理，很快就使日本产品凭借质量优势大举进入全球市场，一些专家认为日本经济振兴主要得益于其成功的质量革命；再看美国，20 世纪 80 年代，日本产品因物美价廉大举进军美国市场，对美国企业产生很大触动，正是在这一背景下，美国出台了《质量振兴法案》，并设立了马克姆·波里奇国家质量奖，通过实施一系列激励质量创新的措施，90 年代美国企业重新确立了对日本企业的竞争优势，实现了在主导产业上重归全球霸主地位。党的十八大以来，我国坚定不移贯彻新发展理念，发展观不正确、发展方式粗放的状况得到明显改变，经济发展加快从速度规模型向质量效益型转变。目前，我国产品质量国家监督抽查合格率超过 90%，重点工程质量优良率达到 100%，服务业顾客满意度达到 75% 以上，规模以上工业企业主营业务收入利润率在 6% 以上，为实现更高质量、更有效率、更加公平、更可持续的发展奠定了良好的基础。今后，必须大力强化现代化发展观，以供给侧结构性改革为主线，推动经济发展质量变革、效率变革、动力变革，努力提高劳动生产率、资本产出率和全要素生产率。

## 二　现代化的产业体系

要着力构建实体经济、科技创新、现代金融、人力资源协同发展的产业体系。世界经济发展史表明，没有强大的实体经济，便不可能建成世界经济强国。英国、德国的发展是如此，美国、日本的发展更是如此。那么到底哪些部门属于实体经济？一般认为，实体经济是人类社会赖以生存和发展的基础，它主要包括农业、工业、交通通信业、商业服务业、建筑业、文化产业等物质生产和服务部门，也包括教育、文化、知识、信息、艺术、体育等精神产品的生产和服务部门。建设现代化的产业体系，必须把发展的着力点放在实体经济上，把提高供给体系质量作为主攻方向，显著增强产业经济质量优势。加快建设制造业强国，加快发展先进制造业，推动互联网、大数据、人工智能和实体经济深度融合，在中高端消费、创新引领、绿色低碳、共享经济、现代供应链、人力资本服务等领域培育新增长点、形成新动能。支持传统产业优化升级，加快发展现代服务业，瞄准国际标准提高水平。促进我国产业迈向全球价值链中高端，培育若干世界级先进制造业集群。党的十八大以来，我国重视提升实体经济的主体地位，作为实体经济重要组成部分的制造业，其增加值连续七年超越美国居世界第一，220 余种主要工农业产品生产能力稳居世界第一；大力实施创新驱动发展战略，科技进步对中国经济增长的贡献率达56.2%，研发经费占国内生产总值的比重超过2%，达到OECD国家的平均水平，研发经费占世界研发资金的20%，成为世界第二大研发投入国；全国金融总资产达200多万亿元，资金作为国民经济运行的“血液”，其要素保障能力明显增强；充分发挥人力资源的支撑作用，全国劳动从业人员超过7亿人，其中各类知识和技能型人才超过1.5亿人，为建设现代化产业体系创造了雄厚的人才条件。今后，在建设现代化产业体系的进程中，关键是要把各种要素调动好、配置好、协同好，不断增强科技创新成果转化为现实生产力的能力，充分发挥资本、资产、资金对现代产业发展的支撑杠杆作用，充分调动各类劳动者和人才投身于创新创业活动的积极性，协同促进实体经济和产业体系优质高效发展。

## 三　现代化的经济体制

要着力构建市场机制有效、微观主体有活力、宏观调控有度的经济体制，为建设现代化的产业体系提供制度保障。经过近40年的改革开放，我国社会主义市场经济体制已基本建立。党的十八大以来，“放管服”改革持续向纵深发展，又有力地激发和释放了市场主体的活力。目前，我国市场主体已达9000多万户，其中企业约3000万户，再加上2亿从事家庭经营的农户和城市非工商户创业者，形成了经济发展的重要微观基础。同时，宏观调控方式不断创新，经济运行保持在合理区间。今后，要继续坚持社会主义市场经济改革方向，使市场在资源配置中起决定性作用，更好发挥政府作用，充分调动各类市场主体自主决策、自主经营的积极性、主动性、创造性。必须以完善产权制度和要素市场化配置为重点深化经济体制改革，坚决破除体制机制上制约发展活力和动力的顽瘴痼疾。坚持和完善我国社会主义基本经济制度和分配制度，毫不动摇巩固和发展公有制经济，毫不动摇鼓励支持引导非公有制经济发展，完善国有资产管理体制，深化国有企业改革，支持民营企业发展。深化商事制度改革，全面实施市场准入负面清单制度，加快要素价格市场化改革，完善市场监管体制。创新和完善宏观调控，发挥国家发展规划的战略性导向作用，健全财政、货币、产业、区域、消费、投资等经济政策协调机制，加快建立现代财政制度，深化金融体制改革，从体制机制上保障我国经济创新力和竞争力不断增强。

总之，我们要深刻领会建设现代化经济体系的科学内涵，扎实推进新时代的经济建设，为确保实现“两个一百年”奋斗目标和中华民族伟大复兴中国梦奠定坚实的经济基础。

# 加快推进湖南省工业新兴优势产业链发展助力制造强省建设*

湖南省人民政府发展研究中心调研组**

推进工业新兴优势产业链的发展是湖南打造世界级产业集群的关键。为此，我中心组织专门课题组先后到辽宁、深圳、长沙、株洲、湘潭等地开展调研。调研后认为，湖南推进工业新兴优势产业链发展，要围绕创新链、供需链和要素链精准发力，找准“梗塞点”，形成“制高点”，加速链内循环和链间互动，通过三链同频共振、融合发展，打造世界级产业集群。

## 一 发展基本情况

新兴优势产业链是湖南省实体经济振兴战略的核心。发展新兴优势产业链，与国家战略性新兴产业规划形成互动，能有效调用国家战略资源，参与或主导行业标准建立；发展新兴优势产业链，是供给侧改革的重要组成，提供创新、优质的服务和产品，扩大更富竞争力的产品供给，在境内外市场确立“湖南制造”高端品牌定位；发展新兴优势产业链，是落实“创新引领、开放崛起”战略的关键，有利于强化产业链的创新竞争力，全方位深度融入全球产业体系。

1. 产业链产值初具规模

2015 年，新兴优势产业链实现总产值 6958 亿元（见图 1），工程机械、轨道交通和化工新材三大产业链产值规模排名前三。预计 2020 年实现总产值 16990 亿元，装配式建筑、工程机械、轨道交通等产业链产值有望突破两千亿元。从增

* 本报告获得湖南省委常委、省委秘书长谢建辉和时任省政府副省长张剑飞的肯定性批示。本报告为2016年度省社科规划办智库专项重大委托课题“湖南实现从经济大省向经济强省转变的思路与对策研究”（16ZWA11）阶段性成果。

** 调研组组长：卞鹰；调研组副组长：唐宇文；调研组成员：禹向群、言彦。

速看，“十三五”期间，20 条产业链均保持较高增速，其中，自主可控计算机、空气治理技术及应用、IGBT 大功率器件、装配式建筑四大产业链年均增速有望突破 50%。

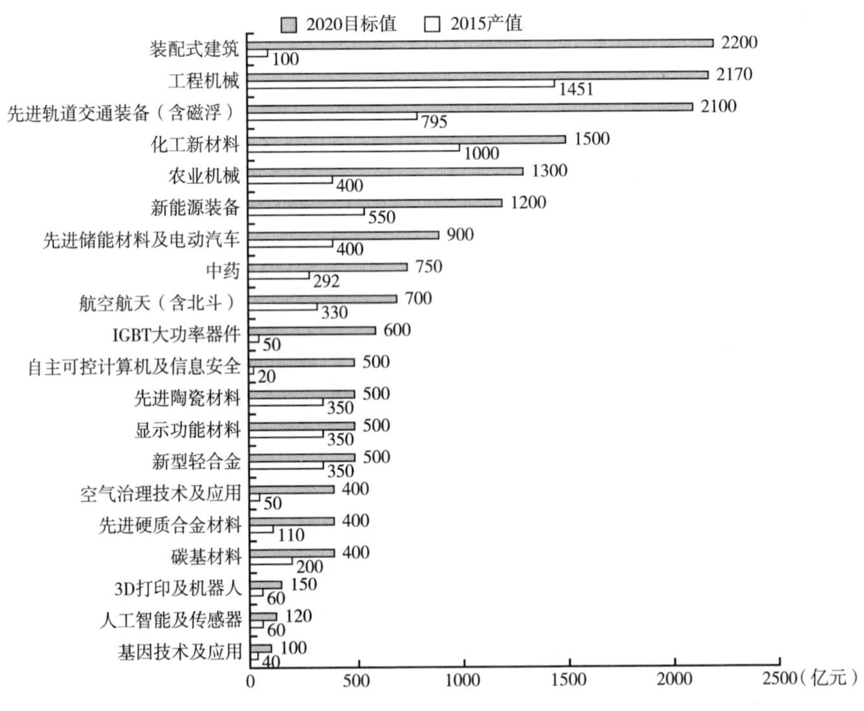


**图 1　新兴优势产业链产值**

数据来源：《湖南工业新兴优势产业链行动计划》。

2. 产业链体系基本完善

从产业类别看（见图 2），20 条产业链核心资源虽各不相同，但在资源掌控力上均具备相对优势。如技术和资源密集型的新材料产业链，湖南省在有色金属资源、科研资源、管理机制上具有优势；资本和技术密集型的高端装备制造业，湖南省在产品研发、“走出去”方面影响较大；知识密集型的人工智能、基因工程产业链等，湖南省在军工、医疗等公共领域的人才、技术积累深厚。从纵向体系看，湖南省新兴优势产业链的相对优势主要集中在产业链中游偏上游，即应用研发、生产加工、产品制造等能力，向产业链上下游延伸具备较大空间。如工程机械产业链进一步掌控上游核心零部件产能，精耕下游“一带一路”沿线国家（地区）市场；新材料产业链建立稳定的上游原材料供给基地，加快与下游高端装备制造业的应用融合；3D 打印产业链强化上游技术研发，加快在医疗、航空航天等领域的应用布局。

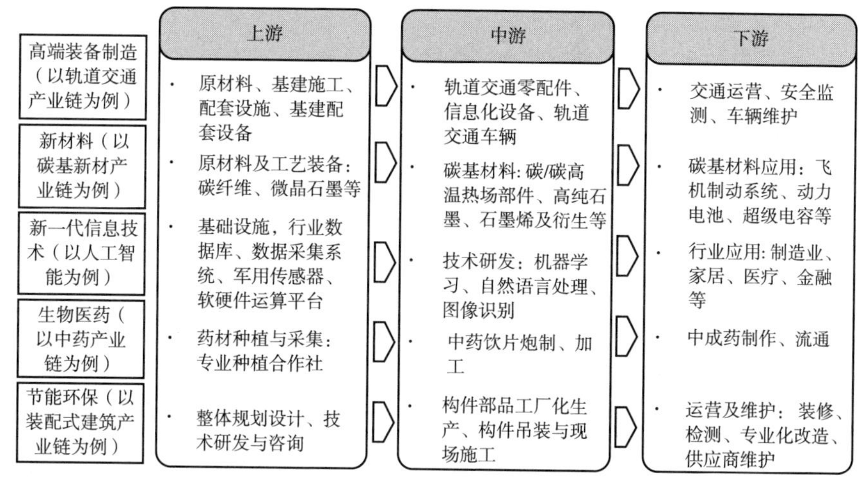


**图 2　新兴优势产业链纵向体系**

## 二　存在的主要问题

产业链的发展，其本质是核心子链（创新链、供需链、支撑链）从初设、演化到成熟的融合过程。从调研看，湖南省新兴优势产业链发展还存在三个方面的不足。

1. 创新能力不足：个别领域/环节有突破，整体协同能力较弱

表现为：原始创新能力不强，产研结合不够紧密，高校基础研究与产业前沿需求关联不强；部分关键技术、关键成套设备、关键元器件严重依赖进口，如生物医药、农业机械等产业链自主知识产权不足；实验、检测平台少且分布不均，如轨道交通产业链实验验证未达国际先进水平，电力装备产业链试验检测手段不足，高校、军用仪器设施开放不畅等。

2. 供需能力不足：供应配套能力不强，新产品/市场开拓不快

表现为：配套企业发展缓慢，规模偏小，本地配套率不高。如：中电 48 所光伏装备规模全国第一，下游光伏电池和发电设备发展乏力。上中下游企业布局分散，产业集聚度不高。如化工、新材等对集聚要求较高的产业链，省内产业布局统

筹不够。制造业服务化发展不快，产业链附加价值未被充分挖掘。如新能源汽车产业链后市场发掘不足。国际化尚处于初级阶段，标准输出、品牌输出不足。新产品市场开拓能力不强，如3D打印及机器人、装配式建筑等市场开拓不足。

3. 支撑能力不足：园区同质化严重，对资本、人才吸引力不强

表现为：园区的产业集聚度偏低、核心竞争力不强，除几个国家级园区外，大部分园区产业链承载能力不足；产业链金融发展较为缓慢；与京津冀、长三角、珠三角，甚至武汉城市群相比，若不考虑乡情因素，湖南对产业人才特别是高端人才/团队的吸引力不具优势。

## 三　推进新兴优势产业链发展的几点建议

新兴优势产业链的发展是复杂的系统工程，湖南要遵循创新驱动、市场主导、要素集成原则，按照部署创新驱动链、壮大供需主体链、强化支撑要素链的发展思路，引导创新链、供需链和支撑链深度融合。

1. 建立多元化的创新供给模式

对可产业化的创新成果，要积极开拓企业内部、学研军、技术交易、众创空间、中小微企业等多元供给，重点发展四种模式。企业内部供给模式方面，鼓励企业承接国家重大科研项目，增进技术储备；鼓励企业设立、兼并购海外研发机构，打破技术封锁；探索企业研发准备金制度，并予以财税、金融支持。“军转民”供给模式方面，加大军工技术/产品供给，重点推进先进军工技术在新能源、新材料、航空航天、电子信息等产业链使用。加快建立保密分级制度，加强科研仪器共享，国防专利要及时解密转民用。推动共性基础和通用领域的军民品联合设计开发和生产线的联合建设，满足军民双向需求。如信息安全领域的存储控制器芯片，可推进军民融合发展，建设国内标志性的存储产业基地。“市场化”供给模式方面，搭建专利交易平台，促进产业链专利供需对接。开展校企、院企技术交易，促进科研成果转化。鼓励核心企业开展跨国并购，重点关注上下游长期客户或行业知名品牌，加强并购前的尽职调查和并购后的产业整合。特色化供给模式方面，针对应用性较广泛的创新成果，鼓励跨界应用供给。如轨道交通技术应用于新能源汽车、工程机械技术应用于农机、IGBT技术应用于智能电网、风力发电。鼓励开放式供给，如人工智能、基因技术、显示功能材料等产业链，加强与国内外高校、科研机构的合作，发挥中小微企业、众创空间、科技创业人员的作用，形成多样化的创新供给来源。

2. 形成多层次的创新扩散网络

把握创新扩散规律，抓住创新转换重点环节，加快形成多层次、高效率的创新流动与扩散网络。完善基础学科底层网络。以“双一流”学科建设为契机，扶持新材料、铁道、医学等学科冲击 ESI（基本科学指标数据库）排名前 1%，聚焦学科前沿，优化学科结构，培养产业人才梯队。形成创新转移主干网络。促进产学研交流，完善利益分配机制、风险承担机制、个人约束机制。创新校企合作机制，推行工学合一，建立企业新型学徒制，带动教学科研模式调整，引导学术研究方向。定期组织高校 - 企业交流会，实行联合实验室、开源社区等新的合作模式。加速创新要素纵向流动。通过技术创新产业联盟加速创新纵向流动，支持“链主”企业统一技术标准，强化技术耦合，由单个企业、单项技术的突破创新转向多个企业、多项技术的集成创新。根据技术成熟度实施灵活的联盟形式，如研发阶段的合作创新联盟（人工智能联盟、基因技术联盟等）、扩散阶段的专利转让联盟（3D 打印联盟、装配式建筑联盟等）和成熟阶段的标准制定联盟等（风电产业联盟、轨道交通产业联盟等）。

3. 完善全覆盖的创新服务体系

围绕创新链的研究开发、中试孵化、知识产权、技术交易、技术咨询全过程，逐步建立全覆盖的创新服务体系。一是以创新创业大赛、高交会、创业服务中心、科技企业孵化器等为主的企业成长培育体系。二是以创业投资和股权投资、间接融资和直接融资有机结合的科技投融资体系。三是以行业共性技术、产品开发和技术转移为主的公共服务体系，如大型科学仪器设备共享平台、公共科技资源共享平台、产业共性技术公共服务平台等。

4. 提升原材料供给能力

把握产业链上游原材料市场定价话语权，加强新材料与装备制造等产业链的配套协同，建立稳定的原物料供给体系。规范省内战略性原物料供给。加快僵尸企业和落后产能淘汰，加快有色矿山、冶炼及加工企业的重组兼并，组建铜铝合金、铅锌、钨铋、稀土稀贵金属、有色科技大型集团或行业联盟，为下游产业链稳定供给原材料。建立境外原材料供给体系。支持获取境外紧缺资源的勘探权、开采权，拓展海外原材料供应基地。鼓励高端装备制造产业链依托境外矿产资源开发项目，开展铜、铝、铅、锌等冶炼和深加工，带动成套设备出口。

5. 提升零部件配套能力

根据产业链配套成熟程度，精准化地进行产业招商，提升零配件供应能力。

实施“建链”招商。对上下游发展不均衡的产业链，依托专业园区重点引进在产业链中具有核心地位的龙头企业，并以之为基础进行辐射延伸，打造全新的产业链条。如基因技术及应用产业链，重点引进上游耗材、设备供应商，强化中游测序及数据分析能力；硬质材料产业链，应建立冶炼、原料、制品、零件与工具、部件、高端应用装备、生产性服务等全产业链。实施“补链”招商。对某个环节缺失的产业链，从纵向产业链的角度进行补充式招商，抓好与产业链上下游延伸有关的配套项目、合资合作项目的引进和实施，实现产业链向上、下游延伸，打造产业集群。实施“强链”招商。对配套相对完善的产业链，鼓励企业增进全产业链掌控能力，从低附加值环节向高附加值环节迁移，强化核心竞争力。

6. 开拓后端延伸的服务市场

对于高端装备制造业，要开拓深耕后端服务市场。如工程机械：形成服务、维修、融资租赁、配件、租赁、二手机、再制造等全产业链；轨道交通：争取建立入境维修口岸，延伸服务链条，大力发展入境维修业务；新能源汽车：提前布局汽车商贸、汽车文化博览、汽车金融、汽车运动、现代物流、汽车教育等汽车后市场业务。

7. 开拓创新产品的应用市场

加大政府采购力度，积极拓宽政务市场。支持新兴产业链产品进入政府采购目录并优先采购，重点引导产业链进入央企采购供应系统。在落实《全省工业领域“百项重点新产品推进计划”实施方案》基础上，完善技术/产品应用推广模式。加强标准化工作，掌握标准制定权，通过制定符合产业发展的标准体系加快行业发展。推进新产品多领域应用，扩展机器人、3D 打印应用领域，将装配式建筑技术“移植”到地下综合管廊领域。

8. 开拓“一带一路”沿线市场

以新兴优势产业链为“走出去”的重点，开拓“一带一路”市场。铺设“走出去”境外网络。鼓励轨道交通、工程机械、农业机械等在“一带一路”沿线国家（地区）建立装配、维修基地和研发中心，整合境外优质资源，完善境外销售网络。鼓励企业参与跨国并购。加强与欧美技术合作和对高端市场的开拓，增强技术革新、全球投放和本地化能力，重点推进中联重科、山河智能、永清环保、三诺生物等海外并购项目。加大财政支持力度。省开放经济专项资金要加大对企业走出去对接“一带一路”暨国际产能合作的支持，重点支持前期费用、海外项目贷款贴息和海外项目保险费用。

9. 强化园区的平台支撑功能

引导园区“基建化”向“专业化”转型。按照“一链一园”原则，重点发展产业链集聚区或在国家级园区下设“园中园”；对跨园区/跨境布局的产业链，鼓励探索“主基地+飞地”等管理模式。提升园区服务功能集成。增进专业园区产业链功能集成能力。进一步集成标准厂房功能，为中小企业提供可租可买的标准厂房；进一步集成公共服务功能，提供各类信息动态、培训工程、人才招聘、法律咨询、会展、融资服务、信用担保、电子商务等服务，推进产业配套的信息化进程。提升园区运营管理能力。鼓励园区去行政化运营，引入市场化专业运营机构，强化市场对接能力。优化会议、接待、餐饮、外联等基础服务，满足企业个性化需求。发展会所沙龙、产品发布、行业交流、媒介宣传等增值服务。提升园区“数字化”能力。搭建与产业链互动发展的园区云服务平台，根据产业链发展需求扩展服务范围。如，在产业链初创期提供工商注册一站式服务、技术金融与政策咨询辅导服务，在企业成长期提供政策扶持服务、财税服务、知识培训服务、社会中介服务，在企业成熟期提供工程咨询、政府公关、投融资服务和企业上市服务等。

10. 创新发展产业链金融

探索新兴优势产业链金融模式，有效拓宽融资渠道、盘活流动资产、降低经营风险，回归金融支持实体的本质。引导金融机构加大产金业务投入。引导传统金融机构转变盈利路径依赖，从企业大客户依赖模式向产业链集群模式转变。创新信贷管理体制，合理参考技术、人才、市场前景等产业链“软信息”，运用信用贷款、知识产权质押贷款等方式，提供产业链金融一揽子解决方案。探索互联网金融的产金融合模式。以新兴优势产业链为试点，引导企业与互联网金融平台进行对接。鼓励互联网金融平台优化风控体系和业务模式，为产业链企业，尤其是中小微企业提供综合解决方案。鼓励核心企业申报“延伸产业链金融服务试点”。鼓励符合政策条件的“链主”企业把握政策机遇，积极拓展产金业务，加快融资租赁业务发展，借助其对产业链的把控，通过资金封闭运行，为上下游中小微企业提供优质金融服务。

11. 引进集聚高层次人才/团队

尽快出台落实芙蓉人才计划实施意见，把引进和集聚顶尖科研人才（团队），作为新兴优势产业链人才支撑战略的核心工作。培养引进专业人才队伍。实施“一链一才”计划，围绕20个产业链形成20条人才链，重点打造长沙创新谷、株洲中国动力谷、湘潭智造谷等人才洼地。健全柔性引才机制。以“不求所有，但为所用”的引才思路，从国内外一线城市引进产业顶尖人才。健全顾问指导、短期兼职、候鸟服务、退休返聘、对口支援等引才方式，为产业链发展提供智力支持。打造顶尖人才交流平台。借鉴深圳人才研修院、青岛院士智谷模式，打造高层次的人才交流平台，吸引行业内最顶尖专家人才来湘进行学术交流、创业辅导及主题培训，提升人才创新创业能力。组织人才开展同行和跨界交流活动，促进人才与资本、企业对接，激发产业链创新活力。

# 沿着湖南特色机器人产业发展之路前行

闫仲勇　左 宏

Alpha Go 战胜人类顶级围棋高手李世石，表明人工智能时代已经悄然而至，机器人正从科幻走向现实，从实验室走向千家万户。2014 年 6 月，习近平在中国科学院和中国工程院两院大会上重点指出机器人是“制造业皇冠顶端的明珠”，是衡量一个国家科技创新和高端制造业水平的重要标志。抢抓时代机遇，大力发展机器人产业是湖南在新时代落实“创新引领，开放崛起”战略、实现新旧动能转化的必然选择。

## 一　刻不容缓：湖南发展机器人产业是大势所趋，势在必行

机器人产业已上升至国家战略层面。美、欧、日、韩等发达国家高度重视机器人产业发展，纷纷推出发展机器人产业的国家战略规划，中国也在积极布局机器人产业，“中国制造 2025”将以机器人为代表的智能制造列为中国未来制造业发展的核心，“机器人革命”正影响全球制造业格局。与此同时，随着人口红利的逐步消失、老龄化的日益加深，生产成本的不断上涨，“机器人换人”成了当前经济社会发展不得不为的策略。富士康早在 2011 年就表示将在生产线上累计部署 100 万台机器人来应对招工难的问题，有统计显示，2013 ~ 2015 年间，其工人数量减少近一半；在广州、武汉的美的工厂，美的家用空调用工人数已经从 2011 年的 5 万人减少到 2015 年的 2.8 万人，未来将只保留三成工人。据 IFR 预测，中国工业机器人 2016 ~ 2018 年的销量将分别达到 7.85 万台、9.81 万台、12.27 万台，年均增长 25% 左右。这预示着我国智能机器人产业在未来几年，将步入一个井喷式发展的时期。

抢抓机器人发展机遇是湖南当下的必然选择。湖南省第十一次党代会确定了“创新引领，开放崛起”的发展路线，明确提出打造中国智能制造示范引领区，

促进人工智能等重点领域发展。当前，湖南省同样面临着人口老龄化、成本持续上升和产业结构升级的三重压力，湖南省的重点产业工程机械、3C、汽车、烟花鞭炮等多个领域“机器换人”的临界点已临近或达到，对机器人的需求强烈。发展机器人产业是湖南省制造业突破劳动力成本和资源环境限制，重塑制造业竞争优势的重要工具和手段，是实现转型升级的“金钥匙”。发展机器人产业将成为湖南省落实“中国制造2025”战略，在区域竞争中占据发展先机，抢占科技与产业制高点的必然选择。湖南发展机器人产业势在必行、刻不容缓！

## 二 蓄势待发：湖南机器人产业有基础、有条件、有优势

虽然湖南省机器人产业仍处于起步阶段，但已经具备了良好的基础和软硬件条件，潜力巨大。

产业发展方面，据中商情报网统计，截至2016年6月，湖南省机器人企业数量已达99家，居全国第11位；增长率为15.12%，居全国第5。在工程机械、电工电器、汽车制造、轨道交通、电子信息、民爆等行业开始应用机器人，并逐步扩展到银行、食品医药、家庭、服务等行业，涌现出长泰、华恒等一批本土龙头企业。其中，长泰机器人专注于高端机器人研制，在全国市场所占份额达到20%~30%，每年生产工业机器人1万多台；华恒专攻智能焊接领域，主要开发自动化及智能化焊接生产线，研制了全球第一条叉车机器人焊接柔性生产线、全国吨位最大的焊接机器人、蝶眼激光扫描、与美国亚马逊公司同类产品相媲美的AGV机器人。

创新平台方面，在长沙雨花经开区建立了“湖南省机器人产业集聚区”，已集聚机器人企业（项目）70多家，初步形成了机器人产业集群，在全国40多个机器人产业园区中占据一席之位，设立了机器人研发演示中心，成立了全国机器人领域的第1个国家工程实验室——机器人视觉感知与控制技术国家工程实验室，固高科技等企业与雨花经开区以多方合作方式成立湖南省首家机器人研究院，机器人产业集聚、技术研发演示、产学研一体化平台已具雏形。

专业人才方面，国防科技大学、湖南大学、中南大学均拥有机器人相关国家一级重点学科和专家团队，有王耀南院士等领军型专家，培养出一大批从事机器

人技术的中高级人才，集聚区引进华中第一家专业工业机器人培训机构“工控帮”，年培训1000人次。

## 三　特字当先：湖南发展机器人产业要立足特色、聚焦特点、服务特需

在区域竞争日趋激烈的今天，只有突出自身特色产品、特色产业、特色品牌，才能在市场竞争中拥有一席之地。湖南省机器人产业也要突出一个“特”字，紧紧围绕湖南省制造优势和巨大的市场需求，集中力量做大做强工程机械、民爆、养老、医疗服务、救灾抢险等特色机器人产业，在特定领域形成一定的话语权。

立足产业特色，加快推进“机器换人”。湖南省享有“工程机械之都”的美誉，是全国最大的工程机械生产基地，仅长沙市占全国工程机械行业产值的比重就超过1/4，规模以上工程机械企业32家，位居全国第一。同时，湖南省也是“世界烟花鞭炮之乡”，烟花鞭炮企业近400家，年产值过400亿元，同样位列全国第一。不仅如此，湖南汽车已成为中国汽车产业的“第六极”，形成了以长株潭为中心，衡阳、永州为重要基地的汽车产业大格局。此外，作为“鱼米之乡”的湖南，“十二五”末规模以上食品产业经济总量已进入全国十强，排名第八位。随着工程机械、汽车制造、食品加工等传统制造业转型升级，烟花爆竹等危险产业的无人化，以及湖南省劳动适龄人口占比逐年下降和用工成本不断提升，这些产业“机器换人”的临界点已达到或临近，对工业机器人产生强劲需求，湖南省有望在以上领域实现需求端的爆发式增长。为此，我们要抢抓机遇，率先在这些领域实施“机器换人”工程。发展基于汽车制造和工程机械领域应用的装备类机器人，基于烟花鞭炮和桥梁隧道应用的民爆机器人，以及基于食品加工和制造的协作机器人。同时，要充分利用成立不久的省检验检测特色产业园，在湖南省优势产业建设机器人整机性能、核心零部件、安全性能、工艺性能检测平台及公共服务平台，帮助工程机械、烟花鞭炮、汽车制造、食品加工等领域的系统集成商参与制定国家和国际标准，参与建立工业机器人产品认证制度，力争使湖南省优势产业的机器人检测标准成为全国甚至全球的标准，建设具有全球影响力的集研发设计、系统集成、检测认证、展示交易等功能于一体的机器人产业创新示范区，在优势产业领域打造具有国际竞争力的特色系统集成商。

聚焦人口特点，率先布局养老和康复医疗服务机器人。湖南省人口年龄结构“老化”持续加剧，老年人口达1000多万，空巢老人达300多万人，“六普”数据显示，湖南60岁及以上老年人口数量居全国第6位。湖南省人民政府发展研究中心课题组测算，2010～2040年，湖南老年人口呈现加速增长趋势，65岁及以上老年人口占总人口比重将由9.3%上升到23.4%，而少儿人口则呈快速下降态势，2026年以后进入超少子化阶段，2030年代中期以后，少儿人口维持在15%以内。人口断层使得湖南省养老护理劳动力极其缺乏，抚养压力巨大。据湖南省政府发展研究中心研究测算，2010～2060年，湖南省老年抚养比从12.6%猛增到45.9%①。“少子化、老龄化”可造就千亿元的老年经济市场需求，养老服务机器人需求潜力巨大；另外，湖南省健康产业方兴未艾，护理人才的匮乏与老龄化、慢性病将催生数万亿元的康复医疗市场，未来健康产业市场可增长40～80倍，为康复医疗等服务机器人带来巨大的市场空间。为此，要紧紧结合湖南省在养老和医疗方面的巨大需求，加快服务机器人的前瞻布局，实施养老、康复医疗等服务机器人应用示范工程，利用机器人研发演示中心等平台推进养老机器人、手术机器人、护理机器人、康复机器人、辅助机器人等养老、医疗机器人的技术研发与临床应用。同时，利用好机器人视觉感知与控制技术国家工程实验室、机器人研究院等平台，集聚省内外服务机器人技术专家团队，组建湖南省服务机器人产业科技智库，开展关键核心技术、设备研发和咨询工作，提升养老、康复医疗等服务机器人在关键技术、核心部件上的自主研发水平。

围绕省情特需，培育救灾抢险等特种机器人产业。湖南省位于中国中南部，易发生暴雨洪涝、冰冻、泥石流、火灾等自然灾害，对救灾机器人等特种机器人需求较大。而在技术和产品方面，地处长沙的国防科技大学的无人机技术已经成熟，相关产品已经在军事领域推广应用。湖南要面向公共安全、应急救援、特种作业等市场急需领域，以军民融合为抓手，推动军用无人机等技术成果尽快向民用领域转化和产业化。为此，要着力申报打造国家级军民融合示范区，培育特种机器人生产基地，确保智能无人系统等重大专项落地，通过军

---

① 具体测算参见湖南省人民政府发展研究中心2015年对策研究报告第17号（总第422号）《湖南人口老龄化的现状、发展趋势及对策研究》及第33号（总第438号）《〈湖南省“单独两孩”政策实施办法〉实施效果评估报告》。本报告数值采取了中方案，即假设2017年普遍放开二孩生育，2025年全面放开生育政策情况下的测算结果。虽然2016年已经提前一年全面放开二孩生育，但是测算结果只稍有偏差。

民融合协同创新研究院促进湖南省救灾机器人、海底作业机器人、无人机、无人船、自动驾驶系统等特种机器人的研发及产业化。同时，要尽快建立无人机机器人互联网平台，鼓励省内外从事无人机技术的工程技术人员和在校大学生、研究生在平台免费注册，形成巨大的智慧储备池，打造救灾抢险等特种机机器人网络科技智库。

# 社会文明是最有说服力的投资环境

唐宇文

最近，根据湖南省领导指示，我们赴江苏省调研该省开展营商环境评估的做法。一下飞机，江苏省政府研究室陈处长就陪同我们直奔苏北的宿迁市。一路上，陈处长给我们介绍了宿迁市近年来发生的巨变，并说宿迁市是江苏省第一个自我加压、开展营商环境评价的地市。

宿迁地处苏北，1996 年 7 月撤县设市，是江苏省最年轻的地级市。2016 年末宿迁常住人口为 488 万人，城镇化率为 57.5%。宿迁历史悠久、文化繁荣，是西楚霸王项羽的故乡，京杭大运河穿境而过；也是中国白酒之都，洋河、双沟均出产于此。2016 年宿迁 GDP 为 2351 亿元，比上年增长 9.1%，人均 GDP 达 7275 美元。

夕阳西下之时，我们的车子到达宿迁，市政府接待办的同志把我们带进恒力国际酒店办理入住手续。一进大堂，酒店的服务生就彬彬有礼地迎上前来，递上一杯杯热茶，帮助拖拉行李，服务台的条柜上摆放了两大碟苹果，供住客们随意拿取。

晚上，市政府常务副市长与我们共进晚餐。席间，他概要介绍了宿迁市情，特别提到近年来他们重点围绕提升城市文明开展了一系列基础性工作。比如，他们要求所有市民过马路时必须遵守交通规则，违者将通过人脸识别系统调取图像进行公示；司机驾车经过斑马线时必须礼让行人，行人见到礼让自己的司机，也要伸出大拇指表示感谢；市民在街上遛狗时，必须给狗系上绳子；市民夜间跳广场舞，音响喇叭的分贝不能高于规定值……

市长还讲到，2015 年宿迁市发布了一个《宿迁文明 20 条》，这 20 条文明建议有点像当年毛主席起草的《三大纪律八项注意》，其中多数都属于诸如不说脏话、不过分劝酒、吃饭不“吧唧嘴”等日常生活中的细节问题。文明 20 条发布之后，大多数市民为之叫好，但也有少数人认为是小题大做，管得太宽。有人认为：在家吃饭“吧唧嘴”也管，政府是闲得没事干了吗?

针对争议，市委市政府不断加强释疑工作。市长说，他们一开始也想提出

“高大上”且朗朗上口的文明口号，但最后大家还是认为需要更草根、更接地气的东西，最好能让市民一看就懂、易记易做。

文明20条出台后，宿迁还针对不同条例进行了落实：有法可依的如“不随地吐痰”、“及时清理宠物粪便”等规定，责成城管等部门加强管理，对违者要进行处罚；对一些涉及公德的如“吃饭不吧唧嘴”“排队不插队”等条款则安排了大量志愿者进行劝导。

市民在耳濡目染中，悄然接受了变化。如今，文明20条中的“小事”，已成为宿迁市民的共识。有些市民在接受记者采访时评价：“在全国那么多文明城市的创建口号中，就数宿迁最接地气。”市长总结说，很多规定都是从不习惯到习惯，从不接受到接受，逐渐地就变成一种意识、一种社会氛围。

尽管市长娓娓道来，态度平实，但我们对他的话仍半信半疑。晚饭后，我们决定到酒店周边去散散步，明察暗访，看个究竟。我们沿着酒店附近的洪泽湖西路、迎宾大道步行，街道上干净整洁，甚至找不到一片纸屑；途中见到一个遛狗的女士，她确实用绳索牵着小狗；路边一处小广场上的宿迁大妈们正在翩翩起舞，但伴舞的音乐之声很轻，我们都怀疑大妈们能否听见；当我们行至骆马湖路一条人行横道线时，看到远处有两辆小车正向这边驶来，便故意等到临近时再过马路，这两辆小车马上慢了下来直至停下，我们一边横过斑马线，一边向司机伸出大拇指以示感谢。

看来，市长说的全是实话。过了马路，我们走进路边的古黄河生态体育公园，心情舒畅，大有不虚此行之感。

返回酒店的路上，看到一个宣传栏上张贴着《宿迁文明20条》，我饶有兴趣地把它拍了下来。这些倡议确实很接地气，值得一提：有序排队不插队；公交车上主动给有需要的人让座；出入电梯间先下后上；乘坐扶手电梯靠右站；轻声关门；不说脏话；公共场所不喧哗；垃圾分类不乱扔；不乱贴乱画；不过分劝酒；吃饭不“吧唧嘴”；不剩菜、不剩饭；公共场所不吸烟；不随地吐痰；咳嗽、打喷嚏时用手遮挡；公共场合不抠鼻子；接听尊长者电话应待对方先挂机；公共场合不穿拖鞋和睡衣；带儿童外出不随地便尿；遛狗要牵绳，及时清理宠物粪便。

第二天，在赴宿迁市便民方舟、电商产业园和经开区调研途中，见到大街上先进的环卫车把马路上的护栏自动清扫得干干净净，我们都交口称赞。陪同调研的市政府研究室骆主任介绍说，现在整个宿迁市的环境卫生都已交给首都环卫集团打理，他们在北京用什么最新的环卫机械，宿迁也同时使用。

途中我们再次称赞"机动车礼让行人"，骆主任说，2015 年宿迁交警严查机动车不礼让行人行为，规定右转弯车辆行经人行道不礼让行人行为者一律罚款 100 元、扣 3 分。当时不少车主认为太过苛刻，但现在大家对礼让行人已完全认可。宿迁交警支队的统计表明，目前市区行人守法率在 95% 以上，非机动车守法率达 98% 以上，斑马线前公交车、出租车礼让率达 95% 以上，私家车礼让率达 90% 以上。公安部曾派人来暗访，结果发现守法率达 100%。

宿迁市在提升文明进程中也重视履行政府责任，该市打造了一个总面积 2.3 万平方米的"便民方舟"，将政务服务中心、公共资源交易中心、365 便民服务中心全部汇集于此，所有审批和公共服务事项均可在此办结，实现了创业、兴业、置业、就业、便民服务一条龙。

正是全社会的共同努力，使文明理念潜移默化地改变了每一位宿迁人。而广大市民文明素质的提高，则改变了宿迁的整体城市形象。2015 年，宿迁跻身全国提名文明城市，他们提出用 3 年时间冲刺全国文明城市。2017 年 4 月，在中央文明办发布的 2016 年度全国文明城市创建年度测评中，江苏省宿迁市在全国 123 个地级以上参创城市中排名第一。

城市文明的提升，反过来促进了经济发展。我们在调研中发现，这几年，宿迁电商产业园引进了京东、当当、途牛等众多的互联网企业。其中，京东将全国客服中心放在宿迁，其二期工程建设正紧锣密鼓地进行，预计不久的将来，京东宿迁产业园从业人员将由目前的 7000 人增加到 1.2 万人。又如在宿迁经开区，上菱双鹿等一批智能家电企业也是因为看中了宿迁的文明环境，在近两年里陆续

**图 1　宿迁文明 20 条**

进驻，整个智能家电产业无中生有，2016 年产值达到 34 亿元。

正因为宿迁在追求经济发展的同时，坚持脚踏实地、从小处着眼提高整个城市的文明程度，从而使这座年轻的城市先后获得了江苏省跨境电子商务试点城市、全国网络市场监管与服务示范区、中国优秀旅游城市、国家园林城市、国家卫生城市、中国金融生态市、联合国环保节能新型示范城市等一系列荣誉称号。

这一切都向世人说明，社会文明确实是最有说服力的投资环境。

# 完善 PPP 模式 推动湖南省民间投资增长的建议*

廖仲华

近年来，湖南省民间投资呈现增速放缓、领域偏窄、竞争力减弱的特征。作为全国首批 PPP 试点省份，2014 年以来共推出四批 PPP 示范项目 316 个，投资总额 4848.67 亿元。但是，从湖南前三批 PPP 示范项目的参与主体来看，无论是参与项目数量还是投资额度及比重，对于民间资本而言，参与 PPP 项目竞争的话语权明显不足，民营企业参与度不到 20%。民间投资特别是民营企业投资 PPP 项目尚处于一种比较尴尬的境地，值得高度重视。

## 一 湖南民间投资参与 PPP 项目的困境

——民间投资 PPP 项目明显受限。当前，“细则不细”的问题突出，政府提供的支持民间投资的政策仍然是“大政方针”，而企业需要的是可执行的“实施细则”，现行政策允许的投资领域广泛与实际投资分布狭窄的现象并存。湖南民间投资主要集中在制造业、房地产业，在公益性事业领域的投资比重很低。而 PPP 项目主要涉及公共产品和公共服务领域，民间投资“挤出效应”更加明显，参与 PPP 项目的领域更窄、概率更小。

——政府及银行对民营企业信任不足。目前，政府对民间资本信任不足，地方 PPP 项目最终选定的资本合作方绝大多数是国有企业，企业资质、业绩、专业水平、注册资本等隐性障碍和歧视在谈判阶段就已将民企拒之门外。与此同时，政府和金融机构缺乏主动服务。例如，推行使用“湖南省投资项目在线监管审批平台”遇到重重阻力，上年以来国家投放的 7 批专项建设基金，民企所获支持资金占比不到 10%，等等。从 2017 年开始，中央预算内资金取消了对竞争

* 本文系2016年度省智库专项委托项目“湖南进一步扩大民间投资对策研究”［16ZWC42］阶段性成果。

性领域的支持，专项建设基金和政策性贷款更加倾向于有政府背景的平台公司，民营类项目建设将受到更大的资金制约，民营企业获得政策性资金支持的机会更少，参与PPP项目的机会更少、竞争力更弱。

——民间投资PPP项目风险防范能力不强。一方面，民营企业存在机制上的“先天不足”。尤其是中小企业难以适应日益激烈的市场竞争环境，面对PPP项目，面对高收益与高风险并存的高新技术产业、“三新”产业，许多民营企业都是望而却步。另一方面，非法集资对民间投资是“雪上加霜”。由于自有资金短缺，一些民营企业为继续生存或者渡过“难关”，无奈选择高利率的民间借贷。湖南是全国15个非法集资案件“重灾区”之一，非法集资案件的高发频发，造成了民间投融资的局部坍塌，很大程度上制约了湖南民间投资的健康发展，影响了PPP项目的推广运用。

——PPP模式实践操作遭遇困惑。一是把PPP当作单一的融资工具，有些地方政府仅仅围绕融资进行方案设计，把不具备条件的项目纳入PPP项目，以此规避监管、达到快速融资目的。二是部分PPP项目遭遇冷落，社会资本参与准经营和非经营PPP项目的意愿总体不高，即使签约但项目落地率也明显偏低。湖南前三批199个省级PPP示范项目，落地率只有33.89%。三是民间投资PPP项目压力大，存在着定价机制执行难等问题。公共事业及公益服务的PPP项目，大部分属政府定价范围，但政府定价承诺是否能顺利通过价格听证会，是民间投资方最大的顾虑。即使明确是自主协商收费项目，PPP项目公司面对通信、电力、天然气等大型央企，收费谈判进程异常艰难缓慢。

## 二 完善PPP模式、推动湖南民间投资增长的对策建议

——加强对PPP内涵的审视。一是准确理解PPP中第二个P的含义。作为第二个P的投资人，在现阶段，这个P的内涵更大、范围更广，不是单指民间资本或民企私企，而是泛指社会资本，但不包括本级政府所属融资平台公司及其控股的国有企业。二是准确把握PPP投资人结构的变动趋势。目前，PPP投资人主要是国企特别是央企，私人或民营企业参与PPP的比例还较小。但是，PPP投资人“国退民进”，国企带动民企、国企与民企合作的格局正成形成，PPP模式日益发展成熟。三是准确区分PPP与BOT的本质差异。PPP与BOT既有紧密关联又有本质区别。BOT注重融资，关注的是风险和收益的匹配，PPP注重管理，关

注的是效率和质量的提升。PPP 要求政府与企业“风险分担、收益共享、激励相容”，更加强调合作各方发挥社会效益和履行社会责任。在此基础上，要特别注重对真假 PPP 项目的甄别，大大提高湖南 PPP 项目的履约落地率，更大范围、更深层次、更高水平地推动湖南民间投资健康发展。

——加快政府服务的转型。一是赋予地方政府更多政策空间。要根据湖南各地的区位条件、自然禀赋、发展程度差异，鼓励支持各地区、各园区因地制宜制定出台 PPP 实施细则和支持政策，创新 PPP 项目收益和分配机制，稳定民间投资预期，增强政策红利获得感。在 PPP 发展基金、财政奖补、正税清费以及 PPP 项目股权转让、融资贷款、产权保护、风险防范等方面，给予更多政策空间，更好地发挥地方政府的能动性。二是提升信息公开性和透明度。要进一步推进湖南“互联网 + 政务服务”改革，让数据多跑路，让企业群众少跑腿，最大限度便民利民。严把 PPP 项目入库关，严格“物有所值评价”和“财政承受能力论证”程序，杜绝任何伪 PPP 项目，减少投资人的项目识别难度和风险隐患；建立标准统一、程序规范、公开透明的“PPP 综合信息平台”，畅通项目信息的获得渠道，降低项目基础信息的获取成本。三是提供专业化技术人才支撑。组织开展与 PPP 密切相关的法律、金融和财务等业务知识培训，加强土地征用、股权设计、项目融资、立项审批、招标采购等政策法规的指导应用；强化 PPP 人才队伍建设，加大专业技术人员培养、挖掘和引进力度，成立湖南“PPP 项目业务指导中心”，为 PPP 运作提供专门技术指导和政策解读；大力发展咨询服务中介机构，提高 PPP 运作的专业化、市场化、社会化服务水平。

——提振民企信心。一是予以民间资本更多均等参与机会。要坚决破除湖南省内各类隐性障碍和“潜规划”，营造公平竞争环境，设置政策一致、机会均等的基本条件，吸引民营企业积极参与 PPP 项目建设。加强公平竞争审查，去除对民间资本的隐性限制，在制定市场准入、招标投标、资质标准等政策时，不得设置过高或无关的资格要求、过高的保证金等不合理的采购条件，对潜在合作方实行差别待遇或歧视性待遇；落实 PPP 两个“强制”要求，加快运用 PPP 模式盘活基础设施存量资产，拓展民间资本参与 PPP 投资领域。二是发挥市场决定价格作用。进一步简政放权，释放市场主体潜力，发挥市场合理配置生产要素的作用。加大价格政策支持力度，对以政府定价为主的基础设施、公共事业及公益服务领域的 PPP 项目，各级政府及价格主管部门主动提早介入，当好参谋顾问，统筹政策之间的协同和配合；发挥市场决定价格的作用，大力推进供水、供气、供电以及教育、医疗等领域价格改革，以价格放开促项目建设；完善定价程序和价格听证办法，主动邀请专家和相关人员参与价格论证，加强价格成本信息公开，实现科学合理定价或调价。三是加强法治信用政府建设。牢固树立“红线”意识和正确政绩观，禁止利用PPP变相融资、加大地方政府债务风险隐患；加强全生命周期的合同履约管理，勇于探索将PPP项目承诺纳入地方政府绩效评价体系，对PPP运行情况和实际效果开展第三方评估，严格考核奖惩；科学建立容错纠错机制，严格区分先行先试失误与明知故犯行为，科学甄别无意过失与主观故意行为，保护探索创新的积极性；构建“亲”“清”新型政商关系，完善政企沟通机制，以严肃负责态度对待合同承诺，把出台的政策兑现好，把签订的协议履行好，杜绝出现将政府方责任过错转嫁给参与合作方的极端错误做法，避免“地方政府对自己的承诺函说撤就撤”的现象再次在湖南发生。

# 新常态下招商引资的对策研究

湖南省人民政府发展研究中心调研组*

招商引资是建设“开放强省”的重要举措。为进一步促进招商引资工作，我中心成立了专题调研组，赴长沙、株洲、湘潭、邵阳、广州、深圳等地和相关省直部门进行了深入调研，现将调研情况介绍如下。

## 一　湖南招商引资存在的主要问题

1. 引资规模不大，中部排名垫底

2016 年，湖南招商引资实际到位资金 5261.45 亿元，居中部六省最末，规模不及安徽的一半，比第五名的山西还少 19.3%。从内联引资来看，湖南不仅排位垫底，而且规模差距较大，不到安徽、湖北的一半；人均内联引资也排在中部六省最后，均不到山西、安徽、湖北、江西的一半。从招大引强来看，2016 年全省累计引进世界 500 强企业 140 家，居中部第二，但也只有深圳的一半

**表 1　2016 年中部六省招商引资数据对比**

| 省份 | 招商引资 | | 实际利用外资 | | 内联引资 | | | |
|---|---|---|---|---|---|---|---|---|
| | 总量（亿元） | 排名 | 总量（亿美元） | 排名 | 总量（亿元） | 排名 | 均量（元/人） | 排名 |
| 安徽 | 10937.2 | 1 | 147.7 | 2 | 9903.3 | 1 | 16119 | 2 |
| 湖北 | 9702.8 | 2 | 101.3 | 5 | 8993.7 | 2 | 15368 | 3 |
| 河南 | 9627.4 | 3 | 169.9 | 1 | 8438.1 | 3 | 8901 | 5 |
| 江西 | 6636.6 | 4 | 104.4 | 4 | 5905.8 | 5 | 12934 | 4 |
| 山西 | 6521.7 | 5 | 23.3 | 6 | 6358.6 | 4 | 17354 | 1 |
| 湖南 | 5261.3 | 6 | 128.5 | 3 | 4361.8 | 6 | 6430 | 6 |

数据来源：各省统计年鉴。

* 调研组组长：卞鹰；调研组副组长：唐宇文；调研组成员：禹向群、李银霞、文必正。

左右；与湖北相比，2012 年湖南超过湖北 22 家，到 2016 年却少了 114 家，四年时间发生了从领先到落后的逆转。

2. 政务环境不优，政策保守空洞

民间投资占比是营商环境的重要评价指标。2016 年，湖南民间投资占比仅为 59.2%，居中部六省末位，比全国平均水平低 2 个百分点。部门调研中，招商主管部门认为湖南政务服务环境是个老大难问题："外省一天能办成的事，湖南省往往需要好几天；外省一张纸可办完的事，湖南省则需要好几张纸，转好多弯。"各种行政审批、串联式审批，导致效率低下，严重影响市场活力。省商务厅反映，招商"承诺兑现难、政策落地难"等问题突出，而这些问题在中西部地区更突出。同时，湖南省的招商引资政策比较空洞，相比沿海发达省份，优惠有点不痛不痒。国务院促进招商引资相关政策不断推陈出新，"放管服"改革拳拳到肉，但湖南省对国家已有的相关政策没有用好吃透，制定和执行政策都过于保守。

3. 招商干劲不够，存在"三不"倾向

调研发现，基层招商干部有三大不良思想倾向，需保持警惕。一是"不用抓"的无为倾向。有的干部片面理解"使市场在资源配置中起决定性作用"，认为引项目、搞投资是企业自己的事，是市场行为，政府去抓既是多此一举，也是越俎代庖。二是"不愿抓"的畏难倾向。当前，国际国内项目引进的竞争越来越激烈，招商引资的难度越来越大，少数干部产生畏难情绪，工作像"磨盘"，不推不转。三是"不敢抓"的自保倾向。十八大以来，招商引资和项目建设涉及的利益调整越来越复杂、运作程序越来越严格、监督追责力度越来越大，有些干部接触客商怕闲话、征地拆迁怕惹事、拍板决策怕担责，不敢触及矛盾，不敢承担风险。

4. 创新气氛不浓，资本难以青睐

湖南在实施创新驱动战略、推进自主创新和发展高新技术产业中取得了一定的成绩，但对本地上下游产业技术需求、创新创业团队、国际国内技术合作交流，以及利于潜心创新创业的配套服务等方面关注不够，与沿海发达省份相比仍有较大差距。2016 年，湖南全省 R&D 投入强度为 1.58%，比广东低 0.98 个百分点，比全国平均水平低 0.52 个百分点。截至 2016 年底，湖南拥有高新技术企业 2212 家、新三板企业 205 家，而广东分别拥有 19857 家和 1517 家，是湖南的 8.98 倍和 7.4 倍，远远高于两省经济总量的差距。2016 年，湖南共有科技企业孵化器 50 家（广东 634 家），其中国家级孵化器 16 家（广东 83 家）；省级众创空间53家（广东500家），国家备案众创空间30家（广东178家）。

5. 专门人才不足，干事事倍功半

调研过程中，我们发现项目的开发、包装等问题较为突出，这些问题主要是因专门人才极度缺乏引起的。有专家认为，湖南省掌握并熟知招商要领的专业人员可能不到5%。招商引资是专业性很强的工作，招商专员需要了解最新的产业趋势，熟悉沟通技巧，谙熟本土投资环境、产业布局、资源禀赋，以及自己所在片区、园区的产业资源，有的还需要精通外语、掌握相关专业知识、熟悉国际招商惯例和项目谈判业务并具有良好社会关系。但现实中湖南很多一线招商干部不了解产业政策，相关专业知识贫乏，“5+2、白+黑”的蛮劲招商很难适应新形势下的招商引资工作需要。

## 二　促进湖南招商引资工作的对策建议

新常态下，对湖南招商引资工作需在更高站位、更广视野下审视，抓住招商引资的痛点，围绕投资环境、创新和人才等方面重点发力，统筹推进。

1. 抓好现有政策的落实

一是落实好国家招商引资最新政策文件精神。2017年国务院连发针对外资的5号文和39号文，湖南要加快贯彻落实好准入前国民待遇加负面清单管理制度、技术先进型服务企业所得税优惠政策、取消或放开制造业和服务业一些领域外商投资股比限制、扩大国家级开发区投资管理权限、简化外国人才来湘工作许可、鼓励民间资本采取多种方式参与基础设施和公用事业建设、完善民营企业信用评级制度、严格兑现合法合规的政策承诺等相关政策，出台配套实施细则，让含金量高的政策实实在在地在湖南落地。二是落实好国家深化“放管服”改革的相关政策。加快以清单管理推动减权放权，推进行政审批标准化、规范化。清理取消一批生产和服务许可证，加快向国际通行的产品认证管理转变。落实商事制度改革举措，实行多证合一，扩大“证照分离”改革试点。进一步加大对涉企收费的督查力度，确保扶持小微企业发展价费政策落实到位。落实构建全国统一大市场政策，开展企业资质认定、产品认证许可、质检、通关、市场执法等领域的标准对接和结果互认，为相关企业跨区域经营提供方便。三是落实好自贸区改革试点经验复制推广。加快落实国务院关于复制推广上海自贸区成熟经验的政策，投资管理领域、贸易便利化领域、金融开放领域、服务业开放领域，对事中事后监管、海关特殊监管区域等方面的成熟经验要学习复制到位，与标杆对齐，尤其要尽快复制推广部分企业需求强烈的“区内企业增值税一般纳税人资格、内销货物选择性征税、保税备货”等自贸区核心政策。

2. 深化招商体制机制改革

一是加大省级招商相关部门的统筹协调力度，形成工作合力。充分发挥省开放型经济领导小组统筹协调作用以及省贸促会沟通联系职能，推动商务、投资、海关、税务、检验检疫、口岸、外事办等多方力量形成合力。建立以商务部门为指导部门、投资促进局为牵头部门的服务体系，招商中介机构为招商核心及其他中介机构为辅的招商引资组织机构，探索“政府招商部门牵头、专业机构主持对接、专业市场保荐挂牌、专业团队项目托管”的新模式。操作上，一些重大招商引资项目，政府仍然可以出面帮助推动协调，一般性的招商引资活动，则交给企业和市场，政府主要为招商引资创造良好的政策环境，提供良好的公共服务。二是理顺园区的招商及管理体系。推动园区管理扁平化和去行政化，深化园区招商体制改革，努力破解园区发展过程中遇到的体制机制障碍。调整园区现有招商体制，在园区基本建立起企业化运营的招商管理体制和以“公开竞聘制、身份档案制、淘汰退出机制”为核心的管人用人机制，以及以岗定薪、按绩取酬的绩效考核机制，进一步激发招商活力。

3. 创新招商模式，提升招商实效

一是围绕打造优势产业链精准招商。各市州要围绕打造优势产业链，将招商对象从“面”定位到“链”，从“四处撒网”转变为“依链索环”，注重引进项目的本土转化，注重与现有产业互补。围绕优势产业链的关键技术、关键环节，瞄准行业领军企业，对接世界500强、中国500强、民营500强企业以及大型央企等领军企业，筛选出可能性企业名单，建立“目标企业库”。重点引进产业链、价值链上的高端项目，不断实现产业链的“补链、增链、壮链”，按照“核心企业－产业链－产业集群－制造业基地”的发展思路，抓龙头带配套，取得“一花引来百花开”的效果。二是转变财政支持方式，开展资本招商。新时期，全省各级应减少并逐步取消财政资金对一般竞争性领域的直接无偿投入。今后对产业项目的扶持主要通过整合设立产业发展引导基金，采取市场化方式运作。将政府引导基金作为地方招商引资的利器，广泛联手金融机构、投资机构，支持各县区、开发区多渠道参与，形成“政府投资＋金融资本”“政府投资＋民间资本”等多种融资机制。积极运用PPP模式，汇聚社会力量增加公共产品和服务供给。三是注重平台型企业以商招商。大力引进、培育和打造一批园区型、资源型、科技型、基金型、服务型等平台型企业，利用平台型企业的产业链、供应网、客户群、资本运作优势，充分发挥企业家整合资源的能力，通过合作、合资、产业联盟等方式，集聚发展一批相关产业和项目。与企业共同研究和实施发展战略，激励引导企业开展以商招商，更好发挥平台型企业在产业招商中的引领带动作用。

4. 构建综合创新生态体系

一是集中力量实现重大科技创新的突破。要实现招商引资根本性变革，就要发挥我国特色社会主义集中力量办大事的体制优势，发挥院士、创新团队等高尖端人才和国家重点实验室的独特作用，加强创新链起始端的基础创新，将湖南打造成为创新源头。积极推进省部、省校、省院合作，争取国家科技项目、创新平台和重大科技工程支持，建设一批科研试验基地和科研成果转化项目，突破引进一批附加值高、核心竞争力强的高端项目。二是注重筑巢培新，吸纳有发展潜力的小项目。加强对中小微企业、科技创新企业的支持。大力引进具备颠覆性功能的新技术、新产业、新模式、新业态等“新兴”项目。发展孵化器、众创空间等公共科技服务平台，坚持创新与创业、线上与线下、孵化与投资相结合，不断厚植创业创新文化，着力打造创业创新“沃土”。完善创新资源配置机制，建立创新资源优化整合、共享机制，鼓励创新资源开放共享。完善“众创空间—孵化器—加速器—专业园区”创业孵化链条，着力构建多要素联动、多主体协同的综合创新生态体系，形成“基础研究 + 技术开发 + 成果转化 + 金融支持”的创新全链条。

5. 引进“外脑”打造招商专业团队

招商很大程度上无法仅仅依赖政府内部的力量来完成，需要引进“外脑”合作。借助专业性培训机构。培训项目主持人、专业技术人员、财务人才、谈判技巧人才等，提高包括项目策划能力、商务谈判能力在内的项目整体运作能力。利用网络推广专门人才。整合现有网络招商资源，借助大数据和新型互联网传媒平台，构建立体式招商信息平台，将招商工作引入互联网时代，实现网络化、高效化招商。委托中介招商。加强与国内外一流的园区开发运营商、工业地产商以及投资促进机构、招商代理公司、项目设计公司、会计事务所、投资银行等中介的合作，积极培育本省招商中介机构。

6. 围绕产业链引进人才和创新团队

把招商引资与招才引智结合起来，围绕产业链着力引进一批高层次科研院所、研发中心和创新人才。以各类创新平台为载体大力引进高层次人才和创新团队。各市州、园区要依托创新创业平台、协同创新基地、院士工作站、博士后工作站等各类创新平台，根据产业定位和技术需求，精准引进一批带技术、带成果、带项目的高层次人才和创新团队。依托湘江西岸科教优势资源，建立中国（湖南）博士后成果转化基地等一批高端创新人才载体，使长株潭地区成为高端人才创新创业的聚集地。以产业和企业需求为出发点加快汇聚急需人才。围绕新一代信息技术、高端装备制造、新材料及节能环保、生物医药、现代服务业等新兴产业，加快引进产业发展急需的国内外高端人才和创新团队。鼓励企业建立院士工作站、博士后科研工作站和博士后创新实践基地，采用合作共建、技术合作、短期聘用等柔性引才引智方式，吸引高层次人才为企业创新服务。以高等院校为依托加速培养专业技术人才。支持高校、科研院所与企业联合培养人才，实现校地、校企人才队伍共建、创新成果共享。支持科技型企业与高校优势学科加强产学研合作，围绕产业技术创新需求，联合开展技术攻关，加快培育重点行业、重点领域、战略性新兴产业急需人才。

# 加快长沙金融业特色化发展的对策建议*

湖南省人民政府发展研究中心调研组**

长沙自2006年就提出建设区域性金融中心，但十多年过去了，金融业仍然是经济发展的短板。2016年全市金融业实现增加值485.5亿元，同比增长5.6%，占GDP的比重为5.2%，仅为武汉市金融业增加值的1/2。金融深度和宽度方面，2016年长沙存款余额和贷款余额占GDP的比重分别为166.1%和148.7%，在中部地区均列末尾，分别排名全国第28位和第24位；保险深度方面2015年为2.7%，全国排名垫底①。围绕如何加快长沙金融业发展，我们开展了专题调研，发现当前存在四个突出问题，并提出了对策建议。

## 一　各级各部门空间布局思路未达成共识

湖南省和长沙市各级各部门发布的文件和规划中对长沙金融中心的布局还存在一定的差异。2017年省政府工作报告中明确提出“加快湘江新区滨江金融中心建设”，省政府主要领导也多次表示要着力打造滨江金融中心；2017年1月发布的《湖南省“十三五”金融业发展规划》中将长沙市金融业布局为“一主一副一区一园”②；2017年6月发布的《长沙市“十三五”金融业发展规划》中提

* 本报告获得湖南省委常委、常务副省长陈向群的肯定性批示。本报告为“财经大数据资产开发与利用湖南省高等学校2011协同创新中心”成果，2015年度中国特色社会主义理论体系研究中心重大项目“生态环境保护和两型社会建设研究”（2015YZD19）阶段性成果。

** 调研组组长：卞鹰；调研组副组长：唐宇文；调研组成员：左宏、张鹏飞、龙花兰；执笔：张鹏飞。

① 数据来源：《中国金融中心指数（CDI CFCI）报告（第九期）》。

② 2017年1月湘发改规划〔2017〕2号《湖南省“十三五”金融业发展规划》中长沙市金融业布局为“一主一副一区一园”，并提出重点建设湘江新区滨江金融中心，一主是指芙蓉中路金融街，一副是指沿江金融集聚带，一区是指金融后台园区，一园是指科技与金融结合的创新园。

出“一区一带”的总体空间布局①；2016 年 12 月湘江新区发布的《关于加快湖南金融中心建设的实施意见》中将湖南金融中心（湘江新区滨江金融中心）定位为湖南省唯一的省级金融中心；与此同时，市内各区县都在争相打造金融集聚区，导致了市内存量资源竞争激烈②（见表 1），增量资源布局分散。

**表 1　2012～2016 年 10 月长沙金融机构市内搬迁一览**

| 金融机构 | 搬迁时间 | 原所在区 | 现所在区 |
|---|---|---|---|
| 中国光大银行长沙分行 | 2012 | 雨花区 | 天心区 |
| 邮政储蓄银行湖南省分行 | 2012. 12 | 天心区 | 开福区 |
| 五矿证券长沙芙蓉中路营业部 | 2013 | 开福区 | 雨花区 |
| 渤海财险湖南分公司 | 2013. 09 | 天心区 | 开福区 |
| 中华联合财险湖南分公司 | 2013. 12 | 雨花区 | 天心区 |
| 新时代证券长沙五一大道营业部 | 2014. 4 | 天心区 | 芙蓉区 |
| 中信银行长沙分行 | 2014. 12 | 芙蓉区 | 开福区 |
| 大有期货 | 2015 | 开福区 | 天心区 |
| 天安财险湖南分公司 | 2015 | 开福区 | 雨花区 |
| 英大证券湖南分公司 | 2015. 3 | 芙蓉区 | 开福区 |
| 都邦财险湖南分公司 | 2015. 3 | 天心区 | 雨花区 |
| 新华保险湖南分公司 | 2015. 6 | 芙蓉区 | 开福区 |
| 长城人寿保险湖南分公司 | 2015. 6 | 雨花区 | 天心区 |
| 中国大地财险湖南分公司 | 2015. 6 | 雨花区 | 天心区 |
| 中信证券芙蓉路营业部 | 2015. 10 | 芙蓉区 | 天心区 |
| 民生人寿保险湖南分公司 | 2015. 10 | 雨花区 | 天心区 |
| 华安财险湖南分公司 | 2016. 5 | 芙蓉区 | 开福区 |
| 中国银联湖南分公司 | 2016. 6 | 芙蓉区 | 开福区 |
| 中国人寿财险湖南分公司 | 2016. 10 | 芙蓉区 | 开福区 |
| 永安期货长沙营业部 | 2016. 10 | 芙蓉区 | 开福区 |
| 阳光财险 | 2016. 8 | 芙蓉区 | 天心区 |
| 进出口银行湖南省分行 | 2016. 10 | 雨花区 | 天心区 |
| 中投证券 | 2016. 9 | 芙蓉区 | 天心区 |

① 2017 年长政办〔2017〕93 号文《长沙市“十三五”金融发展暨湖南金融中心规划》提出按照“一区一带”总体空间布局推进“湖南金融中心”建设，“一区”即湘江新区滨江新金融聚集区，“一带”即芙蓉中路金融聚集带；并提出开福区建设长沙金融核心生态区、望城经开区建设金融后台产业聚集区、芙蓉区建设互联网金融创新试验区。

② 此处借鉴了长沙市政府研究室《着力打造富有特色的区域金融中心》研究报告。

## 二　政策导向性不强

当前，虽然省市政府都提出了打造长沙金融中心的思路，但是缺乏具体的配套政策，政策导向性不强，对于吸引各类金融机构落地和促进金融业发展的风向标作用不够。金融机构用地方面：规划中的金融集聚区缺乏对于金融机构用地的差别化对待政策，使得金融机构通过现有市场化招拍挂程序拿地，竞争不过房地产开发商。据调研了解，原平安集团南方总部及最近三湘银行总部拟落户的意向地块，最后经招拍挂被地产开发商获得。财税等优惠政策方面：省级政府对长沙金融业发展缺乏导向性的政策或措施，如金融机构所得税和金融企业高层管理人员个人所得税，市区两级留存部分都做了相应的返还，而省级没有相应的优惠政策，造成长沙在金融机构和金融高端人才引进方面竞争力不足；同时，鼓励金融机构入驻的政策较为零散；调研中还了解到高端金融人才子女入学政策未落地。金融改革试点方面：金融改革试点有利于促进地方金融业发展，据了解，目前长沙市仅有两个试点：2017 年入选国家产业与金融合作试点城市，长沙高新区 2011 年获全国首批科技和金融结合试点高新区，而长沙作为长株潭城市群国家两型社会示范区核心区，绿色金融的试点都未争取到①。

## 三　金融中心特色化发展的优势未形成

目前，除了上海、北京、深圳三个全国性金融中心外，还有 28 个城市计划建设区域金融中心。据第九期“中国金融中心指数”②，长沙金融业综合竞争力在全国各金融中心城市中排名第 19 位，在中部省会排名第 3 位。事实上一个国家不可能有这么多金融中心，但是建设在某个特定领域有专长、有特色的金融服务区相对容易。越来越多的城市都开始选择某一专业领域的特色金融业发展。比如，杭州依靠互联网公司集聚的优势建设互联网创新金融中心，青岛以财富管理

---

① 2017 年 6 月 14 日国务院常务会议决定在浙江、江西、广东、贵州、新疆 5 省（区）选择部分地方建设绿色金融改革创新试验区。

② “中国金融中心指数”（CDI · CFCI）是由中国（深圳）综合开发研究院编制。第九期 CDI · CFCI 的综合竞争力排名依次是：上海、北京、深圳、广州、天津、成都、杭州、重庆、南京、苏州、武汉、大连、郑州、西安、济南、青岛、沈阳、厦门、长沙、福州、无锡、宁波、昆明、合肥、哈尔滨、长春、乌鲁木齐、石家庄、南昌、南宁和温州。

金融综合改革试验区为依托建设国际化的财富管理中心，贵阳依托大数据产业优势建设全国性金融后援服务中心，以及重庆的跨境结算业务和郑州的商品交易所等。长沙尚未形成自身的金融服务特色，提出的建设绿色金融、科技金融、文化金融的特色服务成效还不明显。而能否形成自身的特色或专长，将对长沙能不能成为区域金融中心具有重要的决定性作用。

## 四　法人金融机构实力不强，牌照欠缺

本地法人金融机构实力是衡量区域金融中心竞争力的重要方面。法人商业银行方面，2016 年长沙市共有 11 家法人商业银行，数量上居中部首位，但整体规模不大。法人证券公司方面，2016 年有 3 家证券公司，资产规模为 2090 亿元，中部省份排名第 1 位，但方正证券、湘财证券的控股股东均不在省内，企业外迁态势明显。法人保险公司方面，目前仅有吉祥人寿一家，2015 年资产规模为 80.2 亿元，与武汉市法人保险机构相比，不管是数量还是规模都有较大差距（见表 2）。此外，还存在部分类型金融机构缺失的情况，如长沙市目前尚无金融租赁公司、法人财险机构、公募基金管理公司等①。

**表 2　长沙与中西部主要金融中心实力比较**

| | 武汉 | | 郑州 | | 长沙 | | 合肥 | |
|---|---|---|---|---|---|---|---|---|
| | 数量 | 规模 | 数量 | 规模 | 数量 | 规模 | 数量 | 规模 |
| 金融业增加值 | 837.5 亿元（2015 年） | | 666.8 亿元（2015 年） | | 426.4 亿元（2015 年） | | 309.9 亿元 | |
| 金融从业人员 | 7.3 万人（2015 年） | | 5 万人（2015 年） | | 6.4 万人（2015 年） | | 3.4 万人 | |
| 法人证券公司 | 2（2016 年） | 1637 亿元 | 1（2016 年） | 403.9 亿元 | 3（2016 年） | 2090 亿元 | — | — |
| 法人保险机构 | 3（2015 年） | 789 亿元 | — | — | 1（2015 年） | 80.2 亿元 | — | — |

① 截至 2017 年 8 月，长沙市共有各类银行机构 42 家（其中法人 11 家），证券机构 26 家（其中法人机构 3 家），保险机构 55 家（其中法人机构 1 家），信托公司 1 家，期货公司 3 家，小额贷款公司 46 家，融资性担保机构 68 家，财务公司 4 家，汽车金融公司 1 家，第三方支付公司 6 家，消费金融公司 1 家，区域性股权交易市场 1 家，各类私募股权机构近 300 家。

续表

| | 武汉 | | 郑州 | | 长沙 | | 合肥 | |
|---|---|---|---|---|---|---|---|---|
| | 数量 | 规模 | 数量 | 规模 | 数量 | 规模 | 数量 | 规模 |
| 法人商业银行 | 3（2016 年） | 4897 亿元 | 8（2016 年） | 5800 亿元 | 11（2016 年） | 4310 亿元（2014 年） | — | — |
| 法人期货公司 | — | — | 2（2016 年） | 81.5 亿元 | — | — | 3（2016 年） | 51.2 亿元 |
| 上市公司 | 52 | — | 26 | — | 58 | — | 45 | — |

| | 南昌 | | 成都 | | 重庆 | |
|---|---|---|---|---|---|---|
| | 数量 | 规模 | 数量 | 规模 | 数量 | 规模 |
| 金融业增加值 | 300 亿元（2015 年） | | 1254.2 亿元（2015 年） | | 1642.6 亿元（2015 年） | |
| 金融从业人员 | 3.0 万人（2015 年） | | 8.9 万人（2015 年） | | 15.2 万人（2015 年） | |
| 法人证券公司 | — | — | 4（2016 年） | 1145 亿元 | — | — |
| 法人保险机构 | — | — | 3（2016 年） | 940 亿元 | — | — |
| 法人商业银行 | 7（2016 年） | 2875 亿元 | 3（2016 年） | 9660 亿元 | 4（2016 年） | 11692 亿元 |
| 法人期货公司 | — | — | — | — | — | — |
| 上市公司 | 20 | — | 69 | — | 50 | — |

数据来源：WIND 咨询、统计年鉴、中国（深圳）综合开发研究院。

## 五 对策建议

当前，促进长沙金融业发展，需要统一思想、凝聚共识，确立差异化发展思路，进一步壮大本地金融机构实力，加快诚信体系建设，建立健全容得了、防得住金融风险的地方金融监管体系。

——建立高位协调机制，统一上下思想。建立推进长沙金融中心建设和金融业发展的高位协调机制，统一各级各部门和社会各界的思想认识，形成齐抓共管共推进的积极局面。强化顶层设计，加快出台《湖南省加快长沙金融中心建设推动金融业发展的实施意见》，从省市区三级形成一系列配套举措，整合产业政策、财政政策和金融政策，形成政策合力。

——明确长沙金融业空间布局，提高资源集聚度。从省级层面以正式文件下发的方式明确湘江新区滨江新城“一区”为湖南金融中心，突出“增量”集聚，以省市区三级联动，吸引新引进金融机构、新设金融机构和各类新型金融机构在湖南金融中心集聚发展；继续加快芙蓉路两厢金融集聚带“一带”的金融机构提质升级，突出“存量”优化。

——凝聚部门合力，提高政策导向性。金融机构用地方面：建议借鉴深圳前海经验，对引进的金融业态特别是金融机构总部实行差别化的土地供应政策；对于湖南金融中心（湘江新区滨江金融中心）核心区域 2.8 平方公里范围统一高标准实施土地利用规划，回收已出让的土地使用权，统筹尚未出让的土地，对于无法回收的已出让土地，明确统一建设标准。财税等优惠政策方面：税收竞争已经成为地方政府吸引资本、扩大税源和拉动经济增长的重要手段，建议研究其他省市的税收政策，省市区三级联动，对于新引进、新设金融机构以及引进的金融高端人才实施所得税返还等政策。金融改革试点方面：结合金融业发展趋势和国家发展战略，充分研究“一行三会”的国家金融政策和规划，争取包括绿色金融等在内的更多金融业改革试点在长沙市布局。

——打造特色金融服务，考虑“一区两中心”的发展定位。长沙区域金融中心的建立要结合自身特点，找准定位，形成特色优势，可以考虑“一区两中心”定位：一是国家级绿色金融示范区。引导绿色金融机构集聚，加快探索形成金融有效服务实体经济绿色发展的可复制可推广经验，建设与长沙创建国家中心城市相匹配的绿色金融示范区。二是全国有色金属交易中心。充分利用长沙在有色金属方面的技术和人才等优势，成立湖南有色金属期货交易所，把该交易所打造成为全国有色金属远期交易中心和价格信息中心。三是全国性文化金融中心。充分发挥长沙在文化产品产权交易和文化创意产业发展方面的优势，打造具有全国重要影响力的“区域性文化金融平台”。此外，还可以考虑发展科技金融、金融服务后台等其他特色服务。

——以建设国家中心城市的目标为导向，增强金融机构实力。国家中心城市的建设，离不开金融业的支持。建议：一是通过资源整合、股权置换、新设等方式，补齐金融业态及相关金融牌照，实现金融“全牌照”。二是加快引进国际、国内先进地区的金融机构区域总部入驻长沙。三是通过注资、引资以及支持发行二级资本债等方式，增强城商行以及农商行资本实力，并积极支持长沙银行等地方法人银行上市。四是在保持国有控股地位的前提下，推动三家地方期货公司兼并重组，做大做强地方期货产业。五是分类扶持培育包括资产评估、财务、法律等在内的各类金融中介服务机构。六是鼓励本土金融机构与周边省市同业间设立区域性发展联盟，实现信息共享、业务合作，加快将金融辐射力向周边内陆省份辐射，拓展自己的辐射范围。

——提高金融监管水平，加强地方信用体系建设。良好的监管环境是金融集聚、金融中心形成和发展的基本条件之一。一是认真贯彻新的中央金融监管体制，建立与中央、省级金融监管机构之间的风险防范联动机制，着力加强金融监管能力建设。二是建议在湖南金融中心（湘江新区滨江金融中心）范围内，推进金融监管制度创新，营造支持金融创新的氛围，支持各种金融业态创新发展。三是发挥政府在征信系统建设中的积极作用，加快企业和个人的征信体系建设，构建和完善信息共享机制。良好的地方信用体系有助于各分行争取总行的信贷规模分配支持；同时，在当前国内以间接融资为主的情况下，中小企业融资难的原因之一就是各大商业银行对其的尽职调查成本过高，良好的信用体系将有助于缓解中小企业融资难融资贵的问题。

# 谁拥有人才　谁拥有未来

唐宇文

近年来，为了限制城市人口规模，北上广深等一线超大城市除深圳外，都在逐渐收紧落户指标。如北京市按照新版城市总体规划，对落户指标实施“总量封顶”，2017 年外地生源进京落户指标控制在 9000 人以内；上海也在严控人口，自 2015 年起，上海的流入人口持续转负，2017 年外地流入、无户籍的常住人口减少了 1.3 万人。

在一线城市落户逐渐收紧的大背景下，新一线城市或二线城市打响了“抢人”大战。2017 年元月份履新武汉的市委书记陈一新，2 月份就提出了未来五年武汉要留下 100 万大学生、引进 100 万校友，并设立了专门的招才局；5 月 8 日，西安发布 23 条人才新政，提出“五年投入 38 亿，引才育才 100 万”目标；6 月 29 日，长沙发布人才新政 22 条，提出五年吸引 100 万人才；成都紧跟着也提出要大力实施“蓉漂”计划，推进先落户后就业。

在各地人才新政层出不穷的背后，我们看到，当今时代的区域经济竞争，表面上看是对经济资源、产品质量和市场占有率的竞争，实质上是对技术创新和人力资本的竞争。许多有远见的领导人已经认识到，经济竞争中的制胜筹码已经不再是所拥有的自然资源、资金或者一般意义上的劳动力，而是其人才资源的数量、质量以及实际发挥出来的创造能量。

在经济学家的眼中，经济发展主要靠两类资本，即物质资本与人力资本。在人类社会发展的不同阶段，它们对经济增长的作用是不同的。在社会经济发展比较落后的阶段，经济主要依靠物质资本的投入而增长。而当人类社会经济发展到一定阶段后，物质资本在经济增长中的作用相对减弱，人力资本在这一阶段对经济增长的作用不断增强，出现了经济主要依靠人力资本投入而增长的趋势。1992 年诺贝尔经济学奖得主贝克尔教授估计，未来 50 年内，人力资本将是任何经济实体中最重要的资本。

人才与人力资本之所以如此重要，是因为他（它）们可以节省投入生产过程中的劳动力数量，并使劳动力与物质资本更为有效地结合起来，从而提高劳动生产率，促进生产增长和经济发展。人力资本的积累，也是科技进步的第一推动力，因为它是造就大批科学技术人才、推动科技发展的基础条件。更为重要的是，丰富的人力资本可以在世界范围内吸收和组合各种生产要素，来弥补本国本地区资源的不足，从而更有效地推动区域经济实现跨越式发展。

世界人才竞争的最大赢家——美国的发展，充分说明了人才与人力资本在推动发展中的决定性作用。美国能在短短的240多年的建国历史中雄霸世界，与其历来重视外来高素质人才的引进，并视其为国家发展的重要战略密不可分。19世纪，美国便通过移民的方式来吸引当时先进国家的技术人才。来自英国的塞缪尔·斯莱特在美国创办了第一家机械化的纺织厂，推动了美国工业革命的开展，后来被美国人尊称为“制造业之父”。从1820年到1900年，移民美国的人达1912万人，这些移民为美国在19世纪后期成为仅次于英国的世界第二经济大国做出了贡献。第二次世界大战即将结束之时，与苏联忙于把德国的大批物资、仪器设备等运回国内不同，美国高瞻远瞩动用100多架次飞机，派遣数千名随军科技专家组成一支特殊部队，奔赴战败国物色科技精英，使2000多名科学家移居美国，为美国军事经济和科技的发展做出了突出贡献。如“计算机之父”冯·诺依曼和美国“航天之父”冯·布劳恩都是移居美国的科学家。正是由于汇集了全世界顶级的科技人才，美国才得以在“二战”后成功研制了氢弹、导弹、火箭、原子弹等现代化武器，实施了“阿波罗”登月计划，发明了电子计算机。从1946年到80年代，美国在国际人才市场上所占的份额明显增加，成为世界上最大的人才进口国。1985年美国科学家基金会调查表明：美国一半以上的高技术部门公司大量聘用外籍科技人才，这些人才占科技人员总数的90%，在美国从事高科技研究的外籍博士研究生占66%。到目前为止，美国41%的诺贝尔奖获得者是移民，电子工程研究生71%来自中国，42%的理工科博士来自其他国家。

当今世界是一个开放的世界，一国或地区所具有的资源、资本、技术对于其经济发展并不是最重要的。一个后起国家，只要注重人力资本积累，拥有大量的具有较高素质的劳动者，就能消化和吸收世界上的先进技术来为本国经济发展服务。众所周知，日本是一个资源极其贫乏的国家，但日本向世界证明了这样一条道理：“教育乃立国之本”。日本每年的教育经费占国家财政支出的5.4%左右，教育的兴旺带动了经济的发展，日本在教育投资上的收益为52%，而资本扩大的收益仅占5%。日本促进经济发展的主要途径是优化劳动力素质，进而提高劳动生产率。若以1963年国民经济全员劳动生产率为100，则1973年的美国劳动生产率为127，法国为162，西德为157，英国为134，日本则高达237，远远超过了欧美各国。

既然人才与人力资本是当今时代经济发展的决定性因素，那么，如何才能增进人力资本和聚集人才？从短期来看，通过实施人才新政，大力吸引外来人才是最为有效的办法；从长期来看，要想增进人力资本，就必须加大人力资本投资，大力发展教育培训事业，全面深化教育培训体制机制改革，使其适应市场经济发展的需要。同时要创造良好的人才发展环境，健全完善人才市场，创新人才激励机制，鼓励人才有序流动，使各层次人才都能得到合理有效的配置，解决人力资本浪费问题，让各种人才都有充分施展自己才能、实现自身价值的机会，真正做到人尽其才、才尽其用。

目前，我国各城市引进人才的竞争以送户口送钱送房租等激励措施为主。二线城市对本科毕业生落户几乎零门槛，西安和武汉还放宽了对专科生的落户门槛；南京市则发布了《人才安居办法》，提出力保16万人才安居乐业；资金补助方面，杭州推出“房补+车补”；福州市财政则给予应届博士研究生每人安置补助费15万元。除了毕业生外，在重点人才补助方面，更是不惜重金，杭州、南京以及无锡，对于顶尖人才和团队的资助更是高达亿元。

对于优秀人才来说，房子、户口和几万块钱的补贴都不是关键，他们更期待的是发展空间。“十三五”期间的城市“抢人”大战状况如何，至今仍有待观察。但不管怎么说，绝大多数的新一线城市或二线城市，已经认识到了人才数量与质量在未来经济竞争中的极端重要性。确实，大到一个国家、一个城市，小到一个企业、一个家庭，谁拥有人才，谁就拥有未来。

# 新常态下湖南加快人才发展对策研究

湖南省人民政府发展研究中心调研组*

根据省委常委、省委秘书长谢建辉同志的指示，我们组织精干力量，围绕新常态下湖南加快人才发展这一主题开展了专题研究。调查表明，湖南人才队伍还不能完全适应经济社会发展需要，创新推动湖南人才发展势在必行，必须综合施策，开创湖南人才发展新局面。

## 一 当前湖南人才发展存在的主要问题

近年来，湖南省人才工作成效显著。至 2016 年底，全省人才总量约 639.5 万人，其中专业技术人才 293 万人，高技能人才 112 万人，各类科技人才 179 万人。全省人力资本对经济增长的贡献率超过 20%，科技进步贡献率达 54%，区域综合创新能力排全国第 11 位。但与中部和全国先进省份比较，湖南省人才资源在总量、结构、政策支持、管理机制等方面仍存在差距。

### 1. 人才总量不足，对经济增长的贡献低于全国平均水平

2015 年，湖南省人才资源总量为 570.7 万人，居中部第三位，比河南、湖北分别少 393.9 和 132.6 万人；每万人劳动力中研发人员 28.4 人，居中部第三，比全国平均水平少 20.1 人；人力资本投资占 GDP 的比重为 12.7%，比全国低 3.1 个百分点；人才对经济增长的贡献率为 22.6%，比全国低 10.9 个百分点。

### 2. 人才结构不优，尖端人才、领军人才和高端人才短缺

院士人才队伍断层现象严重。人事关系在湘的两院院士 31 人，占全国的 2.17%；其中 70 岁以上 17 人，50～69 岁 14 人，老龄化非常严重。

国家级人才计划人数与中部先进省份比差距较大。截至 2015 底，湖南省国家千人计划专家 97 人，比湖北、安徽分别少 235 和 135 人；全省有外国专家

---

* 调研组组长：卞鹰；调研组成员：蔡建河、左宏、刘琪、李学文、屈莉萍、王颖、言彦。

5094人，居中部第三位，其中长期工作的外国专家占27.66%，比河南、安徽分别低35.62个和20.12个百分点。至2016年底，全省国家万人计划专家72人，近两年入选长江学者专家22人，分别比湖北少61和52人。

**表1　全国与中部各省人才资源总量主要指标比较（2015年）**

| | 人才资源总量（万人） | 研究与试验发展人员(万人) | 每万人劳动力中研发人员(人年/万人) | 人力资本投资占GDP的比例(%) | 人才贡献率(%) |
|---|---|---|---|---|---|
| 湖南 | 570.7 | 17.4 | 28.4 | 12.7 | 22.6 |
| 湖北 | 703.3 | 22.1 | 43.1 | 12.6 | 27.9 |
| 河南 | 901.6 | 24.1 | 26.1 | 11.7 | 21 |
| 安徽 | 469.7 | 20.5 | 34.4 | 14.6 | 17 |
| 江西 | 480 | 7.9 | 20 | 14.7 | 24.5 |
| 山西 | 334.2 | 6.6 | 25.5 | 13.2 | 20.9 |
| 全国 | 17490.6 | 548.3 | 48.5 | 15.8 | 33.5 |

数据来源：中组部《2015中国人才资源统计报告》。

**表2　中部各省千人计划和境外专家比较（2015年）**

| | 国家千人计划人数(人) | 来自境外专家 | |
|---|---|---|---|
| | | 总数(人) | 长期工作专家占比(%) |
| 湖南 | 97 | 5094 | 27.66 |
| 湖北 | 332 | 7810 | 27.40 |
| 河南 | 19 | 4009 | 63.28 |
| 安徽 | 232 | 6676 | 47.78 |
| 江西 | 14 | 3018 | 31.44 |
| 山西 | 16 | 1105 | 23.26 |
| 全国 | 6089 | 623530 | 46.53 |

数据来源：中组部《2015中国人才资源统计报告》。

各类人才队伍中高层次人才占比偏低。企业经营管理人才队伍方面，公有制经济企业中研究生学历仅占1.76%，居中部地区最后一位，比全国低4.97个百分点。非公有制经济企业中高级管理人员占19.87%，专业技术人才队伍中高级职称人员占9.93%，均居中部第4位。技能劳动人才队伍中，高技能人才仅占14.2%，居中部第五位，比湖北低18.9个百分点，比全国低13.1个百分点。

**表 3　中部各省各类人才队伍中高层次人才占比情况（2015 年）**

单位：%

| | 公有制经济企业经营管理人才中 | 非公有制经济企业经营管理人才中 | 专业技术人才中 | 技能劳动者中 |
|---|---|---|---|---|
| | 研究生学历占比 | 高级管理人员占比 | 高级职称占比 | 高技能人才占比 |
| 湖南 | 1.76 | 19.87 | 9.93 | 14.2 |
| 湖北 | 5.05 | 21.56 | 10.42 | 33.1 |
| 河南 | 3.34 | 19.82 | 11.66 | 27 |
| 安徽 | 3.22 | 20.66 | 9.36 | 13 |
| 江西 | 3.83 | 19.76 | 11.82 | 29.2 |
| 山西 | 2.89 | 20.15 | 8.01 | 27.8 |
| 全国 | 6.73 | 19.64 | 10.28 | 27.3 |

数据来源：中组部《2015 中国人才资源统计报告》。

战略性新兴产业中高级专业技术人才缺口最大。对七类战略性新兴产业的抽样调查显示，2017～2018 年，占全省 10% 的样本企业中，先进装备制造业高端人才缺口达 2010 人；信息、生物产业高端人才分别缺 1615 人和 1255 人；节能环保、新材料、文化创业和新能源产业缺口分别达到 767 人、433 人、329 人和 321 人。其中掌握核心技术、科研经验丰富的高级专业技术类人才的缺口最大，占整体人才缺口的 55%；其次为高级管理类人才，高技能人才缺口相对较小。

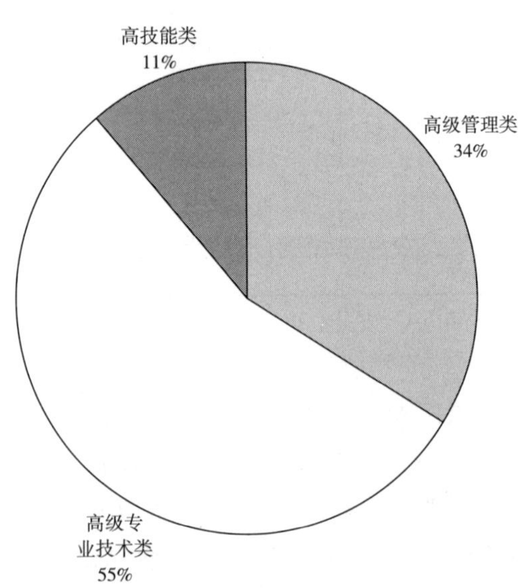


**图 1　2017～2018 年湖南战略性新兴产业高端紧缺人才的类型需求**

数据来源：智联招聘 2017～2018 年湖南战略性新兴产业高端紧缺人才供求分析报告。

3. 人才流失问题凸显，高校高端人才和毕业生流失明显

高校高端人才流失较明显。近年来湖南长江特聘教授和“国家杰青”人才共减少19人，居全国首位。2013～2016年湖南大学国家级高层次人才流失率达到25%，中南大学则出现了长江学者特聘教授高水平创新团队整体流失的现象。

普通高校毕业生本省就业率低。湖南省2016年高校毕业生为34.03万人，其中省内就业的占57.71%，比河南、安徽、湖北分别低24.51个、9.32个和2.5个百分点；从2010～2014年累计看，湖南省大学生本省就业比例为58%，比河南、湖北分别低12个、3个百分点，比全国低11个百分点，外省流入的大学生排名湖南省居全国第13位，低于湖北的第12位和河南的第8位。

**表4　中部各省高校毕业生就业情况**

| | 2016年高校毕业生 | | | 2010～2014年大学生流向 | |
|---|---|---|---|---|---|
| | 总人数(万人) | 省内就业占比(%) | 省外就业占比(%) | 本省就业占比(%) | 全国流入排名 |
| 湖南 | 34.03 | 57.71 | 42.29 | 58% | 13 |
| 湖北 | 42.71 | 60.21 | 39.79 | 61% | 12 |
| 河南 | 51.09 | 82.22 | 17.78 | 70% | 8 |
| 安徽 | 32.37 | 67.03 | 32.97 | — | — |
| 江西 | 26.63 | 48.5 | 51.5 | — | — |

数据来源：各省《2016高校毕业生就业质量报告》和2015年《大学生就业流向报告》。

4. 人才发展政策体系不完善，政策力度相对不足

一是人才政策零散且不系统。人才评价、流动方面的政策明显缺乏，人才政策与产业政策、科技政策结合不够紧密，未能形成叠加效应。二是人才引进和奖励政策有待进一步完善。对来湘创业人员缺乏资金、税收等方面的系统性政策支持；针对海外高层次研发团队的引进缺乏配套政策；人才项目和资金比较分散，“芙蓉学者计划”在评选人数、资助标准上远低于湖北“楚天学者计划”。三是科技创新激励政策不完善。虽然政策上已明确重要贡献人员和团队科技成果转化收益占比不低于70%，但普遍落实不到位；大量科技人才忙于跑资金、跑项目、应付各种评比评审，影响人才创新创造活动；科技创新平台不足，国家级创新研发平台偏少，国家级重点实验室、工程技术研究中心和科技企业孵化器建设与先进地区比有较大差距。

5. 人才体制机制不完善，与人才发展要求不相适应

一是统筹协调不足。部门间未建立高效的协调机制，人才资源统计、经费绩

效评估以及过时政策文件清理等基础性工作不扎实，对涉湘人才资源利用缺乏清晰战略。二是人才培养机制不健全。普通高4学科建设与区域产业匹配度仍然不高，职业教育、技术培训存在盲目性，高层次人才培养与科研项目、科研基地的结合不够紧密，院士后备人才、青年人才和基础科学研究人才培养力度不足。三是人才管理体制不健全。行政干预过多，用人主体缺乏自主权，人才政策制定与落实缺乏法制化、制度化、常态化的运行机制。四是人才评价机制不够科学。存在评价主体重政府轻用人单位、评价内容重理论轻实践、评价资源配置重高端轻基层、评价依据重学历轻实际能力等难题。五是人才流动机制不畅。人才分布不均衡，人才流动的政策障碍、身份壁垒依然较多。六是人才服务体系不健全。公共服务平台建设滞后，人才服务产业发展滞后，难以提供市场化、高精准度服务；人才服务保障力度不足，住房保障、医疗待遇、子女入学等方面政策落地困难。

## 二　新形势下创新推动湖南人才发展势在必行

当前，我国各区域人才发展竞争再起高潮。2016年中央发布《关于深化人才发展体制机制改革的意见》后，各地纷纷出台人才新政。不仅北京、上海、深圳、杭州、苏州、厦门等城市人才政策力度空前，中西部不少省份同样雄心勃勃。例如，2017年3月湖北出台“人才20条”，实施“我选湖北”计划、技能人才振兴计划、外国优秀人才引进倍增计划等“三大计划”；武汉市9条政策“不拘一格降人才”，确保“5年留住100万大学生”等。总体来看，各地普遍将人才置于优先发展的战略地位，人才政策措施实，投入力度大，引起社会强烈反响。

区域人才竞争力将决定当前和今后区域发展动力和增长态势。各地人才竞争的深刻背景是，经济新常态下，加快区域经济转型升级、创新发展、提质发展，需要以大量科技创新人才、技能型人才、优秀管理人才为支撑；加快推进新型城镇化，需要大力吸纳高素质人口，尤其是以大学生为主体的年轻人口；各地高校争创“双一流”，需要打造具有国内领先水平的教学科研团队。可以说，“人才兴，区域兴；人才衰，区域衰”，将越来越成为各地的社会现实。哪个区域能抢占人才发展竞争的先机，就能获得发展的先机。

湖南必须升级人才战略，积极主动应对人才发展竞争大势。长期以来，湖南科教强省和人才工作已有较好基础。在新的发展形势下，全省要以更加积极有为的姿态，创新升级人才战略，全力打造中部重要人才高地，为加快推动现代化、实现“两个百年”目标提供强大动力。要做到“五个更加”：更加重视，以高度的责任感，将聚集人才、开发人力资源作为区域优先发展战略；更大力度，在资金投入、政策支持、改革创新上加大力度，增强湖南引才聚才的竞争力；更广视野，既立足现实需要也着眼长远发展，着力壮大科技创新人才、管理人才、技能型人才、青年人才等各类人才队伍；更加系统，引才、育才、聚才、用好人才协调联动，推动政府、园区、高校和科研院所、企业等协同发力，有机结合招商引资、引技、引才，构建全社会良好的人才生态；更好效果，人才工作处于区域发展战略中枢，要以做好人才工作为动力，统筹推动全省改革、创新、开放等各项工作，开创湖南发展新局面。

## 三　推动湖南人才发展的对策建议

### 1. 加强顶层设计，做好基础工作

完善人才工作领导机制。一是建议设立湖南省人才工作委员会，作为省人才工作领导小组参谋机构。委员会由省直相关部门、各市州代表、园区代表、企业代表、人才代表等组成，为全省人才工作提供协商、协调、对话平台。根据需要定期开会，研究全省人才战略、规划、政策的制定，就人才工作中出现的矛盾和问题协商解决办法，组织产、学、研、政各界代表对话交流，为省人才工作领导小组提供决策参考。二是优化人才工作相关部门分工协作。梳理涉及人才工作的管理体系，进一步理顺部门分工，明晰部门权责清单，减少职能交叉；部门之间建立常态化交流协调机制，统筹人才支持政策，设立统一的人才工作专项基金，形成工作合力。强化职能部门绩效管理考核，将考核结果纳入省绩效管理和领导干部年度考评体系。

加快出台人才发展规划和新政。按照中央《关于深化人才发展体制机制改革的意见》，根据新常态下创新引领、开放崛起对人才工作的新要求，科学制定《芙蓉人才计划》实施方案，全面指导湖南人才工作，同步编制重点领域专项人才发展规划。出台与“芙蓉人才计划”配套的人才新政。为有效应对区域人才发展竞争，政策措施要实，支持力度要大，目标尽量量化可操作。

积极构建人才信息支撑平台。建议推动建设“芙蓉人才大数据系统”，其设计可包括“三库两平台”，即“湖南（湘籍）人才数据库”“人才供需动态数据库”“湖南人才服务工作数据库”三个专题人才库和“芙蓉人才决策支持大数据

平台”“芙蓉人才服务平台”两个面向政府和人才的平台。系统包括三项主要功能：一是将省内人才以及全球的湘籍（涉湘）人才纳入数据库，形成长期监测预测；二是实时跟踪国内外人才发展趋势并与省内重点产业进行匹配分析，形成综合决策支撑；三是建立统一的网上人才服务系统，形成一条龙的全程服务。

2. 突出重点，大力推进人才队伍建设

立足服务于当前需要，也着眼于为未来人才发展夯实基础，加快培育壮大以下五支人才队伍。

大力强化高层次人才队伍。“十三五”时期，建议推进全省高层次人才倍增计划，使包括国际顶尖人才、国家级领军人才、省市级领军人才、其他高级人才在内的高层次人才数量进入中西部地区前列。围绕推进高校“双一流”建设，加快打造 20 个新兴优势产业链，形成具有国际先进水平的创新型产业集群，积极引进高层次人才和团队。制定高层次人才认定和奖励办法，加大人才引进的资金投入和奖补力度。按“一事一议”方式，对高层次人才及团队带来的研发或产业化项目，通过股权投资与资金资助结合方式，经评审后给予最高 1 亿元的项目资助，对成长性好和业绩突出的团队项目，根据实际需求予以滚动支持或追加资助。

加快充实紧缺人才队伍。围绕战略性新兴产业、新兴优势产业和其他人才紧缺领域，加快引进和培养急需的专业技术人才。根据各领域供求变化，定期向社会发布湖南紧缺人才需求目录。对引进的高层次紧缺急需人才和团队，根据其等级、类别予以补贴。有序实施紧缺人才培养计划，通过学校培训、在线教育等模式进行培养。每年组织园区、企业组团赴紧缺人才优势学科高校招聘人才。

全力壮大芙蓉工匠队伍。大力培养引进技能型人才，推动湖南由农民工大省变为技能型人才大省。力争到 2020 年，全省培养引进技能人才 500 万人以上，高技能人才 200 万人以上。推进全民技术技能创业培训计划。设立 2 亿元专项资金，支持各高校、职业技术（技工）院校、高技能人才培训基地、技能大师工作室面向社会开放培训资源，向有就业创业愿望的民众提供培训，并对新取得各类国家认定的资格证书的，全额报销考试费用。完善职业技能评价体系，建立职业技能晋级奖励制度，充分调动职工提升技能的积极性。组织开展“芙蓉工匠”评选活动，组织省内优秀高技能人才到国内外知名企业、知名院校、机构等开展研修培训、技能交流和参加国际比赛。对新引进或获得“中华技能大奖”“全国技术能手”及相当层次奖项的高技能人才予以重奖。

全面发展青年人才队伍。一是积极吸纳大学毕业生。大学生作为年轻优质人口及未来人才后备军，越来越受到各地重视。要争取5年内新吸纳200万大学生就业，扭转长期以来湖南大学生净流出的局面。出台争取大学毕业生的专门政策，增强湖南对青年人才的竞争力。二是实施中青年后备人才培养计划。加强中青年后备人才梯队建设。开展院士后备人才培养，对入选人给予科研经费倾斜，组建以院士为主的高规格培养团队，开展培养、举荐、表彰、宣传等一条龙服务。每年遴选100名左右省中青年学术和技术带头人后备人才及省技术创新人才培养对象，提供20万至100万元的课题经费，连续支持3年。加强基础科研人员培养，设立基础研究专项经费保障，鼓励青年科研人员安心从事基础研究。对省内引进和培养的“青年千人计划”入选者、“优秀青年科学基金”获得者、“青年长江学者”“万人计划青年拔尖人才”等“四青”人才予以奖励。

着力推进柔性引才工程。瞄准国际顶尖人才、两院院士、国家级领军人才等高层次人才群体，以“不求所有，但为所用”的引才思路，鼓励企业、高校、科研院所灵活柔性引入人才。出台柔性人才引进管理办法和奖励标准，建立柔性引进人才信息库和线上线下服务窗口，实施动态管理，完善顾问指导、短期兼职、候鸟服务、退休返聘、对口支援等多种柔性引才方式。柔性引进人才在湘聘期一年以上的，可按规定程序接受聘用证书，享受同等级人才优惠待遇。对工作成效显著的柔性引进人才予以奖励补贴；对列入国家外国专家局高端外国人才智力项目的给予配套资助。

3. 完善政策支持体系，创造人才安居乐业舞台

围绕人才服务全周期链，建立健全覆盖引才、育才、用才、留才全周期的政策支持体系。

完善人才落户安居政策。实施“零门槛”落户政策。结合户籍制度改革，在全省范围实行各类人才“零门槛”落户政策，推行“先落户后就业”，各类人员凭户口本、身份证即可办理落户手续。各市州要设立“社区公共户”，建立统一落户管理平台。加强人才住房保障。对高层次及急需紧缺人才提供人才公寓租赁服务，租住政府提供的人才公寓满5年者按其贡献以不高于入住时市场价格购买该公寓。对新落户并在湖南工作的博士、硕士、本科等全日制高校毕业生，省市财政分别发放一定数额的租房和生活补贴。在各园区建设配套租赁住房，按市场租金的一定比例提供给产业技能人才租住。

建立高层次人才“湖湘人才绿卡”服务制度。对各类高层次人才及急需紧缺人才发放对应等次“湖湘人才绿卡”，对持卡人按标准提供住房、配偶就业、子女入园入学、医疗、出入境和停居留便利、创业扶持等服务保障。建立人才服

务专员制度，对重点人才（团队）项目，提供“一对一”人才专员服务。医疗方面，整合全省三甲医院等优质医疗资源，为高层次人才提供医疗“绿色通道”服务；子女就学方面，加快国际学校和中外合作办学机构建设，更好地满足高层次人才子女对国际化教育的需求；根据“人才绿卡”类别，有关部门在全省范围内协调高层次人才子女优先入学。涉外专家服务方面，优化国家“千人计划”外籍专家申请永久居留受理服务。为尚未取得永久居留证的外籍人才及其配偶子女，办理居留期不超过 5 年的居留证件或入境有效期不超过 5 年、停留期不超过 180 日的多次签证。

积极支持人才创新创业。鼓励大学生自主创业。省财政在创业引导基金中逐步设立总规模为 1 亿元的成长型大学生创业子基金。大学生创业企业可申请不超过 30 万元的小额担保贷款。在校大学生或毕业未满 5 年的高校毕业生在湘创办企业，经评审可给予 2 万至 20 万元资助。新办大学生创业企业可申请一定面积的免费经营场地或房租补贴。加强创业导师队伍建设，广泛吸纳知名企业家、知名创投人、专家教授、资深创客等开展创业辅导，表彰奖励优秀创业导师。组织开展中国（长沙）大学生创业大赛，100 强参赛项目和获奖项目在湘落地转化，可申请 5 万至 20 万元资助。鼓励海外高层次人才来湘创业。举办中部（长沙）海外高层次人才创新创业大赛，获奖项目在湘落地转化的，享受相应资助政策。对海外高层次留学人才在湘创新创业的重点项目，经评审给予 20 万至 100 万元资助。

大力推动人才科技成果转化。鼓励人才带高新技术研发成果、专利技术等自主知识产权项目在湖南企业实现成果转化和产业化，对符合相应条件的，经评审给予不超过 60 万元资助。创新创业人才和团队创办企业，其技术成果可作为无形资产入股，所占注册资本比例最高可达 100%。允许并鼓励人才转化科技成果，省属高校、科研院所的职务发明成果所得收益，高校可按不低于 70% 的比例、科研院所按不低于 70% 的比例，划归研发人员及其团队拥有。高校院所转化职务科技成果以股份或出资比例等给予科技人员资助，获得人在取得股份、出资比例时，暂不征收个人所得税。完善人才税收优惠政策。国家重点扶持领域的高新技术企业和技术先进型服务企业，减按 15% 的优惠税率征收企业所得税。对新办的属于 20 条新兴工业产业链的企业，享受企业所得税“两免三减半”的优惠政策等。

统筹推进全省各区域人才发展。一是建立长株潭人才改革试验区。以湖南湘江新区、长株潭国家自主创新示范区为改革平台，对三市现有人才政策在整合基础上大胆创新，试点建立与国际规则接轨的人才管理、股权激励、成果转化、离岸创新创业等一体化政策体系。申报建设国家级长株潭人力资源服务产业园（目前国家人社部已批复包括中部地区郑州、武汉、南昌三个省会城市在内的12个城市建立该园），积极培育各类专业社会组织和人才中介服务机构，吸引国内外高端人力资源服务机构入驻，大力发展人力资源服务产业，为湖南省各类企业和人才提供全方位、多层次、精细化服务。二是统筹推动其他市州人才发展。通过加大财政投入、实行政策倾斜，支持其他市州的人才发展。大力开展科技副县区长派遣计划，教育、卫生、建设规划人才智力扶持计划，离退休人才智力服务落后地区计划，紧缺管理人才招录（招聘）计划等。通过额外发放生活补助、提任高级职称者要求1年以上基层工作经验等政策措施，引导在省属单位及长株潭等相对发达地区工作的科研人员、教师、医护人员通过兼职挂职、定点服务等方式到其他市州开展柔性智力服务。

4. 深化体制机制创新，为引才用才提供坚实保障

建立健全引才长效机制，促进高效引才。一是重点人才群体重点关注。依托“芙蓉人才大数据系统”对海内外湘籍（涉湘）人才、与省内重点产业发展需求匹配的人才流动情况形成长期跟踪监测预测。通过对接境内外留学生会、校友会、工商会、同乡会等湘籍群体，吸引人才回流或返湘投资。加强与境内外知名高校、人才中介、留学机构合作，针对省内紧缺人才领域，集中面向优势学科高校、人才集聚和外流地区，定期集中组织市州、园区、企业组团开展专项引才，打造引才品牌，提高引才精准度。二是招才引智和招商引资协同推进。在现有“招商引资地图”的基础上，编制“招才引智”手册，明确招才引智的主攻区域，实现人才政策和招商政策共同编制、共同推介、共同实施。推动招商引资、经贸洽谈与人才招聘同步开展，开展经贸招才、项目招才、平台招才、人才与资本对接等活动。三是实施“大众引才”行动。充分发挥企业、高校、科研机构的引才主体地位，鼓励和支持用人单位加大引才力度。引进一批国内外知名人才中介组织、猎头公司、线上平台等各类人才服务机构在湖南设立合资、独资机构。调动高层次人才和人才中介机构引才积极性，推动中介引才、以才引才、亲情引才。设立“芙蓉人才引智伯乐奖”，对引进人才有贡献的个人、机构予以奖励。

推进用人制度改革，调动用人主体引才积极性。一是加强高层次人才事业编制保障。对于事业单位引进入选省级以上人才计划的紧缺高层次人才，可由机构编制部门核定机动编制，动态管理，不受所在事业单位岗位总量、岗位等级、结

构比例限制。借鉴杭州市经验，建立湖南省科技创新发展院，凡具有事业身份的高层次人才来湘创新创业，按现行政策在发展院继续保留其事业身份，畅通其在事业单位之间流动的渠道。二是保障事业单位用人自主权。相关部门尽快制定出台落实用人主体用人自主权的配套措施，高校、科研院所在编制限额内自主引进人才，自行组织公开招聘，编制、人力资源和社会保障等主管部门不再进行前置备案和审批，引进人才到岗后向人力资源和社会保障部门备案相关事项。三是完善事业单位绩效工资制度。借鉴推广中南大学做法，省属企事业单位高层次人才推广协议工资制、项目工资制，不纳入单位绩效工资和职工工资总额。

完善人才评价机制，推动科学用才。一是推进人才分类评价。克服唯学历、唯职称、唯论文、终身制等倾向，建立以品德、能力、业绩、贡献为主要标准的评价导向，探索建立"自主评价＋业内评价＋市场评价"的多元评价体系，支持用人单位自行探索评价要素和评价标准，授权行业协会、行业领军企业和新型科研机构自主开展人才评价工作。企业人才突出实绩能力，专业技术人才突出同行认可、推广第三方评价，技能人才突出企业和行业组织自主评价。二是深化职称制度改革。政府部门建立职称评审评价责任和信誉制度，加强评审专家数据库建设，逐步将职称评审权下放给用人主体、行业组织等。制定出台高层次人才、紧缺急需人才职称直聘办法，完善海外高层次留学人才专业技术职称评审"直通车"，对业绩突出、成果显著的优秀中青年人才，可打破学历、任职资历要求，申报高一级专业技术职称。三是建立制约退出机制。强化对人才发挥作用的考核，规范用人单位与人才之间的契约行为，运用市场化的手段评价、激励人才，支持各地各部门及用人单位根据实际情况制定具体的考核办法，通过考核约束激励人才。对发挥作用不明显的人才，可由其所在地的主管部门及用人单位提出申请，经核实认定后，政策牵头部门可取消对其的相关激励政策。对存在品行不端、违法乱纪等行为的人才，取消其人才待遇。

完善人才流动机制，激发人才队伍活力。一是打通机关、企事业单位人才流动渠道。探索非公经济组织和社会组织优秀人才以聘任制公务员、挂职等方式进入党政机关、国有企事业单位的办法，研究制定事业单位优秀人才进入党政机关部分急需紧缺专业技术岗位的流动办法。从中央部委、大型央企引进优秀人才到湖南省市州、园区挂职或任职，解决党政干部队伍中创新型人才、开放型经济人才、园区管理人才短缺的问题。二是探索人才柔性双向流动。允许高校、科研院所设立一定比例流动岗位，吸引有创新实践经验的企业家和企业科研人才兼职。鼓励具有硕士学位授予权的高校、科研院所聘任企业、行业高层次人才担任研究生兼职导师，并允许适当增加工资总量。通过双向挂职、短期工作、项目合作等方式，每年引导一批高校、科研院所的博士、教授向企业一线有序流动。三是鼓励事业单位专业技术人员兼职或离岗创新创业。高校、科研院所等事业单位科研人员经本单位同意，到企业兼职工作或离岗创业，原单位在规定期限内保留其人事关系，离岗创业期执行原单位职称评审、培训、奖励等制度，其在企业从事本专业工作期间的业绩，可作为专业技术资格评价依据。

5. 优化社会环境，促进人才工作良性开展

加强人才工作保障，营造人才发展公平环境，大力宣传湖南人才政策和人才偶像，打造“美丽潇湘，创业沃土”的品牌形象，增强湖南对海内外各类人才的吸引力。

强化人才工作保障措施。各级各部门要高度重视人才工作，各市州要成立高规格的人才工作委员会，明确相关机构具体职责，明确责任人。鼓励各方面力量积极参与，形成统筹协调、齐抓共管的工作局面。完善财政人才投入稳定增长机制，建立人才工程与财政投入保障衔接机制，完善贷款贴息、创业投资、基金投入、融资担保、风险补偿、后补助等多样化财政资金支持方式，引导金融资本和民间资本等社会资源向人才引进和培育等各环节集聚，提高财政投入配置效率。强化考核激励。每年对各市州留才引才工作情况进行通报，将人才工作纳入各地党政机关绩效考核。

营造公平公正用人环境。加强市场依法管理，为各类人才创新创业提供公平竞争的市场环境。加强监督体系建设，提高职称评审、项目申报、职位晋升等工作的公平性和透明度，杜绝工作中的不正之风，为各类人才成长创造公正有序的社会环境。

加大人才工作宣传推介力度。充分利用“电视湘军”“出版湘军”等优势资源，借助有重大影响力的网络新媒体、论坛等媒介，创新宣传方式和手段，加大对湖南人才政策以及创新创业环境的宣传力度，对在湘创新创业的人才及其成果广泛宣传，打造科技“明星”、人才“偶像”，在全社会营造尊重劳动、尊重知识、尊重人才、尊重创造的良好社会氛围，在提升在湘人才归属感和荣耀感的同时，增强湖南省对海内外各类人才的吸引力。

# 湖南提升引才聚才质量的对策建议

湖南省人民政府发展研究中心调研组*

近年来，人才争夺进入白热化阶段，发达省市竞相发放政策大礼包，“下血本”以高待遇、高平台抢夺人才。面对严峻的人才竞争形势，湖南亟须让人才工作顺应经济发展新常态，服务“创新引领，开放崛起”战略布局，打响一场面向全球、布局未来的人才保卫战，再创近代湖南人才蔚起的盛况。

## 一　新常态下湖南人才危机凸显

经济发展新常态下，经济增速从高速增长向中高速增长转变，发展方式从规模速度型向质量效益型转变，对人力资本提出了更高的要求。在激烈的人才抢夺战中，湖南出现高层次人才短缺，人才总量不足，优质毕业生留不住等问题。

——高层次人才短缺。湖南作为内陆省份，在引进和留住高端人才方面力度不大，成效不著。截至2015年，湖南省两院院士（不含外聘）和国家“千人计划”专家数量分别为36人、86人，分别是北京市的5.14%、6.43%，较湖北分别少33人、187人。[①] 智联招聘数据显示，2017～2018年湖南省掌握核心技术、科研经验丰富的高级专业技术类人才的缺口最大，预计总缺口量超过3700人；其次为高级管理类人才，缺口预计超过2300人；高技能类人才缺口约740人。从岗位特征看，高级专业技术类人才的需求，集中在研发类岗位，尤其是计算机、电气相关研发岗。同时，具有互联网敏感性、国际视野的复合型管理人才稀缺，产品经理相关岗位需求量较大。

——人才总量不足。就人才总量来说，2015年底，湖南省人才总量约634.5万人，比湖北省少15.5万人，也远落后于同属于中部地区的河南（940万人），

* 调研组组长：卞鹰；调研组副组长：唐宇文；调研组成员：唐文玉、王灵芝、王颖、邓润平。

① 宋本江：《湖南人才发展与人才环境建设》，中央编译出版社，2016。

人才总量居中部地区第三位。智联招聘发布的《湖南省战略新兴产业高端紧缺人才供求分析报告：2017～2018年》显示，从2016年1～10月份数据看，湖南的求人倍率（招聘人数/求职人数）为1.33，仅低于辽宁省（1.67）和陕西省（1.34），这一方面体现了湖南经济发展带来的人才需求量较大，另一方也体现了人才供给较为紧张。

——优质毕业生留不住。2015年全国首份基于互联网大数据的《大学生就业流向报告》显示，湖南是中部教育大省，大学生毕业后留在本省工作的不到60%，甚至低于69%的全国平均标准。《大学生就业流向报告》显示，湖南和湖北高校的毕业生最爱远闯他乡，在前五大热门的跨省远距离迁移路线中，四条来自湖南、湖北两省，这在很大程度上说明湖南对高校毕业生还没有形成足够的吸引力。

## 二　湖南人才引不进、留不住的原因分析

——人才管理体制不活。现行人才管理体制中，政府部门管得过多、统得过死，行政干预人才工作过多，用人主体缺乏人才使用自主权。对高校、科研院所等事业单位编制、岗位总量、岗位设置、工资总额等管得过多，动态调整不够，不适应事业发展需要。

——对人才奖扶力度不够。湖南省目前人才项目和资金比较分散，有撒胡椒面之嫌，如湖南省“芙蓉学者计划”与湖北省“楚天学者计划”相比较，评选人数只有湖北的14.5%（29∶200）；资助标准上，讲座教授数只有湖北的一半，特聘教授数只有湖北的2/3，且湖北特聘教授特别优秀者薪酬达50万元/年，这说明湖南省招才引智的决心和诚意都不够。在人才投入方面，以最近出台、力度最大的长沙“人才新政22条”与重庆、成都、济南、西安等城市比较，在奖励补助的力度上并无优势。另外，山西、安徽科技成果转化收益用于奖励科研负责人、骨干技术人员等重要贡献人员和团队的比例不低于70%，湖北明确在鄂转化科技成果的，成果拥有人收益最高可达99%，而湖南省在科技成果转化收益方面改革力度不大。

——产学研合作不顺。当前产学研合作，在科技创新方面更多是一种零散、自发、个体行为，政府缺乏统筹协调、顶层设计和规范引导，对产学研合作引导和支持力度需进一步加大。受考核评价机制影响，高校、科研院所的科研工作者更看重项目完成后所能发表的论文数量和等级，这种价值取向明显与企业推动科

研成果产业化目标不一致，影响了产学研合作项目效率、效果。

——对人才的服务不到位。目前湖南省对人才的政务服务和扶持政策均相对分散，人才既难以全面了解政策信息，又因办事程序多、手续繁，令人望而生畏，创新创业步履艰难，人才引进中的住房保障、医疗待遇、子女入学、配偶就业等方面的政策落地困难。迫切需要整合各部门人才职能，建立一体化服务平台和“一卡通”服务机制，同时要注重发展人力资源服务产业，通过市场机制满足人才创新创业的服务需求。

## 三　湖南集中资源打造人才高地的对策建议

牢固树立人才是第一资源的观念，坚持目标导向、问题导向、需求导向，集中资源打造湖南人才高地。

### 1. 给予高层次人才创新创业扶持，提高其配套服务待遇

以“芙蓉计划”为突破口，参考成都市的经验，紧扣产业链短板，5 年内引进和培育 600 个顶尖创新创业团队和 6000 名高层次创新创业人才。对掌握国际领先技术、生成重大项目并带动新兴产业的，从人才、科技、工业等专项经费中，给予最高 1 亿元的综合资助；对引进院士，入选国家“千人计划”、“万人计划”、“长江学者奖励计划”者等，拥有先进技术和自主知识产权的人才带项目来湖南省创业工作、在国内首次落地的，可给予最高 500 万元的经费支持。提高高层次人才医疗待遇。完善高层次人才医疗保健待遇，鼓励社会力量建设国际医院，整合省内三甲医院等优质医疗资源，为高层次人才提供预约诊疗、外语接待等“一对一”诊疗服务。为高层次人才购买商业医疗保险，推动符合条件的医院、诊疗中心与国内外保险公司合作，探索在长株潭率先开展国际医疗保险直付结算服务试点，为急需紧缺人才就医开辟绿色通道。简化外籍人才停居留手续。凡属支柱产业、优势产业和未来产业引进的外国专业人才，来湘工作可适当放宽年龄、学历或工作经历等限制。符合认定标准的外籍高层次人才及其配偶、未成年子女可直接在湘申请在华永久居留。

### 2. 着力精准育才引才，搭建产业人才梯队

一是支持校地、校企合作培养产业发展人才。支持在湘高校和职业技术（技工）院校根据湖南产业发展需要，调整学科（专业）设置，给予最高 2000 万元补贴。鼓励在湘企业与高校、职业技术（技工）院校合作培养人才，给予最高 500 万元补贴。对合作建设学生实训（实习）基地的，给予最高 100 万元补

贴。二是提供全民免费技术技能培训。设立专项资金，支持职业技术（技工）院校、高技能人才培训基地、技能大师工作室面向社会开放培训资源，向有就业创业愿望的市民提供免费培训，其中事业单位提供社会化培训所得扣除成本后的收入，可纳入单位绩效工资总额管理，不计基数。每年有计划多形式开展千万人次以上的技术技能培训，对新取得职业资格证书的，全额报销考试费用。三是激励产业人才。对产业领军人才及团队，可给予1000万元项目资助；对全省实体经济和新经济领域年收入50万元以上的人才，按其贡献给予不超过其年度个人收入5%的奖励。对毕业5年内在湘创业的大学生，给予最高50万元、最长3年贷款期限和全额贴息支持。对全省重点产业、战略性新兴产业企业新引进的急需紧缺专业技术人才和高技能人才，3年内给予每人最高3000元/月的安家补贴，建立人才技能等级、专业技术职称提升奖励制度，给予每人最高6000元补贴。四是突破人才激励瓶颈。赋予企事业单位科技成果使用、处置和收益自主权，支持高校、科研院所成果转移收入按60%～95%的比例奖励科技人才。鼓励企事业单位通过股权、期权、分红等激励方式，调动科研人员创新积极性。非上市公司授予本公司专业技术人才的股权激励等，符合条件的可按规定递延至转让股权时缴纳个人所得税。

3. 鼓励各类人才来湘创业，打造长株潭人才发展特区

一是鼓励青年人才来湘落户。具有全日制大学本科及以上学历的青年人才，凭毕业证即可申请办理落户手续。对在长株潭新落户的高校毕业生，两年内最高给予4万元租房和生活补助；首次购房的，最高给予8万元购房补助。在未来的5年内，留住100万大学生在湘创新创业，为湖南发展注入活力。二是保障人才住房。加大长株潭三市人才公寓保障力度，对急需紧缺人才提供人才公寓租赁服务，租住政府提供的人才公寓满5年者，按其贡献可以不高于入住时市场价格购买该公寓。在产业新城建设配套租赁住房，由市、县区政府根据企业和项目情况，按市场租金的一定比例提供给产业高技能人才租住。鼓励用人单位按城市规划与土地出让管理有关规定自建人才公寓，提供给本单位基础人才租住。三是发放长株潭人才绿卡。凡属长株潭产业和企业发展急需紧缺人才在长株潭工作的，可申领“长株潭人才绿卡”。对国际顶尖人才、国家级领军人才、地方高级人才、产业发展实用人才、青年大学生等，分层分类提供住房、落户、配偶就业、子女入园入学、医疗、保险结转、出入境和停居留便利、创业扶持等服务保障。建立人才绿卡积分制度，提供增值服务。建立人才服务专员制度，对重点人才（团队）项目提供“一对一”人才专员服务。

4. 培育人才市场，支持用人主体引才育才

一是建立人才信息发布制度。年初发布湖南人才白皮书，提出全省重点产业领域急需紧缺岗位的人才需求；年末发布湖南人才建设蓝皮书，分析全省人才现状。在湖南国际人才网适时发布人才工作信息。启用“高端人才全球搜索系统”，实现人才供求信息的动态把握和精准匹配。开展人才政策效果评估，及时修订和补充完善。二是着力推动市场化的人力资源服务业发展。支持人力资源组织有序承接政府转移的人才服务功能。加快建立开放、规范的人才市场体系，发展市场猎头、人才测评等新业务，打造市场服务新品牌。通过产业引导、政策扶持等一系列手段，加快人力资源市场整合和集聚发展，着力打造湖南人力资源服务产业园，促进湖南省人力资源服务产业不断壮大。三是支持用人主体引才育才。建立企业引才奖励制度，对重点创新创业团队和知名企业引进“高精尖缺”人才，在其上一年度对全省发展做出的贡献额度内，给予最高500万元的奖励。对新引进或获得“中华技能大奖”“全国技术能手”及相当层次奖项的高技能人才，给予100万元奖励，并给予用人单位50万元奖励。鼓励企业通过猎头公司等人力资源服务机构引进人才，按其引才成本的50%给予企业补贴，最高10万元。支持企业建立首席技师制度，依托“芙蓉人才计划”，对围绕20大新兴优势产业链设立首席技师工作室的，给予最高10万元经费资助，着力打造“湖湘工匠”品牌。

# 进一步推动湖南海外科技人才引进的对策建议*

陈　琨

十八大以来，我国正形成最大规模留学人才“归国潮”，仅2016年，就有43.25万留学人员回国，占历年回国总人数的16.3%，这为实施创新引领战略的湖南带来新的机遇。为进一步提高湖南引进和集聚海外科技人才的针对性和有效性，完善相关政策措施，推动湖南形成利于创新、创业的宜居环境，在海外人才回流中赢得先机，本文主要以美国为案例，对海外科技人才政策、人才分布状况和发展趋势进行了分析研究，并就此提出了海外人才引进的对策建议。

## 一　海外科技人才政策与人才分布新态势

1. 海外人才政策趋向于保守化

从美国情况看，特朗普就任美国总统后，强调美国人优先，不仅签发命令禁止伊拉克、伊朗、叙利亚、索马里、苏丹、利比亚和也门等7国的公民（包括持有美国绿卡者）入境，同时收紧了H1－B工作签证的发放，2017财年相对2016财年批准率下降超过27%。同时，特朗普还暂停了免面签的递签服务，使得所有持有签证的留学生、访问学者与在美工作人员，一旦需要续签，就必须进行面签，部分大学已通知留学生尽量不要出境，以避免无法再次进入美国。从另一大移民国澳大利亚情况来看，2017年4月，澳大利亚总理宣布废除从海外引进各类紧缺职业的专业人士的工作签证，意在保住本国人工作机会。人才政策收紧将导致未来人才回流趋势进一步加强。

2. 美国人才市场向供过于求转变

以美国为例，目前生命科学、工程、物理、材料、计算机科学毕业生需求量

---

* 本报告获得湖南省人大常委会副主任王柯敏的肯定性批示。

分别为1.2万、5.1万、0.9万、0.7万、10.8万人，但供应量分别达18.3万、16.9万、4.3万、3.3万、10.7万人，即除计算机科学略供不应求外，其他主要理工学科处于供过于求状态，特别是生命科学，供应量达需求量的15倍以上，这为湖南省发展相关产业提供了机遇。

3. 我国在北美科技人才进一步向大学集中

在我国海外科技人才最集中的国家——美国，目前已注册的理工科博士留学生约5000多人，主要分布在密歇根大学（11.08%）、伊利诺伊大学厄巴纳-香槟分校（10.74%）、加州大学洛杉矶分校（10.20%）、德州农工大学（10.12%）、普渡大学（9.52%）、俄亥俄州立大学（9.38%）、威斯康星大学-麦迪逊分校（8.92%）、明尼苏达大学（8.88%）、爱荷华州立大学（8.40%）等高校。在北美另一大国加拿大，则主要分布在多伦多大学（17.20%）和阿尔伯塔大学（13.90%）。

4. 我国在北美科技人才进一步集中于少数地区

在美国，60%以上的我国理工科博士生和博士后人才居住于加州、纽约等10个州中。其中，加州（12.33%）、纽约（9.45%）、得克萨斯（5.74%）、麻省（5.68%）、宾夕法尼亚（5.60%）、伊利诺伊（5.53%）、密歇根（4.40%）、俄亥俄（4.40%）、北卡罗来纳（3.72%）和马里兰（3.30%）。在加拿大，我国科技人才则集中居住于10个理工科院校及其邻近地区。

5. 我国在海外科技人才集中于少数领域

从各学科SCI论文发表数量比例来观察我国科技人才分布情况，2008~2004年期间，人才分布较为分散，生物、物理等学科比例较高。其中，生物化学和分子生物学占（5.62%）、材料科学（4.04%）、应用物理（3.60%）、肿瘤学（3.54%）、交叉科学（3.35%）、化学（3.18%）、物理化学（3.15%）、细胞生物学（3.10%）、电子与电气工程（3.08%），其他学科均不足3%。

## 二 湖南省人才现状

从湖南省人才现状来看，受区位待遇、学科平台、政策环境等因素制约，近年来湖南省对高层次人才的吸引力一直较弱，进而导致高层次人才总量偏少，结构欠优，高层次人才队伍整体现状堪忧，需要大力引进人才。

1. 高层次人才不足

从院士与“千人计划”专家来看，湖南省两院院士（不含外聘）仅为36

人，约为湖北省的一半，截至2015年，国家“千人计划”专家数量为86人，比湖北少187人。从高水平创新团队数量来看，2011～2016年，湖南省入选教育部创新团队计划和国家基金委创新研究群体的团队数量仅为26个，比陕西、湖北、山东、广东分别少22、15、4、3个。

2. 青年人才短缺

2011～2016年，湖南、陕西、湖北、四川、辽宁、山东、广东七省高校“国家杰青”“国家优青”“青年千人”“青年拔尖”四类青年人才入选人数为：湖北330人、广东298人、陕西186人、四川179人，湖南和山东均为91人，辽宁80人。湖南省高校青年人才入选人数约为陕西和四川的1/2，不到湖北和广东的1/3。高层次青年人才的短缺，将会在较大程度上影响湖南省高校未来院士的产生。

3. 人才结构欠优

院士队伍偏老龄化，2013年《中共中央关于全面深化改革若干重大问题的决定》明确提出，改革院士遴选和管理体制，优化学科布局，提高中青年人才比例，实行院士退休和退出制度。按照规定，院士退休年龄为70岁，80岁以上的从2017年起已不参与两院院士增选投票。目前湖南省院士50岁以下的中青年根本没有，平均年龄达到69岁。人才学科分布失衡，在湖南省省级高层次人才学科分布中，人文社科人才比例偏低，2002～2015年，湖南省人文社科岗位芙蓉特聘教授仅13人，约占总数的12.6%。而教育部2004～2015年遴选的长江特聘教授中人文社科岗位占到22.8%，2011～2015年基本保持在30%左右。

## 三　进一步完善引进海外科技人才的政策措施

1. 加强对海外人才政策动态的研究与监控

加强对美、英、德、法、澳、加等我国主要留学目的国移民、访学、工作签证政策及人才市场供需状况的跟踪研究，保持对美、英、法等转向保守国家政策的密切监控，在政策进一步收紧或发生显著变化时，及时“示警”，让湖南在与其他省市乃至国家的竞争中赢得先机。

2. 建立海外科技人才大数据平台

建议省里通过与国家、其他各省市信息共享、文献检索、实证调查、公开资料采集等途径，收集海外高层次科技人才信息及成果信息，建立海外科技人才大数据平台，全面系统地掌握海外人才队伍的整体状况及动态变化趋势，抓紧梳理海外科技人才在具体学科（方向）和地理上的分布。同时，平台的建立也可防止近年频发的海外人才隐瞒甚至篡改个人简历的现象，防止省内相关单位和部门上当受骗，大幅度降低海外人才引进成本。

3. 制定海外科技人才引进路径图

在海外人才大数据平台基础上，围绕湖南优势和省委省政府重点部署产业，如磁浮技术、北斗导航、人工智能、高端装备、电子信息、大数据、物联网、生物医药、节能环保、装配式建筑等，分别确定引进海外科技人才专业、学科、院校、留学国（地区）等的详细路径图，有针对性地为政府部门和重点单位提供海外科技人才引进指南，提升海外科技人才创新创业服务工作的针对性和目的性。

4. 精准外宣，建立有效的沟通渠道

充分汲取近年来辽宁、福建、上海浦东等地的经验，重点针对我国海外人才集中学校、集中地区、湖南产业相关领域，依托海外校友会、海外科技社团、海外引才工作平台、各海智基地工作站等大力宣传湖南引才环境政策，定期发送湖南相关产业（领域）人才需求信息及相关动态，形成与上述平台之间更为紧密的信息交流与互动，加强就业培训和人才搜寻评估等人才引进工作，为海外科技人才提供一站式服务。积极促进用人单位与海外人才的直接对接，让更多的海外人才能够了解湖南。将以政府为主导转变为以用人单位为主，促成人才供需双方直接进行交流。

5. 构建海外科技人才创新创业服务体系

鼓励、委托湖南大型企业的海外分支机构吸纳海外科技人才和提供实习培训机会，完善海外科技人才考察、选拔和留用工作模式，建立依托海外科技人才就地为湖南服务的工作机制。完善海外科技人才的创新创业孵化器，加强其服务功能建设。在现有的创业园区，进一步吸引专业服务机构和高等院校所，推进社会资本与创业企业对接，拓展创业指导、教育和信息交流的服务功能，完善宜居宜业环境，打破海外科技人才服务上的部门条块分割，建立服务网络。

# 互联网时代组织工作信息化建设研究

## ——运用大数据精准引人、选人、用人、管人

湖南省人民政府发展研究中心调研组*

习近平总书记指出，知人不深、识人不准，往往会出现用人不当、用人失误。对干部要立体考察、透视甄别、切片化验、会诊辨析，把好干部选出来、用起来。利用互联网和大数据开展组织工作，对于精准选人用人引人管人具有重要意义。调研组先后赴贵州省、长沙市、永州市、常德市等地进行调研，提出了推进组织工作信息化建设的思路和对策。

## 一 “互联网＋组织工作”顺应时代要求

当前，湖南省面临着人才引进、干部选任、党员管理等方面难题，“互联网＋”和“大数据＋”将成为优化组织工作的利器。

1. 组织工作要着力解决五大难题

当前，湖南省组织工作在一定程度上存在“引才渠道窄”“少数人中选人”“带病提拔”“重选拔轻管理”“能上不能下”等问题。如在干部监管方面，由于监督不到位，湖南省曾发生轰动全国的“衡阳贿选案”，中央巡视组指出湖南省存在带病提拔、买官跑官等问题。在人才引进方面，主要靠优惠政策坐等人才，引才面窄、线短、点散，致使湖南省高层次人才引进数量有限。而湖北等地通过引进“千人智库”等大数据机构，运用大数据精准引人，2016 年湖北引进“千人计划”人员 54 人，是湖南省的 3 倍。在党员管理方面，组织部门和公安、电信部门数据未共享共用，导致湖南省失联党员无法被及时准确找到。

---

* 调研组组长：卞鹰；调研组副组长：唐宇文；调研组成员：左宏、闫仲勇、胡跃平、杨润暄（实习生）；执笔：闫仲勇、左宏。

2. 互联网可为组织工作插上科技翅膀

随着互联网技术的发展，大数据使一切都可被标准化和数字化，正在开始一次重大的时代转型。就组织工作而言，开展党员、干部和人才工作以及基层党组织建设等方面的大数据分析研究，有助于提高选人用人公信力，提升组织工作科学化水平。例如干部队伍建设方面，利用大数据能够从干部的工作圈拓宽到生活圈、朋友圈、交友圈，多元化挖掘数据资源，把从严治党的神经末梢延伸至各个角落，更加全面准确评价和了解领导班子和领导干部德能勤绩廉等方面的情况，提升干部培养、选拔、监督和管理的科学化水平。再如基层党组织管理方面，强化了组织工作数据的采集、分析、运用，进而改进基层党组织管理，创新党员教育。又如人才工作，可以建立“人才雷达”，使人才引进更加主动、精准。

3. 湖南组织信息化已经具备较好基础

目前，省委组织部已经打造“一网四库三平台”信息化架构，编制了《2017～2021 年湖南省组织系统信息化工作规划》，全面推动信息资源目录体系及全员数据库建设；各级组织部门均建立了干部管理决策支持、干部人事档案管理等信息系统，开发了干部任免决策支持、干部综合查询推送、干部电子名册等应用系统，并在常德、永州开展干部管理大数据应用试点。目前，省级党委组织部门信息化建设居全国第四，走在全国前列。但还面临三个瓶颈：一是缺乏顶层设计。组织部门内部、省市组织部门之间以及市与市之间信息系统各自为政、重复建设，导致浪费和低效。二是部门数据壁垒。组织部门在选拔任用干部时，基本上依赖自有数据，难以获取人社、纪检、教育、公安等部门数据。三是组织工作安全性要求高。这导致组织部门内部系统较为封闭且更新较慢。

## 二　典型经验为湖南提供借鉴

在运用大数据思维推进组织工作方面，各地已经在开展干部大数据精准“画像”“互联网 + 监督”“大数据 + 人才引进”“互联网 + 党建”等尝试，能为湖南省提供借鉴。

1. 宁波干部精准“画像”系统

宁波江东区整理汇总自 2012 年以来涉及领导干部各方面的数据，除基本信息外，新增“工作业绩类信息”“能力素质类信息”“负面类信息”三大内容，绘制干部学历分析图、知识储备图、能力素质图、经历成长图及发展走势图，为干部勾勒虚拟“肖像图”，摸清干部发展潜力所在。并建立了基于大数据的干部任用分类选拔模式：通过“发展潜力”指数分析，将能够驾驭全局、果断决策、敢抓敢管的干部，归于“狮子型”干部，作为“一把手”岗位的后备人选；将抓贯彻落实、心理抗压、协调能力好的干部，归于“管理型”干部，作为副职岗位的后备人选。

2. 麻阳“互联网 + 监督”平台

麻阳县于 2015 年探索建立了“互联网 + 监督”平台，集监督、执纪、问责、分析和决策于一体，实现了由被动受理到主动出击，由事后处置到事前预防，由单兵作战到兵团作战，得到王岐山的充分肯定。麻阳“互联网 + 监督”大平台的成功在于以下两点：一是顶层设计。设立了由县委书记任组长的工作领导小组，强力推进各部门数据共享。二是大数据技术运用。运用大数据“碰撞”分析发现“线索”，有效防控领导干部腐败。

3. 千人智库综合咨询服务平台

千人智库整合了《千人》杂志、科研出版社、汉斯出版社等相关机构的人才和项目资源，掌握全球 1200 万名以上的科研工作者数据，并形成了每日实时更新、智能化、结构化的人才大数据。将各级政府和企事业单位对决策、人才、项目的需求，与海内外人才及其智力资源供给集中在同一个信息化平台之上，提供高端猎聘、项目对接和决策咨询服务。

4. 贵阳“党建红云”平台

贵阳建成了集“一云两库六大应用”于一体的“党建红云”平台，通过建设全市党组织数据库、党员数据库等，自动分类别统计党员、党组织、领导干部情况，实现各类“党建红云”系统用户身份数据化、精细化，掌握分析全市党员组成情况及其变化情况，探索了一条“用数据说话、用数据决策、用数据管理、用数据创新”的路子，受到中央组织部的充分肯定。

## 三　总体思路

以习近平总书记关于组织工作重要讲话精神为指导，以“人”为核心，围绕“精准”做文章，建立“三大信息系统”，重点解决三类人的六大精准问题，即围绕领导干部、人才、党员三类人，建立“领导干部精准画像系统”“芙蓉人才大数据系统”“湖湘云上党组织系统”三大信息系统，着力解决精准选人、精准用人、精准管人、精准引人、精准育人、精准服务六大问题。

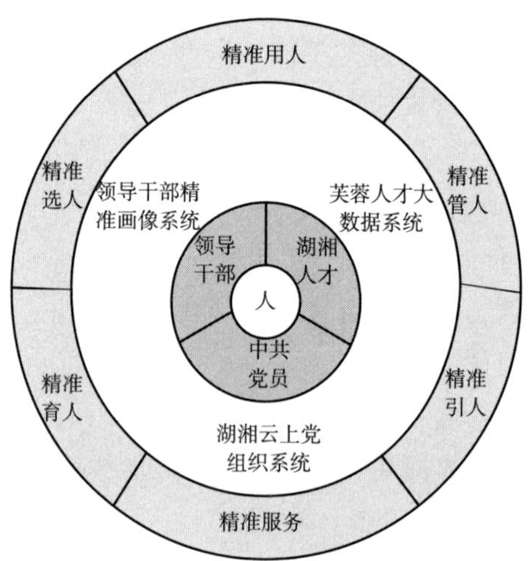


**图1 人才管理信息系统**

## 四 建立完善三大系统

依托湖南政务云平台和政务大数据系统，搭建“领导干部精准画像系统”“芙蓉人才大数据系统”“湖湘云上党组织系统”等三大系统。

1. “领导干部精准画像系统”：变“以票取人”为“以数取人”

围绕“选人用人精准化”这一目标，为每个领导干部（后备干部）建立一个“全息档案”，从基础信息、工作业绩、能力素质、负面信息等方面为干部精准画像，打造一个科学精准的干部管理决策支持系统。

主要功能：一是通过绘制干部学历分析图、知识储备图、队伍结构图、能力素质图、经历成长图、发展走势图及负面清单图，为干部精准勾勒“肖像图”，摸清干部特点、发展潜力、短板和问题；二是根据干部“画像”，对干部进行自动分类（领导型、管理型、业务型、技术型等），为优化配置干部资源提供科学依据。

建设方案：整合省管干部宏观管理决策支持系统、干部人事档案管理数字化系统、干部监督业务信息系统等系统，整合挖掘各部门及互联网数据，将湖南省全部干部的信息纳入数据库，打造包含“四库两平台N模块”的领导干部精准画像系统（四库：基础信息数据库、工作业绩数据库、能力素质数据库、负面清单数据库；两平台：干部决策支持平台和监督平台；N模块：搜索查询、干部成长、人岗匹配、信息比对、队伍结构、监督管理等模块）。

2.“芙蓉人才大数据系统”：变“守株待兔”为“主动出击”

围绕“芙蓉人才计划”建立一整套省级人才监测预测服务系统，着力解决“需要哪一类人”“人才在哪里”“怎么引人才”“怎么服务人才”等问题，形成湖南“人才大数据图谱”和“网上人才之家”。

主要功能：一是将省内人才及全球的湘籍（涉湘）人才纳入数据库，通过建立不同类别的预测指数（如创新性指数、贡献性指数），监测预测湖南省所需人才类型、数量、分布，提高引人精准性；二是实时跟踪国内外人才发展趋势并与省内重点产业进行匹配分析，挖掘所需人才；三是建立统一的网上人才服务系统，做好人才引进的宣传、服务工作，做到主动引人。

建设方案：依托湖南政务大数据平台“湖南人才监测预测预警大数据应用系统”，联合湖南人才网、智联招聘等知名人才类网络信息公司，拓展建设“芙蓉人才大数据系统”。初步设想为“三库两平台N模块”，即“湖南（湘籍）人才数据库”“人才供需动态数据库”“湖南人才服务工作数据库”三个专题人才库，“芙蓉人才决策支持大数据平台”“芙蓉人才服务平台”两个面向政府和人才的平台，搜索查询、人产匹配、人才结构、人才评价、人才成长、人才分布等多个模块。

3.“湖湘云上党组织系统”：变“线下党员”为“线上党员”

建立涵盖党员基础信息、工作业绩、负面信息等内容的网络党组织，搭建集“湖湘云+决策”“湖湘云+管理”“湖湘云+服务”“湖湘云+学习”于一体的“湖湘云上党组织系统”，运用大数据加强对党员的教育、监管与服务。

主要功能：一是实时跟踪党员发展变化和趋势，做到党员流动、党费缴纳等实时监测；二是开展网络学习，实现党员在线教育培训；三是通过建立“党建大数据多功能服务站”，在线提供党务公开、信息发布、业务办理等服务。

建设方案：整合党员管理系统、党员e信通及各市州的智慧党建等系统，依托改版升级后的红星网和“红星云”手机移动平台，拓展形成包含“四库四平台N模块”（四库：党员基础信息数据库、流动党员数据库、教育资源数据库和负面清单数据库，四平台：党员综合决策、教育培训、监管、服务平台，N模块：党员搜索查询、党费管理、流动党员管理、网络组织生活、指尖党校、云端服务、驻村在线、监察管理等模块）的“湖湘云上党组织系统”。

## 五 几点建议

加强顶层设计和大数据人才队伍建设，建立数据交换和共享制度，推进大数据在组织工作中的应用。

1. 高度重视“互联网 + 组织工作”，加强顶层设计

把“互联网 + 组织工作”提高到重要地位，以大数据运用为突破，不断提高组织工作科学化水平，强化顶层设计，从制定工作方案、技术和标准体系两方面完善架构。一是制定部门协同的工作方案。制定“三大信息系统”工作方案，明确组织部门与省级政务中心共同开发的模式，合理分工，协同推进。二是制定技术和标准体系。对接国家大数据标准，率先采用国家标准委已经和着手制定的大数据术语、大数据技术参考模型等十大标准，结合湖南省组织工作的实际情况，建立系统互联、数据交互和共享利用标准。

2. 建立数据交换和共享制度，打破部门间的数据壁垒

一是加快数据交换共享中心建设。依托省政务大数据中心，建设组织工作“大数据”交换共享中心，实现省市县三级政府部门数据在该中心的共享交换，增强权限管理和涉密数据流向的技术控制。二是制定《组工数据交换和共享管理办法》《组工数据交换和共享目录》。要求省市县三级组织部门数据分级别在内网交换共享，要求人社、公安、教育、电信、信访、纪检、审计等有关部门数据资源共享，并制定具体执行规范和安全标准。

3. 强力推进三类系统应用试点，并逐步完善推广

一是推进常德、永州干部管理大数据应用试点。支持常德、永州按照边建边用原则，在干部精准画像、年轻干部精准化培养、后备人才培养选拔等方面应用大数据探索经验模式，并逐步将成功经验推广。二是在长株潭开展人才大数据应用试点。采集各大社交媒体和专业网站的多源异构海量数据，建立人才工作经历图谱、性格图谱、兴趣图谱、关系图谱，搭建人才数据库，及时掌握不同类型人才的分布情况、性格特点、兴趣方向及对政策、环境、待遇、住房等方面的需求，做到精准引人、精准留人。三是在益阳等地开展党员管理大数据应用试点。围绕党员教育、管理、监管和服务，在“益村”平台建设基础上，创新搭建“智慧云 +”大数据党建工作应用体系。

4. 强化要素保障，提供人才和资金支撑

一是强化队伍建设。加强对组织部门工作人员、技术人员的大数据业务培训，使其掌握大数据技术及其应用。完善政策，引进大数据人才。二是落实经费保障。对组织工作“大数据”建设资金进行总体测算，确保财政资金的投入力度。

# 推进供给侧结构性改革

## 优化湖南省财政收入结构的对策建议*

湖南省人民政府发展研究中心调研组**

新常态下，湖南省财政收入增速放缓，加强财源建设、优化结构成为当务之急。2016 年省委经济工作会议上，省委书记杜家毫明确指出湖南省财政收入存在质量不高的问题；省长许达哲则提出湖南省非税收入占比过高。围绕这些问题，我们进行了深入调查和系统研究，提出了对策建议。

### 一　财政收入质量存在“一低一高”两大问题

2011～2016 年湖南省一般公共预算收入从 2523.5 亿元增长到 4252.1 亿元，但还存在两大突出问题。

——GDP 含税量过低。2015 年湖南省全口径税收收入占 GDP 的比重为 10.4%，比全国平均水平（19.8%）低 9.4 个百分点，在中部排第 4，位于安徽

* 本报告获得湖南省委书记杜家毫的肯定性批示。该报告系2015年度中国特色社会主义理论体系研究中心重大项目“生态环境保护和两型社会建设研究”（2015YZD19）阶段性成果，2017年度湖南省社会科学成果评审委员会重点课题“湖南发展重点新兴产业培育新兴经济增长点研究”（XSP17ZDI017）阶段成果。

** 调研组组长：卞鹰；调研组副组长：唐宇文；调研组成员：左宏、龙花兰、张鹏飞；执笔：龙花兰、左宏。

（15%）、江西（14.1%）、湖北（12.8%）之后，远低于广东等发达地区。2015年湖南省财政收入（税收和非税收入之和）占GDP的比重为12.6%，比全国平均水平（22.2%）低9.6个百分点，在中部排第5，位于山西（16.6%）、江西（16.3%）、安徽（15%）、湖北（14.1%）之后。

——非税收入占比过高。2015年，湖南省非税收入占地方财政收入的比重为39.3%，比全国平均水平（24.5%）高14.8个百分点，居全国第2位，仅次于天津；2016年进一步上升，非税收入占地方财政收入的42.5%，在全国排第1位。与财政收入规模接近的安徽相比，2015年湖南省非税收入多了333.5亿元。

**表1　2015年部分省份税收收入、非税收入占地方财政收入情况**

| 项目 | 地方财政收入（亿元） | 税收收入（亿元） | 非税收入（亿元） | 税收占地方财政收入比重（%） | 非税占地方财政收入比重（%） |
|---|---|---|---|---|---|
| 全国 | 83002.04 | 62661.93 | 20340.11 | 75.5 | 24.5 |
| 广东 | 9366.78 | 7377.07 | 1989.71 | 78.8 | 21.2 |
| 河南 | 3016.05 | 2101.17 | 914.88 | 69.7 | 30.3 |
| 湖北 | 3005.53 | 2086.5 | 919.03 | 69.4 | 30.6 |
| 湖南 | 2515.43 | 1527.52 | 987.91 | 60.7 | 39.3 |
| 安徽 | 2454.3 | 1799.89 | 654.41 | 73.3 | 26.7 |
| 江西 | 2165.74 | 1517.03 | 648.71 | 70.0 | 30.0 |
| 山西 | 1642.5 | 1056.6 | 585.75 | 64.3 | 35.7 |
| 湖南中部排名 | 3 | 4 | 1 | 6 | 1 |

注：表中税收收入为扣除上划中央部分后的税收收入。

数据来源：《中国财政年鉴》2016。

——“一低一高”的关键症结：“税收不足，非税来补”。非税收入高又导致营商环境恶化，税收收入占比下降，由此陷入恶性循环。

## 二　税收收入低，低在哪里？

2015年，湖南省税收收入1527.52亿元，在中部六省排名第4位。比较中部省份，发现湖南税收收入低在如下方面。

——从产业来看，低在第三产业。2015年，湖南省第一产业税收5.7亿元，仅低于江西（7.9亿元），中部排名第2位；第二产业税收1658.6亿元，仅低于湖北（2035亿元），中部排名第2位；第三产业税收1504.2亿元，低于河南（2283.4亿元)、湖北（1997.6亿元)、安徽（1663.6亿元)，中部排名第4位。从全国来看，湖南省第三产业税收贡献率（47.5%）比全国平均水平（54.7%）低7.2个百分点。

**表2　2015年中部各省三次产业税收收入情况**

单位：亿元

| 项目 | 合计数 | 第一产业税收收入 | 第二产业税收收入 | 第三产业税收收入 |
|---|---|---|---|---|
| 湖北 | 4033.5 | 0.9 | 2035 | 1997.6 |
| 河南 | 3935.3 | 3.7 | 1648.2 | 2283.4 |
| 安徽 | 3295.2 | 5.7 | 1625.9 | 1663.6 |
| 湖南 | 3168.1 | 5.7 | 1658.2 | 1504.2 |
| 江西 | 2485.2 | 7.9 | 1156.2 | 1321.1 |
| 山西 | 1864.2 | 1.9 | 1058.7 | 803.6 |
| 湖南中部排名 | 4 | 2 | 2 | 4 |

数据来源：《中国统计年鉴》2016、《中国税务年鉴》2016。

——从行业来看，低在支柱性税源不足。湖南省主要税源是烟草制品、房地产、批发和零售、建筑、金融业、机械制造、成品油等七大行业，贡献了近3/4的税收。见图1。一是支柱性税源受政策影响较大。烟草制品、房地产和建筑税收占比接近50%，这三个行业受政策、趋势影响较大，难以保持税源增长。二是房地产和建筑业税收贡献偏低。2015年湖南省房地产与建筑业税收收入占税收总收入的比重

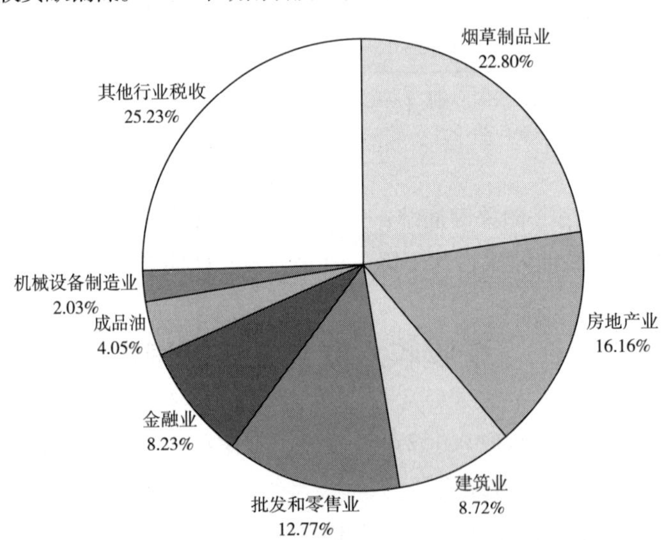


**图1　2015年湖南省主要行业税收收入情况**

数据来源：湖南省财政厅。

为24.9%，居中部第5位，比湖北省少295.4亿元，比安徽省少84.3亿元。三是工程机械等制造业“大而不实”。湖南省工程机械虽然规模较大，但实际利税有限，2013年顶峰期也只有103亿元税收，2015年下滑到61.3亿元。相比来看，汽车制造业既要交增值税，又要交纳消费税，税收贡献大很多，例如，湖北汽车制造业2015年产生306.6亿元税收，成为排名第5的支柱性税源行业。

**表3 2015年中部各省排名前七位的支柱税源行业情况**

单位：亿元

| 排名 | 第1位 | 第2位 | 第3位 | 第4位 | 第5位 | 第6位 | 第7位 |
|---|---|---|---|---|---|---|---|
| 湖南 | 烟草制品业 | 房地产 | 批发和零售业 | 建筑业 | 金融业 | 成品油 | 设备制造业 |
| | 688.9 | 487.3 | 385.8 | 263.5 | 248.8 | 122.4 | 61.2 |
| 山西 | 采矿业 | 批发和零售业 | 金融业 | 房地产 | 建筑业 | 电力、热力生产和供应业 | 交通运输、仓储、邮政业 |
| | 491.9 | 203.8 | 168.1 | 163.6 | 161.5 | 125.4 | 75.9 |
| 安徽 | 房地产 | 批发和零售业 | 建筑业 | 金融业 | 烟草制品业 | 设备制造业 | 电力、热力生产和供应业 |
| | 557.5 | 287.5 | 277.6 | 271.8 | 215.3 | 131.1 | 116.6 |
| 江西 | 房地产 | 建筑业 | 批发和零售业 | 金融业 | 交通运输、仓储、邮政业 | 烟草制品业 | 成品油 |
| | 432.7 | 329.9 | 233.1 | 188.9 | 105.9 | 102.1 | 75.9 |
| 河南 | 房地产 | 批发和零售业 | 建筑业 | 金融业 | 烟草制品业 | 电力、热力生产和供应业 | 采矿业 |
| | 697.3 | 659.6 | 367.2 | 352 | 268.8 | 174.3 | 154.3 |
| 湖北 | 房地产 | 批发和零售业 | 烟草制品业 | 建筑业 | 汽车制造业 | 金融业 | 电力、热力生产和供应业 |
| | 645 | 461.5 | 455.4 | 401.2 | 306.6 | 291.7 | 155.2 |

数据来源：《中国税务年鉴》2016。

——从企业来看，低在三类。一是重点税源企业税收偏低。2015年湖南省纳入国家监控重点税源企业3079户，税收收入1668.1亿元，居中部第3位，比河南、湖北分别少185.3亿元、182.3亿元。二是国有企业税收偏低。2015年湖南省国有企业税收为306亿元，居中部第5位，比河南、湖北、安徽、江西分别少了600.1亿元、539.3亿元、177.1亿元、19.6亿元。三是外资企业税收偏低。2015年湖南省外资企业所得税21.4亿元，居中部第6位，比排名第1的湖北少102亿元。

**表 4　2015 年中部各省国有和集体企业税收情况**

单位：亿元，%

| 地区 | 国有企业 | 集体企业 | 国有企业税收占比 | 国有企业、集体企业税收之和占比 |
|---|---|---|---|---|
| 河南 | 906.1 | 43.5 | 23.0 | 24.1 |
| 湖北 | 844.4 | 21.1 | 20.9 | 21.5 |
| 安徽 | 483 | 13.1 | 14.7 | 15.1 |
| 江西 | 325.6 | 37.1 | 13.1 | 14.6 |
| 湖南 | 306 | 18.8 | 9.7 | 10.3 |
| 山西 | 211.9 | 26.4 | 11.4 | 12.8 |
| 全国 | 15999.3 | 885.3 | 11.8 | 12.4 |

数据来源：《中国税务年鉴》2016。

## 三　非税收入高，高在哪里?

2015 年，湖南省非税收入 987.91 亿元，在中部各省中排名第 1 位。进一步比较各项数值，发现高在如下方面。

——从分项目收入来看，高在“国有资源（资产）有偿使用收入”和“其他收入”两项。非税收入包括专项、行政事业性收费、罚没、国有资本经营、国有资源（资产）有偿使用、其他收入等六个分项。2015 年，国有资源（资产）有偿使用收入达 363.8 亿元，排中部第 1 位，比排第 2 位的湖北多 150 亿元；其他收入 190.61 亿元，中部排第 1 位，比排第 2 位的河南多 103 亿元。据了解，这两个项目相对容易虚增，可能是其偏高的主要原因。

**表 5　2015 年中部各省非税收入构成情况**

单位：亿元

| 项目 | 总计 | 国有资源(资产)有偿使用收入 | 其他收入 | 专项收入 | 行政事业性收费收入 | 罚没收入 | 国有资本经营收入 |
|---|---|---|---|---|---|---|---|
| 湖南 | 987.9 | 363.8 | 190.6 | 187.9 | 154.3 | 76.86 | 14.39 |
| 湖北 | 919.03 | 213.76 | 59.05 | 196.76 | 329.03 | 94.4 | 26.04 |
| 河南 | 914.88 | 195.26 | 87.6 | 201.29 | 238.34 | 89.11 | 103.28 |
| 安徽 | 654.41 | 173.85 | 27.74 | 226.69 | 148.86 | 54.4 | 22.87 |
| 江西 | 648.71 | 212.39 | 44.56 | 128.09 | 190.5 | 69.96 | 3.21 |
| 山西 | 585.75 | 53.34 | 17.5 | 386.54 | 76.36 | 50.08 | 1.93 |
| 湖南中部排名 | 1 | 1 | 1 | 5 | 4 | 3 | 4 |

数据来源：《中国财政年鉴》2016。

——从调研来看，高在经营性服务收费等表外事项。2015 年，湖南省行政事业性收费仅为 154.3 亿元，居中部第 4 位，并不高。但调研中，有企业反映有些行政性事业性收费取消了，变相为政府部门关联的行业协会、“红顶中介”的经营性服务收费，成了企业的一大负担。

——非税占比高与“重帽子，轻票子”的政绩导向有关。调研中了解，各地财政收入增长是重要考核指标，虽然现在有所放松，但仍然影响领导的“帽子”。有的领导宁要“帽子”不要“票子”，在征管上注水分、税收虚增难的情况下，下达非税收入硬性任务，导致非税占比居高不下。

## 四　对策建议

优化财政收入结构的根本途径是提高经济发展质量和效益，增加税源。具体要从五个方面下功夫。

——提升支柱产业，做强主体税源。一是挖潜第三产业，在房地产、批发零售和金融业上着力。提升房地产税源可持续性，提高单位面积房产的税收贡献度，并从房产税源向楼宇税源拓展；拉长批发零售业企业价值链，把制造业批发环节税收留在湖南；重点引进培育非银行金融机构，壮大金融业税源规模。二是延伸产业价值链，壮大制造业税源。围绕《湖南工业新兴优势产业链行动计划》，推动产业链延伸，支持发展“富税”型的汽车制造、生物医药等制造业。三是培育创新企业，形成“多点支撑”。对产值且税收实现倍增的新兴企业，按照税收增量部分给予奖补，支持企业加大研发投入。

——挖掘重点领域，聚焦“大上总国”。一是围绕“大项目”培育“大税源”。编制湖南“超重大产业项目招商目录”，支持园区对形成亿美元以上规模实际固定资产的项目给予产业发展扶持资金。二是重点培育上市公司税源。着力做好意向上市企业的引导、服务、培育工作，通过建立现代企业制度，提高企业利税贡献率。三是大力发展总部经济。对总部税收贡献大的企业进行事后奖补。四是提升国企利税贡献率。支持国有企业开展供给侧结构性改革，加大科技创新力度。

——重构考核机制，挤压非税水分。一是进一步弱化对财政收入增长的考核，完善对财政收入增长速度的硬性考核和排名，防止市县政府为了政绩虚增收入。二是加强对财政收入质量的考核。建立以税收收入占财政收入比重与省级财政转移支付挂钩的收入质量考核评价体系。加强对市县非税收入的督察，促进非税收入与税收收入占比结构优化。

——强化轻征细管，征管与培育并重。一是利用大数据手段加强综合治税。鼓励省内各县市区建立综合治税系统，运用大数据技术，全面实现税收、用电、用水、用气等相关信息共享，定期分析潜在税收增减主客观因素。二是开展“寻找黑马计划”。查找3年连续税收年增长20%以上的中小企业，将其作为未来的重点企业培育，并给予税收返还奖励。

——优化实体环境，构造财源“加速器”。一是加大“放管服”改革力度，精简规范行政许可和行政审批，提高机关工作效能，着重清理“红顶中介”。二是改善营商环境。在优化投资环境、招商引资、引进人才、科技创新等方面搞好服务，形成亲商、安商的良好氛围，对全省市州县（市、区）营商环境开展第三方评估并公布结果。三是落实“减税清费”政策。落实好高新技术企业、技术先进型服务企业、固定资产加速折旧、研发费用加计扣除、小微企业增值税、企业所得税等优惠政策。

# 构建绿色供给体系<br>助力供给侧结构性改革*

湖南省人民政府发展研究中心调研组**

构建绿色供给体系是湖南省推进供给侧结构性改革的重要抓手。尽管2007年长株潭城市群获批全国“两型”社会综合改革试验区，2012年颁布了《绿色湖南建设纲要》，提出了到2020年实现生态文明建设走在全国前列，也取得了显著成效，但湖南省绿色产业发展环境堪忧、企业绿色技术创新不足、绿色转型面临资金短板等问题依然存在，仍需在稳基础、补短板、延链条、强保障四个方面着力，构建具有湖南特色的绿色供给体系，争取早日实现生态强省的奋斗目标。

## 一 湖南省构建绿色供给体系存在的主要问题

绿色发展的本质是解决好人与自然和谐共生问题。人类要实现可持续发展，需要构建包括绿色供给体系在内的一整套政策体系，以提高供给质量和效率。调研发现，湖南省在构建绿色供给体系中还存在三个方面的主要问题。

### 1. 绿色产业发展环境堪忧

一是产业绿色发展链条短，绿色化基础不牢。绿色产业链条过窄过短，大产业、大企业缺乏，上中下游企业布局分散，带动能力不强。园区产业布局分散，多数园区绿色化能力不足，缺乏发展后劲。二是政府在解决传统产业环保、能耗问题上，倾向于强化企业监管，而对制约主导产业生存发展所需的绿色共性技术、绿色产业发展急需的人才缺失等问题重视不够，尚未形成集中力量进行科技攻关、人才引进培育的绿色发展机制。

---

* 本报告为2016年度省社科规划办智库专项一般委托课题“构建湖南绿色供给体系，助力供给侧改革研究”（16ZWC40）阶段成果，2015年度中国特色社会主义理论体系研究中心重大项目“生态环境保护和两型社会建设研究”（2015YZD19）的阶段性研究成果。

** 调研组组长：卞鹰；调研组副组长：唐宇文；调研组成员：禹向群、贺超群。

2. 企业绿色技术创新不足

一是企业绿色技术创新意识和创新动力严重不足。绿色技术创新周期长，费用昂贵，中小企业不具备基础研究和成果转化实力，绝大多数企业处于被动、被迫状态，创新观念难以渗透到企业文化以及日常生产活动中。同时，企业绿色技术创新外部经济性难以内化，多数企业寻求市场投机，仅关注直接经济利益而忽视社会效益，主观上对采用绿色技术缺乏积极性。二是企业绿色技术原始创新能力不强。目前湖南省多数企业处于绿色转型摸索阶段，企业与高校（科研院所）进行绿色技术产学研合作较少，高校（科研院所）基础研究与绿色产业前沿需求关联不大，企业无法准确预判市场前景，导致投入不足。

3. 绿色转型面临资金短板

一是全省用于环境保护和绿色技术开发的投入不足。近年来，全省研发投入占 GDP 的比重虽有提高，但一直在 1.5% 左右徘徊，投入不足使绿色技术创新发展受限。二是绿色金融体系还不完善。目前绿色金融实施主体以商业银行为主，基金、保险等非银行业金融机构参与程度相对较低，导致绿色金融产品种类偏少，如环境污染责任保险、节能减排保证保险缺失，无法满足企业融资需求；绿色融资渠道相对狭窄，仍以绿色信贷等间接融资为主，支持绿色产业发展的直接融资方式及融资额有限，如湖南绿色债券尚处于起步阶段，难以满足绿色产业融资需求。三是企业环境信用评级体系尚未建立，信息共享不到位导致绿色金融实施风险大。金融机构及相关监管部门、广大企业、环保部门信息共享力度小，彼此不能很好地配合和及时沟通。企业隐瞒信息、环保部门不了解具体情况较为普遍。

## 二 对湖南构建绿色供给体系的几点建议

构建绿色供给体系要从选准产业入手，深化现有产业梳理，着力构建绿色发展的产业供给体系、技术供给体系、政策供给体系、金融供给体系。

1. 打牢基础，构建绿色产业供给体系

一是加强规划引导。借鉴贵州发展经验，制定全省绿色产业发展规划，明确投资引导和扶持发展重点，发布绿色产业发展目录指引，逐个类型、逐个产业制定规划和实施方案，每年编制发布一批生态项目，引导社会资金投向。严格执行国家产业政策和节能、环保、安全、质量标准，优先发展战略性新兴产业；以绿色食品、有机农产品龙头企业为依托，重点发展绿色食品产业。二是优化产业布局。综合全省四大经济板块产业功能，培育优势特色产业群，明确招商引资主攻方向和目标客户，增强招商引资针对性，促进产业集约发展。三是淘汰落后产能。以去库存、去产能为抓手，狠抓突出环境问题，制定路线图和时间表，按节点强力推进。狠抓淘汰落后产能和重点领域专项整治，强制淘汰一批不符合产业、能耗、环保等政策的企业。四是开展绿色制造示范。推进一批绿色园区（工厂）建设，探索不同行业绿色发展模式，提升全省绿色制造水平。加快园区绿色化改造，立足既有优势，延伸产业链。如长沙高新区，依托晟通集团，延伸出铝合金、铝合金产品、铝合金渣屑回收，及煤渣煤灰废物循环利用产业，实现了废物循环利用。五是推动产业集群集聚发展。加大重点企业兼并重组力度，推进资源向优势企业集中，提高产业集中度。推动省内知名大企业与世界500强、中国500强企业合作发展，带动外部中小企业跟进，扶持本地中小企业与其配套发展。鼓励全省大中型企业组建企业技术研发中心，瞄准新型高端制造、新能源、新材料、节能环保等新兴市场，提升企业高端绿色产品研发实力。

2. 补齐短板，构建绿色技术供给体系

一是鼓励发展绿色技术。要设立绿色产业技术科技攻关专项，支持污染治理技术、废物利用技术和清洁生产技术研究，突出绿色技术研究开发，将资源效率、环境影响纳入新兴绿色产业发展所需的基础技术、前沿技术和共性技术来考核。二是加大绿色技术研发投入。鼓励企业引进新工艺、新技术、新装备和高素质技能型人才。加强运用环境管理体系认证和生命周期评价等手段，形成从开发、生产、处理、营销到回收利用的完整绿色供应链。鼓励社会资本投资绿色技术创新，如在全省范围内组建环保技术 PPP 项目储备库，并向社会优先推介，确保中央拨付以及省级各类环保资金优先支持，加快形成政府引导、多投资主体共同参与的多元科技研发投融资体制。三是推动产学研协同创新。推动建立行业绿色创新战略联盟，以省内行业企业发展需求和各方共同利益为基础，以绿色发展技术创新为方向，在行业现有绿色技术研发力量基础上，整合省内外高校院所和龙头企业创新资源，共建行业绿色创新战略联盟，形成联合开发、优势互补、利益共享、风险共担的技术创新合作共享平台。

3. 延伸链条，构建绿色政策供给体系

一是加强社会绿色管理。绿色发展要以市场为主，政府要把优化投资环境放在第一位，创造良好的产业发展环境。针对企业投资审批难等突出问题开展专项督查，建立绿色产业、项目优先的政务通道。发布省市两级权力清单、责任清单，推动企业投资项目联审，加大项目立项审批、企业建设用地、市场准入制度、绿色技术标准体系等方面的支持力度。强化主动服务，减少行政干预，搭建企业与政府间沟通桥梁，降低企业政策性交易成本。如针对成果转化难问题，及时发布绿色技术进步指南及国内外市场信息、构建共性关键技术攻关平台。针对绿色技术标准规范不统一问题，组织制定有利于绿色技术发展的相关标准和技术规范，如确定行业准入绿色门槛、推广节能标识和环境标志。二是强化以信用为核心的事中事后监管。借鉴江苏、浙江经验，制定《湖南省重点污染环保信用评价及信用管理暂行办法》，结合全省环保督查结果，对重点企业以及主要污染物排放企业环境行为进行信用评价。探索运用环境信用评价等级实行差别电价、收取污水处理费、天然气差别价格，合理提高企业污染成本。完善环境评估与信息披露等机制，将企业环保信用评价结果纳入社会信用体系，供金融、工商、证监等部门在信贷、税收、上市等方面应用。三是加大绿色财税支持力度。建立技术研究开发补助金制度，允许企业采用快速折旧等扶持政策。完善市场化财税奖补机制，以地方政府债券等直接融资方式加强对公益性绿色产业项目的支持；以股权投资等市场化运作方式支持绿色产业发展；以专项补偿等后补助方式间接参与绿色项目。加大政府绿色采购力度，通过与社会资本合作等方式做大做强绿色产业项目。四是加大绿色教育供给。鼓励全省各大高校（高职院校）以生态专业群建设为龙头，探索生态集群式专业人才培养模式。优化专业、对接需求，构建有效的专业增设和退出机制，培育与生态产业链条相关的绿化技术及支撑服务专业。探索校企混合制办学试点，形成学校主导、企业参与的长效机制。探索以“校企研讨平台、校企定期对话平台、校企考核评价平台、市场调节平台”为主要内容的校企合作体制机制创新，校企双方共同制订专业人才培养方案，共同开发专业核心课程、实训教材，并通过项目合作设立校企合作建设基金，共同培养企业需要的人才。五是推行绿色 GDP 绩效评估。借鉴湖北绿色发展经验，用 GDP、人均 GDP、绿色 GDP、人均绿色 GDP、绿色发展指数等五个指标，采用第三方评估，对全省 14 个市州绿色发展水平进行评估，将各级政府绿色发展目标、任务层层压实。完善经济社会发展考核评价体系，把资源消耗、环境损害、生态效益等指标纳入经济社会发展评价体系。

4. 强化保障，构建绿色金融供给体系

一是探索设立市场化绿色发展基金。结合“湖南省两型社会示范区”建设，整合各类项目资金，通过市场机制，吸引社会资本投入。基金主要用于传统产业绿色化、绿色产业、生态环境资源保护与建设、碳交易，包括建设循环产业园、新型工业、生态农业、生态旅游、水生态和监测平台、碳减排交易试点、排污权交易体系等项目，服务绿色技术发展，助推绿色产业成长。二是积极发展绿色信贷、绿色债券。发展中长期绿色债券，培育本土第三方绿色债券认证机构，明确绿色债券和普通债券界定和分类，并对项目产生的绿色收益进行科学评估和测算。扩大绿色债券相关信息披露。企业或银行机构等发行主体发行的绿色债券，其信息披露要具体、细致，如多少资金用于支持绿色产业发展，用于支持绿色产业的哪些方面。加大环保信用贷款力度，金融机构将授信企业的环境行为纳入贷前调查、贷时审查和贷后检查全过程。根据企业环境信用评级实行差额信贷政策，督促企业不断做好环境保护工作，有效防范环境法律风险。三是完善绿色金融激励机制。通过激励机制来促进金融绿色化。如规定商业银行绿色信贷比重，对相关项目企业，只有达到绿色标准，才能在贷款优惠、发行债券、企业上市方面得到支持；对地方政府，只有绿色 GDP 比重考核达标，相关负责人才能考核通过，才允许发放地方债券。

# 加强国资监管体系建设，促进国企改革发展*

湖南省人民政府发展研究中心调研组**

加强国资监管，是深化国有企业改革的重要内容和举措。2017 年 7～10 月，湖南省人民政府发展研究中心成立调研组深入省直相关部门和长沙、株洲、衡阳等地调研，全面了解全省国资监管体系建设的情况和存在的问题，研究提出了政策建议。

## 一　湖南国资监管体系建设取得积极进展

### 1. 国资监管体制加快转型

围绕以管资本为主加强监管的要求，湖南省以产权管理、财务监督、薪酬管理、业绩考核、外派监事会监督等为主要内容的国资监管体系进一步建立健全，逐步由直接监管向清单式管理转变，由事前审批向事前、事中、事后协同监管转变。

国资监管机构职能逐步转变。一是简政放权。省级、各市州初步制定了国资监管权力清单和责任清单，进一步精简审批事项。二是强化监管。省国资委新成立了审计稽查处，加强出资人审计监督，长沙设立了董事监事管理中心，株洲在全省率先探索了专职国有产权代表制度。三是优化方式。长沙 2016 年出台了《长沙市市属国有企业分层分类监管暂行办法》，实行分类监管考核，省级分类管理方案正加快拟定。

国资运营管理不断加强。一是制度体系不断健全。相继出台了企业国有资产处置、投融资行为管理、促进产权流转等方面的政策文件，2016 年修订了企业实物和无形资产交易规则等。二是产权管理进一步规范。完善“资产处置网络

* 本报告获得湖南省委书记杜家毫的肯定性批示。

** 调研组组长：卞鹰；调研组副组长：唐宇文；调研组成员：彭蔓玲、罗会逸。

信息平台”，2016 年共办理 193 户企业国有产权登记，完成资产评估备案项目 48 个，涉及资产账面值 185.9 亿元，评估增值率达到 84%。三是推动国有企业货币和资本市场融资。2016 年完成融资（不含新增银行贷款）62.6 亿元。四是预算制度进一步完善。拟定了《湖南省国有资本经营预算管理办法》，提高预算编制的科学性和准确性。

2. 国有资本布局和结构不断调整

国有资本加速向新兴产业布局。2015 年国有资本收益安排战略性新兴产业项目和科技创新项目的支出占总支出的 24%；2016 年科学研究与技术服务业、金融业的国有资产总量分别增长 26%、56%。

国有资本结构调整取得较大进展。2016 年以来，省本级完成交水建集团的组建、发展集团与安居投的合并整合，担保集团和现代农业产业控股集团的改组方案已经审议通过。至 2017 年 6 月底，省属国有企业户数由 2015 年底的 58 户减少到 38 户。华菱集团实施重大资产重组，置入优质金融资产和集团节能发电资产，品种结构调整创效 7 亿元以上。建工集团、交水建集团等大力开拓智慧城市、环保产业等新兴领域。黄金集团成功实施首次非公开发行，并进军互联网 + 有色行业，打造全国首家有色产品网上交易平台。

3. 国有资本投资运营公司试点亮点纷呈

省本级、各市州大多依托现有投融资公司开展试点。省本级于 2015 年成立国有资产经营管理公司，接受、处置和管理省直部门脱钩移交的有关资产，截至 2016 年底，已接受移交企业 38 户，并积极推动资产盘活，目前已参与 4 个投资项目，投资金额超过 2.4 亿元。湘投集团等探索采用 EPC、BOT、PPP 等新型投资模式，成效明显。衡阳弘湘集团实行“三先三后”的资产运营新模式，将经验推介到古巴等国家，目前计划投资 30 亿元打造弘湘创业园，助推产业升级。株洲城发集团较早开始市场化转型，将业务范围拓展至类金融、轨道交通、装配式建筑等领域，并建立风险预警机制，成为湖南省第一家取得投资级国际评级的国有企业。

4. 国有资本运营效率有所提高

2016 年末，全省国有企业 2441 户，资产总额 25532.48 亿元，同比增长 16.83%；国有资本及权益总额 9076.19 亿元，同比增长 13.53%；营业总收入 3764.39 亿元，同比增长 21.36%；利润总额 161.62 亿元，同比增长 98.21%；净利润 133.68 亿元，同比增长 111.12%；国有资本保值增值率 102.64%，较上年增长 2.67 个百分点。

## 二　存在的主要问题

1. 国资监管机构的职能有待进一步理顺

政企不分、政资不分依然存在，国资监管越位、缺位、错位现象依然存在。

多头管理。部分市州的政企、政资分开，由于涉及不良资产或部门深层次利益的再分配，进展较慢；市州党政机关和事业单位所办的企业还没有纳入统一监管；省高速公路建设开发总公司与省高速公路管理局是两块牌子、一套人马，事企分开工作复杂，进展较慢。部分出资人权利未落实到位，如财信金控等企业，已经明确由省国资委履行出资人职责，但企业的经营管理事项仍由原主管部门决定。

管理越位。行政干预色彩较浓，监管机构战略决策权与企业经营管理权的边界尚未厘清。调研中多数企业反映，国资监管机构管得过多过细，审批的事项多、时间长，影响企业决策效率、束缚企业创新活力。

管理错位。国资监管机构承担了安全生产、信访维稳等部分社会公共管理职能。

监督乏力。外派监事会人员少、任务重、监督范围广，平均每人监督 1 户企业，监督工作超负荷运行。国有企业财务审计主要由国资委、财政厅、审计厅等部门开展，审计监管资源分散；且大多为事后审计，审计项目数量多、时间紧，审计机关疲于应付、审计质量不高。财务审计、监事会监督、产权管理等工作过度依赖于中介机构，结果的公正性难以保证。经营绩效考核流于表面，没有对结果进行有效运用。

2. 国有资本布局结构有待优化

布局结构总体偏重。湖南省国有资产大多在传统重化产业、资源消耗型产业等领域；2016 年，省本级国有资产中冶金、制造、采矿、建筑等行业的占比达 60%，战略性新兴产业占比较低。科技含量高、成长性好的企业和产品数量偏少、规模偏小、贡献偏低。

主业不突出。财政厅数据显示，湖南省国有企业净资产收益率长期低于一年期银行存款基准利率，导致国有资本快速涌向市场热点领域，目前省属国企中有 15 户企业投资成立了 28 家房地产企业。国企盈利主要依赖投资收益等非经常性损益来实现，2016 年主营业务亏损 116.53 亿元。

3. 国有资本管理和运营效率有待提高

投资决策和后评估制度不健全。部分项目投资损失和管理失控风险凸显。如，高新创投集团投资项目尽职调查不够充分，项目盈利水平估值过高；浏阳河项目预测 2014 年利润为 8.2 亿元，实际上 2014 年亏损 2962 万元；建工集团个别项目投后管理失控，出现施工队虚构交易套取部分资金、出纳违规支付并挪用资金等严重问题，导致项目出现大额亏损。

国有资本投资运营公司发展存在制约因素。湖南省大部分市州的国有资产集中在政府投融资公司，如，截至 2017 年 6 月底，株洲市国资委直接监管企业 11 家，其中 6 家投融资公司资产总额占比达到 93.8%。这些投融资公司具备国有资本运营公司的雏形，但仍存在制约因素，主要表现在：一是行政管理色彩较浓，市场主体性不强，调研中多数企业反映承担政府委派的建设性任务多、负担重，甚至要负责征地拆迁等项目前期工作。二是业务范围集中在城市公用事业、基础设施建设、资源综合运营等领域，产业投资功能较弱、经营性资产较少，对战略性新兴产业的带动作用不强。三是融资渠道单一，以银行贷款为主，低成本的发债、信托、PPP 等新型融资所占比例不大，如 2016 年株洲各投融资公司银行贷款占融资总额的 45.86%；在中央规范地方政府投融资行为的系列文件密集出台的背景下，市场化转型压力较大。

资本运作能力弱、风险高。由于能够产生稳定现金流的优质资产不多，目前湖南省 91 家上市公司中，省属国有控股仅 12 家，资本证券化率仅 41%。同时，由于传统产业资金需求量较大，2016 年全省企业资产负债率为 60.29%，同比上升 0.41 个百分点，资产负债率连续三年上升。

4. 监督体系建设有待加强

基层监管机构不健全。部分市州在党建、经济规划布局、信息化建设等方面还没有设立专门机构。区县国资监管部门多是财政部门的二级机构，有效监管无法落实。如，衡阳雁峰区国资管理中心仅进行国资统计工作；衡山县、衡阳县国资管理中心设立未完成，人员不齐。

法规制度体系需完善。调研中，企业反映有些制度老掉牙，不适应当前国企改革发展的需要。

企业内控体系建设待加强。部分企业董事会的职权虚设，“一把手”说了算的情况仍然存在。企业较普遍存在有制度不执行或选择性执行的情况，尤其是对子公司的管理存在失控风险。如，黄金集团个别子公司的投资项目未通过集团批准，投资行为不符合投资管理办法。财务数据造假情况一定程度存在。如，2016年建工集团将资产负债率人为控制在不高于70%的红线内。

## 三 对策建议

1. 理清监管职责边界

——以管资本为主厘清国有资产出资人与企业的边界。进一步完善监管履职清单、责任清单和权力清单，清单外的事项由企业自主决策。借鉴国务院国资委和兄弟省份的做法，结合湖南实际，建议采取“两步走”战略：第一步，将清单管理与企业试点相结合，国资监管机构通过清单适度下放权限，同时在内控体系建设较完善和盈利能力较强的企业开展试点、扩大放权范围，根据年度考核结果对试点企业进行动态管理；第二步，在全省国有企业总体经营管理水平有较大提升的情况下，进一步压缩清单，将资本运营、利润分红、人事管理等事项还给企业自主决策。

——厘清国资监管机构与国有资本投资运营公司的职责边界。加快制定国有资本授权经营实施方案与配套政策，明确对国有资本投资运营公司授权的内容、范围和方式，使国有资本投资运营公司成为部分国有股权的持股主体、国资运营的执行主体、价值管理的操作载体和资金配置的执行通道。

——剥离国资监管机构的公共管理职能。逐步将国资监管机构配合承担的安全生产、应急管理、节能减排和信访维稳等职能归还给相关政府部门和单位。

——推进经营性国有资产集中统一监管。稳步将市州党政机关、事业单位所属企业的经营性国有资产纳入国有资本集中统一监管体系。加快推进少数省级部门的事企分开工作。

2. 优化国有资本布局结构

——优化区域分布。对接湖南“一核三极四带多点”战略布局，突出重点投资领域，引领各地突出特色与错位发展；如，长株潭核心增长极以高端制造、文化创意产业为重点，岳阳、郴州、怀化增长极以现代物流产业为重点，张吉怀经济带以文化旅游产业为重点等。

——优化行业分布。加大国有资本向新能源、新材料、医药健康、信息技术、节能环保等战略性新兴产业的投入力度。

——优化产业内部分布。将国有资本集中投向特定产业链中需要重点控制或市场机制难以发挥作用的关键技术、关键工序和关键零部件。

——优化企业内分布。通过核定非主业投资比例等，促进企业聚焦主业；限制房地产类投资，规范金融类投资。

——提高国有企业创新能力。加大研发资金投入力度，引入战略投资者，完善创新激励机制。

3. 加强国有资本运营管理

——推进国有资本优化重组。通过改组整合一批资本运营平台，改组改建一批投资服务类平台，改组转型一批产业集团公司等，将分布在监管企业中的金融类、投资类、房地产类和酒店类资产逐步整合到相关平台和产业集团；组建整合一个科技集团，将16户转制科研院所及勘察设计机构整合起来。探索采取市场化方式设立若干投资基金，推动国有资本做强做优做大。

——加快投融资公司市场化转型。一方面，对于承担政府重大专项任务的功能类平台公司，在项目安排上避免由政府直接指派，建议通过PPP、EPC等方式由企业自主决策，保障企业的市场主体地位；同时，建议由相关部门协调解决征地拆迁等项目建设的前期工作。另一方面，建议通过国有资本与社会资本共同设立股权投资基金的方式，探索以优先股或特殊股的方式，加大对战略性新兴产业、对发展潜力大且成长性强的非国有企业的投资力度。

——提高国有资产证券化水平。从短期来看，充分借助多层次的资本市场，盘活存量资产，把优势资产装进上市公司、创造条件实现集团公司整体上市。从长期来看，以湖南省国有资本布局结构调整与企业整合重组为契机，加快国有企业的转型升级，改善现金流状况、提升企业盈利能力，夯实资产证券化的基础。

4. 完善国资监管体系

——完善国资监管政策法规体系。加快制定出台下列政策文件：湖南省国资委以管资本为主推进职能转变方案、省属国有企业分类管理的实施意见、国有资本授权经营实施方案、省属国有企业违规经营投资损失责任追究办法等，确保国资监管有法可依，有章可循。

——创新监管方式。加强和完善监事会制度。实施更加精准有效的分类监管，推进依法监管、阳光监管。建立健全违法违规经营责任追究体系和重大决策失误、失职渎职、重大资产损失责任追究倒查机制。完善出资人财务监督工作体系。

——健全激励约束机制。完善国企负责人经营业绩考核体系，改进考核办法，突出质量效益与推动转型升级相结合，实行差异化考核。推进业绩考核与薪酬分配协同联动，建立与经营业绩相挂钩的差异化薪酬分配办法。

——完善国资经营预算制度。建议在全省国有企业推广财务集中核算与全面预算管理。

5. 形成监管合力

——强化出资人监督。一是充分发挥外派监事会的作用。完善外派监事会制度，强化监督成果的报告、公开和运用，建议成立省国有企业监事会工作领导小组；借鉴浙江、深圳等地做法，对新选聘的专职监事实行职业化、市场化管理模式，将人员关系暂时放在国资监管运营平台公司；探索向出资企业委派总会计师。二是强化出资人的审计监督职能。以省国资委设立审计稽查处为契机，整合审计资源，加强监督职能；借鉴深圳等地经验，落实责任追究，对绩效审计执行在法律上做出明文规定，形成监督工作闭环。三是探索建立统一的国资监管信息系统，实现对国有企业务流、资金流、信息流的全覆盖。

——加强企业内部监督。一是健全子公司的监管制度，增强对下属公司的管控能力；强化问责、维护制度的严肃性和权威性。二是强化财务管理，以预算约束成本；建立企业集团财务公司，实现资金集中管理。三是借鉴株洲城发集团经验，建立从风险识别、风险评估、风险控制到风险处理的全面风险管理体系；建议成立审计和风控委员会。

——加强社会监督。探索建立全省统一的信息公开平台，充分利用微博、微信、微视、手机客户端等新型传播媒介，依法依规、及时准确披露国有资本运营和国有企业信息，发挥媒体的舆论监督作用。

——整合监督资源。探索建立出资人机构、外派监事会与审计、纪检监察、巡视等的监督工作会商机制，加强协同，共享资源，减少重复检查，提高监督效能。

# 坚持创新引领，破解湖南开发区产业结构升级难题

## ——湖南省开发区产业结构升级研究

湖南省人民政府发展研究中心、湖南省开发区协会联合调研组

开发区的产业结构升级是指通过创新，推动开发区产业结构升级和产品附加值提高，提升经济的质量和效益，实现新旧动能的转换。习近平总书记指出，“经济结构不断优化升级是我国经济呈现出新常态的重要特点之一”。开发区是经济结构转型升级的主要阵地，加速我省开发区产业结构的转型升级，是加速湖南省经济转型调整升级的重要内容。

## 一　当前国内产业结构升级的四大特征

1. 中国制造向中国创造转变

自从党中央推进供给侧结构性改革以来，我国产业结构的调整与优化不断加快，通过技术创新，我国产业技术实现了从跟跑到伴跑，有些领域甚至出现领跑的嬗变，当今中国正从世界工厂变为世界的创新工厂。2017 年世界 500 强企业中，中国企业 115 家，上榜企业数量仅次于美国；在量子通信、移动支付等多个领域，中国企业的技术水平已经开始领先世界；“高铁、支付宝、共享单车和网购”惊艳全球，号称当今世界的新四大发明，中国企业已经由中国制造者开始向中国创造者转变。

2. 生态环保成为转型必要条件

生态文明建设现在是国家发展的重大战略。习近平总书记将生态文明列入“五位一体”的总体布局，并在多个场合强调了生态文明建设的重大意义，提出“绿水青山就是金山银山”，指出环境就是民生，良好的生态环境是人类生存与健康的基础，是最公平的公共产品，是最普惠的民生福祉。建设生态文明是新时代中国特色社会主义发展的应有之义。国家提出的《中国制造 2025》行动纲领

和战略性新兴产业规划等一系列产业规划中，节能环保、新一代信息技术、生物、高端装备制造将成为国民经济的四个支柱产业，预计新能源、新材料、新能源汽车三大先导产业增加值占国内生产总值的比重将达到15%以上。

3. 新技术给旧产业带来革命性变革

随着第四次工业革命的全面展开，信息技术和人工智能深刻改变着传统产业。一是互联网新经济深刻影响了经济的格局，以腾讯、百度和阿里为代表的互联网经济巨头，深刻改变了传统经济发展的模式，形成了互联网+影响下的BAT新经济生态网络，全面而深入地渗透到实体经济的各个方面，改变了传统经济生态。二是智能制造时代，“大规模定制”的实现，柔性的智能化工业生产中心，已可以实现一个制造中心多种产品的生产，不同企业同类产品的生产成本接近，独有的品牌和创新的设计才能成为企业的核心竞争力。

4. 供给侧结构性改革加速开发区创新

随着经济新常态的到来，受行业不景气影响，市场出现许多新变化，例如企业兼并重组频繁，大量过剩产能面临退出，产业资源在跨区域间流动和优化配置的频率增加，以及制造业的服务化转型，导致开发区随市场的调整也在不断发生新的变化。部分开发区向现代产业新城、产业集群和产业生态系统转型，部分开发区在产业的特色化、规模化、集约化和生态发展方面不断深耕。此外，开发区从工业用地供应+平台服务的传统模式不断进化，出现了民营开发区和专业的工业地产综合服务商，以及集团化的开发区开发集团，开发公司运营主体也开始多元化，产业资本与开发区结合得更加紧密，呈现更多开发区发展新模式和创新生态网络。

## 二 湖南产业结构现状

1. 湖南仍是以重化工业为主导的工业结构

从产业集群的角度看，企业数量多且产值较大的集群，效益较好，对经济的影响也更大。按规模以上企业排列，湖南省企业数量多、产值大的大多在重化工行业。根据湖南统计年鉴，2016年湖南规模以上工业企业数量占比3%以上的行业依次是：非金属矿物制品业、化学原料和化学制品制造业、农副食品加工业、通用设备制造业、专用设备制造业、电气机械和器材制造业、金属制品业、计算机通信和其他电子设备制造业、有色金属冶炼和压延加工业、酒饮料和精制茶制造业、木材加工和木竹藤棕草制品业。这11个行业中，8个是重化工行业类型。而规模以上企业销售产值在 1200 亿元以上的 12 个行业中，除农副食品加工业以外，非金属矿物制品业、化学原料和化学制品制造业、有色金属冶炼和压延加工业、专用设备制造业、计算机通信和其他电子设备制造业、电气机械和器材制造业、汽车制造业、通用设备制造业、黑色金属冶炼和压延加工业、电力热力生产和供应业、金属制品业这 11 个行业，都是重化工行业类型（详情见图 2）。

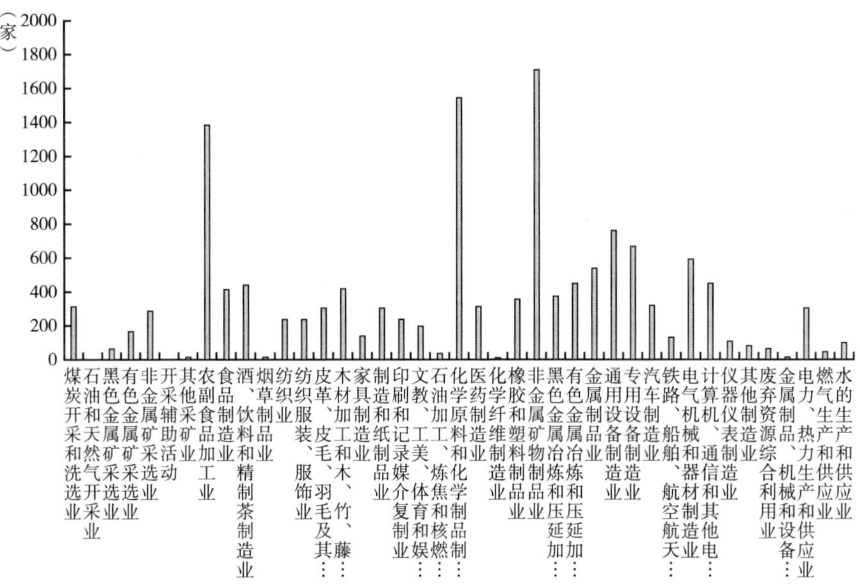


**图 1　全省规模以上分行业企业数量分布情况**

数据来源：2017 年湖南统计年鉴。

2. 湖南工业中高技术、高附加值产业占比不高

湖南省产值占比较大的行业，其技术附加值不高。从图 2 销售产值的行业分布来看，湖南工业销售产值较大行业的技术密集型特征不明显，除专用设备制造业、计算机通信和其他电子设备制造业、电气机械和器材制造业、汽车制造业、通用设备制造业以外，销售收入较高的行业农副食品加工、非金属矿物制品业、化学原料和化学制品制造业、有色金属冶炼和压延加工业、黑色金属冶炼和压延加工业、电力热力生产和供应业、金属制品业这些行业主要是原材料和初级产品加工产业。加上湖南省内上榜中国企业 500 强和品牌 500 强的企业数量不多，导致产品的品牌价值或产品附加值偏低。

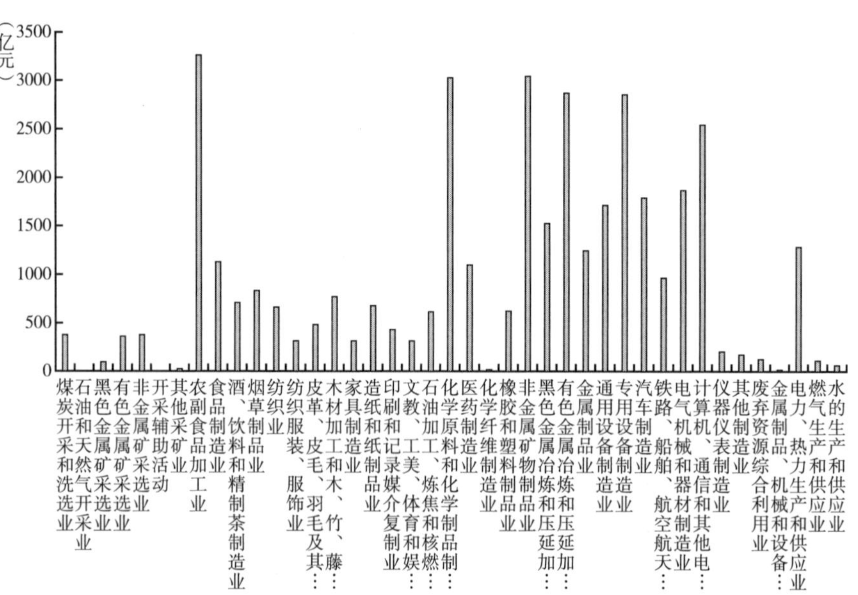


**图 2　全省规模以上分行业企业销售产值分布情况**

数据来源：2017 年湖南统计年鉴。

3. 湖南迫切面临转型的企业面较大

当前市场整体转型升级的形势比较严峻，湖南省规模以上企业亏损面较大，除烟草等少数几个行业没有亏损企业外，其他行业规模以上企业均有一定数量的亏损，呈现亏损面广、数额较大的特点。以湖南省规模以上企业平均亏损率 5.5% 为界，高于湖南省平均亏损率的行业有 18 个，分别是金属制品机械和设备修理、水的生产和供应、石油加工炼焦和核燃料加工、电力热力生产和供应、纺织、铁路船舶航空航天和其他运输设备制造、汽车制造、专用设备制造、煤炭开采和洗选、有色金属冶炼和压延加工、有色金属矿采选、化学纤维制造、黑色金属矿采选、废弃资源综合利用、通用设备制造、计算机通信和其他电子设备制造、电气机械和器材制造、医药制造；而亏损企业数量在 25 个以上的行业依次是：非金属矿物制品、化学原料和化学制品制造、专用设备制造、通用设备制造、农副食品加工、电力热力生产和供应、有色金属冶炼和压延加工、电气机械和器材制造、汽车制造、计算机通信和其他电子设备制造、金属制品、煤炭开采和洗选、纺织。这一方面说明，农副食品加工、纺织等原材料和初级产品加工行业普遍附加值不高，改进工艺和技术的转型升级迫切性高；另一方面，电气机械和器材制造业、汽车制造业、计算机通信和其他电子设备制造业等相对技术密集和产业链条较长的行业，市场已出现相对饱和，行业的竞争激烈（详情见图3）。

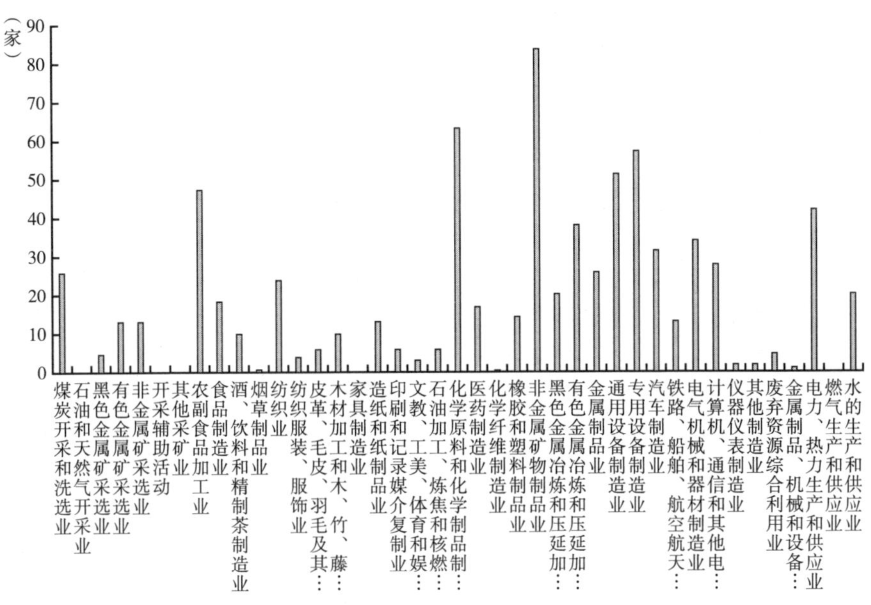


**图3　全省规模以上分行业亏损企业数量**

数据来源：2017年湖南统计年鉴。

## 三　省内开发区产业结构升级经验及特征

当前是湖南省开发区产业结构转型升级机遇期和攻坚克难关键期，部分开发区产业结构升级态度积极、举措有力，并取得了良好的示范效果。从开发区产业结构升级的四大途径看：一是直接淘汰掉落后产能，利用产业替换推动整体结构升级；二是利用招商引资引进高质量效益的企业，实现产业结构的更新升级；三是发挥平台的孵化培育功能，促进创新企业孵化，助推开发区企业结构改善；四是支持开发区原有企业扩大投资、创新技术、转型升级，实现存量企业的产业结构的升级，这四种途径在省内开发区产业结构升级中发挥的作用各具特色。

1. 淘汰落后产能促进产业升级效果好、空间大

当前仍处于供给侧结构性改革的关键时期，开发区亟须淘汰的产能主要是两种类型：一是僵尸企业，二是高污染高能耗低效益的企业。目前来看，依靠淘汰落后产能和处置僵尸企业推动开发区产业升级的难度都较大。一方面，僵尸企业不会主动退出，占用土地资源而不产生效益，开发区回收土地的难度较大。另一方面，由于当前开发区总量和增速是地方发展考核的重要内容，部分开发区忌惮地方政府考核，导致对淘汰落后产能实现结构升级存在顾虑，对高污染高耗能低效益企业存在妥协，没有有力支持低效落后产能退出。

但部分开发区在清退僵尸企业、推进产业转型升级方面取得了较大的成功。例如，宁乡经开区和桂阳工业园通过积极引入新企业兼并重组落后企业，解决了存量土地的更新退出难题，形成双赢格局，取得了较好示范效果。在开发区促进产业整体升级方面，新邵经开区通过提升规划的档次，加强公共基础体系的保障，建立了专业的环保工业园，引入专业的环境治理企业进行污染物废弃物处理和循环利用，引导落后企业搬迁和退出，解决了环境问题，同时升级了原有产业集群，创新取得良好成效。

2. 开发区产业链招商的升级效果显著

招商引资尤其是产业转移中集群招商是开发区产业转型升级的重要途径。虽然全球经济不景气，但国家“一带一路”国际合作倡议的提出，为国内市场繁荣带来新的机遇。随着沿海土地资源的稀缺和要素价格上升，沿海地区的制造业产业转移，给湖南省创造了一次难得的产业转移机遇。对接沿海产业转移，加强新产能的技术改造升级，给湖南省制造业结构升级创造了机遇。以桂阳工业园为例，通过高标准选商、高标准规划建设和高层次对接，2017 年开发区一次性签约广东家电产业集群的转移项目 100 多项，将形成一个规模宏大的智能家居产业集群。为发挥集群的效应，桂阳将转移产业统一规划、集中安置，一次性申请用地 2 万多亩，成为省内产业链整体承接沿海产业转型的典型案例。

3. 创新创业引领产业结构升级成为新亮点

利用创新创业培育产业新动能，是湖南各地开发区改善产业结构的重点，并取得了成效。调研中，每个开发区都涌现出许多创新发展促进产业升级的经验，各开发区新技术应用及新成果应用带来的创新创业各具特色，并且效益较好，成为开发区发展的新动能。例如，通过创新引领，宁乡经开区战略性新兴产业领域的企业妙盛动力，三年时间新能源电池销售收入突破 4 亿元；绿色矿山装备制造

企业飞翼股份，成立7年，拥有专利技术200多项，并在新三板挂牌上市，成为国内首屈一指的矿山回填装备供应商。诸如此类的还有：益阳高新区的道和汽车和艾迪电子；桂阳工业园的帝京环保、浩丰科技；耒阳经开区的美蓓达科技；新邵经开区的科瑞生物、广信科技；双峰经开区的伍星生物等等。开发区中新兴产业领域和高技术含量企业的快速发展，极大带动和提升了开发区产业结构的升级。

4. 利用传统企业转型促升级成效明显

2013年以来，那些能够主动实施技术改造和鼓励技术创新的开发区，产业结构转型升级效果都较明显。例如长沙经开区设立1.5亿元的专利驱动发展基金，重奖本土企业科技研发和自主创新，支持骨干企业的科研平台发展，一大批企业增值扩股、裂变发展，开发区实现了转型与保持高增长的良好局面。宁乡经开区的加加酱油食品有限公司，通过大量信息技术的应用，实现了传统行业的智能制造，不仅提高了产品质量、创造了更大效益，还入选了国家智能制造试点示范的名单，是传统企业成功转型的典型案例。桂阳工业园的有色金属开采及冶炼企业，通过原有企业的技术改造和产业链升级，实现了产业结构的有效升级，仅湖南省桂阳银星有色冶炼有限公司和湖南省锐驰环保科技有限公司两家冶金企业，转型技改投入就达3亿元，实现了由冶金产业向压铸产业集群的转变，不仅解决了污染治理问题，而且产业链大幅延伸，开发区发展新动能正在加速积聚。

## 四　开发区产业结构升级中面临的主要问题

为了解开发区产业结构升级的具体情况，课题组对全省开发区开展调研，问卷和调研反映出湖南开发区产业结构升级喜中有忧，主要存在质量效益不高、产业结构升级动力不足、发展不均衡等问题，园区和企业的主动转型升级意识不够强烈。

1. 具备产业集群特征，但整体集聚特色仍不突出

目前产值规模较大的开发区主要集中在环长株潭地区，而这些开发区的主导产业又主要集中在装备制造（专用设备制造和通用设备制造）、汽车及零配件、电子信息、生物医药四大重点领域，围绕龙头企业的配套企业数量多，且辐射带动作用强，具有较明显的产业集群特征。如长沙经开区，工程机械制造业、汽车及零配件制造业、电子及元器件制造业三大产业分别聚集了168家、140家、63

家企业，龙头企业带动周边配套，导致周边地区装备制造及新材料等上下游产业聚集特征明显。湘潭的天易开发区分别聚集了装备和新材料企业 85 家和 84 家，常德经开区的装备制造、新材料也分别聚集了 35 家、20 家企业，它们在核心产业的聚集上都形成了一定的规模。此外，长株潭以外的永州经开区，以龙头企业长丰汽车为核心，形成的汽车及零部件和电子信息产业配套企业也近百家。湖南作为有色金属之乡、工程机械之都和汽车产业第六极，三大重点产业的集群特征鲜明，在区域经济中具有重要影响力。

但是，省内部分开发区对产业集群发展规律认识不足，对产业协同的理解不到位，对自身定位认识不准确，导致各开发区主导产业相似。这主要是因为开发区对自身核心优势和特色塑造不足，对入园企业选择性不强，地区间产业链分工无差别，开发区专业性特征不鲜明。这影响产业集群内部的产业分工和产业链延伸，减弱了产业集群的招商优势，致使开发区间对重点项目的争夺激烈，导致整体的利益损失现象。

2. 产业布局体系升级演变中，分工协作意识需加强

各地开发区逐渐具备了产业布局统筹意识，其中产业布局结构优化意识最强的是长沙地区。一是开发区的专业化特色化特征明显，三大主导产业占开发区技工贸总收入的比重都在 75% 以上，开发区间分工互有协调。二是通过优化布局，产业总体质量效益相对较好，填报信息可统计的开发区税收占开发区技工贸总收入的比重平均值为 3.4%，其中轻工业类的税收质量效益明显超过重化工业类型。三是重化工业产业的产业集群和产业链延伸特征相对明显，产业的研发经费投入的比重已经远高于全省平均水平，产品从产业链前端向产业链的后端转移，高新技术和战略性新兴产业的比重越来越高。

但是仍有部分开发区存在产业布局问题，一是围绕核心优势产业的布局不明显，对重点产业扶持力度较小，龙头企业数量相对少。二是对创新的支持力度不大，获认证的高新技术企业数量少，导致产业生态不理想，产业链延长不足。三是地区间对开发区主导产业统筹力度小，开发区之间的分工合作协作不力，优化产业链布局的能力弱。未来仍需进一步提升开发区布局的科学性和优化结构。

3. 产业升级的投入力度不够大，部分开发区发展观念落后

研发投入是未来转型升级的重要动力，开发区研发投入的差距预示着未来产业转型升级的动力强弱。目前全省开发区转型升级的研发投入水平差距较大，技术升级研发投入集中在国家级开发区和龙头企业，大量县市级开发

区的企业转型升级投入能力不足。湖南省企业研发投入占比最高的是长沙经开区的工程机械产业，研发投入比重占销售收入的比重为8.4%，远高于全省平均水平和其他产业。而西部地区的部分开发区部分行业甚至存在完全没有研发投入的现象。

此外，部分开发区发展观念陈旧，对转型升级规律认识不够深刻。一是部分县市级开发区基础设施水平不高，开发区开发限于“四通一平”，相应的政府公共技术服务平台等软基础设施缺乏。二是地方政府的配合不足，优化服务的意识不强。三是缺少开发区与城市统筹发展的理念。当前招商引资竞争激烈的情况下，医院、教育及商业、餐饮娱乐等设施不足，产业和生活配套能力不强，开发区生产生活不便，成为招商选资的硬伤。四是开发区核心产业的产业链较短，专业化和特色化不足造成产业聚集乏力，定向招商成效差。最终，封闭僵化的发展思路导致开发区招工难、留人难、招商难、产业集聚难等一系列问题。

4. 开发区质量效益分化明显，对低效增长问题重视不够

开发区税收与产值之比是衡量开发区质量效益的重要指标，首先从开发区税收情况看，湖南省工业的税收产出效益较差。从开发区税收占总收入的比重来看，参与调查的开发区中，比重最高的开发区是永州经济技术开发区，是唯一该比重超过9%的开发区。按市州开发区平均税收贡献度高低排列，依次是长沙、衡阳、株洲、永州、张家界、湘潭、邵阳、常德、怀化、娄底、郴州、湘西州。各地开发区总产值中税收占比整体偏低，平均税收占开发区技工贸收入的比重在4%以上的地区只有2个，占2%以上的地区有6个，还有两个地市单位产值的利税贡献率低于1%。整体而言，湖南开发区的税收占开发区总产值的比重都较低。

其次，开发区各产业之间税收效益的差距很大。大体上，初级产品生产和粗加工产业的税收贡献相对较差，而具有高技术壁垒和品牌效应的终端消费品行业税收贡献相对较好。税收表现最优的是烟草行业，其次是家电制造，最差的是食品加工、纺织服装。卷烟制造行业的税收占比高达16%，新能源汽车及零部件、家电制造和新材料产业的税收贡献也较高，在5%左右。此外，同一行业的不同开发区质量效益指标也分化明显，黑色和有色冶炼加工业税收占销售收入的比重普遍较低，虽也有部分开发区相对较高，但低的不足0.1%；而非金属矿物制品、有色金属加工、建材和新材料等产业税收占销售收入的比重在1%～3%，不同开发区间的税收与产值之比差距比

较大。

党的十九大以来，中央更加强调高质量的经济增长，明确了供给侧结构性改革中对 GDP 指标下滑应给予适当的包容。但在地方考核中，对转变发展方式的问题重视不够。调研中出现部分开发区转型的决心不够大，抱怨面临淘汰落后产能与开发区考核的两难选择问题。缺少了政府的有力引导，调整的趋势仍不明显。从长期来看，大量开发区的经济结构升级调整是不能避免的，主动调整比被动调整的结果好，由于目前的考核体系指标较单一，对于开发区主动调结构的情况考虑不足，影响了部分开发区淘汰落后产能的积极性，原有以增长速度和经济总量为主要导向的开发区考核指标体系，已不能适应转型期开发区考核的需要，一定程度上影响了开发区产业结构升级的积极性，需要加以完善。

## 五 推进开发区产业结构升级的对策建议

加速湖南开发区的产业结构升级，重在加速开发区企业的转型升级，路径在于利用开发区平台促进产业更新、淘汰落后产能、加速地区产业链条延伸、促进产业集群生长。

加快推进湖南省开发区产业结构升级，须充分发挥市场在资源配置中的决定性作用，更好发挥政府作用。一方面，强化政府引导。努力构建层次分明、分工合理的开发区协调治理体系，通过考核、鼓励、奖补、引导等调控手段和方式的应用，引导开发区专业化特色化发展。建立省市区多级协同、开发区主导的产业指导目录，形成多层次的产业链分工协作格局。制定开发区分级制度，出台与分级制度相结合的财政支持政策和土地优惠政策。积极为开发区创造支持产业升级的良好外部政务环境。另一方面，利用市场机制，加速低效企业淘汰和优化产业布局，实现产业结构升级。利用税收等手段，加速落后产能的退出和新兴产业发展，加速企业技术改造升级，实现产业体系的不断更新。强化产业集群，利用市场机制决定项目的最优选址，形成布局合理的产业生态网络体系。建议加强以下五个方面的工作。

### 1. 贯彻新发展理念，加速开发区发展转型升级

先进的发展理念吸引先进的企业，落后的发展观念导致落后的产能聚集。新时期开发区发展必须以新发展理念为指导，积极建设绿色生态友好的特色园、创新园，促进产业与城市有机融合、开发区与城市互动发展，实现地区经济与社会

的和谐进步。一是强化选择性招商，聚焦地方优势和特色产业集群，产业延链强链补链，塑造开发区主导产业和特色优势，引导创新资源和产业资本的主动聚集，改善开发区生态，实现开发区企业的上下游配套，保障开发区良性发展。二是加强开发区生态治理升级，升级城市规划、开发区规划以及建设标准和设施标准，利用循环工业园等理念进行开发区设计改造，最大限度解决企业公共污染治理问题，加强污染处理等基础设施配套，建设高标准的开发区生态体系。三是全面落实国家《关于促进开发区改革和创新发展的若干意见》的精神，加快开发区向城市综合功能区、产业新城、特色小镇等方向转型，不断改善开发区地方生活设施配套，积极为开发区企业解决生产生活的后顾之忧，提升医疗、教育、娱乐生活配套功能同步建设水平，改善人居环境，提升地区居民幸福指数和人居吸引力。

2. 降低转型门槛，增强对开发区升级的外部支持

开发区发展进入转型升级新阶段，升级难度加大，需要加大政策扶持力度，保障开发区发展。一是在污染治理和产业退出压力较大的领域，在项目退出上加强省市县合作，适当给予退出项目专项资金或优惠政策支持，保障人员安置和环境治理，减轻历史遗留负担问题。二是加大对开发区人才、土地、电价和创新等方面的支持，借鉴长沙人才新政 22 条、工业 30 条的政策扶持经验，出台地方性人才吸引和对科技创新和成果转化等方面的支持政策，为本地企业创造良好的人才吸引和创新发展外部环境，摆脱升级过程中的政策劣势，让企业获得良好的转型外部环境。三是增大公共技术资源的保障力度，加强中心城市公共技术中心、公共实验室等资源的对外开放，并保障企业的合理公共技术服务需求。针对县市区面临的产品公共检测平台、技术服务平台不足的问题，鼓励地方通过 PPP 模式或政府公共服务购买等方式，加大公共技术服务的供给力度，对产业聚集度较高的开发区，给予配套公共技术服务平台的奖励。

3. 完善考核评价体系，适应转型升级要求

通过对开发区考核的差异化的评价机制，顺应供给侧结构性改革和经济发展方式转变的新要求，引导开发区加快产业结构升级。一是根据产业结构转型升级的要求，在地方绩效考核体系中，设置产业升级考核指标体系，鼓励和肯定牺牲短期增速换取高质量增长的行为，并在考核中对转变观念积极投身转型的行动给予确认。二是在全省开发区考核中，设计两类评价体系。一类是开发区转型和产业结构升级考核体系，提高对开发区转型增速下滑的容忍度，重点考核开发区淘汰落后产能、改善环境效益质量、产业技术升级和税收产出效益

等方面的情况；一类是开发区发展综合考核指标体系。两类指标体系并行评价，并让开发区根据自身发展的实际情况和阶段性工作的目标，自主选择年底参与哪一类指标体系的考核评价，两类考核评价分别统计排名。三是设立湖南省优秀“特色开发区”奖。在开发区年度考核基础上，对开发区的产业特色和产业集群竞争力等方面进行评价，评选出省内最具特色的开发区，给予物质奖励、资金配套和相应政策奖励。同时加强宣传，打响湖南特色开发区品牌，提高湖南特色开发区知名度。

4. 加大淘汰落后产能力度，迫使开发区企业升级

针对开发区企业转型升级退出难问题，加大行政执法力度，加速企业自主转型和退出步伐。一是出台僵尸企业退出政策法规，为开发区落后产能退出提供法律依据。通过形成与税收挂钩的土地价格政策和税收返还标准，保障开发区土地资源高效利用，对于不能产生税收和就业的落后产能，加大惩罚性税收。二是加大开发区标准化厂房的供应力度，为创业期和孵化期的高风险企业提供适宜的生存环境，避免高风险企业的重资产投资，降低初创类企业的孵化风险。三是针对高污染、高耗能行业企业，采取生态环境成本外部化措施，让企业承担必要的环境税，并积极鼓励节能降耗技术升级，采取奖惩相结合的手段，促使企业加速改进工艺，追求绿色发展。

5. 加快改革和制度创新，改善开发区升级的外部环境

通过加大改革创新力度，不断优化环境支持开发区发展。一是出台全省《开发区安静日制度》，将开发区企业无干扰制度向全省开发区推广，规定所有面向开发区企业的检查和执法行动，必须由开发区管理部门统一集中管理，统筹在某一特定时间段进行，规定县一级政府对企业的检查、行政和执法的时间及天数。二是加强开发区政府职能的转变，增强开发区的服务意识，并根据湖南省下放开发区管理权限相关文件精神，全面落实管理权限下放，并针对管理权限下放问题，由开发区管理办公室委托开发区协会开展全省性的开发区执法督查，由开发区管理办公室定期向省领导通报有关情况。三是继续鼓励开发区改革创新。一方面，出台政策明确保障开发区管理体制和制度创新，鼓励开发区探索创新适合自身发展要求的制度安排，在薪酬和待遇等方面给予足够的保障。另一方面，出台给予全省开发区特殊的人事制度安排的意见精神，给予开发区试错保障，明确开发区主要领导在招商引资和事故责任等方面的免责条款，明确必须追责的内容，明确区分市场行为责任和行政行为责任，保护开发区发展积极性和创造性。

# 长株潭城市群创新创业发展环境实证研究

湖南省人民政府发展研究中心课题组*

良好的创新创业环境是未来城市群可持续发展的基础，更是贯彻“创新、协调、绿色、开放、共享”五大发展理念的必然要求。长株潭城市群在创新创业方面虽有成功的经验，但创新创业发展环境仍需优化，亟待出台进一步优化政策环境的举措。

## 一　长株潭城市群促进创新创业的主要做法

长株潭城市群地处我国中南部，是全国资源节约型和环境友好型社会建设综合配套改革试验区、我国第六个国家自主创新示范区、中部地区首个国家级新区湖南湘江新区的所在地。2016 年，长株潭城市群以占全省 13.2% 的土地、21.3% 的人口，实现了全省 43.8% 的 GDP，汇集了全省 60% 以上的创新资源，创造了全省 70% 以上的创新成果，实现全省 60% 以上的高新技术产业增加值，创造了国内瞩目的“自主创新长株潭现象”。长株潭城市群促进创新创业的主要做法如下。

——切实落实科教兴湘战略。一是坚定不移地贯彻实施国家创新驱动发展战略。省委、省政府坚决落实党中央、国务院关于实施创新驱动发展的战略部署，2012 年在全国率先颁布实施《创新型湖南建设纲要》，2016 年 2 月，科技部印发了《长株潭国家自主创新示范区发展规划纲要（2015～2025 年）》。二是坚定不移地推动创新链、产业链、资金链“三链融合”。以企业为主体建设产业技术创新平台，组织实施战略性新兴产业技术攻关，推动科技、产业与金融深度融合，实现长株潭城市群重大科研成果的协同创新。三是坚定不移地推动形成大协同创新格局。实施跨部门、跨行业、跨学科的“大兵团”协同创新，调动多方力量和资源，提升创

* 课题负责人：唐文玉；课题组成员：袁建四、王灵芝、王颖。

新效率，全省产业技术创新战略联盟成员单位70%以上都在长株潭区域。

——推进简政放权，激发创新创业活力。一是深化行政审批制度改革。省科技厅取消了多项行政审批事项，推行权力清单和责任清单制度并实行动态管理。长株潭三市政府积极推进简政放权工作，最大限度激发园区发展活力。二是推行自创区建设项目"放管服"。2016年，长株潭自创区根据国家和省科技计划与资金管理改革有关精神，率先在自创区建设项目上开展"放管服"先行先试，开展绩效评价，探索经验。三是扩大高校科研院所自主权。省政府办公厅出台《湖南省促进高等院校科研院所科技成果转化实施办法》，在长株潭地区的高等院校、科研机构进行科技成果使用权、处置权的改革试点示范。

——加强管理创新，营造创新创业环境。一是推进科技计划与经费管理改革。通过撤、并、转等方式，将省级科技计划整合为五大类科技计划，并按类进行项目申报。创新经费支持与管理方式。运用股权投资、风险补偿等方式，撬动社会资本，共同支持创新创业。探索技术创新管理服务模式，对省科技重大专项、省重点实验室、县市区创新服务平台实行后补助。优化决策机制。构建"三分离"和"五统一"的管理模式，实现全过程公开和痕迹化管理。优化科技计划管理流程。通过改革和优化科技项目申报工作流程，为广大科技人员提供便捷服务，实现项目管理公开、公平、公正。二是加大知识产权保护力度。积极贯彻落实《国务院关于新形势下加快建设知识产权强国的若干意见》的要求，研究制定长株潭自创区知识产权综合管理改革试点方案。成立全省知识产权交易中心，率先开展专利纠纷行政调解协议司法确认工作、"知识产权保护示范市场"创建工作，率先开发使用"专利行政执法管理信息系统"。

——优化政府服务，提高创新创业效率。一是打造创新创业服务体系。启动实施推进大众创新创业"三年行动计划"，出台《湖南省促进重大科研基础设施和大型科研仪器向社会开放实施方案》，加快了三市高等院校、科研机构的资源共享交融。设立众创空间建设专项资金支持众创空间发展，大力发展各具特色的众创空间。二是加快推进科技金融创新。近年来，通过设立湖南高新科技成果转化创业投资基金，拟定《长株潭科技创新金融服务集团组建方案》和湖南省科技成果转化贷款风险补偿工作初步方案。三是加快推进科技人才集聚。实施了"科技领军人才培养计划""省引进海外高层次人才百人计划"等科技人才计划。落实《长株潭高端紧缺人才柔性流动协议》，促进智力资源跨区域自由流动。四是以创新型产业集群支撑产业协同创新发展。围绕"一区三谷多园"的产业空间布局，以培育创新型产业集群为抓手，实现长株潭三市差异化发展，区域产业协同。

## 二 长株潭城市群创新创业发展环境评价及其政策含义

为探索我国中部城市群创新创业水平的检测评估方法，本课题组通过建立反映区域创新创业发展指标体系，实现对我国中部地区部分城市群创新创业总体水平和发展状况的半定量评估。

——指标体系的构建。基于创新创业能力的内涵分析，本课题从双创环境、双创潜能、双创成效三个方面选取了15个要素作为二级评价指标，构建了一套适用于区域创新创业能力评价的指标体系（见表1）。

——长株潭与武汉、郑州等城市群创新创业环境实证分析。根据所构建的评价指标体系，以中部六个省份六个城市群为基本研究对象，各省、市2016年统计年鉴为数据来源，同时参考各省、市2015年度统计公报及工商、科技部门相关数据，建立原始数据库。为避免求熵时对数的无意义，对各数据进行平移，非负处理各主因子数据，然后计算各个城市群某指标因子占所有城市因子的比例，计算各指标的熵，进而计算出各指标权重（见表1）。

**表1　中部地区六大城市群创新创业能力评价指标体系及权重**

| 总指标 | 一级指标 | 二级指标 | 权重 | 排序 |
|---|---|---|---|---|
| 区域创新创业能力 | 双创环境 | 人均GDP(元) | 0.0618 | 11 |
| | | 全员劳动生产率(万元/人) | 0.0827 | 1 |
| | | 城镇居民人均可支配收入(元/年) | 0.0638 | 9 |
| | | 城镇人均消费性支出(元/年) | 0.0482 | 15 |
| | | 社会固定资产投资额(亿元) | 0.0574 | 12 |
| | | 城镇化率(%) | 0.0537 | 14 |
| | 双创潜能 | 高等学校在校生人数(人) | 0.0673 | 7 |
| | | 全社会R&D经费支出(万元) | 0.0759 | 4 |
| | | 全社会R&D经费支出占GDP比重 | 0.0644 | 8 |
| | | R&D活动人员(人) | 0.0795 | 3 |
| | 双创成效 | 高新技术企业数(家) | 0.0806 | 2 |
| | | 高新技术产业增加值(亿元) | 0.0714 | 6 |
| | | 新增市场主体(家) | 0.0564 | 13 |
| | | 授权专利数量(个) | 0.0631 | 10 |
| | | 国家重点实验室、工程实验室和工程(技术)研究中心数量合计(个) | 0.0738 | 5 |

继续对六个城市群的创新创业能力综合值进行计算，结果如表2。

**表2　中部城市群创新创业能力综合评价结果**

| 中部城市群 | 最终评价值 | 排序 | 中部城市群 | 最终评价值 | 排序 |
|---|---|---|---|---|---|
| 长株潭城市群 | 89.52961287 | 1 | 郑州城市圈 | 76.05251873 | 4 |
| 武汉城市圈 | 87.13773368 | 2 | 南昌城市圈 | 60.46165791 | 5 |
| 合肥城市圈 | 79.72067328 | 3 | 太原城市圈 | 52.94029964 | 6 |

——基本结论。根据熵值法计算得出的城市群创新创业能力综合评价值，可以得出以下结论：

一是中部地区以省会为核心的六大城市群创新创业能力参差不齐，差距较大。长株潭城市群评价指数最高，太原城市圈最低，各城市群之间离散程度较高。

二是根据最终评价值，可以发现六大城市群创新创业能力明显分为三个梯次，长株潭城市群和武汉城市圈创新创业能力最强，合肥城市圈和郑州城市圈次之，南昌城市圈和太原城市圈相对较差。

三是数据显示，长株潭城市群在全社会R&D经费支出、高新技术产业增加值、全社会R&D经费支出占GDP比重等指标上占有显著优势，但是高等学校在校生人数，国家重点实验室、工程实验室和工程（技术）研究中心数量等指标明显落后，而这两个指标的权重都较高。

由此可见，创新创业人才培育和创新创业平台搭建是制约长株潭创新创业能力提升的关键环节。

## 三　进一步优化长株潭城市群创新创业环境的对策建议

与发达地区比较，长株潭创新创业工作存在创新能力有待提升、创新人才留不住、创新创业成果转化效率不高、创新创业政策环境有待优化、创新创业服务能力有待加强、创新资源倾向长沙的虹吸效应明显等问题。面对经济发展“新常态”和未来科技创新趋势，长株潭城市群应进一步优化支撑长株潭未来发展的创新体系，打造促进长株潭经济社会发展的新引擎。

——全面推动长株潭协同布局，完善长株潭产业链分工合作。一是推进长株潭协同合作机制。整合城市群内三大国家级平台功能，科学规划三市各区域功能定位和发展重点，坚持差异化发展，构建长株潭一体化创新创业的战略体系。二是打造长沙高端化“麓谷创新谷”。以大力发展高端制造业和现代服务业，做强工程机械、新材料等优势产业，做大移动互联网、文化创意等先导产业，培育发展3D打印、工业机器人等新业态，做强做大“麓谷创新谷”。三是打造专业化的株洲“中国·动力谷”。以轨道交通、航空动力、新能源汽车三大产业为基础，全力打造株洲高端动力装备制造“中国动力谷”。四是打造智能化的湘潭“智造谷”。发挥湘潭新能源装备、光伏装备及军工技术实力雄厚的优势，推进信息技术与制造业紧密结合，打造中部崛起的“智造谷”。

——纵深推进创新创业体制改革，打造创新发展新引擎。一是推动科技成果转化制度改革。开展高等学校、科研机构科技成果处置权管理改革，建立产业技术创新战略联盟以强化产学研合作，搭建优势创新资源的合作平台，创新科技成果转化方式。二是完善以企业为主体的技术创新体系。深化长株潭城市群产学研协同创新机制，鼓励高校和科研院所科研人员带着项目和成果创办企业，培育“科技小巨人”企业，引导企业增加研发投入。三是完善军民融合发展机制。加强军民两用技术联合攻关，建立有机衔接、军民兼容的标准体系，加快建设长株潭城市群军民融合特色产业园。

——建立健全创新创业投入机制，构建融资新体系。一是建立长株潭创新创业专项资金。整合省级和三市相关财政专项资金，设立示范区建设专项资金，积极争取国家产业发展基金和创投基金，重点支持株洲、湘潭相对落后地区的科技创新。设立天使/VC/PE等不同阶段、不同产业的子基金，支持创业投资、创新型中小企业发展，引导社会资本向长株潭集聚。二是促进科技金融产品创新。支持科技小额贷款公司、融资担保公司等金融机构在长株潭高新区与当地政府合作设立子公司、分支机构，共同组建科技创新投融资管理平台。开展科技产品金融化试点，实施科技保险产品创新，支持金融机构对科技型中小企业开展知识产权质押、订单质押等信贷业务和产品研发责任保险、关键研发设备保险等险种。三是完善科技金融服务平台。建立和发展科技金融服务中心等多种形式的服务平台，推动创业投资、银行信贷、科技企业改制服务等方面的联动合作。建立长株潭科技金融信息共享平台，应用“互联网+”和大数据技术整合信息资源，加快科技企业与投融资机构的信息流动。四是优化小额担保贷款操作流程。在保证贷款回收率的前提下，简化手续，缩短办理周期，切实落实小额担保贷款政策。

——加速创新创业平台建设，培育创新战略新力量。一是夯实创新发展的基础设施。实施湖南省制造业创新中心建设工程，争取建设新材料等一批国家级制造业创新中心。对接国家相关部委，争取将长株潭先进轨道交通电力牵引产业技术创新战略联盟列入国家试点。二是推进众创空间和孵化器建设。依托作为全国首批双创示范基地之一的湘江新区、国家级园区和创新创业相关扶持政策，加强园区、众创空间、科技企业孵化器等创新创业载体建设。三是发挥高校的创新平台作用。联合湖南大学、中南大学和国防科大等知名学府，组建一批高水平的技术研发中心和平台，积极引进央企、世界500强企业建设研发机构，形成企业科技人才集聚和科技创新溢出效应。

——创新高端人才政策机制，激发人才智库新动力。一是精准引才，聚集高层次人才。以家毫书记提出的16个优势产业和20个新兴优势产业链为重点，实施“补链引才”计划，出台紧缺急需人才需求清单，重点引进带成果、带技术、符合湖南省产业发展方向的创新创业领军人才及创新创业团队。二是搭台壮大创新型企业家队伍。优化营商环境，鼓励各类群体到长株潭城市群创新创业；完善领导干部与高层次人才日常沟通联系“直通车”，利用湘土、湘情把各类企业家团结和集聚到经济发展的事业中来。三是培育打造湖湘工匠。建立健全技术技能人才培养体系，引导一批普通本科高校和独立学院向应用型高校转型发展；组织开展“湖湘工匠”评选活动，每年评选10名湖湘工匠，给予每人10万元的一次性奖励。四是引导创新创业乡土能人。支持返乡农民工创业，落实定向减税和普遍性降费政策，保障长株潭返乡创业人士切实享受相关政策优惠和待遇。

——坚持提升、优化服务，打造创新创业新环境。一是推进创新创业教育培训。打造创新创业培训体系，对返乡人员、大中专学生等群体实施精准培训。加强创业培训师资队伍建设，建立长株潭城市群创新创业培训师资库，完善师资登记、考核、进出机制。二是深化放管服改革。推进商事制度改革，全面落实“五证合一”，率先在长株潭开展“一址多照”。实施“最多跑一次”行动，实现长株潭城市群办事效率全省最高。全面推进电子政务服务，加快网上申请、网上审批，实现政务服务最优。三是完善创业支撑服务。在长株潭城市群全面实行本科生“零门槛”落户，完善跨区域各项保险转移接续制度，解除创新创业的后顾之忧。

# 解决发展瓶颈问题，加速马栏山视频文创园项目推进*

湖南省人民政府发展研究中心调研组**

马栏山视频文创产业园是湖南文创产业发展的重要载体，也是引爆湖南文化创意产业集群式发展的着力点，各级政府给予大力支持，发展思路得到各界认可。园区前期准备工作进展迅速，但距开园要求还存在差距。当前正处于项目落地真空期，为深入了解项目推进中存在的突出问题，我中心对园区进行了调研，对如何加速马栏山视频文创产业园项目落地，提出几点建议。

## 一　园区产业发展面临的困难

马栏山视频文创园项目提出两年多，省市区政府和湖南省广电多方共同参与推进，园区开发工作进展顺利：长沙市城投承担马栏山视频文创园土地拆迁及平整工作，开园前期准备基本完成；长沙市政府牵头的城市建设土地规划已经过两次专家评审，即将正式出台；省市两级政府发改委负责的园区扶持政策正在出台，前期工作有序推进。但是园区与市场的对接有待加强，部分工作距正式开园仍有一定的距离，保证园区全面招商和项目签约落地建设存在以下障碍。

### 1. 园区开发管理责任主体缺位

目前园区开发准备基本完成，即将转入园区建设和招商阶段，但是园区开发的责任主体还不明确。前期工作主要由长沙市政府负责土地整理，湖南广电积极参与项目招商和园区土地开发，省政府负责最终决策，但园区开发整体统筹缺乏

* 本报告获得湖南省委书记杜家毫，省委常委、常务副省长陈向群和时任副省长向力力的肯定性批示。本课题为 2017 年度省社科联智库立项课题“湖南虚拟现实产业发展对策研究”（ZK2017009）的阶段性研究成果。

** 调研组成员：禹向群、李银霞、候灵艺、言彦；执笔：李银霞。

明确的责任主体，带来具体事务衔接的四方面困难：一是省市区多级政府的扶持政策如何承接和落地，各级政策出台后谁负责政策对接，没有承担决策落实的直接责任人。二是涉及省市两级政府和企业合作时，缺少专职负责、多方协调和推进工作的人，缺乏常设的统筹协调和沟通机制，决策周期长。三是无法确定参与方的责权利边界，未形成未来园区开发成果分享的机制，园区开发和招商工作机制不畅，影响工作衔接。四是缺少牵头负责的单位和目标责任人，影响园区开发机构建设、管理和制度创新，延误工作开展。

2. 园区产业规划建设滞后于开发的需要

视频文创类产业园的发展要以产业为引领，通过产业发展带动城市发展和人口流入，产业规划与城建规划同等重要。由于产业规划的产业专业性要求高，与市场招商关系紧密，需要具有较丰富市场操作经验的开发主体参与编制。目前园区产业规划编制的责任主体不清，给园区开发带来两大不利影响：一是不利于园区精准招商和定位。缺少产业规划指导，哪些项目不能入园不明确，将影响招商选资决策，导致偏离特色园发展的初衷。二是影响文创园建设所需的公共基础平台项目落地。专业园区的功能型平台是园区发展的重要基础，视频文创类基础设施和公共服务平台是视频文创项目资源聚集的核心。此类平台项目具有基础性和公益性，需要重点规划发展。马栏山文创园要打造全国性乃至世界级的文创中心，需要专业人士把握行业规律、长远规划，据湖南省广电的初步计划，可能需要配套中国视频文创产品交易展示中心、视频文化实验基地/众创孵化空间、传媒人才培养基地/实训中心、公共视频影视制作中心、AR/VR 实验室等功能性平台，这些标志性项目建设方式和方位等内容，需要尽快明确。

3. 园区正式开园缺少“临门一脚”

目前园区招商形势很好，但尚无项目正式落地。与长沙市和湖南广电进行接触的文创类项目众多，但因产业规划的衔接问题，以及可开发土地价格、面积、位置等信息不明确，众多合作意向项目，不能签约落地。一方面园区招商工作仍处于无责任主体、无项目标准、无准确可用之地的状态，并未正式挂牌和名正言顺地开门招商，导致缺少重大项目或功能平台在园区落地。另一方面，园区可以正式招商之后，通过什么样的具有全国甚至全球影响力的展会或重大事件，提升园区开园的知名度和园区影响力、凝聚力，用什么来引爆园区开发，缺乏具有国际影响的大项目，为园区造势，使园区盛大开园。

## 二　加快园区建设和招商的建议

马栏山文创园旨在打造湖南、全国乃至全世界的视频文创产业核心，目前不仅需尽快解决当前工作推进中遇到的问题和困难，还应当积极运用创新手段，增进各方合作，形成多方共赢的利益合作格局。

1. 设立临时负责机构，搭建核心团队

建议设立专职的临时指挥部或协调推进机构，负责项目推进的全面具体业务，暂行园区开发公司和政府派出机构职能，负责前期开发衔接和日常业务开展。指挥部向省市政府负责，处理园区建设的具体问题，保持与省市政府的相关部门的沟通协调和汇报，遇到问题及时请示汇报，并负责出台临时意见和落实相关指示。指挥部人员选择可不限定于公务员身份，积极吸纳省内外懂文化类园区开发经营管理，有文化类企业从业背景的高层次人才加入，并且试行市场化薪酬体系。指挥部主要领导可由长沙市城投和湖南省广电推荐人选，由省政府考察和最终决定选择任用。同时组建园区文创产业发展研究中心，介入园区前期开发工作，针对园区省市两级政策落地和园区发展问题进行研究，出台园区发展的相关意见，培养和搭建园区发展的核心团队。

2. 加快产业规划出台，完善园区招商准备

建立一方主导多方共同参与的规划编制机制，并确定在规定期限内完成产业规划的编制。建议先以园区文创产业发展研究中心或者湖南省广电为主导，编制《马栏山视频文创产业园产业规划》（试行本），经省市两级政府审定后再颁布实施，试行产业规划可随着园区发展进一步细化完善，三年左右进行一次修编。试行产业规划主要明确与当前开发相关的内容：产业规划与城市建设规划的衔接，园区开发总体战略和阶段性目标任务，可开发土地的招商内容，以及建设哪些重点平台基础设施等内容。

3. 大力创新体制，建设机构精简、运行高效园区

建议将体制决策权交由临时指挥部根据需要决策，政府对机构设置提供建议，持有股权，对资产保值增值实施监管。目前国内园区的开发体制大致有地方政府主导模式、企业主导的产业地产模式、政府与企业分工合作开发三种模式，后两种相对具有机构精简和融资决策不需政府信用兜底的优势，至于政府相对较优选择。至于是否设立管委会，开发公司如何组建、享有何种管理权限等制度性安排，由园区指挥部决定。园区开发公司由临时指挥部负责搭建，园区研究中心

负责研究决定公司的组织结构框架、运营团队主要人员选拔录用标准、公司薪酬体系，并报政府履行股权监管的机构审核及备案。园区开发公司正式成立后，全权负责土地运营，同时完全市场化运作，接受股东监督。在行政区划和政策管理创新方面，马栏山文创园可作为湘江新区的产业飞地，直接享受湘江新区的所有改革创新优惠政策。

4. 探索开放合作模式，凝聚发展合力

积极探索利用混合所有制经济形式，鼓励多方合作参与园区开发。一是科学确定园区开发公司的股权结构，建议对省市区政府和湖南省广电在园区开发中的投入进行测算，政府的土地开发投入和项目税收返还激励等可折算成园区开发投入，与湖南省广电的出资投入，共同核算成园区开发公司的注册资本，协商确定未来开发公司股权结构。二是本着有利于园区开发公司发展的原则，制定试运行考核激励办法。首先由政府资产监督管理机构与湖南广电等合作方共同制定园区开发公司的税收返还激励政策，以及绩效评价体系。在保障园区开发基本运行的基础上，通过考核园区的管理、服务水平和开发进度，设定绩效考核标准，制定开发公司的返还奖励和薪酬激励水平，形成省市区政府、开发公司与园区发展利益协同机制。三是针对湖南省广电希望建立小规模实验园的要求，建议支持其在园区内开辟面积200亩左右的园中园，进行湖南广电众创空间、文创产业孵化器和加速器的园区实验。园中园由湖南省广电拥有完全自主的运营决策权，享有与大园区相同的税收返还激励政策，给予企业最优惠的创新创业支持政策，最大限度发挥湖南广电在视频制作产业孵化平台的潜力。

# 加快湖南制造业向智能制造转型的建议*

李银霞

随着智能制造时代的加速到来，智能制造正成为决定国际产业竞争力、改变制造业格局的关键因素。为提升我国制造业实力，国家出台了《中国制造2025》《智能制造产业规划（2014～2020）》等文件。文件出台两年多来，湖南积极开展智能制造试点示范工作，打造全国智能制造中心，促进了省内企业向智能制造转型，但转型工作中仍面临多重困难。

## 一 湖南企业在智能制造转型中的主要问题

### 1. 企业智能转型的资金矛盾突出

智能制造转型需要的资金投入较大，企业负担重。从长沙周边园区了解到，规模以上企业智能制造转型投入均在亿元以上，而国际金融危机以来，制造企业效益下滑，企业转型普遍出现资金问题。入选国家智能制造试点示范标杆企业中联重科，2016年转型投入保持在2亿元以上，转型已取得较好成绩，但受形势影响，企业长期资金流紧张，为减轻资金压力，坚持智能制造转型，企业出售了优质的环境业务板块，以缓解资金的矛盾。长泰机器人是省内智能装备企业的龙头，产品市场增长快，为拓展产能，已经购置土地准备扩大生产，但由于资金问题，2年未能启动建设和达产。中车株机风电事业部在大力进行智能制造转型，但行业特征决定市场拓展也需要大量垫资，导致资金压力巨大，企业转型和市场拓展处于资金争夺矛盾之中。

### 2. 支撑转型的高层次人才缺乏

智能制造对信息和自动化的人才需求大，各行业对人才的争夺激烈，高端人才缺口巨大。省内智能制造转型企业普遍面临智能化人才困境：一方面企业所需

* 本报告系2016年智库课题“加快湖南制造业智能制造转型升级对策研究”（16ZWC43）研究成果摘要。

的信息化人才市场流动性大，培养难度高，导致队伍难于保持稳定，影响了相关智能转型的相关工作。另一方面信息、自动化、智能化和自动控制等方面人力资源使用成本高，市场竞争激烈，低利润的转型制造业企业成本承受力弱，人才成本高越来越成为制约企业转型的瓶颈。据长泰机器人统计，2014 年国内机器人产业企业 600 余家，2017 年时机器人企业数量已达 4000 多家，高速增长导致人才争夺异常激烈，高端从业人员年薪 50 万以上，技术人才流失仍旧严重。人才的缺乏和高成本，导致传统和低利润产业领域缺少关键人才，企业转型困难重重。

3. 支持智能制造的基础薄弱

智能制造需要的工业信息基础设施网络等支持体系发展较慢，制约了企业的转型进度。各类行业软硬件标准、云端应用和公共服务平台等基础条件，落后于试点企业转型发展的需要。以工程机械行业为例，虽然智能制造转型中产品的信息化水平较高，但工业物联网的基础还未成型，企业进一步实现智能制造所需的配套环境还不完善。一是“互联网 +”的公共基础设施硬件体系不完整。二是系统化的数据收集和管理基础薄弱。三是工业互联标准制订工作滞后，影响各种行业企业间产品和信息的互联互通，制约行业企业大数据信息的收集、整理和运用，影响云计算大数据挖掘和改进应用。

4. 智能制造的公共投资不足

关键、核心技术是各国公共资源重点支持的领域，国内相关投入不足，严重制约着行业竞争力的提升。智能制造的核心零部件、关键技术和技术标准等，对行业发展起关键作用，目前关键领域的外部依赖严重，产品的研发对外依存度高，企业外部技术购买的成本代价大，公共研发领域目前的政府投入明显不足。以国内机器人生产企业为例，企业技术成果中只有 1/3 是完全依靠自主开发。再如，中联重科国家级企业技术中心、建设机械关键技术国家重点实验室、国家混凝土机械工程技术研究中心、流动式起重机技术国家地方联合工程研究中心，承担着众多工程技术领域的基础研发工作，但是研发项目是没有公共资源的固定投入的，也很难得到公共研发投入的专项补助，企业能计入研发投入在所得税加计扣除中得到抵消的比例低，核心技术研发成为企业的负担；此外，企业承担国家标准化委员会的标委会秘书工作，工作经费目前也由企业承担，企业积极性不足，导致行业标准化发展滞后，最终成为制约转型的关键短板。

5. 非重点领域的智能制造前景堪忧

在政府智能制造试点示范范围之外，有大量非试点的自主转型企业，发展堪忧。大量企业有转型要求，也有信息化建设投入，但既不是新兴产业，也不是高新技术企业，其转型投入也不享有税收优惠，相比政府支持的入围试点的企业，不均衡的支持政策给其发展带来了巨大风险。望城经开区的中小服装定制企业派意特，年销售收入 4 亿元左右，为向智能制造转型，近 5 年在设备及信息化方面的累计投入过亿元，但它不是试点示范企业，没有政策扶持，而山东青岛红领集团和宁夏如意服饰作为标杆企业和地方重点企业，能得到政府巨额转型资金扶持，这种扶持政策造成了对非重点领域转型企业的不公平，给试点外企业发展和市场扩张带来不利影响。面对即将出现的行业结构调整，转型滞后中小企业发展前景堪忧。

## 二　加速向智能制造转型的对策建议

国家力推智能制造试点具有深远的战略意义，一是能够有力推动产业结构全面升级，并利用智能制造大幅降低我国制造业成本，提升产业效率和产业竞争力。二是为培育未来行业的领导者奠定基础。新技术革命将引发全球行业结构全面调整和兼并重组浪潮，利用智能制造转型最快的企业培育一批细分行业的领导者，将地区打造成某类行业技术的全球领导者和聚集区。因而，湖南企业加速智能制造试点示范的目标，在于全面加速产业升级，成就一批未来各细分行业领域市场领导者，为湖南制造业在未来国际竞争中占有一席之地、掌握部分行业领导权奠定基础。

1. 减轻智能制造转型企业的资金压力

一是利用地区试点示范机遇出台税收优惠政策，大力降税清费，保证本地企业享受相对其他试点地区相对公平合理的税费负担。针对省内企业研发抵扣问题，出台企业研发费用抵扣操作细则，扩大可享受所得税加计扣除的企业范围，积极将转型企业的智能制造转型投资纳入 R&D 研发投入，享有所得税加计扣除。二是降低地方智能制造转型企业五险一金负担，参照沿海地区和中西部地区的五险一金缴纳政策，出台企业五险一金缴纳比例的参考费率上限，明确地方操作标准。三是积极加强智能制造装备国产化应用支持，降低企业智能制造转型成本，同时通过风险补偿基金和国产设备应用补贴等政策鼓励，降低国产装备应用的风险和损失，利用模式创新，扩大国产装备应用范围。

2. 完善基础优化智能制造发展环境

一是加强信息化智能化的公共服务体系建设。加速省内技术服务平台建设，扶持一批智能制造技术研发、产品检验检测、工业互联网技术、工业大数据、云制造及工业核心软件开发等产业服务平台，为企业提供工业云平台和行业智能制造技术标准等软硬件基础设施。二是支持一批智能制造创新中心建设。出台相关认定考核奖励办法，鼓励网络化、专业化、社会化的智能制造创新服务组织的发展，服务本地智能制造转型工作。三是提供智能制造科技辅导等政府科技服务。利用政府服务购买，重点在长株潭衡地区设立行业性的智能制造诊断服务专家团，为转型企业提供智能制造的咨询服务，为重点企业提供“一对一”入户诊断服务、个性化系统解决方案及转型辅导。四是形成积极向智能制造转型的社会氛围。通过举办智能制造长沙峰会等论坛，增进智能制造人才技术的交流，提升湖南、长沙在国内智能制造业领域的资源要素的重要聚集地和创新核心地位。

3. 形成对关键技术领域的有效扶持

一是加强对湖南重大技术的战略规划部署。出台落实重大战略的具体行动计划，并在财政预算中予以相关扶持资金的经费保障，主动寻找跨地区的技术合作伙伴等，探索 PPP 模式的科技服务合作，帮助企业突破关键共性问题。二是聚焦智能制造转型的重点行业领域的技术创新支持。设立支持企业智能制造转型的专项科技支持基金，支持重点领域关键技术和核心零部件自主研发、关键技术改进及引进消化吸收，重点关注工程机械、轨道交通和电工装备等产业的核心技术突破，增强关键产业关键技术的核心零部件自主升级能力。三是建立成果导向的人才奖励和激励制度。允许国有参股企业试行员工持股计划，丰富关键技术研发成功后的有功人员奖励方式；加大标准制定等公共性技术标准服务的资金奖励力度，加大政府科技成果研发后补助的投入。

4. 支持企业的结构调整和战略重组

抓住制造业向智能制造转型的发展机遇，为湖南省制造业占领国际产业制高点提供支持。一是放宽投资市场准入。利用“中国制造 2025”试点示范城市升级为国家级试验区的机遇，鼓励长株潭衡城市群试点地区加快行政体制改革，全面落实负面清单管理模式，为省内企业国际化资本运作开辟道路。二是利用金融手段支持重点行业企业的战略性资产重组。给予企业并购资金授信支持和过桥资金贴息，为智能制造和装备生产制造企业设立产业整合投资基金及并购担保基金。三是加强技术并购活动的政策协助。对省内重点领域的技术并购投资活动给予政策和税收支持，使企业通过产业资本的运作，消化吸收外部核心技术，突破省内企业关键技术瓶颈。四是支持研发与应用的纵向联合。利用行业组织建立的产业技术联盟和技术合作研发，通过项目研发成果专项补助、政府服务购买、税收减免等方式，加速省内企业共性、核心、关键技术的开发和应用转换。

# 湖南省减轻企业税费负担仍大有可为*

湖南省人民政府发展研究中心调研组**

减轻企业税费负担是改善营商环境的关键举措，2016年中央经济工作会议提出了“降低企业税费负担”。与此同时，在美国特朗普减税新政影响下，全社会掀起了一场有关企业税负的大讨论。湖南省企业税费负担究竟如何，还有没有减税清费的空间？为摸清相关情况，调研组实地走访了长沙等地的园区和企业，并开展了网上问卷调研，形成本报告。

## 一　从宏观层面看，税费负担水平不高

本文先考察湖南省企业整体的税费负担情况，并将其置于省际比较的视野下进行评价。

——宏观税费负担①方面，湖南处于全国较低水平。2015年湖南省企业的宏观税费负担水平为12.6%，远低于上海32.1%、北京25.4%；从中部六省来看，低于山西的16.6%、江西的16.3%、安徽的15.0%、湖北的14.1%，仅比河南的10.6%高2个百分点（见图1），在全国处于较低水平。宏观税费负担水平不高反映湖南企业承担的税费负担水平在较为合理的范围内。

——行政事业性收费②负担方面，处于中部较低水平。2015年湖南省收缴的行政事业性收费占地方财政收入的比例为6.1%，在中部六省排名并列第四，分别比湖北、江西、河南低4.8、2.7、1.8个百分点，与安徽省一致，仅比山西高

* 本报告获得湖南省委常委、省委秘书长谢建辉的肯定性批示。

** 调研组组长：卞鹰；调研组副组长：唐宇文；调研组成员：左宏、张鹏飞、龙花兰；执笔：张鹏飞。

① 宏观税费负担可衡量地区的税费负担水平。宏观税费负担有不同的计算口径，基于数据的可获得性，本文采取的计算口径为宏观税费负担水平 = 各地区财政收入/地区生产总值。其中，各地区财政收入为地方本级收入加上全部消费税和增值税75%的部分。

② 鉴于未归入财政统计口径的收费情况难以获得统计数据，在此仅以行政事业性收费为例说明。

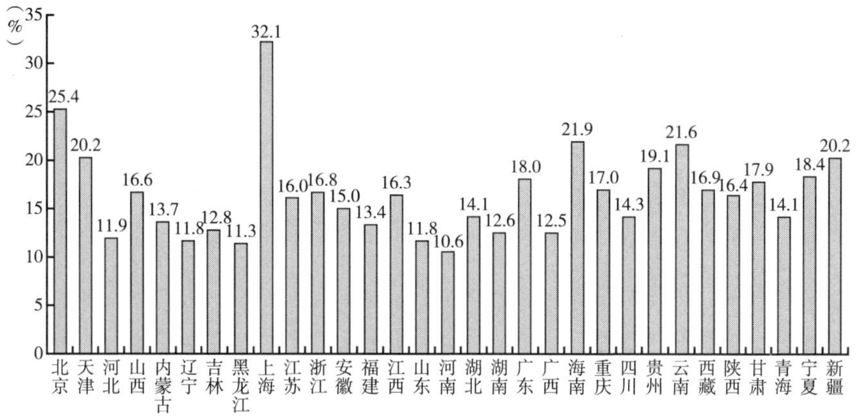


**图1　宏观税费负担水平省际比较**

数据来源:《中国财政年鉴》2016。

1.5 个百分点。与发达省份比较来看,中部省份收缴的行政事业性收费普遍高于北京、上海、江苏、浙江、广东等沿海发达省份(见图2),仍有降费的空间。

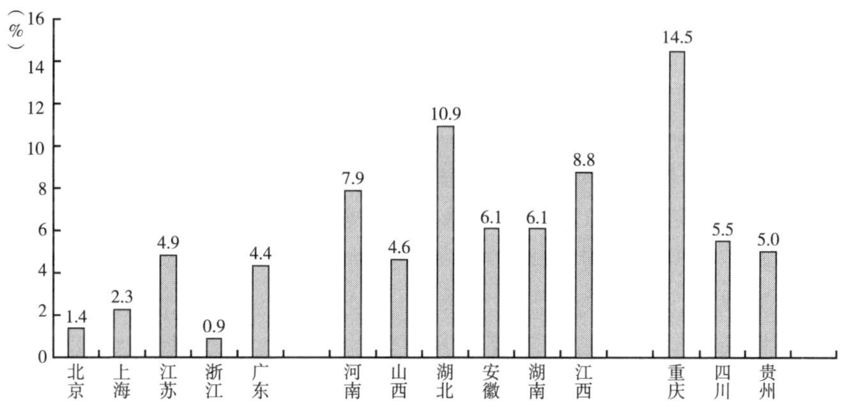


**图2　行政事业性收费占地方财政收入的比例**

数据来源:《中国统计年鉴》2016。

## 二　从微观层面看,问题较为突出

课题组调研的企业中,多数企业反应缴纳的税费总额/净利润的比例在

40% ~50%，个别企业缴纳的税费总额甚至超过净利润[①]。企业税费负担重，主要是因为我国现行的税制以流转税为主，直接税占比较低。在经济稳中求进、企业税费负担较重的情况下，一些结构性的税费问题，就显得尤为突出。

——区域税收优惠竞争造成税收流失和企业外流。我们调研发现，税收返还及减免政策正成为部分省份区域竞争的主要手段之一。有企业反映，上海浦东新区、重庆两江新区、云南瑞丽国家重点开发开放试验区等实施了所得税“五免五减半”优惠政策。某企业反映，部分省份针对企业高管实行个人所得税返还，例如湖南省某知名企业高管进行原始股权转让时，在比较了湖南省与其他省份个人所得税返还比例后，选择了在外省缴纳所得税。这些税收优惠政策的竞争，造成了湖南省企业、创新平台、人才的流失。

——企业对部分税费项目反应较大。调研中，企业反映多的主要有工会经费、残疾人就业保障金和城镇土地使用税。工会经费方面，十几年来工资基数已大幅增加，而工会经费按2%提取的规定多年未变，企业表示缴费负担较重，且不知道其使用情况。残疾人就业保障金方面，按在职职工总数1.5%安排残疾人就业，企业用工越多，安排残疾人就业任务越重，需缴纳的残疾人就业保障金也越多。城镇土地使用税方面，湖南省自2015年调整[②]之后，企业缴纳额全面上升，如长沙某电子信息企业，调整之前，城镇土地使用税年缴纳220万元，调整之后为428万元。

——除税费外，企业还承担着名目繁多的会费、保证金[③]和较高的项目申报费用。会费方面，企业往往必须加入相关行业协会，这些行业协会大部分与政府部门有着千丝万缕的关系。如长沙某建筑公司，加入了中国建筑协会、中国安装协会、中国施工管理协会、湖南省建筑业协会等协会100余个，每个协会的会费年均5000元左右，每年需缴纳会费达60余万元。保证金方面，名目繁多的保证金占用了企业大量的现金流。如房地产开发领域有投标保证金、履约保证金、工程质量保证金、农民工工资保证金、项目资本金等。项目申报费用方面，企业需要承担较高的项目申报费用。如调研中的一家企业，因不同的项目申报需要提供专项审计报告，每个报告需要几万元，企业承担较高的审计费用；同时，有些企业在项目申报

---

① 以中车株洲电机有限公司为例，公司2016年全年上缴税费5.05亿元、缴纳“五险一金”1.45亿元，而公司净利润仅为4.21亿元。

② 《湖南省财政厅、湖南省地方税务局关于批准城镇土地使用税地段等级税额标准的通知》（湘财税〔2015〕21号）。

③ 此处参考了湖南省非税局《关于湖南省部分企业负担情况调研的报告》。

方面不具备能力，需要依赖中介，而中介要收取高达项目资金30%的中介费。

——减税降费政策执行不到位，相关部门主动服务的意识不强。一是政策执行不到位。2017年7月21日，国家发改委曝光了十起违规收费案件，湖南占了三起。其中，两起是继续收取已明令取消的收费，一起是自立项目收取环卫工作经费和环卫有偿服务费。二是相关部门为企业服务的主动意识不强。对省政府门户网站和微信公众号的调研显示，通过税务机关获知税费优惠政策信息的企业不超过50%。三是存在预缴税款的问题。调研中，一家企业2017年8月账面上预缴税款达1000万元，该企业上年度缴税约3000万元。

——税费征管水平不高，偷税漏税现象造成发展环境不公平。一是核定征收随意性大。不少小微企业没有建立完备的账册体系，税务部门往往对其实行核定征收，这就可能造成企业需承担较大的隐性负担。二是偷税漏税普遍造成了发展环境不公平。调研中了解到，部分中小微企业偷税漏税较普遍，使得其他规范缴税企业成本相对较高，与偷税漏税企业相比，竞争力不足，客观上造成了发展环境的不公平。三是小微企业税收征管遵从成本较高。小微企业处于初创或求生存的阶段，其管理能力相对薄弱，将一套复杂的税费规定无差别地适用于小微企业和大中型企业，其遵从成本占利润比相较财务制度完善的大企业要高许多。

——当前减费轻税政策效果还不够明显。"营改增"方面，对不同行业、不同企业的影响存在差异。传统制造业改革前后都是交增值税，影响不大；酒店服务类企业在营改增中受益较大，建筑业、餐饮业、物流业等难以取得增值税专用发票，导致进项税可抵扣的税额少而税负增加；有些软件类企业反映，营改增之后，进项抵扣不足，导致税负较重。"降费"方面①，截至2017年5月，湖南省执收的行政事业性收费72项，涉企行政事业性收费49项。据统计，2015～2016年，湖南省取消、停征的行政事业性收费40余项（一级项目），降标的项目47项，每年约为社会减负27亿元。调研中，企业普遍表示感受不明显，受益不大。如长沙某酒店，2016年营业总收入6390万元，因当年停征价格调节基金，节省3000元，这与企业营收比，微乎其微。

## 三 对策建议

2017年8月，家毫书记在部分企业主要负责人座谈会上指出，要多措并举

① 此处参考了湖南省非税局《关于湖南省部分企业负担情况调研的报告》。

降低实体经济企业综合成本，减轻企业负担。湖南省要围绕放管服改革，以优化营商环境为目标，切实降低企业税费负担，提升竞争力和发展质量。

——追踪并研究其他省市税收优惠政策，提高区域竞争力。根据企业反映的情况，对外省税费优惠政策进行摸底，尽快比照出台适合湖南省情况及经济发展需要的税收优惠政策，例如可以重点考虑加大企业高管和高技术人才所得税税收返还力度政策，以及更有竞争力的招商引资税收优惠政策，避免税源流失和企业流失，吸引更多企业和人才在湖南省集聚。

——进一步清理撤并涉企行业协会。全面清理、整顿中介服务事项，真正从源头切断中介高收费和行政职权的联系。严禁各行政职能部门将职责范围内的工作转移或委托给行业协会、中介组织变相收取费用；采取必要措施，坚决切断各种协会与行业主管部门之间的经济联系。坚决取缔依托行政机关、依靠行政权力提供强制服务、收取高额费用的“红顶中介”，并对现有社团、协会等进行清理，将功能类似的进行整合。探索建立统一的评估认证平台，试行中介组织对同一对象相同性质的评估报告通行通用制度，归并环评、能评、安评等类似评估事项，进行一次性集中评价，分头出具文书。

——继续深化“营改增”改革，进一步规范清理税费项目。财税部门应加大力度研究特殊行业、类型企业相关的税制优化和实施细则，尽量平滑处理某些行业、企业在“营改增”改革中的磨合期和阵痛期；针对软件等智力密集型企业专门出台相应的税收优惠政策，降低该类企业的税负负担；并及时准确将最新的政策向企业宣传解释，进一步通过完善财务制度、规范上下游抵扣项等实现税负下降。对工会经费、残疾人就业保障金标准、城镇土地使用税是否科学合理进行论证，在保障职工权益、残疾人利益和促进城镇土地合理利用的基础上，研究降低标准的可行性。同时，要进一步清理规范行政事业性收费，畅通举报投诉渠道，严肃查处各种乱收费行为。

——提升税费征收机关的征管能力，优化纳税服务。积极应用现代化的信息技术，逐步建立税务部门与银行以及其他部门间的纳税人涉税信息获取机制，并以法律的形式予以保障，加快实现税收征管由“以票控税”向“信息管税”转变，通过征管水平的提高，缩小逃税空间，减少税收流失，为企业创造更为公平的税负环境。与此同时，强化核定征收机制改革，减轻企业可能承受的隐形负担。进一步简化小微企业征管程序，降低纳税成本和遵从成本。

——进一步扩大小微企业免征范围，减轻小微企业的税费负担。当前，处于转型升级中的企业特别是中小企业而言可以说是举步维艰，政府做好“放水养鱼”的工作非常必要。小微企业处在发展初期，规模较小，抵御市场风险的能力相对较低，生产经营的税收敏感度更高，对政策扶持的需求更大。建议简化税收优惠备案办理程序，把税收优惠政策落实纳入税务部门绩效考核，尽可能使税收优惠“实际享受面”逼近“应享受面”。联合财政、税务、工商等部门进一步梳理和完善支持中小微企业发展的各类政策，协调建立与促进中小微企业发展相关的配套支撑体制机制，共同促进中小微企业又好又快发展。

# 促进湖南省县域民营经济发展研究

徐　涛

县域经济、非公有制经济是湖南省发展的两个短板，县域民营经济更是湖南省县域经济和非公经济发展不平衡不充分的集中暴露点，应是湖南省补短板施策的重点。

## 一　发展状况分析

### （一）县域民营经济持续发展

湖南省区域经济可分为两大板块，一个是以地级市所构成的城域（即市辖区），一个是县（市）构成的县域，城域和县域在发展条件和方向上有着明显的区别。目前，全省县域范围包括87个县（市），行政区域面积19.2万平方公里，占全省面积的90.7%。2016年，总人口5200多万人，占全省的76.3%，城镇化率42%，GDP 1.76万亿元，占全省的56%，三次产业比重为16∶47∶37。县域民营经济是指县域范围内的民营经济，包括个体、私营和非公经济控股的股份制经济，是县域经济的主体。近年来，县域民营经济发展成效明显。

——县域民营经济固定资产投资额不断增加。2011～2016年，县域民营经济固定资产投资总额为4.44万亿元，占同期全部固定资产投资额的68%，年均增长19.3%，高于市域民营经济16%的年均增长。

——县域民营经济的主体地位不断强化。县域规模工业企业的主营业务收入中，绝大多数来源于民营经济。2011～2015年间，县域规模工业企业主营业务收入中民营经济贡献90%以上的县由63个增加到78个，民营经济贡献在85%以下县，由13个下降到3个。

——一般条件县的民营经济投资水平明显提高。湖南省县域经济可分成两大部分，具有省会辐射优势条件的长沙市3县（市）和一般条件的其他84县（市）。从固定资产投资水平来看，近年来，一般条件县的民营经济投资水平明显提升，增速快于优势条件县。但2016年出现停滞，应引起重视。

——县域民营经济从业人员占比持续提升。2011～2015年，在全体从业人员中的占比，由13%提升至17%，在非农从业人员中的占比，由71.6%提升至78%。县域经济中，农业从业人员仍占大多数，但在非农从业人员中，在民营经济中就业的占大多数。同时，一般条件县规模工业企业对劳动力吸纳能力呈上升趋势，但发达地区已呈稳定状态。

### （二）县域民营经济发展亮点不少

最大亮点是长沙市的三县，即长沙县、浏阳市、宁乡县，分别是全国百强县的第7位、第19位和第35位。在民营经济发展上，三县（市）拥有一批营业收入过100亿、50亿、10亿元的骨干企业和高精特新的小巨人企业，其中三一集团营业收入达到700多亿元，蓝思科技超过350亿元，在全省县域经济发展中走在前列，既是湖南县域经济发展的名片，也是湖南省县域民营经济发展的标杆。

在其他地区，一些县民营经济的发展独具特色。比如醴陵陶瓷产业、永兴稀贵金属再生利用、汨罗循环经济、江华稀土产业、临湘精细化工、邵东小五金和箱包制造、武冈卤制品、双峰农机制造、沅江船舶制造、常宁铜压延加工等。许多县民营经济在推动当地特色农副产品加工和旅游发展上可圈可点。

## 二　存在的问题和困难

### （一）发展的不平衡性比较突出

湖南省87个县域中，发展的不平衡性是比较突出的。主要表现为优势条件县和一般条件县的差距。3个优势条件县的GDP都过千亿元，一般条件县绝大多数GDP在400亿元以下，GDP在600亿～1000亿元出现断层。不少经济基础较差、发展水平较低的县发展情况不如人意，经济总量小、财力较为紧张。

在民营经济发展方面，从投资水平来看，2011～2016年，长沙3县民营经济的投资总额明显高于其他各县的民营经济投资额。一般条件县都处于全省最高值的一半以下，占20%以下的有67个县，其中，古丈县还不及最高的浏阳市的1%。

从优势民营企业的分布来看，湖南省民营经济百强中，优势条件3县共有11家，而一般条件县仅有8家，分布在6个县，且有7家排60位之后。其他民营经济百强则全部分布于城域（区）。

规模工业企业数方面，多的县达到800多家，少的县仅20多家，规模工业企业平均主营业务收入较高的县达5亿元，较弱的县仅5000万元左右。

### （二）县域民营经济发展不足的矛盾更加突出

目前，湖南省的财政支出收入比基本稳定在2.3。2015年和2012年相比，湖南省大部分县的比值在3以上，而且支出收入比大于7的县明显增加。这个状况除了说明对县的转移支付力度增大外，也说明大部分县民营经济发展是不足的，输血增加，造血不足。

### （三）县域民营经济发展的条件不容乐观

制约县域民营经济发展的主要问题是缺钱、缺地、缺人，但由于县域经济发展的整体水平不高，这些矛盾解决起来的难度大。在融资方面，一方面，大量的县域民营经济融资难、融资成本高，另一方面，融资主体的资产负债率高，规模小，合规抵押物少，信贷风险大。在土地供应方面，县域经济土地集约利用水平偏低，在土地供给刚性情况下，以土地换产值的道路难以走通。在人员方面，普工用工成本上涨，而且招人困难，留不住人才。

县域经济产业同质化低水平竞争严重，小微企业多，企业发展不稳定。特别是近年来，经济发展进入新常态，环保等约束措施强化，对于以传统产业及资源开发为主体的县域民营企业的影响更加强烈，民营投资主体发展信心受到影响。

### （四）对县域民营投资占比下降的情况应予关注

2011～2016年，在包括国有投资在内的县域经济全部固定资产投资中，县域民间投资的占比呈下降趋势。在县域，国有投资主要是在民生和基础设施建设方面，今后，这些地方可以考虑引入更多的民间投资。

## 三　政策建议

### （一）将一般条件县域民营经济发展列为关注重点，调整扶持导向

习近平同志在十九大报告中已指出，我国社会的主要矛盾已经转化为人民日益增长的美好生活需要和不平衡不充分的发展之间的矛盾。《湖南省国民

经济和社会发展第十三个五年规划纲要》将县域经济、非公有制经济列为湖南省发展中亟待弥补的两个短板。一般条件县域民营经济就是短板中的最短板，是县域经济和非公经济发展不平衡不充分的集中暴露点，应是湖南省补短板施策的重点。

民营资本进来得少是一般条件县域民营经济发展落后的根本原因，越落后的地区这种情况越明显。究其原因，因为欠发展县综合条件差，吸引力不强。

因此，在对县域民营经济的扶持上，要改变竞争性立项或择优立项的方式，实施梯度扶持、“靶向扶持”，扶持力度向落后地区倾斜，发展水平越落后，扶持力度越大。建议在省级层面，针对县域民营企业设立扶持专项，将民营企业等主体作为发展民营经济的关键“抓手”，直接作为扶持对象。通过奖补方式，形成利益“磁极”，吸引民间资本加大对欠发达县的投入。规范扶持的条件、标准和程序，防止骗补套补情况发生，降低审批成本。对县域民营经济较发达的地方，可通过市场或当地扶持的方式促进其加快发展。

### （二）将“输血”扶持和扶持“造血”结合起来

从长期来看，不可忽视县域经济自身“造血”功能建设。归根到底，要大力发展民营经济，促进民营企业发展。一是要突出特色发展，发展特色经济。发展特色经济，基础是比较优势，是当地的相对优势。实质是错位发展，避开市场的同质化、低水平竞争，实现规模化、集群化发展。目标是形成本区域主导或支柱产业。发展特色经济就是要多拿“单打冠军”。二是要顺应变化，加强引导。破坏环境的企业必须淘汰，去落后产能要坚决。要摆脱“换挡焦虑”，坚决进行产业结构的调整优化。政府要加强引导，深化供给侧改革，帮助民营经济调结构、转方式，去库存、去产能，树品牌。三是要推动大众创业、万众创新。对于个体户、私营经济、小微企业，要尽可能地减少政府干预和管制，让利于民，让个体户、私营经济、小微企业专注于发展自己，保有最大活力。四是要创新机制，招商引资。要积极招商引资，主动承接产业转移。要创新机制，引导县域民营企业以换股等方式，进入大企业大集团的产业链，作为其生产车间，捆绑发展。引导鼓励企业间以各种方式抱团发展。

### （三）不懈探索解决县域民营经济发展问题的途径

一是要持续改善融资环境。推进“一县两行”体制建设，提升存贷比，遏制资金外流。实现政策性担保机构县市全覆盖，深化银企对接产融合作。引导利用互联网金融平台提高企业资产的流动性水平。二是提升土地利用效益。引导民营企业向园区集中，探索工业用地长期租赁、先租后让、租让结合制度。三是强化人才保障。加强企业家培训，改善工作生活环境，以事业留人、感情留人、待遇留人。四是当地政府要提升协调统筹能力。当地政府要全心全意支持民营经济发展，一企一策，一事一策，和民营主体面对面，协调解决各类困难和具体问题。多方联动，不懈探索解决县域民营经济发展问题的新途径、新机制。不断改善整体环境和条件，遏制住“虹吸”效应。

### （四）营造县域民营经济发展的宽松环境

要构建“亲”“清”新型政商关系，守住底线。继续推进“放管服”改革，着力为市场主体“松绑减负”“助力加油”，促进诚实守信市场主体的发展。为企业的发展营造公平公正的环境，最大限度释放改革红利和动力。推动民营资本进入公共建设领域，破除民间投资进入垄断领域的“玻璃门”“弹簧门”“旋转门”等障碍，制定和完善民营企业财产保护政策和制度。

### （五）推动优势县域民营企业拓展发展空间

湖南省优势县域民营企业要充分利用“一带一路”建设的机遇走出去，积极开拓国际市场，进一步发展和壮大自己。加强了解与国外企业合作和国外市场投资的相关经验，培育和引进相关人才，提高抗风险、抗压能力。推进优势县域民营企业参与国有企业战略性重组，支持国有资本进入县域优势及高科技民营企业，发展混合所有制经济。鼓励优秀县域民营企业抢先布局战略性新兴产业，开展军地合作。

# 大力发展绿色建筑势在必行

湖南省人民政府发展研究中心、省住房和城乡建设厅联合调研组*

习近平总书记最近强调："推动形成绿色发展方式和生活方式是贯彻新发展理念的必然要求，是发展观的一场深刻革命。"发展绿色建筑是推进发展方式和生活方式绿色化的重要手段，能有效应对资源环境紧张、改善人居环境、促进产业转型升级、推动发展动能转换。为贯彻落实中央生态文明建设的总体部署，加快推动湖南省绿色建筑发展，完成节能减排任务，助推生态强省建设，省政府发展研究中心、省住建厅成立联合调研组，先后赴上海、江苏、山东、重庆、深圳等绿色建筑发展较好的省市及省内长沙、郴州、常德、怀化等地市，进行了深入广泛调查研究。现将调研情况报告如下，供领导决策参考。

## 一　大力发展绿色建筑是顺应时代发展的迫切需要

绿色建筑是指在全寿命期内（从规划设计到拆除回收），最大限度地节约资源、保护环境和减少污染，为人们提供健康、适用和高效的使用空间，与自然和谐共生的建筑。

1. 加快发展绿色建筑是践行绿色发展理念的重要任务

党的十八大以来，党和国家把生态文明建设和绿色发展理念摆在越来越重要的位置。湖南省历来高度重视绿色发展，省第十一次党代会更是明确提出湖南省要着力建设生态强省，建设富饶美丽幸福新湖南。而绿色建筑作为绿色发展理念在建筑领域的集成者与实践者，涵盖建筑节能、可再生能源、装配式建筑、绿色建材、绿色施工、建筑垃圾资源利用等相关领域。2015 年召开的中央城市工作会议明确要求："推动形成绿色低碳的生产生活方式和城市建设运营模式。""推进城市绿色发展，提高建筑标准和工程质量，高度重视做好建筑节能"。由此可见，大力发展绿色建筑、不断提高建筑能效是湖南省践行绿色发展理念，实现建

* 调研组成员：高东山、邵夫、何小兵、刘琪、朱浩。

设生态强省目标的重要任务。

2. 加快发展绿色建筑是改变传统城镇化模式的关键步骤

近年来，湖南省城镇化迅猛发展，城镇化率从 2010 年底的 43.3% 提高到 2016 年底的 52.75%，城市建成区面积较 2011 年增长 22%。传统城镇化模式导致城市环境承载压力越来越大，资源消耗日益增大。据统计，建筑用钢占全社会钢材消费的 50%，建筑用水泥占全社会水泥消费的 60%，建筑使用能耗占全社会能源消耗的 30%；与建筑有关的空气污染、光污染、电磁污染等约占环境总体污染的 30%，建筑垃圾约占人类活动产生垃圾总量的 40%。相对于传统建筑，绿色建筑平均节能率达 65%，雨水、中水等非传统水源利用率达 15% 以上，可再循环材料利用率达 10% 以上，采取合理规划布局、开发利用地下空间等措施可实现节地 10% 以上，具有突出的节能、节地、节水、节材和保护环境“四节一环保”能力，能有效降低城镇化进程中的资源消耗和污染排放。

3. 加快发展绿色建筑是推动供给侧改革的重要手段

发展绿色建筑一方面可以对高耗能、产能过剩的钢铁、水泥、平板玻璃行业严禁备案和新建新增产能项目，利用经济手段倒逼竞争乏力产能退出；另一方面还可以通过大力推进工业化、信息化、智能化的深度融合，提高传统建材业的现代化制造水平，引导和约束大宗建材向新型、绿色建材升级换代，带动咨询服务、建材、可再生能源、机械设备等 50 多个关联产业、近 2000 种产品技术创新，绿色建筑发展有望撬动上千亿元的绿色建筑市场，带来强大的产业和就业推动力。以深圳市为例，2016 年全市拥有绿色建筑相关企业千余家，年产值约 1500 亿元，接近当年深圳市生产总值的 13%。

4. 加快发展绿色建筑是改善人居环境的有效途径

绿色建筑充分体现了以人为本的理念，对日照、隔声、采光、通风和热环境等指标都有明确规定。比如在不开空调的情况下，绿色建筑比传统建筑室内冬暖夏凉效果要好。同时，绿色建筑还强调建筑物以外的环境构建，从绿地率、人行区风速、热岛强度、环境噪声、场地交通组织等系列指标、措施入手，为人们提供健康舒适的生活环境。

## 二 湖南省绿色建筑发展的基础条件与成效

近年来，湖南省住建领域生态文明建设取得了长足发展，在绿色建筑发展方面（特别是装配式建筑）得到了国家相关部委的高度肯定，发展基础良好，成效明显。

1. 顶层设计不断加强

近年湖南省围绕建筑节能和绿色建筑发展颁布了一系列政策文件，如2009年11月湖南省人大常委会颁布了《湖南省民用建筑节能条例》，2013年3月省人民政府印发《关于印发绿色建筑行动实施方案》，2014年4月又印发《关于推进住宅产业化的指导意见》等。与此同时，绿色建筑相关标准体系也日益健全，出台了《湖南省绿色建筑评价标准》《湖南省居住建筑节能设计标准》《湖南省公共建筑节能设计标准》等地方标准，顶层设计的持续加强，为进一步推进湖南省绿色建筑发展打下较为坚实的基础。

2. 发展平台搭建成型

近年来，湖南省相继成立了湖南省绿色建筑、既有建筑节能改造、国家机关办公建筑和大型公共建筑节能监管体系建设、可再生能源建筑应用、地源热泵建筑应用、建筑围护结构节能技术、无障碍环境建设、住宅产业化促进等方面的产学研和推广平台，每年组织举办一次全国性的绿色建筑、装配式建筑博览会，推动了绿色建筑技术创新、产业带动和推广应用，得到各级政府、科研机构和生产企业的高度肯定。

3. 资源禀赋优势突出

湖南省浅层地热能资源丰富，地下热水资源总量14510.93m/h，是全国最适宜开发利用的地区之一，具有资源分布广、储量大、可利用效率高等特征。另外，湖南省太阳能年辐照量为4034MJ/m$^2$.a，年日照小时数约为1300~1800h。相对许多广泛利用太阳能的欧洲发达国家，湖南省太阳能资源仍很丰富，且湖南省建筑楼顶面积逐年增加，太阳能利用面积增大，但与欧洲发达国家相比，湖南省太阳能利用程度还存在不少差距，地热能和太阳能发展潜力很大，这些都为湖南省发展绿色建筑提供了充裕的资源。

4. 项目建设初见成效

湖南省绿色建筑从2009年开始起步，通过建筑节能改造、城镇供热系统改造、可再生能源应用、发展装配式建筑、建筑废弃物资源化利用等方式，有效推动了绿色建筑发展。截至目前，湖南省共获取绿色建筑标识项目294个，其中长沙市占221个，在全国各省会城市中，列第六位。全省通过绿色建筑创建计划立项和施工图审查的绿色建筑面积约7027.4万平方米。建设了长沙市“恒伟·西雅韵”、“万科魅力之城”、梅溪湖国际新城、洋湖生态新城、高铁新城片区、株洲云龙示范区、益阳东部新区等一批示范项目和生态城区。据统计，“十二五”

期间，全省建筑节能实现节约标准煤 650.8 万吨，约占全社会总节能量的 20%，减少二氧化碳排放 1705.2 万吨。

## 三　湖南省绿色建筑发展亟须解决的紧迫问题

1. 配套法规建设不健全

2008 年以来，围绕建筑节能从国家到地方，相继出台了一些法规政策和技术标准，但随着形势的发展和技术的进步，原有《湖南省民用建筑节能条例》等相关政策法规已难以满足湖南省绿色建筑发展的需要，一方面绿色建筑要求未纳入建设程序；另一方面因为缺乏绿色建筑强制性条款，建筑能耗调查统计、评价分析、监测、公示及实施既有建筑节能改造等要求难以执行。为解决上述问题，江苏、浙江两省已于 2015 年 7 月和 2016 年 5 月分别出台了本省的地方强制性法规《江苏省绿色建筑发展条例》和《浙江省绿色建筑条例》，有力地规范引导了本省绿色建筑发展。

2. 政策支持落实待加强

一是政策支持力度有待加大。由于绿色建筑标准高，其造价高于传统建筑，加上传统思想影响，大部分企业不愿意投资建设绿色建筑，我国绿色建筑发展较好的上海、江苏、山东、浙江、深圳、重庆等省市均设立了每年超过一亿元的绿色建筑专项资金（江苏省达到四亿元），并制定出台具体的资金扶持管理办法。而湖南省目前尚未设立相关专项资金，在信贷、税收、电费、水费等方面的优惠政策与发达省份相比也有较大差距。二是现有支持政策落实力度待加大。据调研反映，《湖南省绿色建筑行动方案》中关于容积率奖励、基础设施配套费减免、消费者奖励等政策均未落实，全省大型公共建筑、政府投资公益性公共建筑、保障性住房等应执行绿色建筑标准，但由于缺乏有力监管，强制执行力不够，各部门难以形成工作合力，存在着绿色建筑技术难以落地、运维管理责任主体缺位的问题。

3. 统筹协调发展不平衡

受认知理念、技术力量、资源禀赋、经济基础等因素的影响，湖南省绿色建筑的发展不论是在地域分布上还是在技术类型上都存在发展不平衡的问题。据统计，目前湖南省 90% 以上的绿色建筑项目集中在长沙和株洲，尤其是长沙，而其他绝大部分城市，特别是县城绿色建筑还处于空白。同时，装配式建筑和新建建筑节能推进较快，而既有建筑节能改造和地源热泵等可再生能源建筑发展较慢，绿色建筑标识类型发展不均衡。

## 四　推动湖南省绿色建筑发展的对策建议

大力发展绿色建筑其势已成、其时已至，湖南省必须把握机遇，乘势而上，把这项战略产业做大、做强、做优，做成推动生态强省建设、提高广大百姓福祉的千亿产业。

1. 完善工作推进机制

一是强化立法保障。建议参照江苏、浙江等省的成功经验，尽快修订《湖南省民用建筑节能条例》，并更其名为《湖南省绿色建筑发展条例》。从建设、奖惩、目标等方面强制推动绿色建筑发展，解决发展失衡、执行率低、监管不到位等问题。二是健全领导机制。建议在原有省住宅产业化发展联席会议制度的基础上，成立省绿色建筑推进领导小组，由分管副省长担任组长，住建、发改、财政、国土、环保、金融、税务、教育等部门为成员单位，各市州也要成立对应的领导小组，进一步明确责任分工，分解落实责任，形成部门协调、上下联动的工作合力。三是加强考核督查。将各市州推动绿色建筑任务完成情况，纳入省委省政府对市州人民政府年度绩效考核体系，对工作推进不力、任务完成不理想的市州领导进行约谈。

2. 加大政策支持力度

一是设立绿色建筑发展专项基金。建议借鉴江苏、浙江、山东等省的成功做法，统筹各部门涉绿资金，增加财政直接投入，设立湖南省绿色建筑发展专项基金，并制定出台相应专项基金使用、管理等可操作性配套政策，针对不同类型的绿色建筑分星级、分阶段给予容积率奖励、财政补贴等不同的奖励政策。二是创新利用税收、金融等工具，放大财政投入效应，充分调动社会资金参与的积极性，引导采用政府和社会资本合作（PPP）、特许经营等方式，投资、运营绿色建筑项目。

3. 健全配套制度体系

建议参照浙江、江苏等省经验，制定完善推进湖南省绿色建筑发展的六项配套制度：一是新建项目土地出让、立项核准、规划审批、施工图审查、施工监理、竣工验收等全过程的“绿色”把关制度。二是建筑使用过程中建筑能耗限额管理、超限额加价、节能量交易等制度。三是既有建筑拆除审批、节能改造项目确立、节能改造项目实施监督管理制度。四是发展浅层地热能、太阳能等可再生能源建筑应用与管理制度。五是绿色建筑评价标识、绿色建材、设备评估认证、建筑能效测控、节能量认定规则、装配式建筑、绿色建筑咨询服务等制度。六是绿色建筑产品认证制度。

4. 强化技术支撑能力

一是健全完善现有标准和评价体系。制定并完善绿色建筑勘察、设计、施工、监理、验收、物业管理等环节和绿色建筑各专业领域的技术标准；发布并及时更新绿色建筑及建筑节能相关技术、工艺、材料、设备的推广使用、限制使用和禁止使用目录；建立建筑能耗统计、能效审计长效机制，组织开展建筑能效测评。二是多元利用绿色建筑技术。依托智慧城市、海绵城市、生态城市建设等，持续推进绿色建筑科研创新，综合开发利用节地、节能、节水、节材和环保等相关技术，扶持绿色建筑技术产业化基地建设。三是推动建筑全寿命绿色运营。将绿色运营纳入立法考核和常态化管理，提升绿色运营软件和硬件配套水平，通过政策扶持和政府投资公共项目引导示范推动绿色运营。

# 加快推进湖南智慧交通体系建设研究*

湖南省人民政府发展研究中心调研组**

智慧交通指运用物联网、云计算、互联网、人工智能等技术使交通系统具备感知、互联、分析、预测、控制能力。为推进湖南省智慧交通体系建设，我中心组织专题调研组，召开了相关省直部门座谈会，走访了智慧交通承建企业，实地考察了智慧银川建设情况。调研组认为，智慧交通体系建设是一个系统工程，需要结合现实基础，构建清晰的体系框架，突出重点、分步实施，真正发挥智慧交通保障交通安全、发挥交通设施效能和提升交通运行效率的目的。

## 一　湖南省智慧交通体系建设存在的问题

近年来，湖南省智慧交通体系建设从最初的城市交通路口灯控系统、智慧调度系统建设，到今天提出的智慧交通体系建设，智慧交通建设取得了阶段性进展。在快速发展的同时，缺乏全省统一规划、各部门数据标准不一和重复建设等问题依然值得我们重点关注。

### 1. 缺乏顶层规划导致各部门建设统筹困难

到目前为止，湖南省还没有制定具有权威性的智慧交通统一规划。具有一定指导作用的《湖南省交通运输科技与信息化“十三五”发展规划》尚在制定和完善中，整体性的智慧交通总体规划尚未提上日程。部分项目是边建设、边摸索、边学习，项目建设统筹力度不足，片面性和盲目性都较大。我们在银川调研发现，银川把智慧交通列入了智慧银川的建设内容，且是在顶层规划《宁夏智能交通系统建设三年规划》的指导下开展建设的，较好地融入了公安、交警、交通等部门工作，而缺乏顶层规划已经成了制约湖南省智慧交通体系建设的重要

---

* 本报告为2016年度省社科规划办智库专项一般委托课题“构建湖南绿色供给体系，助力供给侧改革研究”（16ZWC40）阶段性成果。

** 调研组组长：卞鹰；调研组副组长：唐宇文；调研组成员：禹向群、贺超群。

障碍。

2. 缺乏数据标准导致各部门数据对接不畅

缺乏相应的数据标准和各自为政的建设机制，导致湖南省智慧交通体系中部门数据对接不畅。智慧交通体系建设涉及交通运输、公安交警、城市管理、住房建设、工业信息等部门。各部门在本部门职能范围内，纷纷提出自己的信息化项目，唯恐本部门在建设中落后，没有哪个部门能够制定出全省统一数据标准，而各部门各自发展、自成体系，行业间标准规范严重不足，造成部门数据事实上的隔离，无法及时共建共享。如省交通运输厅在云计算中心和省级交通数据中心建设中就面临数据标准统一的难题，各部门、各市州间的数据对接也面临难题。

3. 模块化建设思维导致重复建设严重

信息化项目建设是各部门投资冲动最强烈的领域之一，每年都有不少部门提出自己的信息化项目。当前，各部门信息化建设中出现的模块化建设思维导致各部门随意设计信息化模块，项目阶段增多，投资需求出现无底洞，重复建设严重。如，省交通厅目前就有云计算中心和数据中心两个中心投入试运行，有交通运输建设与养护业务系统、省治理车辆超限超载信息系统和省公路客运联网售票系统等多个项目在建设，没有统一规划到一个系统中去，导致重复建设。同时，交通设施监控与交警监控、公安天网三个系统，本身功能一致或相近，只因属于不同部门而形成重复建设。而我们在银川调研发现，银川为了抓好智慧银川建设，专门成立了数据局，负责统筹全市智慧交通建设，最大限度地减少了重复建设。

## 二　推进湖南智慧交通体系建设的三点建议

推进智慧交通体系建设是推进智慧湖南建设的重要内容，需要从省级政府层面统筹规划，打破行政壁垒和部门利益考量，减少重复建设，破除信息孤岛；突出体系建设中的重点环节、关键环节和薄弱环节，实施有保有压的推进战略；也需要充分发挥市场机制作用，引导社会力量参与智慧交通体系建设，构建多元化投融资体制。

1. 加强全省智慧交通体系建设的顶层统筹工作

建设智慧交通体系是一项复杂的系统工程，必须全省统一规划、统一管理，科学制定总体规划和信息标准体系，做到系统建设的规范统一。当务之急是高起点、高标准做好湖南智慧交通顶层设计，将各部门信息化建设纳入统一的框架体系。从全局的高度和长远发展出发，研究制定省级层面的统一战略规划，明确发展战略、发展目标和主要任务及重点工程，有计划、有步骤地推进，防止一哄而上、盲目重复建设。科学确定重大技术研发和应用路线图，统筹推进智慧交通基础技术和网络研发。坚持产业化和市场化发展方向，探索利益共享、风险共担机制，发挥各部门优势，形成分工合作、协同推进的格局。按照“标准规范－参考架构－技术架构－解决方案－实施方法－平台产品－保障体系”全套技术路线，确保信息基础设施与应用系统的协调性、稳定性、安全性和运行效率，确保成本和风险可控。加强省级标准体系与规范体系建设，建议由省政府办公厅牵头，在充分应用国家标准的基础上，围绕通用基础标准、网格基础设置标准、应用支撑标准、应用标准、信息安全标准、管理标准，抓紧制定智慧交通体系建设的基础性、共享性地方标准，逐步建立以国家标准为主体、层次分明、分类明确、相互衔接、满足需求的标准与规范体系。省政府办公厅应负责全省智慧交通体系建设总协调，打破体制壁垒和部门利益，并明确省、市（州）、县（市区）、乡镇各级政府在智慧交通体系建设中的事权关系，防止重复建设和信息孤岛。

2. 突出重点，稳步推进智慧交通体系建设

开展智慧交通体系建设必须立足省情，突出重点，有计划有步骤分步实施。按照政府主导、社会参与的原则，突出智慧出行、智慧管理、智慧运营、智慧物流四个方面统筹考虑，实现政府、企业与市场在智慧交通建设中的协同发展。一是以互联网＋交通的思维，突出智慧出行。通过移动终端、网站等多种载体，提供涵盖公共交通、对外交通和道路交通的综合性、多层次信息服务，包括交通资讯、实时路况、公交车辆动态信息、停车动态信息、水上客运、航班和铁路动态、票务动态等，提供出行路径规划、出租召车、出行过程中的信息交互等服务。二是以系统整合和信息交互的思维，突出智慧管理。整合行业数据，强化交通大数据应用，提高管理效能和决策水平。以行政审批改革为契机，促进业务流程再造和简化，构建事前审批、事中和事后监管的统一平台，提高许可事项网上办结率，规范权力运行。建立健全营运车船动态监管系统，将所有营运车船全部纳入监管系统，对接全国道路运输车辆动态信息公共交换平台。汇聚整合行业基础数据、监管数据、营运数据，加强源头采集质量管控，探索车联网等技术应用，强化大数据分析，为应急指挥、线网优化、趋势研判、政策制定及效果评估等提供数据支撑。三是以信息化促进传统行业转型的思维，突出智慧运营。通过升级一体化智慧车载信息系统、打通出租车电调平台与互联网召车平台、加快推进高速公路不停车收费系统（ETC）基础设施和推进以驾培行业计时培训模式为

核心的信息化建设，逐步形成地面公交、出租汽车、轨道交通、路网建设、汽车服务等领域的一体化智慧管理。四是以平台经济和电子商务思维，突出智慧物流。围绕岳阳城陵矶港、长沙霞凝港、株洲铜塘湾港建设，深化口岸监管业务改革，促进口岸监管、物流运输、航运信息一体平台建设，提高港口物流作业效率。积极发挥湖南物流公共信息平台作用，针对大宗物流、空箱转运等需求，促进市场对接，提升平台经济效应。加快城市物流配送平台建设，鼓励物流企业适应电子商务和连锁经营发展需要，发展面向流通企业和消费者的社会化共同配送服务，鼓励物流（快递）配送站、智慧快件箱等物流设施建设，优化城市配送。

3. 构建智慧交通体系，建设多元化投融资体制

智慧交通体系建设投入很大，需要多方筹措资金才能满足建设需要。一是要加大财政投入，提高资金使用效率。学习江西、福建等地经验，建立信息化项目统筹机制。各交通管理部门的信息化建设项目，必须先纳入信息化建设规划和年度计划后，财政部门才能安排建设资金，从源头上堵死多头建设、重复建设。积极争取交通运输部、工信部、公安部等部委信息化专项资金和国家政策性拨款和国际优惠低息贷款，发挥中央资金的支持作用。把交通信息化资金纳入财政预算，并逐年增加，确保财政资金的投入力度。二是鼓励社会资本参与智慧交通体系建设。尝试择优引入 IT 服务商、电信运营商和国有投资公司来合作投资建设。可以实行“企业建设，政府租赁”模式，也可以实行“企业建设、数据共享”的模式，通过非涉密数据共享与阿里、腾讯、百度等合作，筹措建设资金。探索开展租赁融资、服务外包、PPP、BT、战略合作、以市场换资金、以资源换资金等多种形式的融资模式，并研究出台相应的优惠政策。鼓励合作企业对依法开放的交通信息资源进行增值开发，允许其利用所得来回收投资、补偿成本并获得回报。

# 促进区域协调发展

## 湖南省贯彻落实中部崛起“十三五”规划战略思路研究

湖南省人民政府发展研究中心课题组*

### 一　总体要求

1. 指导思想

深入贯彻落实党的十九大精神，以习近平新时代中国特色社会主义思想为指导，认真落实党中央、国务院决策部署，按照“五位一体”总体布局和“四个全面”战略布局，牢固树立创新、协调、绿色、开放、共享发展理念，围绕全国重要先进制造业中心、新型城镇化重点区、现代农业发展核心区、生态文明建设示范区和全方位开放重要支撑区“四区一中心”战略定位，充分发挥湖南“一带一部”区位优势，大力实施创新引领、开放崛起战略，努力促进湖南加速崛起、全面崛起。

2. 发展目标

到2020年，实现全面建成小康社会总目标，建设富饶美丽幸福新湖南。具体目标如下。

---

* 课题组组长：唐宇文；课题组成员：谢坚持、廖仲华、李学文、田红旗、黄玮、张诗逸。

——经济保持中高速增长。增速继续保持高于全国平均水平，2020 年前在中部地区率先实现地区生产总值比 2010 年翻一番，社会消费品零售总额达到 21190 亿元，进出口达到 600 亿美元，五年累计固定资产投资达到 20 万亿元。

——产业整体迈向中高端。农业现代化走在前列，工业化和信息化融合进一步提高，高新技术产业增加值占 GDP 的比重达到 30%，全要素生产率明显提高，科技进步贡献率达到 60%，R&D 经费投入强度力争达到 2.5%，服务业增加值占 GDP 的比重达到 48% 以上。

——生态环境质量持续改善。两型社会和生态文明建设走在全国前列，单位 GDP 能源消耗和二氧化碳排放分别降低到 16% 和 18%，用水总量控制在 350 亿立方米以内，万元 GDP、工业增加值用水量分别降低 30% 和 33.9%，耕地保有量保持在 397.07 万公顷，森林覆盖率保持在 59% 以上，重要江河湖泊水功能区水质达标率达到 92% 以上，地级城市（含吉首市）环境空气质量优良天数占比达到 82.9%。

——人民生活水平和质量全面提高。城乡居民收入稳步增长，居民人均可支配收入达 29050 元。就业、教育、文化体育、社保、医疗卫生、住房等公共服务体系更加健全，基本公共服务均等化水平进一步提高，现行标准下农村贫困人口全部脱贫，贫困县全部摘帽。

## 二　强化创新引领，加快建设全国重要先进制造业中心

### 1. 深入实施创新引领发展战略

加快建设长株潭国家自主创新示范区，依托长沙麓谷创新谷、株洲·中国动力谷和湘潭智造谷等创新集聚区，加强前沿技术和应用基础研究，实现关键领域原始创新突破。推进长株潭“中国制造 2025”试点示范城市群建设、湖南中部（株洲—湘潭—娄底）国家产业转型升级示范区建设、环洞庭湖国家现代农业科技示范区建设，打造湘南有色金属深加工、电子信息等创新型产业集群，加快完善大湘西地区产学研协同创新机制。加快创新创业平台发展，鼓励组建产业技术创新研究院，推进国家、省级双创示范基地建设，加强军民融合产业科技创新和服务平台建设，支持长沙岳麓山国家大学科技城建设，加快湖南省大学科技产业园、中南大学科技园（研发）总部等转化平台建设。到 2020

年，长株潭自主创新示范区高新技术产业增加值占地区生产总值的比重达到35%以上；全省规模以上企业普遍建立技术创新机构，公共科技创新平台开放共享度达到90%。

2. 大力实施制造强省战略

实施建设制造强省五年行动计划，推进“制造业创新能力建设工程”“智能制造工程”“工业强基工程”“绿色制造工程”“高端装备创新工程”五大专项行动，全面加快“湖南制造强省标志性工程”建设，大力实施“制造+互联网+服务”，推进制造企业与互联网企业的深入对接，不断推出融合发展的新模式新业态。

3. 培育壮大战略性新兴产业

实施新兴优势产业链行动计划，重点发展先进轨道交通装备（含磁浮）、工程机械、新型轻合金材料、化工新材料、碳基材料、IGBT大功率器件、装配式建筑、3D打印及机器人、农业机械等20个新兴优势产业链，抓好航空动力、卫星导航、无人化装备、电动汽车、海工装备等产业基地建设。支持长沙、株洲打造通用航空基地，湘潭打造智能制造产业基地，郴州打造LED产业基地和“微晶石墨新材料产业基地”，衡阳打造电子信息制造基地，湘潭、永州打造新能源汽车生产基地，娄底打造新材料新能源基地。到2020年，战略性新兴产业增加值比2015年翻一番，占地区生产总值的比重力争达到16%。

4. 推动传统产业提质增效

加大传统支柱产业技术改造力度，运用先进适用技术、信息技术和低碳技术，大力提升传统装备制造业、原材料工业和消费品工业三大类产业。实施工业互联网行动计划，重点在装备制造、钢铁、有色金属、医药食品、石油化工、烟花陶瓷、纺织服装7个行业实施“+互联网”行动，推广应用人机智能交互、数字化设计、柔性自动化生产线、智能物流系统等技术，建设一批智能工厂和车间。

5. 促进生产性服务业发展

引导和支持轨道交通装备、工程机械、电力、节能环保等领域优势企业延伸服务链条，鼓励优势制造业企业再造业务流程，支持有条件的企业建立金融租赁公司等金融机构，加快发展研发设计、技术转移、创业孵化、科技咨询等科技服务业，发展壮大第三方物流、节能环保、检验检测认证等生产性服务业，大力发展健康服务产业集群。

## 三　统筹城乡发展，加快建设全国新型城镇化重点区

1. 优化新型城镇化战略格局

加快编制并严格落实全省国土规划，支持长沙创建国家中心城市，大力推进湘江新区和长沙临空经济示范区建设。加快推进长株潭一体化发展，积极推动长株潭城市群“四化三通”，增强三市整体和协同效应。推动长株潭城市群辐射带动衡阳、岳阳、常德、益阳、娄底等副中心城市，全面融入长江中游城市群。建设岳阳、郴州、怀化等区域性中心城市，支持衡阳市建成湘南地区中心城市、常德市建成泛湘西北区域性中心城市、永州市建成对接东盟的桥头堡。推进郴州大十字城镇群、大衡阳都市经济圈、益阳益沅桃城镇群、怀化鹤中洪芷城镇群、常德津澧新城、邵阳东部城镇群、永州潇湘城市群和娄底娄涟双冷新城镇带等区域性城镇群发展。

2. 建设和谐宜居智慧城市

大力推进城市轨道交通、快速公共交通（BRT）、综合交通枢纽、停车场等公共交通系统建设，加强城市步行和自行车交通设施建设。合理布局和建设消防、污水处理、生活垃圾处理等设施，加强城市排水防涝与调蓄、公园绿地等生态设施建设。推进地下综合管廊建设，统筹规划、建设和管理供水、供电、供气、给排水、通信等市政管线。实施生态廊道建设和生态系统修复工程，加快常德等海绵城市试点建设，加快城镇棚户区、城中村和危旧房改造，改善人居环境。提升公共服务功能，大力发展生活服务业，提高城市舒适便利性。加强历史文化名城名镇名村街区保护，建设具有湖湘品格和精神的城镇，打造一批特色社区和特色街区。

3. 推动城乡协调发展

继续深化长沙、湘潭等国家和省级新型城镇化试点和株洲、益阳等全国统筹城乡一体化试点，推进实施长沙市城乡统筹融合发展行动计划。强化县域城乡统筹载体作用，深入推进扩权强县、简政赋权，培育建设特色县域经济强县。统筹城乡规划和建设，推动城乡基础设施连接成网，生态环保设施统一布局。促进中心城区基础设施和公共服务向周边城镇及农村延伸，逐步实现城乡基本公共服务和社会保障制度并轨、标准统一。

4. 建设美丽乡村

全面实施新农村建设提质升级行动，加快推进美丽乡村建设，努力构建布局

美、产业美、环境美、生活美、风尚美“五美”乡村格局。到2020年，建成2000个美丽乡村示范村，100个乡（镇、街道）达到美丽乡村建设要求，10个县市区开展美丽乡村整域推进试点；75%的村庄基本达到新农村建设要求；建制村基本完成村庄人居环境整治任务，打造200个少数民族特色村镇和100个中国和湖南省特色小镇。

## 四 推进农业供给侧结构性改革，加快建设全国现代农业发展核心区

### 1. 稳步增加绿色优质农产品供给

加强粮食产能建设，实施藏粮于地、藏粮于技战略，建设以长株潭都市农业圈、洞庭湖平湖现代农业示范区、大湘南丘陵农业区和大湘西山地生态农业区为支撑的农产品主产区。全省粮食年总产稳定在600亿斤左右。优化经济作物产业布局，发展湘北油菜生产，推进大湘西、湘中南地区稻油轮作，扶持雪峰—武陵山脉、罗霄山脉、南岭山脉和长岳丘陵茶叶优势产区，在湘西山区发展多用途桑蚕，在湘西南山地发展道地药材。促进养殖业转型发展，推进标准化规模养殖，鼓励推广农牧结合养殖模式，畜禽标准化规模养殖率达到50%以上，水产健康养殖率达到80%以上。

### 2. 推进农村一二三产业融合发展

着力推进农产品精深加工，重点发展畜禽产品精深加工，大力发展冷鲜分割肉、熟食制品、副产品深加工等主导产品，力争到2020年畜禽加工产值与原值比提高到0.8:1。鼓励发展主食加工业，研制生产一批传统米面、杂粮、预制菜肴等产品。拓展农业多功能性，利用“旅游+”“生态+”等模式，推进农业、农产品加工业与旅游、教育、文化、康养等产业深度融合，发展观光农业、体验农业、创意农业等新业态。推广“互联网+农特产品”电商模式，深入实施国家和省级电子商务进农村综合示范项目建设，促进“农村商贸综合服务体”在全省范围落地运营。

### 3. 增强农业可持续发展能力

加大重大技术攻关力度，加大粮棉油高产栽培、健康养殖、绿色防控、测土配方施肥、超级稻栽培、农产品加工及储藏保鲜、冷链物流等实用技术推广应用力度。推进农业生产全程机械化，到2020年主要农作物综合机械化水平达到55%以上。推进农业标准化生产，创建一批标准化整体推进示范县、出口农产品

质量安全示范区和标准化示范基地（区）、示范农场、示范合作社、示范企业。突出农业品牌培育和提升，大力发展无公害、绿色、有机和地理标志农产品，培育一批名牌产品和驰名商标。

4. 激发农业农村发展活力

深化农村土地、集体产权、农垦、农场、集体林权、国有林场和供销合作社综合改革。完善农村土地集体所有权、农户承包权、土地经营权“三权分置”办法，推进土地承包经营权有序流转。支持专业大户、家庭农场大规模、高层次联合，推动家庭农场、合作农场向农民合作社方向发展。统筹协调推进农村土地征收、集体经营性建设用地入市、宅基地制度改革试点。全面推进农田水利工程产权制度改革，创新财政涉农资金投入方式和金融支农服务机制。

## 五　促进绿色低碳发展，加快建设全国生态文明建设示范区

1. 筑牢生态安全屏障

构建以洞庭湖为中心，以武陵—雪峰、南岭、罗霄—幕阜山脉为构架，以湘、资、沅、澧水系为脉络的“一湖三山四水”生态安全屏障。严格落实主体功能区环境政策，加强洞庭湖区湿地洪水调蓄重要生态功能区、武陵山区生物多样性与水土保持生态功能区、南岭山地森林及生物多样性生态功能区保护。加快健全生态保护补偿机制，在湘江、资水、沅江、澧水等主要河流源头区、城区敏感河段以及洞庭湖、东江湖等重要湖库实施生态保护补偿。积极推进湘江流域退耕还林还湿试点，创新长株潭绿心地区保护发展模式。

2. 加大环境治理力度

建立环境污染公共预警机制，落实大气污染防治行动计划，继续加强工业废气、建筑扬尘、汽车尾气、雾霾和餐饮油烟污染治理。落实水污染防治行动计划，全面建立和推行“河长制”，深入实施湘江保护和治理“一号重点工程”，加强洞庭湖保护和治理。落实土壤污染防治行动计划，实施土壤环境基础调查、耕地环境保护、历史遗留工矿污染整治、土壤污染治理与修复和土壤环境监管能力建设等重点工程。稳步推进排污权有偿使用和交易制度，积极推行环境污染第三方治理、政府和社会资本合作等模式。

3. 节约高效利用资源

实施长株潭两型试验区第三阶段五年行动，发挥先行先试和示范引领作用。

实行能源消费总量和强度双控行动，强化重点用能设备节能管理，加快建立湖南国家节能计量中心，加快推进长株潭郴国家低碳城市建设。实行最严格水资源管理制度，严守“三条红线”，力争全省年用水总量控制在350亿立方米以内，农田灌溉水有效利用系数提高到0.54以上。全面落实耕地先补后占、占优补优、占补平衡制度，全面推进土地节约和高效利用，全面实施建设用地总量与强度“双控”行动。加强矿产资源保护性开发和高效利用，建设一批矿业经济综合区、矿业产业园区和绿色矿业发展示范区。积极推进低值废弃物循环利用，打造工农复合型循环经济示范区。

## 六　推进开放崛起，加快建设全方位开放重要支撑区

1. 深度融入国家战略

积极融入“一带一路”，加强与“一带一路”沿线国家（地区）的科技人文交流，推动联合实验室、工程技术研究中心、国际科技合作基地等平台建设；加强与东盟、中亚各国的产业对接，推动轨道交通、特变电、茶叶、杂交水稻、小农机等优势产业积极拓展东盟和中亚市场；开通到达北部湾、珠三角水运口岸的铁海联运以及中亚、俄罗斯和欧盟地区的货运班列和航线。积极参与长江经济带建设，在产业转移、融合创新、市场开放、平台搭建、信息共享、要素聚集等方面实现与长江沿线省份的互惠共赢；突出岳阳在对接长江经济带中的战略地位，增开岳阳城陵矶港、长沙霞凝港、常德盐关港等对外直航航线，启动湖南航运信息集散和物流交易中心建设，实现与长江沿线口岸互联互通。

2. 加强区域经济合作

进一步深化与泛珠三角区域在基础设施、创新发展、产业协作、劳务协作、社会治理、环境保护等方面的合作。支持湘南承接产业转移示范区在土地流转、资源节约集约利用、保护耕地、“飞地经济”等方面出台先行先试支持政策，支持大湘西地区承接产业转移工作较好的县市区享受湘南示范区相关政策，加快建设湘赣、湘粤开放合作试验区和湘黔中西部区域合作示范区，探索建设湘桂经济合作区。加强与港澳在产业、金融、投资贸易、人力资源与劳务、旅游、科教文化等领域的紧密合作，强化湘渝合作共建，加强与中部省份在科技创新、人力资源、信用体系、市场准入、质量互认和政府服务等方面的对接合作。

3. 大力发展外向型经济

实施“对接‘新丝路’推动‘走出去’”“对接500强提升产业链”“对接

湘商会建设新家乡”等专项行动，支持建筑业、农业、水利水电、新能源、矿产资源、轨道交通等优势产业建立产业联盟和组建国家或省级国际科技合作基地。推进“架桥拓市”工程，依托境内外相关商协会和贸易投资促进机构，建立招商引资、市场开拓以及企业“走出去”信息咨询服务网络。加快发展外贸综合服务、跨境电子商务、市场采购贸易等新业态。瞄准世界500强、中国500强和民营500强，实施产业链招商，着力引进一批外向型实体龙头企业和加工贸易项目。

4. 加快开放平台建设

实施“对接自贸区提升大平台”行动，积极申报中国（湖南）自由贸易试验区，确保51项自贸区改革试点经验推广复制到位。加快口岸提质升级和协调发展，推进海关特殊监管区域类型、功能、政策和管理整合，加快国际航空客货运、国际货运班列和国际多式联运发展。加快推进长沙国家级临空经济示范区建设，支持岳阳建设长江中游交通物流枢纽城市，推动怀化构建湖南西向贸易大通道。

## 七 增进民生福祉，不断提高人民生活水平

1. 加大扶贫攻坚工作力度

坚持精准扶贫方略，按照“五个一批”要求，全面推进特色产业、劳务输出、易地搬迁、生态保护、教育、医疗保险和救助、保障兜底“七大行动”，帮扶贫困村、贫困群众增收脱贫。健全扶贫制度体系和扶贫参与机制，创新产业扶贫机制和模式，实施扶贫志愿者行动计划和社会工作专业人才服务贫困地区计划，确保到2020年现行标准下农村贫困人口全部脱贫，实现“两不愁、三保障”。

2. 加快发展养老服务

全面建成以居家为基础、社区为依托、机构为补充、医养相结合的养老服务体系。大力发展居家社区养老服务，加强社区养老服务设施建设，加快公办养老机构改革，引导社会力量参与养老服务业发展，全面提升养老机构服务质量。推进长沙、湘潭两市国家级和郴州、常德、株洲三市省级养老服务业综合改革试点建设。

3. 加快构建现代公共文化服务体系

大力弘扬湖湘优秀传统文化，推动文化产业转型升级，提高文化开放水平，

实现从文化资源大省向文化强省的跨越。到2020年，全省基本建成覆盖城乡、便捷高效、保基本、促公平的现代公共文化服务体系。

4. 加快推进教育现代化建设

确保各教育阶段的生均经费达到或超过中部平均水平，到2020年，全省教育发展水平和综合实力进入全国先进行列，基本建成教育强省，基本实现教育现代化，基本建成人力资源强省。

5. 大力推进健康湖南建设

贯彻落实《“健康中国2030”规划纲要》，推进健康湖南建设。加强公共卫生服务，完善医疗服务体系，加快推进整合型医疗服务体系建设，加大对乡镇卫生院和村卫生室的建设投入，提升基层服务能力。

6. 培育发展旅游新业态

打造以“锦绣潇湘”为品牌的全域旅游基地。加快构建以长沙为中心，以张家界为龙头，以岳阳、怀化、郴州为增长极，以一带（湘江旅游带）、四圈（长株潭、环洞庭湖、大湘西、大湘南）为骨架的区域旅游发展格局。充分挖掘释放民生需求的旅游消费潜力，培育发展科普旅游、研学旅行、文化旅游、健康医疗旅游、体育旅游、低碳旅游、花卉旅游、水上旅游、夜间旅游等新业态新产品。扶持引导休闲旅游示范城市、旅游名镇、智慧景区、生态文明景区、现代农业庄园、特色休闲街区、旅游度假区、观光轨道、景观公路、绿色酒店、精品民宿、特色旅游商品、旅游小吃等创新发展。

7. 加快健全就业与社会保障体系

加快推进基层平台标准化建设，切实改进基层平台管理模式，提升资金使用效率和人员待遇。进一步建立健全就业援助制度，整合创建一批农民工返乡创业园，大力推进家庭服务业规范化职业化建设，培育一批知名家庭服务业品牌，支持建设一批创业孵化基地。进一步推进全民参保登记工作，建立城乡居民基本养老保险待遇合理调整机制，完善全民医保体系，完善补偿、预防、康复三位一体的工伤保险体系。

## 八　加快重大项目建设，不断完善基础设施

1. 进一步完善综合交通网络

构建陆水空城际互联互通的综合交通网。强化铁路运输网，以构建全省2小时高铁经济圈为重点，基本建成“五纵五横”干线铁路网络。优化高速公路网，

以“七纵七横”高速公路骨架网络为重点，全部县市区实现30分钟内上高速。拓展航空运输网，全面推进长沙黄花机场建设，推进张家界、常德、怀化机场改扩建和永州零陵机场迁建，新建湘西州、郴州、娄底机场，形成“一枢纽一干多支”航空运输体系。提升水路运输网，协调推进长江航道治理，全面推进“一纵五横”高等级航道建设，全面提升岳阳、长沙、株洲、湘潭、常德、益阳、衡阳等重点港口功能，建设通达便利的内河运输网。

2. 提高能源保障水平

优化能源结构，推动能源生产和消费革命，建设供给足、结构优、效率高的现代能源体系。支持重点产煤区资源条件好、技术先进的煤矿实施机械化提质和安全改造，继续淘汰煤炭落后产能。加快实施“气化湖南工程”，积极推进天然气国家干线、省际联络线和省内支干线建设。有序发展清洁高效火电，加强现有大型水电站提质扩能，开展内陆核电项目前期工作，大力开发可再生能源，推进新能源示范城市、绿色能源示范县建设。开展“互联网+”智慧能源、多能互补集成优化示范工程建设。积极建设省外能源输入通道。

3. 加强水利基础设施建设

构建江河湖库功能互补的水利设施网，着力构建江河安澜的防洪网，加快四水流域防洪体系建设，继续实施病险水库（闸）除险加固，积极推进重要堤防加固工程及蓄滞洪区安全建设。实施农村饮水安全巩固提升，到2020年农村自来水普及率达到80%以上、农村集中式人口供水比例达到85%以上。着力构建旱涝保收的灌溉网，大力推进灌区续建配套与节水改造，支持高效节水灌溉工程建设及高标准农田建设。着力构建河湖健康的水生态网，推进全省水生态文明创建及海绵城市试点。

4. 大力推进信息基础设施建设

构建服务产业深度融合的新一代信息网，重点推进长株潭下一代互联网示范城市群和宽带中国示范城市群建设。全面实施中小城市基础网络完善工程和宽带乡村示范工程，全面扩大有线无线宽带网络覆盖面。实施“互联网+”行动计划，进一步建设国家超算长沙中心、长沙云计算平台、互联网数据中心、物联网、基础信息资源库、国土资源云平台，推动云计算与物联网、移动互联网等融合发展。建设省级政府大数据中心，推进人口、法人、空间地理、宏观经济信息四大基础数据库建设。协同建设长江中游城市群信息港和地理空间信息分发与交换中心。建设北斗卫星导航地基增强系统。加强新一代信息基础设施军民融合。

## 九　深入推进供给侧和体制机制改革，增强经济发展活力

1. 确保去产能、去库存和去杠杆工作取得实质性进展

落实钢铁、煤炭行业淘汰落后产能实施方案，推进水泥、玻璃、铁合金、烟花爆竹、有色等产能过剩行业去产能，切实防止已经化解的过剩产能死灰复燃；推动僵尸企业出清重组、分类处置。促进房地产市场平稳健康发展，建立购租并举的住房制度，加大棚改货币化安置力度。有效推进政府和企业去杠杆，完善政府债务限额管理机制、风险预警机制和存量债务化解激励约束机制，有序做好存量债务置换，加强对各类政府融资平台的监管，有效控制政府债务风险；加强金融全方位监管，规范引导民间资本合理流动，主动释放金融领域信用违约风险；支持企业市场化、法治化债转股，降低企业杠杆率。

2. 推动降成本工作取得显著成效

全面落实已出台的各项降成本措施。提高“放管服”质量，简化审批环节和管理程序，大力降低制度性交易成本。全面落实国家各项涉企税收优惠政策，进一步精简行政事业性收费项目、降低收费标准，规范中介服务收费；落实扶持中小微企业、民间投资、非公经济等税收优惠政策，落实支持科技创新、增强创新动力税收政策以及节能环保类税收优惠政策。

3. 深化重点领域和关键环节改革

探索试点改革，依托长株潭两型社会试验区、国家自主创新示范区和湘江新区等国家战略平台，用好先行先试权，形成一批既符合中央精神又具备湖南特色的改革经验和试点成果。深化行政管理体制改革，深入推进“放管服”改革，逐步建立以权责清单为核心的阳光高效审批体制、以完善制度机制为支撑的综合有效监管体系、以企业和群众需求为导向的智能便捷服务模式；深入推进省直管县经济体制改革试点，推进经济发达镇行政管理体制改革；深化商事制度改革，全面实施“五证合一”。系统推进国企国资改革，推进省属国有资本布局结构调整和企业重组整合，积极推进现代企业制度建设。创新投融资机制，探索“零审批”管理模式，大力发展政府和社会资本合作模式。推进科技金融创新，支持符合条件的银行业金融机构开展科技创新创业企业投贷联动试点，支持符合条件的大型企业集团设立财务公司，允许科技小额贷款公司跨园区经营。推进旅游改革创新先行区建设，加快旅游

业管理体制和执法机制改革创新，推广实施旅发委加旅游公安、旅游工商、旅游法庭的“1+3”模式。

## 十 推动产业园区转型升级，夯实实体经济载体

1. 推进园区清理整顿和功能优化

按照“中心城市两产业园区、一县一产业园区”的原则，以国家级或省级重点产业园区为主体，对一个功能区块上存在多个主体的产业园区进行空间整合和体制融合，整合同一行政区域区块相邻的各类产业园区，建设10个左右产业园区集群。

2. 提升园区产业集聚能力

明确主导产业定位，国家级产业园区突出高端化、集群化、数字化，省级产业园区推进产业结构从低附加值的一般加工业为主向高附加值的先进制造业和高新技术产业为主转变。突出产业发展重点，全面落实制造强省建设“1274”行动计划，重点培育10家主营业务收入过千亿元的综合型龙头产业园区和30家百亿元以上的专业化产业园区。鼓励产业聚集发展，推动优势产业、优势企业、优势资源向产业园区集中。培育特色产业园区，支持和推进长沙国家广告产业园、湖南怀化广告产业园建设，抓好省级特色产业园和邵阳市湘商产业园建设，推进长沙经开区汨罗产业园、宁乡金玉工业集中区等“飞地经济”改革试点。

3. 增强园区综合承载能力

着力推进产业融合、产城融合、区县融合，统筹规划产业发展、人口集聚、城市建设、生态环境保护，从推进新型城镇化的全局谋划推进园区基础设施建设，促进产业、商业、生活、文化旅游有机结合，加快产业园区文化教育、医疗卫生、社会治安、消防安全、餐饮商贸、娱乐休闲等配套设施建设，促进产业园区由封闭型区块向城市综合功能区转型。完善园区环保设施，推进园区环保基础设施一体化建设。鼓励标准厂房建设，完善标准厂房集中区域内道路、电力、通讯、给排水及污水处理等基础配套设施。

4. 提高园区管理服务水平

创新园区发展模式，建立园区产业协同发展机制、利益协调和分享机制，积极培育1~2家具有品牌影响力和核心竞争力的产业园区开发运营商和产业园区管理上市公司。创新园区管理方式，探索小管委会、大公司的管理体制，切实赋予产业园区相应的经济社会管理权限。创新园区服务体系，推行清单管理模式，

实行首问负责、一站式服务和限时办结制度，构建“亲”“清”新型政商关系；鼓励园区建设研发设计、检验检测、技术转移、知识产权、科技金融等创新创业服务机构和公共平台。创新园区考核体系，强化土地集约利用，加大创新驱动、开放经济、功能配置权重。

## 十一 完善工作机制

1. 创新推进机制

强化省“促进中部地区崛起”工作协调领导小组的职能，定期研究、协调《促进中部地区崛起“十三五”规划》（以下简称《规划》）实施过程中的重大战略、重大问题、重大改革和重大项目。领导小组办公室要加强日常工作统筹调度，及时提请领导小组研究具体事项和问题。各市州及省级以上园区、省直有关部门要建立相应工作机制，积极主动加强沟通对接和协调配合。各市州和省级以上园区要根据本实施方案，结合本地实际细化方案，明确工作目标、工作重点。省直有关部门切实加强政策研究，出台配套支持政策和具体措施，建立重点任务台账。

2. 健全考核机制

加强督促检查和绩效考评，将落实《规划》实施方案工作情况纳入年度目标管理考核。适时组织开展《规划》实施中期评估，推动《规划》各项目标任务落实。

# 2017年湖南各市州主要经济指标比较分析

黄 玮

2017 年，面对复杂多变的市场环境，全省各市州坚持“稳中求进”工作总基调，主动适应引领经济新常态，不断深化供给侧结构性改革，扎实推进新旧动能转换，市州经济运行呈现总体平稳、持续向好的发展态势，但一些市州部分主要经济指标出现回落，经济内生动力有待进一步增强。

## 一 四季度经济增速均有提升，长沙经济总量及增速继续领跑全省

从总量看，长沙市地区生产总值以 10535.51 亿元位列全省之首，远超其他 13 个市州，占全省各市州地区生产总值之和的 28.9%，比上年同期高 0.8 百分点；处于第二梯队的岳阳市、常德市和衡阳市分别以 3258.03 亿元、3238.14 亿元、3132.48 亿元排第 2 ~4 位，三市经济总量占全省各市州地区生产总值之和的 26.5%，比上年同期微降 0.4 个百分点，主要是岳阳市经济总量占全省的比重有所下降，常德市、衡阳市占比和上年相比基本持平。

从增速看，长沙市、张家界市、衡阳市和娄底市分别以 9.0%、8.7%、8.5%、8.5% 居全省前列。全省 14 个市州 2017 年全年 GDP 增速较前三季度均有回升，除岳阳市、湘西自治州和怀化市回升幅度较小外，其他市州提升 0.26 个百分点至 0.96 个百分点，尤其衡阳市、邵阳市分别提高 0.96 个和 0.94 个百分点。

## 二 工业运行整体平稳，绝大多数市州规模工业发展增速稳中有升

2017 年，随着产业结构调整、转型升级不断推进，娄底市、长沙市、永州

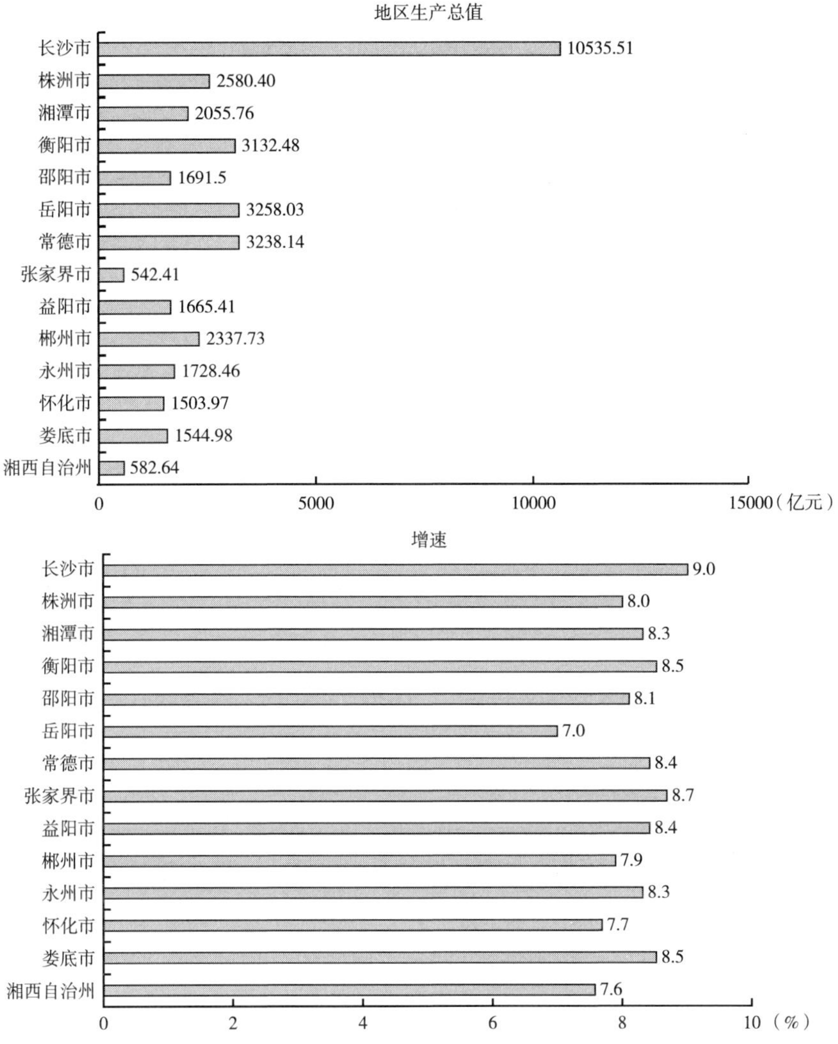


**图1　2017年湖南各市州地区生产总值及增速**

数据来源：湖南省统计局网站。

市工业经济运行质量和效益继续稳步提升，规模以上工业增加值分别增长8.7%、8.5%、7.9%，位列全省前三位；其他市州的规模以上工业增加值增速大多维持在6.4%~7.8%。值得注意的是，娄底市作为全省唯一规模工业增加值增速超过GDP增速的市州，也是唯一增速较2017年前三季度略有下降的，且近3个季度增速持续放缓。

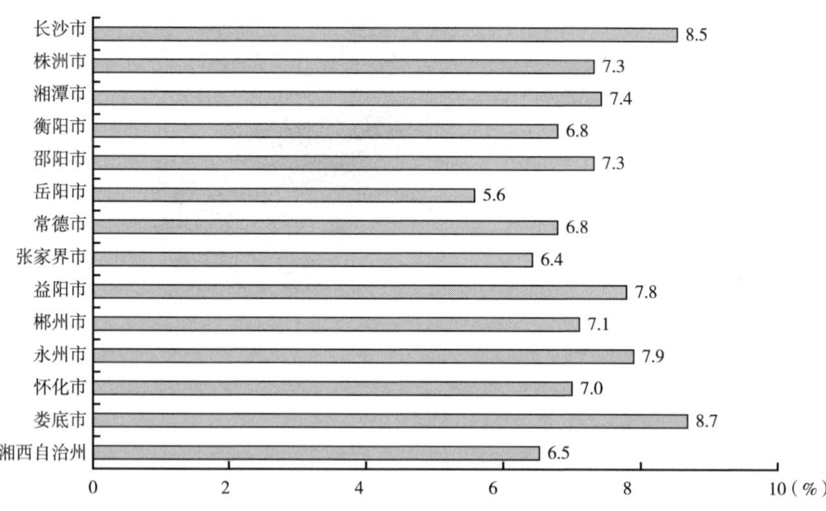


**图2　2017年湖南各市州规模以上工业增加值增速**

数据来源：湖南省统计局网站。

## 三　投资增速基本平稳，四季度投资力度明显加大

长沙市以7567.77亿元的固定资产投资总量列全省第一位，占全省固定资产投资总额的比重达24.2%；岳阳市以2633.55亿元固定资产投资额超越郴州位列全省第二；郴州市、株洲市分别以2628.10亿元和2622.67亿元排第三、第四位，岳阳、郴州、株洲三市投资总额占全省固定资产投资总量的25.2%。张家界、娄底、衡阳三市分别以14.9%、14.7%、14.6%的增速位列全省前列。

四季度市州固定资产投资力度明显加大。全省10个市州2017年第四季度固定资产投资占全年的比重不低于35%，其中张家界市、娄底市、永州市分别达到42.4%、41.8%和41.4%；长沙市、怀化市、郴州市和岳阳市第四季度固投占全年比重分别为26.7%、28.8%、31.3%和31.5%。

## 四　消费市场平稳增长，消费回升动能有待加强

长沙市以4547.68亿元的消费总量领跑全省，占全省社会消费品零售总额的比重达到30.6%；岳阳市、衡阳市、常德市分别以1256.61亿元、1248.38亿

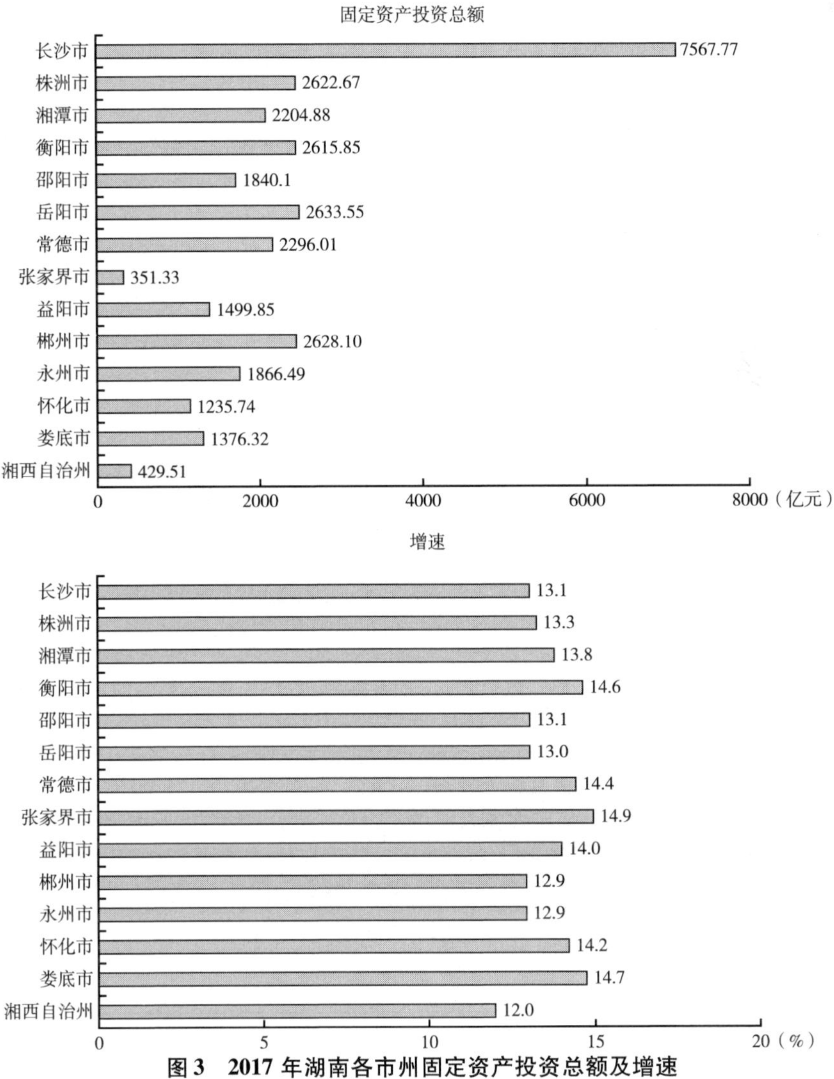


**图3　2017 年湖南各市州固定资产投资总额及增速**

数据来源：湖南省统计局网站。

元、1172.62 亿元的消费总量分列第 2 ~4 位，三市消费总量占全省的比重为 24.8%。邵阳市、常德市、湘潭市、娄底市分别以 11.0%、10.9%、10.8%、10.8%的社会消费品零售总额增速居全省前列，除岳阳市增长 10%外，其他市州增速都在 10.5% ~10.7%，相差无几。

2017 年市州消费升级趋势明显，品质改善型、享受型消费成为热点，尤其是汽车类、石油及制品类等增长较快。如衡阳 2017 年汽车类、石油及其制品类

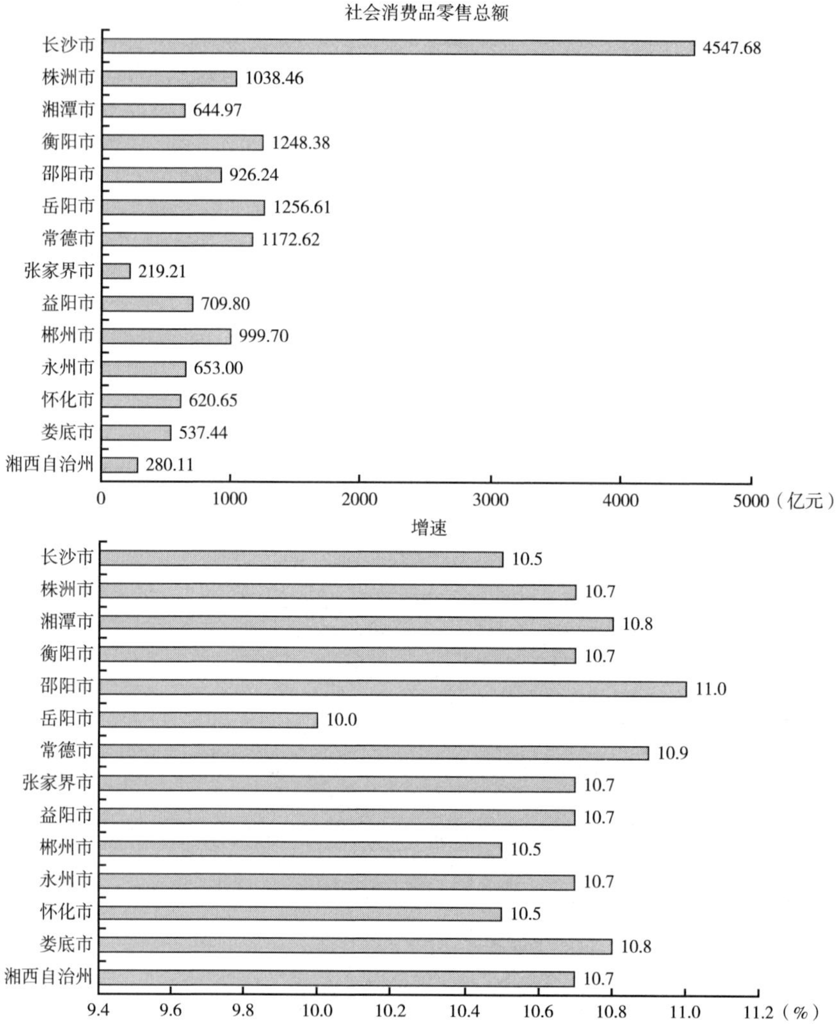
社会消费品零售总额
长沙市 4547.68
株洲市 1038.46
湘潭市 644.97
衡阳市 1248.38
邵阳市 926.24
岳阳市 1256.61
常德市 1172.62
张家界市 219.21
益阳市 709.80
郴州市 999.70
永州市 653.00
怀化市 620.65
娄底市 537.44
湘西自治州 280.11
0 1000 2000 3000 4000 5000（亿元）
增速
长沙市 10.5
株洲市 10.7
湘潭市 10.8
衡阳市 10.7
邵阳市 11.0
岳阳市 10.0
常德市 10.9
张家界市 10.7
益阳市 10.7
郴州市 10.5
永州市 10.7
怀化市 10.5
娄底市 10.8
湘西自治州 10.7
9.4 9.6 9.8 10.0 10.2 10.4 10.6 10.8 11.0 11.2（%）

**图 4　2017 年湖南各市州社会消费品零售总额及增速**

数据来源：湖南省统计局网站。

商品在限上企业零售中占比达到 43.9%，尤其是汽车类占比达到 1/3，位居 21 大类之首。但全省多数市州存在行业发展结构布局单一的问题，消费市场热点不多，不利于消费市场的健康平稳发展。例如汽车市场相对趋于饱和，将对市州限上企业零售额增速放缓产生明显影响。另外，部分市州虽然旅游事业发展势头强劲，但与之配套的消费设施、服务水平却没有得到明显的提升，星级宾馆数量少，综合购物、游乐场地少，游客的消费潜力无法被充分发掘，旅游带动效果不明显。

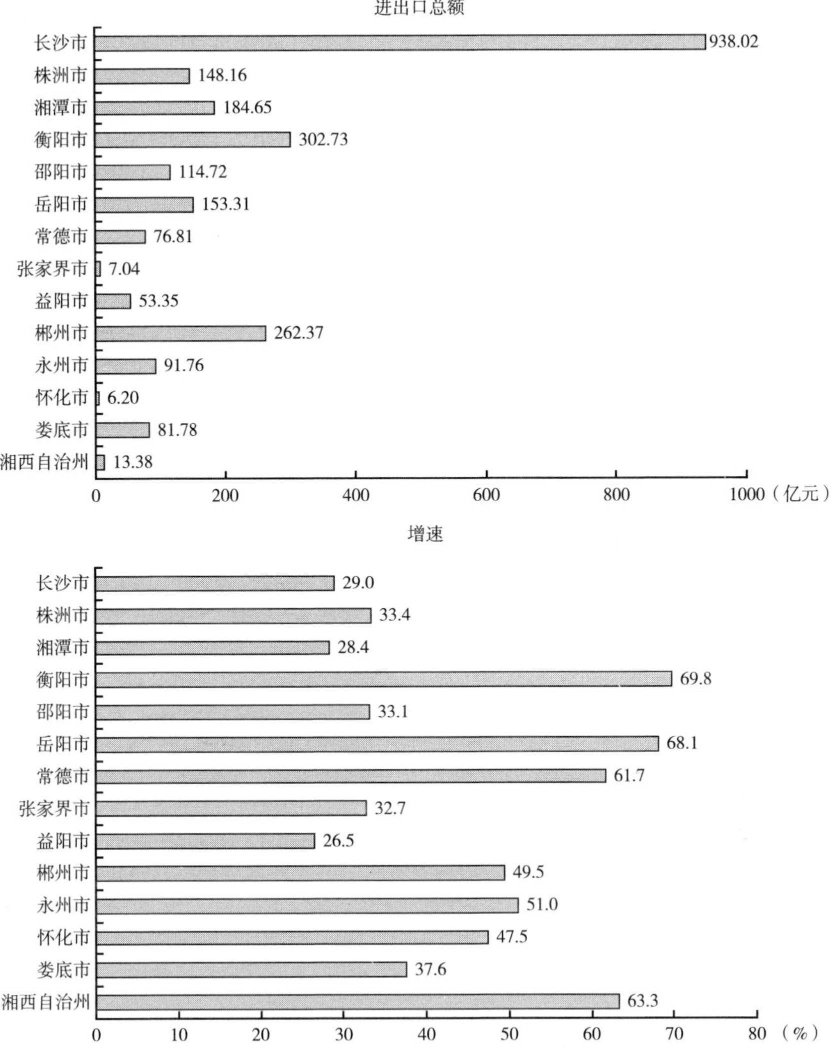


**图5　2017年湖南各市州进出口总额及增速**

数据来源：湖南省统计局网站。

## 五　进出口总体快速增长，个别市州出口增长相对疲软

从总量看，长沙市、衡阳市、郴州市分别以938.02亿元、302.73亿元、262.37亿元的进出口总额位居全省前三，占全省进出口总额的比重高达61.8%；

同时，长沙市、衡阳市、郴州市三市出口总额分别以 587. 89 亿元、168. 19 亿元、142. 84 亿元位列全省出口前三位，占比达 57. 4%。从增速看，衡阳市、岳阳市、湘西自治州进出口总额分别增长 69. 8%、68. 1%、63. 3%，位列全省进出口增速前三位；常德市、岳阳市和衡阳市出口增速分别以 83. 4%、67. 0% 和 57. 1% 领跑全省，主要是受外贸市场回暖和低基数的协同影响。值得注意的是在外需明显好转的大环境下，益阳市全年出口仅增长 3. 9%。

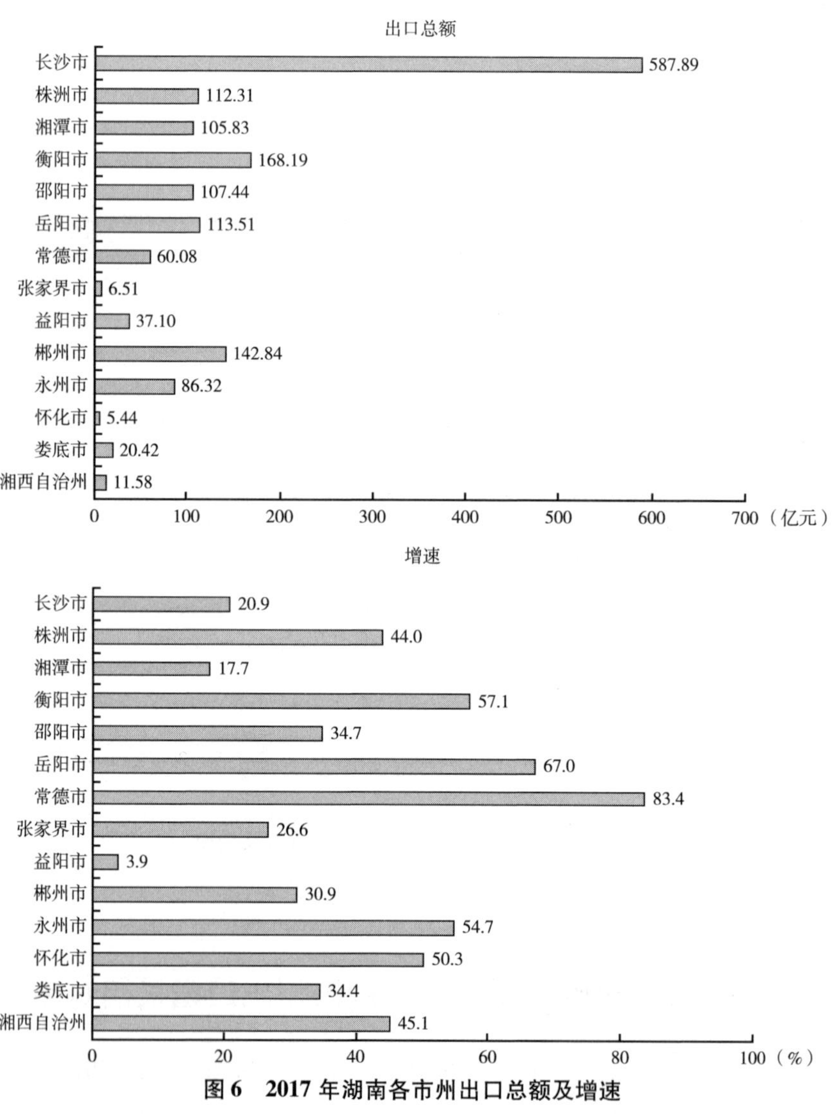


**图 6　2017 年湖南各市州出口总额及增速**

数据来源：湖南省统计局网站。

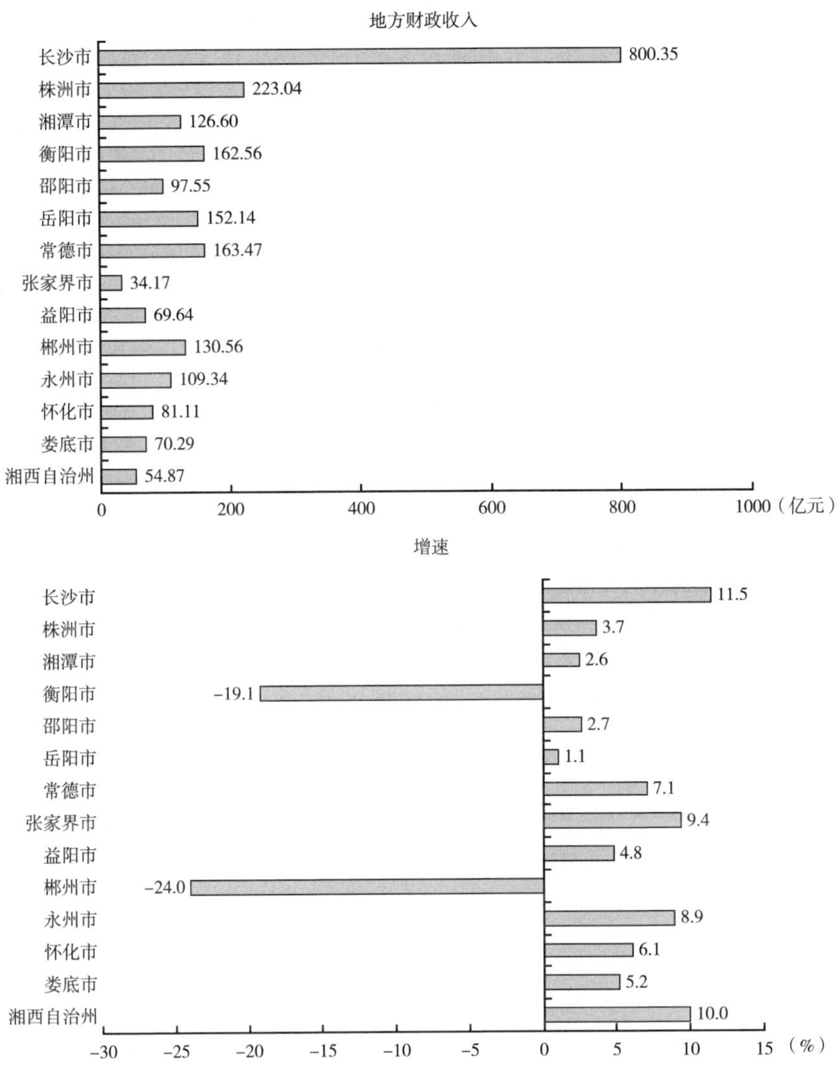


**图 7　2017 年湖南各市州地方财政收入及增速**

数据来源：湖南省统计局网站。

## 六　多数市州财政收入增速平稳，少数市州出现两极分化

从总量看，长沙市、株洲市以 800. 35 亿元、223. 04 亿元的地方财政收入领

跑全省，常德市地方财政收入达163.47亿元、超过衡阳市0.91亿元跃居全省第三，排名前三的市州占全省地方财政收入的比重达到43.1%。从增速看，长沙市、湘西州、张家界市分别以11.5%、10.0%、9.4%的地方财政收入增速居全省前列，全省一半市州地方财政收入增速跑赢全省平均水平。值得关注的是衡阳市和郴州市地方财政收入已连续4个、3个季度出现负增长，且2017年全年降幅较前三季度有所扩大。

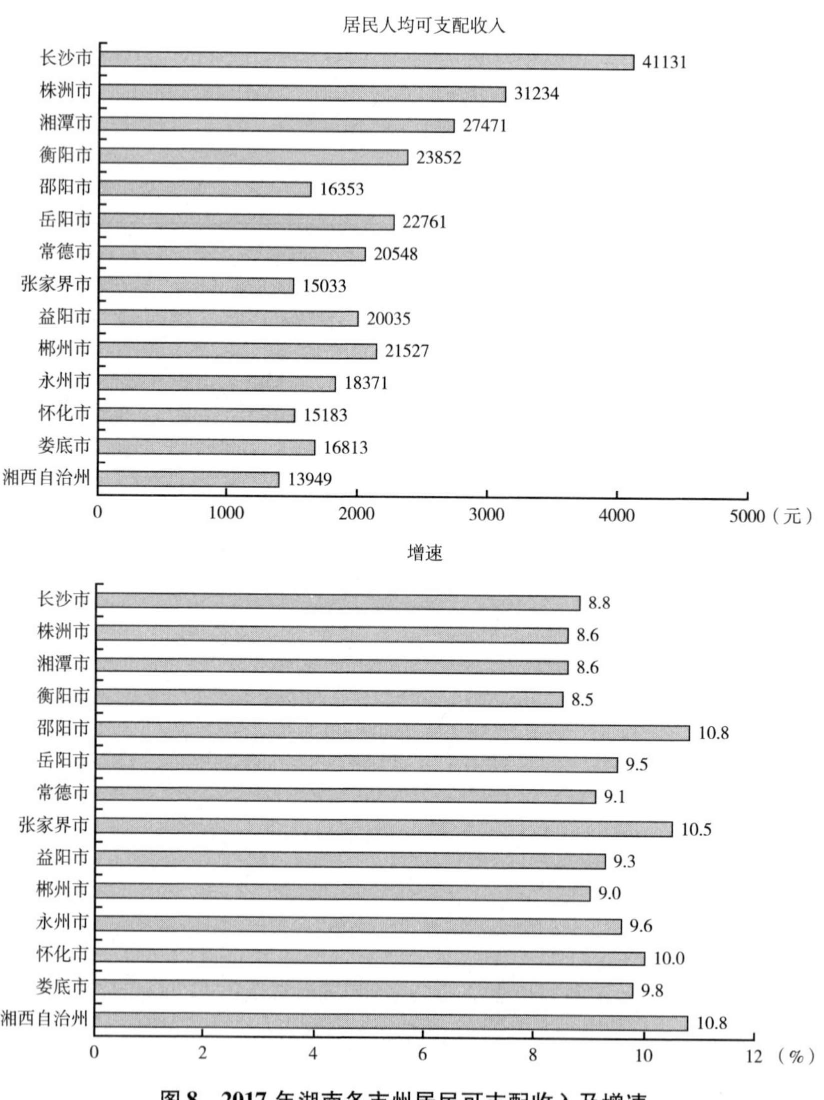


**图8　2017年湖南各市州居民可支配收入及增速**

数据来源：各市州统计局网站及湖南国调信息网。

## 七　居民收入平稳增长，市州间收入差距持续缩小

从金额看，2017 年长沙市、株洲市、湘潭市和衡阳市的城乡居民人均可支配收入高于全省平均水平，怀化市、张家界市和湘西自治州尚未达到全省平均水平的 70%。从增速看，除长沙市外，全省其他市州城乡居民人均可支配收入增速均超过或与当地 GDP 增速持平，其中湘西自治州、邵阳市、张家界市城乡民人均可支配收入分别以 10.8%、10.8%、10.5% 的增速位居全省前列。城镇居民人均可支配收入方面，长沙市、株洲市、湘潭市分别以 46948 元、39787 元、34167 元位列全省前三位。8 个市州城镇居民人均可支配收入增速快于（或持平于）全省平均水平，其中湘西自治州、张家界市和永州市分别以 9.2%、9.1% 和 9.0% 的增速居前三位。农村居民人均可支配收入继续保持较快增长。9 个市州的农村居民人均可支配收入增速不低于城镇居民，其中湘西自治州、张家界市、怀化市分别以 11.6%、11.4% 和 10.9% 的增速排前列。长株潭三市的农村居民人均可支配收入分别以 27360 元、18340 元和 17885 元位列全省前三名。市州之间收入差距继续缩小，城镇、农村居民人均可支配收入均最高的长沙市和最低的湘西自治州的倍差分别由 2016 年的 2.08∶1、3.43∶1 小幅降至 2.07∶1、3.31∶1。

# 加快推进湘江新区发展对策研究*

湖南省人民政府发展研究中心调研组**

加快湘江新区建设，是推进湖南新型城镇化、促进经济持续健康发展的重大战略。要进一步发挥新区优势，走出一条有特色的发展路子，使新区成为全省创新引领、开放崛起的现代新城。

## 一 湘江新区与全国城市新区比较

至2016年全国共设18个国家级新区。湘江新区综合实力处于中游，但已形成较好发展基础。

### 1. 人口与面积比较

湘江新区核心区面积490km²，在国家级新区中排第16位。2015年末湘江新区人口134万，居于第9位（见表1）。人口规模决定城市发展的层级，湘江新区人口仍有较大上升空间。

**表1 全国新区面积、人口与GDP比较**

| 排名 | 名称 | 面积（km²） | 名称 | 2015年末人口（万人） | 名称 | 2016年GDP（亿元） |
|---|---|---|---|---|---|---|
| 1 | 大连金普 | 2299 | 上海浦东 | 547.5 | 天津滨海 | 10002.3 |
| 2 | 天津滨海 | 2270 | 天津滨海 | 297 | 上海浦东 | 8731.8 |
| 3 | 青岛西海岸 | 2096 | 四川天府 | 250.3 | 青岛西海岸 | 2765.7 |
| 4 | 贵州贵安 | 1795 | 重庆两江 | 242.6 | 重庆两江 | 2260.9 |
| 5 | 四川天府 | 1578 | 青岛西海岸 | 180 | 四川天府 | 1966.1 |

* 本报告获得湖南省委常委、常务副省长陈向群，省委常委、长沙市委书记胡衡华，省委常委、省委秘书长谢建辉和时任副省长向力力的肯定性批示。本文系2016年度省智库专项委托项目“加快推进湘江新区建设对策研究”〔16ZWC45〕阶段性成果。

** 调研组组长：卞鹰；调研组副组长：唐宇文；调研组成员：蔡建河、屈莉萍、陈珉。

续表

| 排名 | 名称 | 面积（$km^2$） | 名称 | 2015 年末人口（万人） | 名称 | 2016 年 GDP（亿元） |
|---|---|---|---|---|---|---|
| 6 | 浙江舟山群岛 | 1440 | 大连金普 | 158 | 大连金普 | 1957.1 |
| 7 | 上海浦东 | 1210 | 福州新区 | 155.3 | 南京江北 | 1839.6 |
| 8 | 重庆两江 | 1200 | 南京江北 | 148.2 | 湘江新区 | 1801.1 |
| 9 | 陕西西咸 | 882 | 湘江新区 | 134 | 福州新区 | 1366.7 |
| 10 | 兰州新区 | 806 | 浙江舟山群岛 | 97.4 | 广州南沙 | 1278.7 |
| 11 | 广州南沙 | 803 | 陕西西咸 | 95.2 | 浙江舟山群岛 | 1228.5 |
| 12 | 福州新区 | 800 | 广州南沙 | 77.8 | 长春新区 | 1035 |
| 13 | 南京江北 | 788 | 贵州贵安 | 77.3 | 哈尔滨新区 | 755.4 |
| 14 | 长春新区 | 499 | 哈尔滨新区 | 70 | 江西赣江 | 582.3 |
| 15 | 哈尔滨新区 | 493 | 江西赣江 | 65 | 云南滇中 | 569 |
| 16 | 湘江新区 | 490 | 云南滇中 | 62 | 陕西西咸 | 470 |
| 17 | 云南滇中 | 482 | 长春新区 | 50 | 贵州贵安 | 240 |
| 18 | 江西赣江 | 465 | 兰州新区 | 16.1 | 兰州新区 | 151.7 |

数据来源：国家级新区发展报告2016。

2. 经济总量比较

2016 年全国 18 个新区中，湘江新区 GDP 排名第 8（见表 1）。GDP 2000 亿元以上的新区 4 个，1000 ~ 2000 亿元的 8 个。湘江新区与排第 5 ~ 7 位的四川天府、大连金普、南京江北新区差距并不显著，未来应可争取位次前移。

湘江新区经济增速同样居全国新区中上游。2015 年，全国 17 个新区（不含江西赣江）GDP 平均增速 11.1%，湘江新区为 11.5%；2016 年，18 个新区平均增速为 12.5%，湘江新区为 11%。湘江新区两年均居第 7 位。

3. 支柱产业比较

全国新区产业多以工业为主导。2015 年湘江新区生产总值中第二产业比重超过 65%。工业总产值 3497 亿元，产值居前 5 位的产业是：专用设备制造业 699.4 亿元，占工业产值的 20.6%；有色金属压延加工业 573.5 亿元，占 16.4%；电气机械及器材制造 244.8 亿元，占 7.0%；食品产业 213.3 亿元，占 6.1%；计算机通信设备制造业 199.3 亿元，占 5.7%。

湘江新区支柱产业相比先进水平仍有一定差距。例如，2015 年天津滨海新区拥有汽车及装备制造、石化、电子信息、粮油食品、航空航天等五大千亿产业；浦东新区拥有金融、信息技术、生物、高端装备制造、创意等五大千亿产

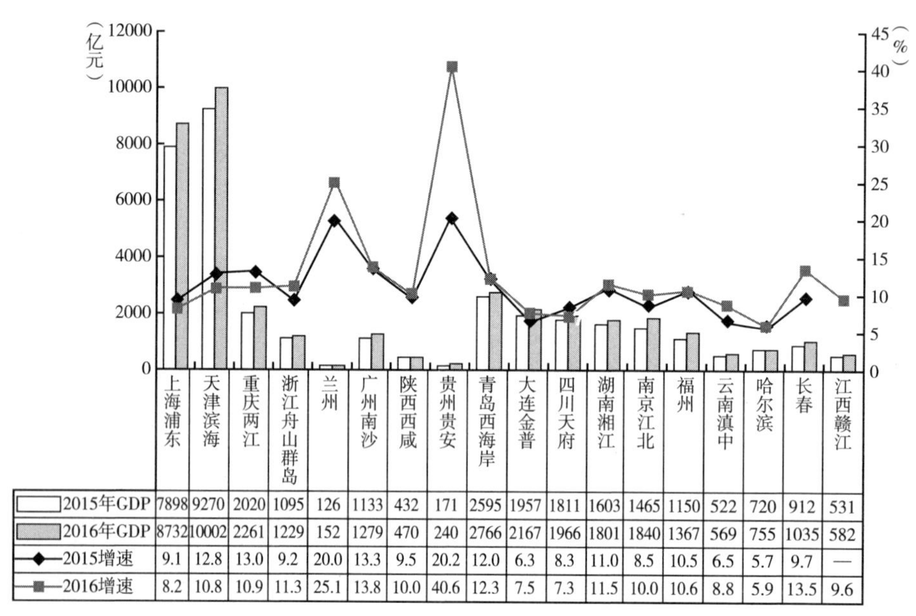


| | 上海浦东 | 天津滨海 | 重庆两江 | 浙江舟山群岛 | 兰州 | 广州南沙 | 陕西西咸 | 贵州贵安 | 青岛西海岸 | 大连金普 | 四川天府 | 湖南湘江 | 南京江北 | 福州 | 云南滇中 | 哈尔滨 | 长春 | 江西赣江 |
|---|---|---|---|---|---|---|---|---|---|---|---|---|---|---|---|---|---|---|
| 2015年GDP | 7898 | 9270 | 2020 | 1095 | 126 | 1133 | 432 | 171 | 2595 | 1957 | 1811 | 1603 | 1465 | 1150 | 522 | 720 | 912 | 531 |
| 2016年GDP | 8732 | 10002 | 2261 | 1229 | 152 | 1279 | 470 | 240 | 2766 | 2167 | 1966 | 1801 | 1840 | 1367 | 569 | 755 | 1035 | 582 |
| 2015增速 | 9.1 | 12.8 | 13.0 | 9.2 | 20.0 | 13.3 | 9.5 | 20.2 | 12.0 | 6.3 | 8.3 | 11.0 | 8.5 | 10.5 | 6.5 | 5.7 | 9.7 | — |
| 2016增速 | 8.2 | 10.8 | 10.9 | 11.3 | 25.1 | 13.8 | 10.0 | 40.6 | 12.3 | 7.5 | 7.3 | 11.5 | 10.0 | 10.6 | 8.8 | 5.9 | 13.5 | 9.6 |

**图 1　2015～2016 年全国新区 GDP 及增长速度**

数据来源：湘江新区提供。

业；大连金普新区拥有软件和信息技术服务、石化等两大千亿产业；重庆两江新区汽车、电子信息产业产值分别达到 2547 亿元、846 亿元；四川天府新区汽车产业产值突破 1200 亿元。

4. 科教基础比较

湘江新区教育与科技资源丰富。以长沙高新区、岳麓山大学城为核心打造的岳麓山国家大学科技城，拥有 40 多名两院院士，4 所“211”“985”高校本部，30 多所大中专院校，在校大学生 30 余万名；拥有 120 余个国家级技术创新平台、40 多家部（省）属科研机构，10 万余名科研人员。可以说，湖南科教资源精华集中于长株潭，长株潭精华又多在湘江新区。比较而言，国内其他新区并不如湘江新区一样聚集所在省市的精华。

## 二　湘江新区发展中仍然存在的问题

1. 管理体制有待进一步理顺

目前国家级新区管理体制大体分四类：行政区体制、行政区与新区合一体制、规划区与直管区分层次管理体制、管委会统筹协调体制，其管理权限依次递减（见表2）。湘江新区为第四类，实践中暴露出一些问题。省委省政府《关于支持湖南湘江新区加快改革发展的若干意见》（湘发〔2016〕14号）等文件，明确新区管委会职能职责、行政执法权限等重大事项，但有关法律条例及配套细则尚未有效对接，使得新区存在行政许可主体不适格、行政处罚权限缺失、“2号公章”使用法律风险等问题，导致一些工作监管不到位。新区管委会“五统一”的职能职责也未完全落实到位。新区与园区、区县之间的统筹融合缺乏有力抓手，难以推动产业的有序布局和资源的高效整合。

**表2　国家级新区管理体制的几种类型**

| 管理体制 | 模式说明 | 典型新区 |
| --- | --- | --- |
| 行政区体制 | 成立党委、人大、政府、政协四大班子 | 浦东新区、滨海新区 |
| 行政区与新区合一体制 | 行政区管理机构与新区管理机构实现“机构合署办公、领导相互兼职、部门整合归并” | 广州南沙、浙江舟山群岛、青岛西海岸、大连金普新区等 |
| 规划区与直管区分层次管理体制 | 新区对规划区以规划管控和经济协调工作为重点，对直管区乡镇进行托管，全面履行经济社会管理职能 | 重庆两江、兰州新区、贵州贵安新区 |
| 管委会统筹协调体制 | 新区仅负责部分区域的经济事务统筹管理和开发建设投资职能，行政社会事务由属地行政区负责 | 湘江新区、滇中新区 |

2. 财政收支矛盾较大

新区财政收入来源主要为岳麓区范围市级税收收入和土地出让收入，但支出范围除岳麓区“四大片区”约100平方公里外，还包括原大河西先导区1200平方公里的区域。盘子较小的财政收入与新区开发建设的需求不匹配，同时土地财政难以持续稳定，使新区收支矛盾凸显。

3. 科教优势尚未充分发挥

湘江新区是教育高地但尚未成为人才高地。有关数据显示，长沙“985”、“211”大学毕业生留本市的不到20%。新区创新服务机制与平台仍不健全，创新效率不高。产学研合作缺乏系统的引导和顶层设计，项目以高校、科研院所与企业“点对点”合作为主，针对行业长远发展的技术支持体系及研发活动很少；科技人才、成果、金融等领域市场发育程度低，难以发挥基础性作用；服务产学研的中试平台缺乏，使一些研究长期处于实验室阶段。新区研发总体水平有待提高，2015年高新技术产业科研投入强度仅为2.9%，与天津滨海新区等存在较大差距。

4. 开放发展水平仍然不高

湘江新区产业外向度不高。2016 年进出口总额 29. 3 亿美元，出口不到 20 亿美元，缺乏出口规模大的支柱产业和龙头企业；新区实际利用外资 11. 7 亿美元，占长沙市的 24. 3%、全省的 9. 1%，远不及上海浦东、天津滨海、重庆两江等新区。新区缺乏对外开放口岸、海关特殊监管区等开放平台；没有港口、高铁站等大型交通枢纽，对外大通道建设有待加强。

## 三　加快湘江新区发展的对策建议

1. 理顺管理体制机制，形成发展合力

新区应积极探索功能区与行政区融合发展新机制。现阶段，建议通过以下途径完善管委会体制：一是由省委常委、长沙市委书记兼任新区管委会书记，以增强管委会权威性与推进工作的协调能力，更好地形成省、市、新区合力。二是根据行政体制“放管服”改革思路，省政府与长沙市政府进一步向新区下放管理权限，形成明晰的权责清单。三是新区进一步推进管理制度创新，负责对新区的规划、基本建设、经济等各领域事务的管理，积极探索和完善扁平化的大部门制改革，科学履行“五个统一”职能，提升行政管理效能。进一步完善规划体系，推动“多规合一”。

稳步推进财税体制改革。形成权责对称的新区财政收支管理制度，保障新区可用财力稳定增长。扩大新区建设资金来源，积极争取国家财政支持，增加省财政新区发展专项。支持新区探索建立新区发展基金。

2. 突出特色，打造具有强大竞争优势的现代化新城

着力打造世界知名的城市品牌。新区与长沙著名高校在机电、材料、电子信息、人文等专业领域实力雄厚，与新区先进制造业、新材料、信息产业、文化创意等支柱产业互为支撑。要借鉴美国硅谷、北京中关村等发展经验，建设强大的高等教育及与其共荣的创新产业体系，使科教结合的科创型经济成为湘江新区的响亮品牌。

着力打造国际水准的湖南首善之区。大力建设智慧创新新型示范城市。通过国际招标等途径做好新区重要功能区、复杂基础设施体系、地下空间、标志性工程等设计与建设，确保达到国际先进水平和超长使用寿命。在教育、科技、产业等发展战略上，以国际先进水平为参照定位长远目标和发展路径，做好中长期顶层设计，一张蓝图干到底。

推动新区成为带动湖南经济转型升级的强大引擎。不断增进新区在全省人才培养、科技创新、产业升级中的核心增长极功能。推动新区国家级园区与省内园区开展战略合作，通过“飞地经济”、产业转移等带动各地发展。将新区科技服务、总部经济等生产性服务业打造成全省“龙头”，提升其服务与辐射全省功能。强化新区与长沙、长株潭的紧密协调联动，领航长株潭一体化和长沙国家中心城市建设。

3. 高标准建设国家大学科技城，创新产学研结合推进机制

着力将新区打造成国内领先、世界知名的科教重地。高标准建设岳麓山国家大学科技城。大学城规划要凸显国际一流风范、深厚文化底蕴。深化办学体制改革，推动高等教育开放式、国际化发展，提升本地大学国际排名，吸引国内国际著名大学来新区创办分校、设立研究院，使湘江新区成为高端人才密集、人才培养优质、知识和技术创新能力强大的教育名城。利用高等教育与产业聚集优势条件，加快发展职业教育。打造产学结合培训基地，在培养大国工匠、培训新型农民方面创造职教品牌。

全力打造全国产学研结合示范区。加快改变产学研分散决策、各自为战的弊端，提高科技创新领域组织化程度。当前要充分发挥政府总揽全局、统筹协调功能，探索产学研结合新思路。建议成立政府主导的“湘江新区科技创新发展总公司”，以整合政府科技投入，引领科技创新战略方向，组织和推动科技创新活动，实现创新与产业发展良性循环。总公司担负以下职能：一是科技信息与情报服务。围绕服务新区和全省科技发展，系统搜集国内外创新动态、科技人才、科技成果、企业需求等方面信息情报，服务政府和各类产学研主体。二是打造公共创新平台。以政府投资为引导，建设支柱产业重点实验室、工程测试中心等基础设施，为企业和创新者提供非营利性服务。依托公共平台支持，使起点不高的中小企业、科研工作者也能广泛地开展创新活动，助推双创示范基地建设。三是组织和推动产业技术创新。围绕新区和湖南培养支柱产业的需要，支持创办专业性研究机构，如装备制造业研究院、新材料研究院、电子信息产业研究院等。一方面，为企业提供科技咨询、项目研发服务；另一方面，针对支柱产业需求组织开展基础性技术、共性技术攻关，提升产业整体竞争力。四是推动科技成果转化。构建功能完备的科技成果转化交易、服务平台，形成成果转化的完整服务链、产业链，吸引省内、国内科技成果来新区进行转化。五是搭建创新创业交流平台。组建创新、创业者协会，为创新创业者提供组织、交流、合作的平台，促进创新国际交流。营造热爱创新、敢于创新、宽容失败的社会环境。

4. 创新思路，打造高端产业核心增长极

湘江新区规划体系为未来产业定位、发展战略等提供了顶层设计。要提高规

划执行力，将战略目标落到实处，打造中部地区高端产业核心增长极，形成有强大国际竞争力的创新型产业体系。

加快培育高端产业增长点。政府要加强对新区重点产业竞争战略的系统研究，站在国际发展最前沿、着眼产业链最高端，诊断产业结构升级突破口。大力支持具有国际先进技术、优秀领军人才的成长型创新企业，支持大型优势企业参与国际前沿竞争，支持大批创新创业型中小企业脱颖而出。支持优势突出、成长性好的特色园区发展壮大。全力推进军民融合发展，打造实力雄厚的军工产业集群和龙头企业。

政府产业政策要有新思路。从分散扶持个别企业转向夯实基础环境、全力突破产业发展关键环节。一是系统优化产业发展生态环境。对每个特色园区和支柱产业，从要素供给、公共创新平台、产业服务体系等方面，全面塑造有机配套、高效协同的投资发展环境。尤其要重视共性核心条件的创造，使其成为吸引企业聚集的“磁极”。例如，宁乡经开区食品产业成功曾极大地得益于集中供热、供冷系统。当前，要借助智能驾驶测试场和智能驾驶研究院，构建智能驾驶全产业平台；发挥长沙超算中心作用，完善电子信息、智能制造产业发展平台等。二是创新突破制约产业做大做强的“短板”。例如，针对支柱产业与园区可能存在的龙头企业成长不快、产业链不完整、配套能力不强等问题，要实行系统性的招商战略，着力引进有利于整体优化、有机联动的项目群。

加快构建以湘江新区为核心的高端产业发展大格局。当前要以新区为龙头，科学整合湘江西岸科教、产业及创新资源，集成强化国家自主创新示范区与中国制造 2025 试点示范城镇群、国家两型社会综改试验区、湘江新区等国家政策支持的联动效应，做大做强长沙·麓谷创新谷、株洲·中国动力谷和湘潭智造谷，使贯穿长株潭城市群的湘江西岸发展成为湖南的“硅谷地带”和实施创新引领开放崛起战略的先行区。

5. 提升开放水平，在开放崛起战略中发挥引领作用

进一步完善新区开放基础条件。科学打造高效能新区交通网络和枢纽，加强新区开放平台建设，争取建设新区保税物流中心（B 型），向国家争取成立中国（湖南）自由贸易试验区时将其纳入新区。

结合区情走内涵式开放之路。深度参与“一带一路”与长江经济带经济合作。在人才、科技、高端产业、文化等领域引领湖南内陆开放新高地建设。以高校、科研院所、园区等为载体，大力引进利用国内外高端人才，合作培养新区急需的国际化专业技能人才。支持新区企业、科研院所等与国内外科研机构加强交

流合作，引进先进技术，学习借鉴各国产学研结合成功经验。以提升国际竞争力为中心推动产业开放，引进高端制造业和服务业战略投资者，通过产品和贸易方式创新增创外贸竞争优势，推动服务外包产业向价值链高端延伸。加强军民融合国际合作，与友好国家开展军民融合科技成果研发转化和产业化方面的合作。发挥新区历史文化底蕴深厚、人才富集优势，加强文化创意产业国际合作，创造新区的文化会展国际化品牌。

6. 聚集人力资源，探索城镇化发展新模式

积极扩大人口规模。树立人力资源是城市快速发展第一资源的观念，使新区人口尽快增加到200万人以上。加快户籍制度改革，制定政策大力吸引高校毕业生落户，优化人口年龄与知识结构，提高户籍人口城镇化率。

创新城镇化发展模式。从注重空间城镇化转向注重人的城镇化。借鉴雄安新区等地改革方略，探索房地产发展新思路，摆脱对土地财政的过度依赖，创造人民安居乐业的社会环境。推动实业兴城、产城融合、城乡一体化发展。深化城市管理改革，打造充满人文关怀、增进全体人民幸福感的新都市。

推动绿色两型发展。以品质长沙建设为契机，打造品质城区、建设美丽乡村，推动特色小镇与美丽乡村联动建设。围绕绿色发展，扎实推进生态保护、污染防治、海绵城市建设、循环经济发展、绿色生产生活方式推广普及等各方面工作。依法治理新区环境，制定《湖南湘江新区环境保护规划》，综合运用经济、法律、行政手段打造绿色发展示范城镇。

# 创新推动长株潭一体化对策研究*

湖南省人民政府发展研究中心调研组**

我国城市群发展依然方兴未艾。未来十到十五年，我国新型城镇化有望实现新跨越，加快城市群发展是国家积极支持的战略方向，这是推进长株潭一体化必须紧紧抓住的关键战略机遇期。长株潭要准确把脉发展中的问题，创新体制机制，不断提升一体化水平，为湖南实现“两个百年”目标提供强大动力。

## 一　长株潭一体化进程中的不足及成因分析

长株潭经济一体化实践20年成效显著。三市一体化发展格局逐步形成，统一的城市群规划体系率先建立，互联互通的综合交通网络已具规模，两型社会建设成就斐然，共建共享公共服务体系取得进展。一体化产生的经济发展引擎效应与城市群品牌效应充分显现。

长株潭一体化进程仍然存在不足。当前反映较多的问题：一是规划体系尚不完善。虽已形成城市群规划体系，但三市规划尚难有效对接；区域规划实施缺乏有效的监督机制，难以完全落实。二是交通一体化存在瓶颈。三市交通建设缺乏协调机制，部分跨区域的项目步履艰难；三市城际道路仍存多条断头路，城际公交一体化建设进展不快。三是两型社会同建有待加强。绿心保护3市14个区县仍未实现统筹管理，环境联防联控机制未全面建立，城市群垃圾、污水等重大环境基础设施建设各自为政。四是产业协同发展不足。三市缺乏产业分工和协作对话机制，园区招商引资难免无序竞争；协同创新机制不完善，科技资源共享程度偏低；三市建立了一些重要产业的战略联盟，但基本局限于单个市的层面。五是开放水平仍然不高。长株潭外贸规模偏小，外贸依存度低于沿海发达地区及许多

* 本报告获得时任湖南省委常委、长沙市委书记易炼红的肯定性批示。该报告系湖南省长株潭两型工委委托的“长株潭城一体化发展报告”研究成果。

** 调研组组长：卞鹰；调研组副组长：唐宇文；调研组成员：蔡建河、屈莉萍、曾万涛、周亚兰、陈琨、刘海涛。

中西部城市。如2016年长株潭进出口总额151.5亿美元，仅相当于郑州、成都的27.5%和36.9%。上述种种问题的存在，使长株潭一体化进展距社会各界期待有一定差距。调研中各市均有不少同志认为，长株潭一体化潜力尚未充分发挥。例如，对比长江中游城市群四个省会城市的合作，可发现四市不少领域合作更活跃、进展更快速（详见专栏）。

**专栏　长江中游城市群省会城市合作情况**

按照国家总体部署，长沙、武汉、合肥、南昌等长江中游四个省会城市贯彻国家《长江中游城市群发展规划》，落实湘鄂赣皖省际合作协议，大力推进城市群合作。2013年以来，四市共同签署《武汉共识》《长沙宣言》《合肥纲要》《南昌行动》《长江中游城市群省会城市合作行动计划（2017～2020年）》等5个合作协议文件，建立和完善城市群合作机制，重点领域合作取得大量实实在在的成果，得到中央和社会关注和肯定。主要成果如下。

住房公积金实现异地互认互贷。2014年12月四市先行，经验在全国推广。

医疗保险异地就医实现即时结算。2015年12月正式实行。

退休人员实现异地年审互认。根据异地互认结果发放养老金。

就业创业和人力资源管理实行统一互惠政策。对持四省发放的《就业失业登记证》的劳动者，不论在城市群哪个城市就业创业都享受同样的优惠政策。

市场监管一体化稳步推进。建立四市注册登记数据共享机制。经任一城市工商登记机关核准的企业，无论是否换发“一照一码”营业执照，有效期内在其他省会城市投资或设立分支机构均被认可。

旅游合作成效显著。发行长江中游城市群旅游年卡，四市市民200元持卡一年内可不限次数游览4市43个旅游景点。四市联合推出30多条中三角旅游线路。

经贸交流合作日益紧密。四市共同举办或相互参加中博会、机博会、光博会、食博会、农博会等大型展会。

医疗卫生、教育合作成效显著。加强疾病预防控制协作，推进医疗服务共享、城市异地办医合作等。教育资源公共服务平台互相开放共享，推进基础教育交流协作，制定“四城市职业院校合作方案”，形成校企合作联盟基本框架。

通关一体化初步实现。四市均加入长江经济带海关区域通关一体化和检验检疫通关一体化改革，四市所有外贸企业均可自由选择申报、纳税、放行地点。

交通运输合作有效开展。四市积极争取将四城市环形高速铁路网、“长江航道645工程”等纳入国家相关规划。华中一卡通公司积极筹备设立，公交一卡通即将投入试运行。

体制机制未理顺被各界普遍认为是制约长株潭一体化推进的症结。2007年以来，“省统筹，市为主，市场化”的体制，在一体化顶层设计、争取国家支持、基础设施建设等方面成绩卓著，但也逐步暴露出不容忽视的问题。一是“省统筹”常力不从心。长株潭两型试验区管委会，作为派出机构不具有行政主体资格，只有指导、协调权而无人、财、物实权，又不能直接干预三市的决策和具体工作，“省统筹”在一些领域难以着力，工作推动存在困难。二是“市为主”难积极主动。客观而论，三市均有推进一体化的愿望，但对“市为主”到底如何做无明确规范，这使三市都感觉不好主动出面推动一体化事务。三市联席会议、部门联系协调等基本处于停摆状态。三是“市场化”未精准把握。部分同志认为“市场化”就是要“无为而治”，事实上对城市群一体化来说，在基础设施建设、基本制度架构确立及有效运行、市际事务协调管理、争取上级政府支持等方面，政府的作用不可或缺。

## 二　创新推动长株潭一体化对策建议

### 1. 深化推进一体化的体制机制改革，确立三市执行主体地位

对如何改革长株潭一体化推进机制，省内专家学者有多种构想。但我们认为，无论何种制度，其核心和关键都是要发挥各参与主体的主观能动性。当前阶段，建议改革的基本思路为：变“省统筹，市为主，市场化”体制为“省指导支持，市联合推动”的体制机制，明确省委省政府对一体化的宏观指导、政策支持、监督考核职能，明确三市为推进一体化的执行主体并负主体责任，完善以市为重心的工作机制，充分发挥三市积极性和创造性，形成省市合力。具体要抓好三个环节。

一是健全长株潭一体化领导小组。建议由省委省政府领导任组长，省委常委、长沙市委书记任常务副组长，试验区管委会主任、株洲及湘潭市委书记任副组长，省政府相关职能部门、三市市长为组成人员。长株潭试验区管委会为领导小组工作机构。领导小组决定一体化战略方针、制定中长期规划、构建政策支持

体系，对一体化工作进行督导考核。

二是完善三市为主体的一体化战略实施机制。以全面贯彻落实省一体化领导小组重大决策部署为目标，按照三市共担责任、平等协商、紧密合作、步调一致的原则，建立健全三市为主体的一体化战略执行机制。应包括“决策－协调－执行”三个核心层次，即党政领导会商决策机制，一年一度召开由三市书记、市长带队出席的联席会议，三市轮流主办，共同协商实施一体化的战略思路、行动计划，统一思想、达成协议；分管领导交流协调机制，由各市分管领导带队召开三市协调会，负责落实联席会议确立的各项工作，交流工作进展、协调解决问题、协商合作计划等；部门合作执行机制，建议设立由各市发改委牵头、综合协调一体化日常事务的城市合作秘书处，由各市对口部门组成推进专项合作的专题工作组，负责具体落实联席会议与合作协调会部署的工作。各市一体化工作要注重机制创新，细化重点工作和任务分工负责制，建立统一的信息交流平台，推动各类市场主体、社会组织、政府智库、城市居民等开展多种形式的交流合作。

三是将一体化工作纳入三市政绩考核内容。省一体化领导小组组织制定一体化绩效考核办法，对三市一体化工作进行考核，以增强三市党政领导主体意识和责任意识。考核办法可考虑两种思路：其一，根据省委省政府确定的一体化总体目标，设计年度考核指标，对各市进行考核；其二，采取对城市群进行整体考核的方式，这或许是较为简便易行的办法。即参照全省 14 个市州考核办法，以三市为整体计算长株潭城市群指标值，按 14 个市州计分标准对城市群进行打分。对三市党政领导政绩的评价，按照本市、城市群分值各占一定比例的方式加权确定。

2. 与时俱进，进一步完善一体化顶层设计

应总结城市群一体化实践经验，根据发展新要求，提升完善一体化顶层设计，达成以下目标。

拓展优化一体化发展战略空间。当前国家“一带一路”倡议、长江经济带建设，全省“一核三极四带多点”战略布局等，使城市群一体化大有可为。要通过创新顶层设计把机遇转化为发展新战略。例如，更好协调三市空间联动发展格局，并推动长株潭与省内“极”“带”强化协作，凸显“一带一部”优势与特色，更多吸纳长江经济带与“一带一路”发展动能；借助城市群合力构建高度融合的长株潭大都市区，助力长沙创建国家中心城市；打好“湘江新区”这张牌，拓展新区空间，开创新型城镇化新模式；不断增强基础设施体系保障能力，

提升参与区域一体化与经济全球化效能等。要将创新、协调、绿色、开放、共享的新发展理念融入顶层设计，进一步促进空间布局、城市建设、发展路径等科学化，以规划提升引领城市群转型提质。

抓好规划体系统筹协调与贯彻落实。做好统一规划信息的基础工作，实现城市群规划数据信息共建共享。加快推动“多规合一”，根据需要修编完善部分规划，加强长株潭区域规划、绿心规划、三市城市总体规划和基础设施专项规划的衔接和融合。统一三市基础设施规划实施标准和时序，确保区域规划与项目建设的无缝对接和同步实施。严格规划实施，建立区域联动、统一协调的组织实施管理体系，推进城市群区域规划实施的规范化、程序化。

完善一体化政策支持体系。梳理城市群中央和省扶持政策的“短板”，进一步向国家争取新的政策支持，如军民融合示范、内陆自贸区政策等，省里根据需要出台含金量高的配套政策，使一体化政策体系更加系统高效。不断提高政策执行力，用活、用好、用足上级扶持政策。

3. 强化创新引领，推进市场决定性作用基础上的产业一体化

全面提升创新引领能力。以长株潭国家自主创新示范区、湘江新区国家双创中心等建设为契机，积极推进重大政策先试先行。制定区域统一的创新政策法规体系，加大对人才聚集、项目研发、平台建设等的政策支持力度。完善科技成果产权制度，搭建科技创新公共服务平台，加快三市重大科研平台的开放共享，推动三市技术转移、成果转化、科技金融、检验检测等科技服务业发展。着力争创军民融合创新示范区，加强军民两用技术联合攻关。建设国家区域性技术转移中心，促进国内外技术成果就地转移转化。积极融入全球创新网络，建设高水平国际联合研究中心和科技合作基地。

积极推进三市产业一体化发展。破除地方保护主义，建立一体化产业发展环境。加快政府的“放管服”改革，建立城市群统一的招商引资和产业发展政策。全面清理城市群内各项规范性文件，清除不利于一体化的政策性障碍；建立区域协调机制，加强各市立法和政策制定的磋商、协调，营造无壁垒的法律政策环境。进一步明确三市和重点园区主导产业和主攻方向，突出加强特色产业园建设。围绕长沙“创新谷”、株洲“动力谷”和湘潭“智造谷”等特色产业区建设，推动三市资源整合、产业融合，打造世界级产业集群和优势产业链。发挥政府职能部门、行业协会、企业战略联盟等组织的作用，共建共享城市群产业对话、信息交流平台，促进三市项目建设、技术创新、招商引资等方面分工协作。

4. 加强统筹协调，加快提升关键领域一体化水平

三市要主动会商协调，将重要领域一体化潜力尽快转化为实实在在惠及民生的成果，并示范带动全省发展。

进一步完善一体化交通体系。继续推进城市群外联大通道建设，加快建成“米字形”高铁网络以巩固全国高铁枢纽地位；统筹推动城市群港口、高等级航道建设以升级黄金水道；打造黄花机场世界级航空客货运枢纽以做强临空经济示范区。大力提升内部交通互联互通水平。加快城际轨道交通及“两环”（长沙外环、长株潭大外环）高速公路建设，推进长沙绕城高速“高改快”工程，打通所有城际断头路，科学规划并稳步增加城际公交线路，实现城际与市内公交的无缝化对接。加快长株潭道路运输三级协同管理与服务信息系统等项目建设，推进城市群交通管理一体化。

加大区域环境同治力度。建立三市环保联动机制，形成环境监测、污染防控、应急指挥统一调度平台，筑造大城市群的污染防控网络。加强三市环境保护联合执法，实现环境治理联防联治。统筹规划城市群重大环保基础设施建设，促进三市共建共享。加强湘江治理和生态绿心保护力度，加大政策支持和资金投入力度，协同完善绿心地区生态补偿机制。大力发展环保产业和生态产业，加快污染企业的退出和淘汰。积极吸引社会资金投入环境保护和生态建设，提高社会公众对环保工作的监督水平。

继续深入推进公共服务一体化。从资源共享、制度对接、差距缩小等方面入手，推动公共服务制度、政策创新协调，破除行政区划、城乡二元体制壁垒，推进三市基本公共服务均等化、一体化进程。加快消除三市间的户籍差异，稳步推进社会保障体系一体化。加快公共文化设施互联互通共享，形成统一的信息发布、场馆预定、活动组织平台，共同举办国际赛事。

5. 提高开放水平，着力打造内陆开放新高地

打造开放型经济发展优势平台。以强化区域协同为重点，推进投资、贸易、金融、综合监管等领域制度创新，积极营造国际化、市场化、法治化的营商平台。完善航空口岸、铁路口岸、水运口岸、公路口岸、综合保税区、保税物流中心等海关特殊监管区，提升服务能力。建设“互联网 + 综合口岸”，用好跨境电商平台，推进通关便利化。积极申报自由贸易区。争取开展国家离岸金融试点，建设中部地区离岸金融结算中心。

全面提升开放型经济发展水平。全面融入国家“一带一路”建设，以推进国际产能和装备制造合作为重点，深化与“一带一路”沿线国家和地区的经贸

合作，提高企业“走出去”和开展国际化经营水平。积极推进与长江经济带、长江中游城市群合作，继续加强与泛珠三角区域合作，深化优势互补、互利共赢。提升国家级经开区、高新区开放层次，完善省级园区开放功能。积极引进有利提升区域产业结构的世界500强企业，吸引更多的国（境）外政府和机构来长株潭设立办事机构，鼓励外资设立各类功能性、区域性总部和分支机构，提高利用外资质量水平。深化与国际友好城市及友好交流城市的交流合作。积极引入国内外重大文体赛事、国际性展会、高端论坛等具有全球影响的大型活动。

# 深化长株潭改革试验政策体系研究*

湖南省人民政府发展研究中心课题组**

经过30多年的融合发展，长株潭改革试验区已经取得了一系列的改革发展成果，但与新时代国家对湖南改革试验区的要求以及湖南“创新引领开放崛起”战略的任务相比，长株潭还存在着一些不足，突出表现在创新投入少、产业同质化高、外贸规模偏小等方面。新时代，长株潭综合配套改革试验区要全面贯彻党的十九大和省第十一次党代会精神，围绕习近平新时代中国特色社会主义思想，推进供给侧结构性改革，实施创新引领开放崛起战略，坚持以科技创新为动力，以开放发展为关键，以分享经济为抓手，力争到2020年形成一整套科学合理的长株潭城市群发展政策体系，全面提升城市群综合实力和协同作战能力，为全国综合配套改革试验提供成功经验和典型案例。

## 一　深入实施创新引领战略，打造创新改革高地

### 1. 探索长株潭协同创新政策

根据三市现有资源禀赋和发展阶段的不同，兼顾欠发达地区集聚创新资源的劣势，实施差别化政策，避免形成区域间重复、竞争性的政策。如，在吸引创新资源方面，株洲、湘潭没有优势，政策制定应多鼓励和支持创新资源流向株洲和湘潭。在技术研发与应用政策支撑方面，长沙主要侧重技术研发，株洲、湘潭主要加强以企业为主体的协同创新体系建设。

### 2. 打造“湘江西岸创新走廊”

以人才体系→创业文化→风险资本→政府法制→基础设施为主线，构建北起宁乡和望城经开区，途经长沙高新区、岳麓山大学城，南至湘潭九华经开区、湘潭大学城、株洲高新区等的湘江西岸创新走廊和高新技术产业带。依托中南大

---

* 本报告系湖南省长株潭两型工委委托的重大改革课题“深化长株潭改革试验政策体系研究”成果。

** 课题组组长：唐宇文；课题组成员：左宏，闫仲勇。

学、湖南大学、湘潭大学等科教资源，联动五个国家级园区，整合科技、教育、产业网络资源，从地理空间上推进创新布点连线整合成网，尽快生成外溢效应和创新生态系统，不断催生新技术、新产品、新业态、新模式和新公司。做大做强“长沙·麓谷创新谷”“株洲·中国动力谷”“湘潭智造谷”，使贯穿长株潭城市群的湘江西岸发展成为湖南的“硅谷地带”和实施创新引领开放崛起战略的强大引擎。

3. 建立中部大科学装置集聚区

整合集成省内科研创新资源，推进重点实验室、大型科学仪器设备等创新资源向社会开放。以新材料、电子信息、生物健康等领域为重点，从预研、新建、推进和提升四个方面逐步完善重大科研基础设施和平台体系。强化国家超级计算长沙中心、亚欧水资源中心、国家计量检测研究院长沙分院等重大创新平台功能，整合省内检验检测资源，组建长株潭公共科技服务平台和技术创新中心，创建国家标准创新中南基地，建设长株潭检验检测认证高技术服务业聚集区，增强国家计量基标准研制能力，打造具有较强辐射带动力的中部大科学装置集聚区。

## 二　建立现代产业体系，打造“分享经济”之都

1. 以空间管控为手段引导城市群产业布局，建立园区共建共享机制

一是编制《长株潭城市群产业空间布局规划》，引导三市重点产业布局。三市差别化选择重点产业目录，报省相关部门同意后，对于按区域重点落户的企业在省级层面给予用地、用电和税费优惠的倾斜。二是探索建立域内园区联动共建共享机制。以打造跨长株潭创新园区链为目标，建立健全区域利益分享机制，完善企业、园区跨区域设立生产基地、研发中心、分院的税收分享机制，支持区域内产业链环节转移对接。

2. 实施城市群产业链协同工程

实施传统产业链延伸工程，推进城市群装备制造、钢铁、有色、轻工等传统产业精细化发展，实现传统产业从“微笑曲线”的中间向研发设计和售后服务两端延伸。比如城市群的汽车制造业已经进入微利时代，但企业可以在汽车后市场寻找更多细分空间。实施新兴产业集群共生和服务配套工程，以全省 20 大新兴工业产业链打造为重点，选取电子信息、人工智能、新材料等战略性新兴产业链群，大力发展相配套的物流、金融、贸易、信息等生产性服务业，培育和引导中小企业聚

集发展，提高企业之间协作配套的能力和水平。实施本地配套工程。借鉴重庆的做法，出台政策对长株潭城市群企业采购区域内配套产品年累计在1亿元及以上的按新增采购额的0.5%给予奖励，单个企业奖励金额不超过200万元。

3. 探索建立全国“分享经济”示范区

分享经济本质上是一种“两型”的新经济模式。制定《关于加快促进湖南分享经济发展打造长株潭分享经济示范区的指导性意见》，率先在长株潭形成适应分享经济特点的政策环境。以“鼓励创新，包容审慎”为原则，以创新资源共享为主线，着力打造生产、流通、消费“三位一体”分享经济生态链。同时要重点扶持麓谷创业学院、微软云孵化平台、腾讯众创空间等分享经济平台加快发展。在城市群率先开展分享经济试点示范，全面探索示范工程创建工作方案，选取一批重点平台、产业基地等，争创国家级示范平台。力争到2020年，城市群规模以上工业企业产能利用率达到85%，城市群所有符合条件的科研设施与仪器接入分享经济平台并对社会开放，建成20个以上国内知名、行业领先的分享经济平台，形成10个以上特色鲜明、配套完善的分享经济产业示范基地，将城市群打造成为全国领先的分享经济示范区。

## 三　实施开放崛起战略，打造泛城市群自由贸易区

1. 对接国家开放大战略

一是对接“一带一路”倡议。推进蒙西至华中煤运通道、怀邵衡、黔张常等在建铁路建设，加快“湘欧快线”发展和常态化运营，健全国际铁路运输、口岸通关协调机制，拓展国际航线，借助渝新欧等国际通道连通湖南—中亚经济走廊，推动湖南与东南沿海对接。二是建立长江经济带区域互动合作机制。长株潭城市群牵头推动沿江主要城市合作协商平台建设，建设区域性金融服务、科技创新、劳务共享等平台，组建区域性技术转移中心和产业技术创新战略联盟。对接上海自贸区，深化长江流域区域通关一体化改革。三是加强与京津冀协同发展战略衔接。完善中关村湘军创业园建设，打造承接湘籍创业人员返湘投资兴业的根据地。挖掘长株潭与京津冀在人才资源、新兴产业、创新创业等多方面的合作对接潜力，鼓励京津冀三地高水平科研院所、央企以委托管理、联合办学、设立分校、建立子公司等方式加强合作。

2. 积极对接粤港澳大湾区建设

制定《长株潭城市群对接粤港澳大湾区工作方案》，建立对接粤港澳大湾区战略规划领导小组和项目库，探索建立跨省产业转移利益共享机制和产业融合发

展机制，三市抱团深度融入粤港澳大湾区等地区城市合作，开展基础设施、科技创新、产业发展、通关口岸等领域的合作和共建共享。对接粤港澳大湾区高铁经济带，加快建设呼南高铁邵永段、益娄段并争取建设永州经清远至广州高铁，并申报将其列入粤港澳大湾区专项编制规划，建成融入粤港澳大湾区的第二条高铁经济线，打通出海出边大通道，促进与粤港澳大湾区互联互通。打造合作平台，三市争取进入湘粤沿线城市联席会议城市，建立沿线城市联席会议制度，定期通报进度，共享信息、共同研究、共同推进；积极承办泛珠三角 9 + 2 市长会议、“港洽周”等活动，加强与粤港澳大湾区的合作。

3. 加强三市交通物流基础设施衔接配套

依托区域内综合保税区，支持申报设立功能延伸的“无铁路货运站”“无跑道国际机场”和“无水国际港口”口岸服务平台，以及跨境电商试点和指定进口口岸。推动保税区、保税物流园区的“飞地”合作。建立口岸联动机制，以长沙黄花机场为基础，构建集物流、配载、仓储、会展、旅游、高新技术出口加工等于一体的“临空经济走廊”，打造中国中部国际航空枢纽。

4. 争创国家级自由贸易区

加快建设“武汉－岳阳－长株潭核心区－衡阳－广州、南昌－长株潭核心区－娄底－贵阳”国家运输通道，连通长株潭核心增长极与岳阳，联合金霞保税区、黄花综合保税区、湘潭综合保税区、岳阳城陵矶综合保税区，联合“株洲－湘潭－娄底”产业转型示范区、长沙临空经济示范区、城陵矶新港区、长沙经济技术开发区、九华经济技术开发区、株洲高新技术产业开发区以及长沙高铁南站、机场口岸，形成以岳阳港、长株潭组合港为核心的港口体系，全面对接上海自贸区，并在此基础上申报创建湖南（长株潭）自由贸易区。

## 四　需要中央授权长株潭开展先行先试的政策

1. 支持以大长沙（长株潭）为整体建设国家中心城市

支持大长沙（长株潭城市群）整体谋划建设国家中心城市。申请在国家发改委、国家住建部等部委牵头的城镇体系规划、城市群规划及城市总规等相关规划修编工作中，给予三市土地指标、城市体量、人口规划、优惠政策支持。

2. 支持建立中部大科学装置集聚区

支持长株潭以新材料、电子信息、生物健康等领域为重点，打造若干创新要素集聚、创新特色鲜明、创新功能突出、适宜创新创业、具有较强辐射带动力的中部大科学装置集聚区，在长株潭布局一批重大科学装置，建设国家级科技成果转化平台，打造高度集聚的重大科技基础设施集群。

3. 支持申报中国（湖南）自贸区

支持长株潭城市群以文化创意、服务外包、供应链高速物流配送、跨境电商等为业态特色，申报中国（湖南）自由贸易区。在申报成功之前，支持长株潭城市群复制推广自由贸易试验区等成熟改革试点经验。

4. 支持创建国家级军民融合示范区

支持长株潭城市群在航空航天、海洋工程装备、北斗导航、激光陀螺、无人机等领域推进军民融合深度发展，授权中央、军队驻湘相关单位参与长株潭军民融合相关改革试验，授权长株潭在省级军民融合组织管理体系、工作运行体系和政策制度体系建设方面进行先行先试，创建国家级军民融合创新示范区。

# 长沙建设国家中心城市的几点建议*

湖南省人民政府发展研究中心调研组**

中国正进入“强省会”时代，一个省拥有一个强省会，不单意味着拥有一个经济数据上的大城市，更重要的是拥有一个强有力的资源配置中心、一个强有力的话语权——这可以帮助这个省在全国区域竞赛中，赢得更多的资源、政策与人才。省第十一次党代会报告明确支持长沙建设国家中心城市，这一举措将通过做强省会，实现全省跨越发展。课题组把长沙放在全国坐标中比对，梳理了其发展的长处、短板、难点，提出了几点建议，供领导参阅。

## 一　长沙“长”在何处?

通过对比分析，长沙在经济体量、创新活力、经济首位度和区位等四个方面具有优势。

长处一：经济体量居中部前列。从总量看，在中部六个省会城市中，2016年长沙 GDP 居第二位（见表 1），在中部处于中等偏上的地位。从增速看，长沙是全国过去十年 GDP 名次上升最快的城市，从 2005 年第 24 名上升到 2016 年第 13 名。从人均 GDP 来看，长沙在中部乃至全国都位居前列。长沙建设国家中心城市具有较好的经济实力保障。

长处二：创新能力具有全国竞争优势。“十二五”时期，长沙共获得国家级科技奖 75 项，2016 年城市万人有效发明专利拥有量居全国省会城市第 4 位、中部省会城市第 1 位。拥有国家工程（技术）研究中心 17 家、重点（工程）实验室 16 家、企业技术中心 16 家，数量居中部第 2 位（见图 1）。长沙大力实施创

* 本报告获得时任湖南省委常委、长沙市委书记易炼红的肯定性批示。基金项目：2017 年度湖南社科基金重大项目“关于湖南实施创新引领开放崛起战略研究”（17ZDA03）阶段成果，2017年度湖南省社会科学成果评审委员会重点课题“湖南发展重点新兴产业培育新兴经济增长点研究”（XSP17ZDI017）阶段成果。

** 调研组组长：卞鹰；调研组副组长：唐宇文；调研组成员：左宏，闫仲勇。

新驱动战略，打造岳麓山国家大学科技城，聚集了57所高等院校，拥有两院院士58名、科技人员近80万人，大学生数量在全国主要城市中居第8位，逐渐成为我国科教资源的重要聚集区。

**表1　2016年中部省会城市经济实力比较**

| 城市 | GDP(亿元) | GDP增速(%) | 人均GDP(元) |
|---|---|---|---|
| 武汉 | 11912.61 | 7.8 | 112302 |
| 长沙 | 9323.70 | 9.4 | 125457 |
| 郑州 | 7994.20 | 8.5 | 83543 |
| 合肥 | 6274.30 | 10 | 80548 |
| 南昌 | 4354.99 | 9 | 82125 |
| 太原 | 2955.60 | 8.3 | 68438 |

数据来源：各地统计年鉴。

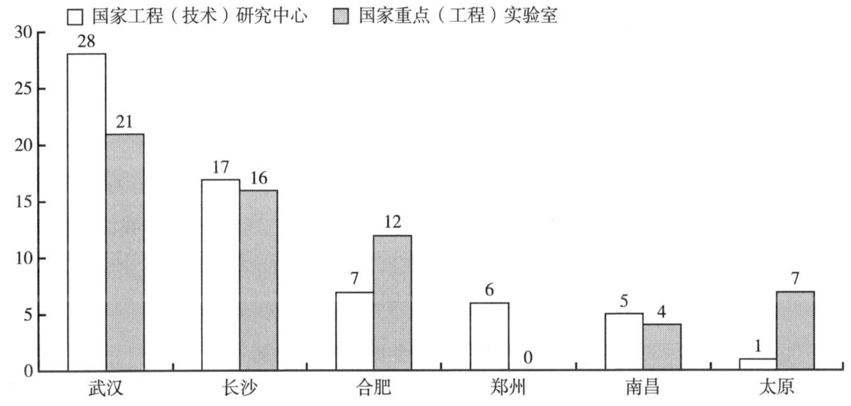


**图1　中部省会城市国家科研中心与实验室数量对比**

数据来源：长沙市发改委。

长处三：经济首位度较高。经济首位度的计算有多种方法，其中按照2015年“省会城市”/“非省会城市中GDP最大的城市”比值来看，长沙经济首位度达到了2.95，在全国省会城市中仅次于成都、武汉、银川，排名第4位，区域极核地位凸显；按照“省会城市”/“全省GDP”来看，长沙市该数值约为30%，在全国排第11位左右。

长处四：区位居全国枢纽地位。长沙处于我国经济发展东西南北两大中轴线的交叉点位置上，既是内陆通向两广和东部沿海及西南地区的枢纽地带，又是长江经济带和华南经济圈的结合部，在进入“八纵八横”的时代，长沙将成为中部地区最大的高铁枢纽，凭借渝长厦高铁线整体通达性有望超过武汉。目前，长沙2小时高铁覆盖面积已经超过武汉和郑州（见表2）。

**表2　长沙、武汉、郑州三市2小时高铁经济圈对比**

| 城市 | 面积(万平方公里) | 覆盖地级市数量 | 人口(万人) | GDP(亿元) |
|---|---|---|---|---|
| 长沙 | 16.18 | 18 | 7554 | 32526 |
| 武汉 | 15.14 | 16 | 6273 | 29550 |
| 郑州 | 14.23 | 20 | 8541 | 36076 |

数据来源：各地统计局及调研组整理。

## 二　长沙“短”在哪里?

长沙短板主要体现在城区规模和人口规模偏小、开放度和国际化水平不高、服务业和金融短板突出等方面。

短板一：城区规模偏小，人口总量偏少。长沙总面积在中部省会城市中最大，但城市建成区面积小，仅为武汉的52%（见表3），建成率仅为3%（中部排名最低）。从人口规模来看，长沙仅集聚全省人口的10%，低于我国省会城市15%的平均数，长沙市常住人口规模低于国家已明确支持建设的所有国家中心城市。过去五年，武汉、郑州常住人口增量分别达到94.25万人和84.23万人，而长沙市仅增加38.77万人。

**表3　2015年中部省会城市规模比较**

| 城市 | 建成区面积占总面积比重(%) | 建成区面积(平方公里) | 建成区人口(万人) | 建成区人口密度(万人/平方公里) |
|---|---|---|---|---|
| 武汉 | 8.17 | 694 | 720 | 1.04 |
| 郑州 | 6.04 | 450 | 530 | 1.18 |
| 太原 | 5.72 | 400 | 340 | 0.85 |
| 合肥 | 3.67 | 420 | 400 | 0.95 |
| 长沙 | 3.06 | 362 | 397 | 1.10 |
| 南昌 | 4.53 | 335 | 325 | 0.97 |

数据来源：各地统计年鉴。

短板二：开放度不足，国际化水平不高。2015年长沙全年进出口额129.53亿美元（见表4），总量居中部省会第4位，增速居第3位，仅相当于武汉和郑州的46%和23%，增速也比武汉、郑州低0.6、17.2个百分点。长沙至今没有外国领事馆，国际会展赛事较少。

**表 4　2015 年中部省会城市进出口额比较**

| 城市 | 进出口额(亿美元) | 增速(%) | 城市 | 进出口额(亿美元) | 增速(%) |
|---|---|---|---|---|---|
| 郑州 | 570. 30 | 22. 9 | 长沙 | 129. 53 | 5. 7 |
| 武汉 | 280. 70 | 6. 3 | 南昌 | 114. 64 | -6. 2 |
| 合肥 | 203. 40 | 1. 3 | 太原 | 106. 77 | 0. 1 |

数据来源：长沙市政府。

短板三：服务业发育不够，金融短板突出。2015 年长沙三次产业的比例为 4. 0∶50. 9∶45. 1，第三产业比重偏低，在中部地区位居第 4。金融短板突出，2015 年长沙金融机构存款余额为 14065. 7 亿元，分别为郑州、武汉的 72. 5%、83. 0%。金融业增加值不足武汉的一半，仅为郑州的 60%（见图 2）。

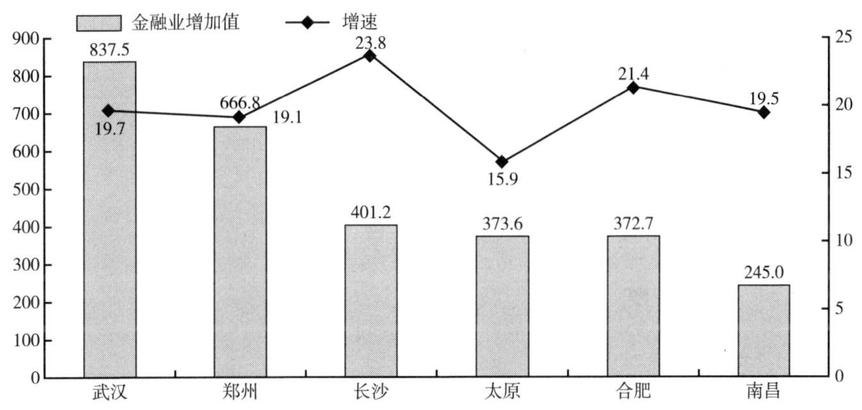


**图 2　中部省会城市 2015 年金融业增加值**

数据来源：各地统计局。

## 三　长沙“难”点几何？

难点主要体现为政策大局已定、实质把握、对外对内关系等三个方面。

难点一：如何在国家政策大局已定情况下，实施“逆势赶超”？在中部崛起新十年规划中，国家明确支持武汉和郑州建设国家中心城市，全国 8 个国家中心城市基本确定。长沙如何应对？我们认为要明确两点：一是要有信心。国家中心城市的名单还没最后确定，长沙依然可以争取；同时，支持建设国家中心城市并不等于已经建成国家中心城市，最后是否真正意义上的国家中心城市，还要靠实力说话。二是要有策略。国家给予国家中心城市的优惠政策，长沙应该紧盯，化整为零地逐一向国家争取，实现政策上不吃亏。

难点二：如何准确理解国家中心城市的实质，找准“发力方向”？国家中心城市是住建部2005年编制《全国城镇体系规划》时提出的概念，主要包括五层含义：一是国家组织经济活动和配置资源的中枢；二是国家综合交通和信息网络枢纽；三是国家科教、文化、创新中心；四是具有国际影响力和竞争力；五是国家城市体系中综合实力最强的“塔尖城市”。从这五个层次来看，长沙要从三个方面着力：做大体量，在城市格局、人口规模、经济规模方面上层次；在对外开放和国际化方面补短板，打造国际化枢纽型城市；建设资源配置中枢，在现代服务业、总部经济上谋求突破。

难点三：如何处理对内对外两个关系，实现“资源整合”？对外来看，长沙与武汉距离仅300多公里，其各自腹地辐射重叠面积较大，在武汉获国家明确支持的情况下，长沙如何争取到国家中心城市地位？值得借鉴的是重庆和成都，这两个城市也距离300公里左右，都相继得到国家支持建设国家中心城市。对内来看，长株潭城市群建设国家中心城市是优选之一，然而长株潭融城概念提出多年，虽然取得了不少进展，但依然联动不足；同时，长沙在发挥龙头作用、带动其他地市发展方面还远不够，区域联动是难点。

## 四　几点建议

长沙市第十三次党代会对建设国家中心城市提出了一整套顶层设计，表明了长沙的决心和信心。课题组结合省第十一次党代会精神，站在全省的角度提出四点建议。

——争取两类权限，在发展格局上“不落人后”。城市空间骨架和管理规格是决定城市格局的前提所在，要支持长沙在这两方面取得与国家中心城市相匹配的权限。一是对接全国城镇体系规划、土地规划和长江中游城市群规划修编工作，争取将长沙纳入国家中心城市，在城市骨干框架上按照国家中心城市建设的需求，在土地指标、城市体量、人口规划等各项政策上争取国家支持。二是以副省级城市标准扩大长沙城市管理权限。我国国家中心城市绝大多数是副省级城市，建议全力支持长沙向国家申请升级为副省级城市，在短时间难以获批的情况下，可先行按照副省级城市标准扩大长沙城市管理权限，具体比照武汉、成都、西安等副省级城市标准，结合国家简政放权要求，在扩大开放、项目审批、规划、土地、编制、环评、金融投资、财税支持、城乡统筹、管理体制创新等方面下放权限。

——发掘两大潜力，抓关键环节达“事半功倍”。创新和开放是湖南和长沙最关键的两个要素，充分发掘潜力，将起到“事半功倍”的效果。一是发掘开放潜力，打造世界级综合枢纽城市。重点以长沙空港、高铁、江港一体化为载体：江港上，向北联动岳阳，提升长沙新港－岳阳城陵矶航道等级，将湘阴漕溪港深水码头打造成“飞地深水港”，夯实长江经济带枢纽城市地位；空港上，加快黄花机场、大屯营机场扩容升级，把黄花机场建设为世界级航空客运货运枢纽机场，省统筹申报国家级临空经济示范区，着力打造中国版“孟菲斯”；铁路上，畅通湘欧快线，协调解决通关受限等难题，将通道优势转化为贸易优势。以文化创意、服务外包、供应链高速物流配送、跨境电商等为业态特色，申报中国湖南（长沙）自由贸易区，建设一流国际大商圈。二是发掘创新潜力，打造跨市域的“湘江创新走廊”。以湘江新区为核心载体，打造北起岳阳，途径宁乡和望城经开区、长沙高新区、岳麓山大学城，南至湘潭九华经开区、湘潭大学城、株洲高新区等的创新走廊，依托中南大学、湖南大学、湘潭大学等科教资源，联动六个国家级园区，整合科教、产业资源，使之成为中西部双创发展的强大引擎。

——做大两个规模，在实力体量上“聚纳百川”。城市竞争最终是人和产业的竞争，人口规模和产业规模是国家中心城市建设的硬指标。一是做大“人”的规模。长沙应全面放开户籍限制，鼓励外地人员落户；保持平稳的房价，在城市宜居上做文章；制定更加开明优惠的人才引进政策，着力引进高端研发人才、高级经营管理人才和高级技工及技能型人才。争取在 2020 年前后，将城区中心人口规模提升到 600 万人以上。二是做大“产”的规模。着力围绕长沙“三个中心”的定位，从智能制造、创新创意、商贸流通三大产业着力，依托国家自主创新示范区、湘江新区、国家“中国制造 2025”示范基地等国家级平台，从产业链配套、环境优化、示范应用等关键环节发力，不断做大高端产业规模。

——联动内外板块，整合各方资源“巧妙发力”。长沙不仅是长沙的长沙，更是湖南的长沙、全国的长沙，因此要充分考虑在整体版图中的定位。一是对内要强化极核地位，形成与其他市州的联动效应。重点加强长株潭岳四市联动，打造中南都市圈的核心区。加上岳阳，不仅为了整体实力提升，更为长沙增加了开放通道和高级别水运码头。编制长株潭岳大都市区规划，统筹大都市区范围内交通、生态保护、资源利用、基础设施等方面的布局，推动一体发展。二是对外要强化区域特色，注重与武汉等城市的竞合关系。建议与武汉定位为“长江中游双星城市”，强调合作关系、弱化竞争，同时在差异化发展上做足文章，例如长沙的文化创意和宜居城市品位，再如在具体的产业发展上强化差异化定位。

# 为长沙建设国家中心城市点赞

唐宇文

2016年9月底，长沙市第十三次党代会首次提出要努力建设国家中心城市。在会前的市委征求意见过程中，我极力赞成这一自加压力、跳起来摘桃子的目标定位。当时我在接受媒体采访时谈到，长沙与其他一些省会城市相比，有交通区位、科教创新、军民融合、改革试点、房价较低等基础条件与优势。未来长沙应放开户籍限制，鼓励更多人来长沙落户，在吸引人才方面提供更多优惠政策。同时要招大引强，有目标地对接世界500强企业。要争取举办重大国际活动，像G20，把杭州城市规格和档次都提升了。包括设立外国领事馆，长沙也要尽量争取。等等。

2016年12月，国家发改委印发《促进中部地区崛起"十三五"规划》，该规划明确提出，支持武汉、郑州建设国家中心城市。2016年12月14日和2017年1月22日，国家发改委还先后函复湖北、河南两省政府予以确认支持。对此，一些同志出现悲观情绪，认为长沙建设国家中心城市泡汤了。但我在随后参加市委领导主持的相关座谈会上感觉到，长沙市党政机关的干部们根本没有受到不利影响，各部门仍然铆足了一股劲，在脚踏实地地开展创建工作。春节前，长沙市发改委更在市直机关干部中发起了建设国家中心城市的征文，集思广益，令人鼓舞。

确实，创建国家中心城市是一场开放式的竞争，信心和实干至关重要。作为生活在这座城市的市民，我们热爱这座城市，也看到了她近年来在城市建设上所取得的巨大成就，更希望她乘势而上，咬定青山不放松，脚踏实地，加快建设国家中心城市的步伐。

当然，这段时间很多人也都在思考一个问题。那就是，跟国家中心城市的要求相比，长沙的短板和不足到底在哪里？有人说，主要是因为长沙市的经济总量还没有进入万亿元行列，但我们稍加比较就会发现，郑州市的GDP比长沙少了1000多亿；还有人说，是因为长沙市没有武汉市那样九省通衢的交通区位优势，但事实上长沙市承东启西、连南接北的区位优势与高铁、高速公路、航空、水运等交通通道条件并不逊色……

国家中心城市是现代化的发展范畴，是居于国家战略要津、体现国家意志、肩负国家使命、引领区域发展、跻身国际竞争领域、代表国家形象的特大型都市。它处于我国城镇体系的最高层级，是在全国具备引领、辐射、集散功能的城市，这种功能表现在政治、经济、文化、对外交流等多方面。将国家中心城市这一概念扩大化理解，凡是国家中心城市，一定是在某一方面或几个方面具有“全国性功能”定位的城市。

笔者个人认为，根据国家中心城市的深刻内涵与功能定位，以及与已获国家明确支持建设国家中心城市的北京、上海、天津、广州、重庆、成都、武汉、郑州相比，长沙建设国家中心城市的短板，或者说今后努力的方向应是以下三个方面。

一是做大城市人口规模。人是国家中心城市建设成败的决定性因素。国家发改委在给湖北省政府的函复中提到，武汉市作为我国中部和长江中游地区唯一人口超千万人、地区生产总值超万亿元的城市，区位优势突出，科教人才资源丰富，文化底蕴深厚，具备建设国家中心城市的基础条件。人口超千万就被作为第一个条件得到肯定。目前，长沙仅集聚全省人口的10%，低于我国省会城市15%的平均数，长沙市常住人口规模低于国家已明确支持建设的所有国家中心城市。过去五年，武汉、郑州常住人口增量分别达到94.25万人和84.23万人，而长沙市仅增加38.77万人。因此，未来长沙应全面放开户籍限制，鼓励有意愿来长沙生活和工作的人士落户；制定更加开明、优惠的人才引进政策，着力引进高端研发人才、高级经营管理人才和高级技工及技能型人才。争取在2020年前后，将城区中心人口规模提升到600万人以上。

二是着力提高对外开放水平。国际化与对外交流的规模和水平，是衡量一个城市是否能够成为国家中心城市的重要标志。国家发改委给湖北、河南的函复认为，武汉建设国家中心城市，有利于构筑内陆开放平台，纵深拓展国家开放总体格局；郑州建设国家中心城市，有利于打造内陆开放高地、积极服务和参与“一带一路”建设。这两个函复，实际上涵盖了国家对国家中心城市在对外交流与国际竞争方面的内在要求。目前来看，已获国家明确支持的八个城市，其对外开放水平确实都明显高于长沙，我们不能不服。例如，2015年成都市进出口总额为395.3亿美元，年末落户成都的境外世界500强企业达到199家，驻蓉外国领事机构15家。而武汉市2015年外贸进出口总额280.72亿美元，在武汉投资的世界500强企业累计达到了230家。郑州市2015年进出口总额为570.3亿美元，全年跨境电子贸易走货量5189.5万包，货值41.1亿元。反观长沙，2015年进出口总额仅为129.53亿美元，对外贸易规模仅分别为郑州、成都、武汉的22.7%、32.8%、46.1%。因此，长沙需要在发展外向型经济、开放型经济方面，迈开更大的步伐。

三是大力强化长沙的城市枢纽功能。长沙目前已基本形成以京珠和沪昆"十字形"综合运输大通道为主骨架，由铁、公、水、航等组成的综合交通网络，交通区位条件并不比其他国家中心城市逊色。但与发达的通道相比，长沙综合交通枢纽功能发挥相对滞后，且呈现竞争劣势。例如，从各种运输方式的货物周转量来看，2015年长沙市仅为386.18亿吨公里，而武汉、郑州两市分别为2951.92亿吨公里、548.2亿吨公里。在作为现代经济发展重要支撑的航空物流方面，长沙的差距更是明显，如2015年郑州市的航空货物周转量为5.43亿吨公里，武汉市的航空货物周转量为1.67亿吨公里，而长沙市的航空货物周转量仅为0.87亿吨公里。十年前，笔者就在多个场合建议长沙建设中国版的"孟菲斯"，还与同事撰写了一份"关于兴建长沙临空经济区的建议"报省委领导，省领导把这份报告批示给了黄花机场集团，但苍天不古、长沙依旧。在这短短的十年里，郑州人跑到了美国亚特兰大航空枢纽去取经。如今，郑州航空港已成为中国首个国家级航空港经济综合实验区。而武汉除天河机场已成为中国八大区域性枢纽机场之外，邻近武汉的鄂州2016年已获国家民航局批复建设亚洲第一、全球第四的航空货运枢纽机场，打造中国版的"孟菲斯"，而该机场的主要建设者与使用者，即为顺丰速运。亡羊补牢，犹未为晚。长沙，应抓住机遇引进大型跨国物流企业。

国家中心城市是逐步建成的。长沙市要紧紧围绕建设国家中心城市的战略目标，设定建设国家中心城市的战略步骤，加快推进相关工作，重视发挥综合交通枢纽功能和区域整合协调作用，全面提升辐射带动能力和国际竞争力，积极争取国家有关部委对长沙建设国家中心城市的指导和支持，使长沙早日成为国家中心城市和国家发展的重要增长极。

# 六个维度看深圳

唐宇文

早春二月，北方还是春寒料峭，鹏城却已绿树绕堤。来自中央及各省市区政府智库的同仁们，因参加全国政策咨询工作会议而齐聚深圳五洲宾馆，交流探讨当前改革发展面临的新形势和新任务，总结部署新一年的政策咨询工作。紧张的会议讨论之余、华灯初上之时，友人驾车载我游走在创新要素集聚的深南大道，徜徉在美丽宁静的深圳大学城，漫步在清风习习的滨海绿道，穿梭在大小梅沙至南澳的碧波海岸，感受这座现代化城市的春天之美。

记得上次对深圳的深度调研，还是20年前的1997年、香港回归祖国之前。那时的深圳，虽然经历了改革开放十多年的建设发展，但常住人口仍不到500万人，经济总量刚过1000亿元，仅相当于香港经济总量的7.5%，人均GDP仅为22498元，进出口总额390亿美元，专利授权量累计不足1000件。今天深圳许多繁华的都市区域，那时还是一派绿色田野风光。20年沧海桑田，深圳已发生翻天覆地的变化。今日再来看深圳，日新月异创新天。

## 一　实力深圳

深圳是中国实行改革开放后成功建立的第一个经济特区，如今已发展成为影响日盛的国际化城市，创造了举世瞩目的“深圳速度”，同时享有“设计之都”“创客之城”等美誉。它的总面积虽然只有1997平方公里，与湖南省的长沙县面积相当，但特区成立37年来，其综合经济实力却突飞猛进。特别是在经济增长进入新常态的大环境下，深圳经济仍保持了有质量、有效益、可持续发展的良好态势。2016年，深圳GDP已是香港GDP的91.5%，总额达19493亿元，同比增长9%；人均GDP高达16.74万元，按全年平均汇率折算为2.52万美元，早已进入高收入国家和地区行列，大致与西班牙的人均GDP相近，为人均GDP排全球第一的卢森堡的1/4，为排全球第五的美国的46%，为我国香港的58%，多年居中国内地副省级以上城市首位。今天，深圳市常住人口已达1200万人，与世界著名城市伦敦、巴黎、洛杉矶、大阪、莫斯科等大致相当。

深圳的崛起，离不开不断优化升级的产业结构。2016年，其第一产业增加值仅6.3亿元，基本可以忽略不计；二、三次产业结构比调整为39.5∶60.5，三产比重首次突破六成。第二产业中，工业增加值占GDP的比重为36.9%；第三产业中，金融业增加值占GDP的比重为14.8%。以深圳市领导的说法，深圳的产业结构凸显了“三个为主”。即经济增量以新兴产业为主，新兴产业对GDP增长贡献率高达53%；工业以先进制造业为主，先进制造业占工业的比重超过75%；三产以现代服务业为主，现代服务业占服务业的比重达70%以上。高端产业、总部经济不断发展。目前，深圳本土诞生的世界500强企业已增至5家，营业收入超五百亿元企业达22家，其中超千亿元企业11家，境内外上市公司累计达到346家。

## 二　创新深圳

“时间就是金钱，效率就是生命”，这一句在改革开放初期由深圳人提出的口号，对当时国人的思想产生了巨大冲击，从而改变了人们的时间、效率观念。弹指一挥间，30多年过去，深圳已从过去“三天一层楼”，到如今“一天46件发明专利”，“速度深圳”加速向“创新深圳”转型。

2010年，深圳成为中国首个国家创新型城市。《福布斯》公布的中国大陆最具创新力城市中，深圳排名第一。《福布斯》发布的“中美创新人物”中国十人名单中，有五人来自深圳。深圳人的创新精神，越来越为世人所称道。一个重要标志是其PCT国际专利申请量多年居国内首位，2015年深圳PCT国际专利申请量达1.33万件，占全国的46.9%；战略性新兴产业规模达2.3万亿元，增加值占GDP的比重达40%；国家级高新技术企业占广东省的一半。目前，在5G通信技术、超材料、石墨烯太赫兹芯片、基因测序、新能源汽车、3D显示、无人机等领域，深圳的技术水平已达国际一流。

另据《2015国际大都市科技创新能力评价》，在波士顿、柏林、巴黎、北京、伦敦、纽约、首尔、深圳、上海、东京等全球十大都市中，用创新态势、创新热点、创新主体和创新合力四个维度以及专利数据、学术论文和会议论文三个指标来衡量，深圳已跻身全球创新城市第一梯队。例如，在2004年1月至2015年8月，深圳共申请52304项PCT专利，仅次于东京，居全球第二。相较全球其他创新都市，深圳的创新热点主要集中在新一代信息技术、生物、高端装备制造和新材料等四大领域。

2015 年，深圳成为中国首个以城市为基本单元的国家自主创新示范区，其 R&D 投入占 GDP 的比重达 4.05%，为全国水平的 2 倍。在世界各国中，只有以色列和韩国超过 4%，2013 年以色列为 4.21%、韩国为 4.15%。十年前，中兴、华为与其他企业研发投入差距不大，均在 10 亿~30 亿元左右；十年后，华为研发投入已超 500 亿元，高出整个湖南省的研发投入 100 多亿元，中兴亦超 120 亿元，研发强度均高于 10%。在持续不断的创新投入下，深圳的有效发明专利累计已近 8.4 万件，约占全国的 1/10。

与硅谷和以色列相比，深圳的创新之路起步虽晚，但后发优势明显。今天的深圳，正在成为全球创客之都。和硅谷一样，一个又一个的小公司在这片沃土上集聚发展，并逐渐成为行业的巨人。比如，20 世纪 80 年代后期创建的华为和中兴，已发展成为通信行业研发创新的“大本营”；1998 年创立的腾讯，凭借社交网络服务迅速增长，总市值在亚洲互联网企业中排名仅次于阿里巴巴；而进入互联网时代以后，以大疆创新、华大基因、光启科技和柔宇科技等高科技企业为代表的一大批新锐公司，正在瞄准和创造未来技术趋势；以柴火空间等为代表的孵化器遍地开花，创客群体正在崛起。

深圳已在全国率先建成创新生态系统。一批面向世界、服务全国的重大科技基础设施，如国家超算深圳中心、大亚湾中微子实验室等，以及光启研究院、华大基因等新型研发机构，已建成落户。苹果、微软、高通等全球知名企业亦在此设立研发机构。国家省市级重点实验室、工程实验室、工程研究中心、企业技术中心等创新载体累计达 1493 家。哪里有机会，哪里就有创新投资，总规模 2000 亿元的中国国有资本风险投资基金 2016 年落户深圳，VC/PE 机构累计近 5 万家、注册资本约 3 万亿元。国家级高新技术企业累计达 8037 家，7000 余台大中型科研仪器设备向社会开放共享。

从增长动力来看，深圳已摆脱投资驱动模式，基本形成了创新驱动发展的新范式。2016 年全国投资占 GDP 的比重高达 81%，而深圳仅为 19% 左右。从增量资本产出率来看，每增加一个单位的 GDP，全国需要投入 6.5 个单位的增量资本，而深圳只需投入 1.5 个单位。深圳之所以能实现增长动力的转换，是因为它把创新摆在与改革开放同等重要的位置，还因为它有两个别人无法比肩的优势：一是年轻与活力，深圳人的平均年龄是 31 岁，香港是 43 岁。二是完备的制造业配套产业链，连硅谷也难以匹敌。

## 三　质量深圳

2010年以来，深圳市在全国城市中第一个提出“质量强市”理念，也是第一个把“质量战略”作为核心发展战略的城市，更是首个“全国质量强市示范城市”。“质量深圳”是“速度深圳”在量变基础上的跃升，它秉承的是“以质取胜”的理念。“质量深圳”不仅表现在对宏观经济发展质量的关注上，亦包括对政府服务、民生改善、环境保护等方面更高的要求，更是对微观企业、产品质量的持续追求。2014年，深圳市政府部署了“打造深圳标准，铸就深圳品牌，树立深圳信誉，提升深圳质量”行动计划，初步形成了标准、质量、品牌、信誉“四位一体”的推进路径。

深圳把高标准作为新常态下引领高质量的第一追求，并于2014年设立了7000万元的“打造深圳标准专项资金”，大力支持经济、社会、文化、城市、生态、政府服务等各领域的标准化工作。全市研制的国际国内标准累计总数从2009年的1609项，增长至2015年的4212项，其中国际标准从321项增至1135项。2016年，深圳市主导或参与制定国际标准达到249项。目前，深圳有58个国际国内标准组织落户，有500多人在各类标准组织中担任重要职务，有20家企业标准联盟，每年研制国际标准近200项。可以说，深圳已成为具有一定国际影响力的标准机构和人才集聚地之一。

深圳对品牌的培育起步更早。2003年，深圳就开展了“知名品牌”的评选活动，2004年更在全国率先设立市长质量奖，激励全社会创造高质量。截至2014年底，累计培育产生“深圳知名品牌”企业558家，共有43家单位获得了“市长质量奖”。这些企业占全市企业的比例虽然不足千分之一，却占据了38.23%的销售额、34.05%的纳税额和21.64%的出口额。特别是涌现出了一批以质量引领发展的企业，如华为、中兴分别荣获中国质量奖和中国工业大奖，腾讯等3家企业入选2016年“全球最具价值品牌百强榜”，大亚湾核电运营公司荣获2015年广东省政府质量奖。

在“质量深圳”战略的推动下，深圳产业正在向价值链高端延伸。2015年，深圳先进制造业占工业的比重达71.3%，加工贸易企业中委托设计和自有品牌比重超过65%。“十二五”期间，深圳累计淘汰转型低端落后企业超过1.7万家，通过腾笼换鸟，进一步提升了产品质量和产业附加值。

例如，作为“质量深圳”的国际化展示窗口，深圳在新一代信息技术产业集群领域已经占据领军者地位。2015 年，深圳新一代信息产业规模达 1.3 万亿元，而增加值约 3090 亿元，占 GDP 的比重约为 16.5%，大大高于北上广等城市。

又如，在机器人领域，2015 年深圳机器人产业规模超过 500 亿元，产业增加值约为 168 亿元，总体水平在全国遥遥领先。从事机器人研发、制造以及系统方案的企业共有 100 多家，形成了从配套、行业应用到终端产品的产业链。

再如，在可穿戴设备领域，深圳已建成国内最大的研发生产基地，拥有从传感器、柔性原件到交互解决方案的完整产业链条，酷派、中兴、华为等设备商相继推出手环、腕表等穿戴式产品，新产品和新业态不断涌现，集聚了上千家相关企业。

## 四　开放深圳

深圳的开放，首先体现在其人流、物流的大进大出及对外开放综合枢纽功能的发挥上。作为中国对外开放的前沿阵地和重要窗口，深圳是重要的边境口岸城市，其市域边界设有中国最多的出入境口岸，皇岗口岸实施 24 小时通关。2015 年全年经过深圳市一线口岸入出境人数达 2.39 亿人次，入出境交通工具 1550 万辆（艘）次。深圳市拥有港口泊位 156 个，其中万吨级泊位 67 个，2015 年港口货物吞吐量 21706 万吨，集装箱吞吐量 2420 万标箱，连续四年稳居全球第三位。其中，出口集装箱吞吐量 1236 万标箱。2015 年，深圳机场旅客吞吐量 3972 万人次，排在全国第五位，年末开通运营国内航线 166 条、国际航线 21 条、港澳台航线 4 条。全年旅游住宿设施接待过夜游客 5375.20 万人次，其中海外游客 1218.70 万人次，占全国的 20.57%。在过夜海外游客中，外国游客 164.65 万人次，港澳同胞 1011.74 万人次，台湾同胞 42.31 万人次。全年旅游外汇收入 49.68 亿美元，宾馆、酒店、度假村开房率达到 68.2%。

深圳的开放，还体现在它是中国最重要的对外贸易中心，其出口总额连续 24 年居全国内地大中城市首位。据海关统计，2016 年，深圳市进出口总额 26307.01 亿元，差不多是湖南省一年进出口总额的 15 倍，比 20 年前增长了 7 倍多，是全国进出口总额的 10.81%。其中，出口总额 15680.40 亿元，进口总额 10626.61 亿元。新型外贸方式发展良好，外贸综合服务企业进出口快速增长，跨境电子商务交易额达到 403.5 亿美元。在对外开放的新时期，深圳积极参与“一带一路”建设，设立了丝路基金，作为海上丝绸之路桥头堡的粤港澳大湾区已被纳入国家“十三五”规划，成功举办“一带一路”投资贸易洽谈会等重大交流活动，深圳越南经贸合作区、中白物流园、印尼深圳产业园等对外合作项目稳步推进，“一带一路”环境技术交流与转移中心落户深圳，巴布亚新几内亚深圳产品展销中心成立运营，对沿线国家协议投资额增长 11.5%。2016 年，深圳还新增了多伦多、麦纳麦等 10 个国际友城，与港澳在科技教育、文化创意、检验检疫等领域的合作进一步加强，落马洲河套地区深港合作开发启动等。

深圳的开放，更体现在它对外来人口的接纳与包容上。与硅谷一样，深圳也是一个由移民建设起来的城市，其非户籍人口占比多达 69.2%，正所谓“来了，就是深圳人”。正是这种开放包容的特质，吸引了一批又一批来自五湖四海的各类人才，使得这座中国最富冒险精神的城市，从 30 多年前的小渔村，发展成为拥有 100 多万各类专业技术人员、超过 1200 万人口、平均年龄 31 岁的年轻而充满活力的国际化都市。

在各类人才涌入深圳的背后，是深圳市政府敢为人先的人才政策的强力支撑。近年来，深圳一直坚持把人才作为驱动创新的第一资源，出台了高层次专业人才“1+6 文件”“孔雀计划”等多项政策措施及虚拟大学园、大学科技园区走廊、大学城学术交流中心、国际知识创新村、新型智库聚集基地等项目，吸引国内外一流创新团队，积极培养本土人才，营造开放包容文化氛围，努力打造“人才特区”。

“孔雀计划”主要针对海外高端人才，该计划对引进的海外高层次人才队伍，给予最高 8000 万元的专项资助。截至目前，“孔雀计划”已累计引进创新团队 63 个。而虚拟大学园则跨越了深圳发展初期缺乏高等教育资源的困境，从最初的 10 家国内院校，发展到现在的 57 家国内外著名高校集聚于此。这些知名高校目前在深圳已设立数百家研发机构。

2016 年，深圳推出人口新政，放宽入户条件，对人才落户不设上限。这是 2016 年深圳出台的第 7 个跟人才有关的政策文件。人口新政的实施，必将进一步激发深圳的人才高地效应。

## 五 绿色深圳

游走在深圳的大街上，随处可见绿树成荫、春色满园的景象，随时都能呼吸到新鲜的空气，令人心旷神怡。深圳，不愧为全国副省级城市中空气质量最优的都市。

然而，今天的一切都来之不易。2004 年初，深圳市调整发展理念，主动把原定 2005 年基本实现现代化的时间表推迟到了 2010 年，打破了唯 GDP 论英雄的单一评价体系，逐渐走出一条绿色低碳发展的新路径。深圳市政府拿出了捍卫绿色的勇气和决心，在仅有的不到 2000 平方公里的土地上划定 960 平方公里的生态红线，禁止项目进入开发；深圳也采取了控制污染和资源消耗、提高单位投入产出效益的严格措施。

深入观察，深圳市推进低碳绿色发展主要靠五“板斧”：一是规划先导、立法先行，创新驱动、财政激励。二是市场引领、企业主体，大胆探索、创新机制。深圳在全国第一个启动碳交易市场，截至 2015 年底交易总量和交易总额均位居全国第二，市场配额流转率居全国首位，碳交易扩大至交通领域。大力推进低碳试点和碳排放权交易试点，在碳交易市场采用了“总量 + 强度”的双控模式，建立了价格平抑储备配额制度和市场稳定调节资金制度等。三是对外开放、国际合作，对内放开、全民参与。在推进低碳试点工作中，深圳市通过举办国际论坛、签订合作协议、组建合作联盟、参与国家低碳外交战略等多种形式，积极推进与国外政府和国际组织的合作。同时与国内外各类企业、大学、研发机构、NGO 等保持良好合作关系，鼓励多方参与。四是治水提质、系统施治，治理大气、持续发展。深圳市近年来扎实开展治水提质行动，坚持以流域为单元实施系统治理，仅 2016 年就投入 111 亿元，启动 461 个治水项目，15 条主要河流中有 10 条水质改善。持续提升大气环境质量，全面禁行黄标车，淘汰老旧车及黄标车近 7 万辆，推广应用新能源汽车超过 6.7 万辆，靠港船舶全部强制使用低硫燃油。五是夯实设施、改善环境，加力执法、依法治污。深圳市以高标准开工建设了东部环保电厂、老虎坑三期、妈湾能源生态园等系列环保基础设施，全面推进现有垃圾焚烧厂、填埋场提升改造。不断加大环保执法力度，仅 2016 年就查处环保违法行为 1688 宗，停产整治企业 61 家。

通过努力建设绿色家园，深圳宜居宜业的环境优势不断彰显。深圳市万元 GDP 能耗从 2010 年的 0.494 吨标准煤，下降到 2015 年的 0.392 吨标准煤，约为全国水平的 40%，在全国大中城市中处于领先水平；万元 GDP 二氧化碳排放量从 0.95 吨，下降到 0.66 吨，处于全国大城市最低水平；PM2.5 平均浓度降到 29.8% 微克/立方米，灰霾天数由 112 天降至 35 天，空气质量居国家 74 个重点监测城市前列，在全国千万人口特大城市中排名第一，“深圳蓝”成为城市靓丽新名片；化学需氧量、氨氮等污染物排放大幅下降，绿色低碳发展模式逐步实现。

## 六　民生深圳

深圳之所以能将世界各地的人们召唤于此、奉献青春，一个很重要的原因，就是它的高收入和造富现象。

深圳的居民人均可支配收入、最低工资标准、最低生活保障标准，均居全国领先水平。2015 年，深圳居民人均可支配收入为 44633 元，是全国平均水平的 2 倍以上；居民人均消费支出为 32359 元，是全国平均水平的 2.1 倍。2017 年 4 月 17 日，福布斯发布了 2017 全球华人富豪榜。上榜的 486 位华人富豪中，深圳有 36 名。深圳上榜的富豪中，经营网络服务的马化腾以 249 亿美元的净资产排第 4 位，经营快递服务的王卫以 159 亿美元排第 7 位，经营采矿和铜产品的王文银排第 10 位。另有两匹“黑马”引人注目：深圳市大疆创新科技有限公司的创始人汪滔、深圳光启集团总裁刘若鹏。汪滔和刘若鹏在 2015 福布斯华人富豪榜上均榜上无名，此次却分别以 36 亿美元和 13 亿美元的净资产，分别排在 2017 福布斯华人富豪榜的第 83 位、329 位。

高收入的背后，有对民生改善的全方位推动，从而促使发展成果惠及更多民众。“十二五”期间，深圳全面实施重大民生建设工程，九大类重点民生领域财政支出 6734 亿元，年均增长 29.7%。新增中小学学位 13.2 万个，普惠性幼儿园达 825 所，南方科技大学、香港中文大学（深圳）建成招生，还有一批大学获批建设。三级医院从 9 家增至 25 家，三甲医院从 3 家增至 10 家，病床数从 2.3 万张增至 3.7 万张，新增执业医生 6900 名。深圳还被授予“全球全民阅读典范城市”称号，四次蝉联“全国文明城市”称号，成功举办第 26 届世界大学生夏季运动会。新增安排保障性住房 24 万套、养老床位 4762 张。社会组织超过 10000 家，注册志愿者 120.9 万人。2016 年，惠民生力度继续加大，九大类民生支出 2380 亿元，新增就业 10.3 万人，新增老年人日间照料中心 25 家，新增普惠性幼儿园 98 所、幼儿园学位 2.5 万个、公办中小学学位 3.1 万个，新建名医诊疗中心 5 家，增加三级医院 6 家、三甲医院 1 家，新增病床 3000 张、执业医师 2698 名，新增专业社工 1300 人，新开工及筹集保障性住房和人才住房 6.2 万套、竣工 5.1 万套、供应 4.2 万套。

“让同城人享受同等待遇”，这句温暖人心的话语，反映了深圳基本公共服务的质量和均等化水平。深圳是移民城市，外来人口占绝大多数。深圳在没有国家义务教育拨款的情况下，主动承担起为外来工子女提供义务教育的责任。

深圳基础教育64.9%学位、义务教育阶段72.5%以上的学位、公办学校55%以上的学位，提供给了非深籍学生。在深圳，无论是户籍人口还是流动人口，只要是常住居民，都可享受政府“埋单”的预防接种、传染病防治、儿童保健、孕产妇保健、老年人保健等29项免费公共卫生服务。深圳还免费为外来务工人员提供基本就业服务，“十二五”的五年间组织了500万在深就业农民工参加技能提升培训。

当然，作为一个年轻的城市，深圳在发展进程中也还存在要素成本上升过快、基础研究机构较少、创新领军人才仍显不足、优质教育医疗资源缺乏、部分区域和时段交通拥堵等问题。特别是居高不下的房价，已成深圳发展的软肋。2017年3月公布的中国城市房价排行榜上，深圳房价仅次于北京、上海，以45466元/平方米高居全国第三位。高房价也许是超大城市发展的宿命，过高的房价，虽然可能鼓励不动产投资和投机，但也增加了城市生活和商务成本，从而有可能削弱人口的创新和冒险精神，减少城市的创新活动，降低城市对人才的集聚能力和城市综合竞争力。希望深圳在迈向未来的征程中，精准施策，创造性地解决房价过高的问题。

# 以精细化管理提升城市“微建设”能力

## ——株洲“垃圾革命”的经验和建议

湖南省人民政府发展研究中心调研组

随着社会经济的发展、城市化进程的加快，城市垃圾急剧增加，如何科学有效地处理城市垃圾已成为各国普遍关注的难题。2016 年 12 月，习近平总书记在中央财经领导小组第十四次会议上强调，要普遍推行垃圾分类制度，努力扩大垃圾分类制度覆盖范围。家毫书记在省十二届人代会上提出要着力缩小湖南省在垃圾处理等“微建设”方面的差距，表明了对城市精细化管理的重视。近年来，株洲市不断探索，在垃圾处理监管体制上形成了“株洲模式”，以精细化管理推动城市“微建设”，走出了一条可复制、可推广的新路。

## 一 主要做法：垃圾处理“全流程”管理

株洲市实施从垃圾产生、清扫到运输、处理处置的全流程管理，目前城区生活垃圾清运量100%，基本实现密闭化收转运，生活垃圾无害化处理率从 85% 提高到 100%，为城市正常运转提供稳定的社会公共基础服务。

——垃圾处理“分类化”。近年株洲不断推进垃圾分类处理，先后建成了医疗废弃物处理厂、垃圾焚烧发电厂，并动工建设了餐厨废弃物处理项目，启动了建筑垃圾综合利用项目，加快构建垃圾分类收集、分类处理新格局。

——垃圾清运“不过夜”。据介绍，株洲市生活垃圾每天分上午、下午、夜间 3 次收集，送到转运站的垃圾必须当天运出，做到日产日清。目前，株洲市共有 78 个垃圾处理中转站，负责收集内 5 区的生活垃圾。一天之内，5 区共清运 200 多车垃圾，1000 多吨垃圾被运送到株洲唯一的垃圾填埋场南郊垃圾处理场。在此基础上，株洲进一步探索垃圾“直运直收”的“升级版”新模式，即垃圾不再经过中转，直接由全封闭的压缩车运往垃圾处理场，目前已在试行。

——垃圾转运“全密闭”。垃圾的转运是很多城市面临的难题，生活垃圾如果露天堆放、转运，不仅造成环卫工人的重复劳动，还易造成二次污染。株洲垃圾运输采取密闭方式，在压缩、贮存和卸装等作业过程中始终处于封闭状态，没有垃圾脱落和污水外溢现象，对环境污染小，有效提高了市区生活垃圾储运的技术水平。此外，运输阶段利用数字城管 GPS 系统对运输车辆作业进行监管，运用网格化管理，实现城区垃圾 100% 清运率。

——垃圾场检测“标准化”。目前，进入株洲南郊垃圾场的垃圾需经过严格检查，建筑垃圾或者医疗垃圾会被“拒之门外”；南郊垃圾场实行分区域单元逐层填埋作业；垃圾场还将定期喷药，并详细地记录在册。工作人员还定期对地下水、地表水和渗漏水进行检测，确保各指标达标。

——垃圾“变废为宝”。株洲生活垃圾焚烧发电项目 2014 年投入使用，采用国际上最为先进的机械炉排风烧录垃圾焚烧工艺，烟气排放达到欧盟标准，每小时可发电 1.65 万千瓦时，扣除自用后可上网供电 1.35 万千瓦时，年均可供电 1.08 亿度。家毫书记曾对此充分肯定，认为株洲城市生活垃圾焚烧发电厂为全省树立了样板。此外，该市餐厨废弃物资源化利用和无害化处理项目也在启动，一期每天可处理餐厨废弃物 150 吨，可实现年产生物柴油 5567 吨、甘油 715 吨、生物质燃料 5082 吨，产值可达 3864 万元。

## 二　主要经验：精细化管理“四部曲”

株洲城市垃圾处理“全流程”管理的成效主要有赖于精细化管理的“四部曲”。

——厘清思路，做好精细化管理的顶层设计。株洲市对国家、省相关规划和专项行动进行深入解读，在垃圾清运体系基本完善的前提下，进一步提升服务质量，大力推进垃圾焚烧发电厂、餐厨垃圾资源化利用、建筑垃圾综合利用、配套固废填埋场建设，积极筹备固废综合处理利用和垃圾分类工作，以衔接生活垃圾分类收运体系和固废综合利用体系，实现生活垃圾循环产业化。

——创新制度，建立精细化管理制度体系。建立了“市 – 区 – 街道”三级管理体系：市城管局负责指导、监督、考评、协调垃圾清运管理；各区环卫部门负责管理垃圾清运作业和收运设施的运行维护管理等；街道办事处主要负责辖区内背街小巷和支路的清扫保洁工作监管。并在 2012 年成立城管局二级机构株洲市垃圾处置监督管理处，负责生活垃圾焚烧发电厂等终端处理项目的前期工作及建设、运营等日常监管协调工作。这些为实现垃圾处理“建管分离、监管分开、块块为主、条条监督”提供了制度基础。

——引入市场，形成政企协同的模式。目前，株洲市各区道路基本上实现政府购买服务。其中，清扫作业绝大部分采用市场化运作，道路清扫率在2013年已达到100%；垃圾收运工作已部分实现市场化运营，正在推进全面市场化。终端处理方面，株洲已签约的垃圾焚烧发电和餐厨垃圾资源化利用等项目均采用PPP或BOT模式建设。其中，株洲市焚烧发电厂项目2014年建成，至今已稳定运营两年多。市场化模式使政府从“执行者”转变为“监管者”，减轻财政压力，提升公共服务供给质量和效率。

——社会参与，力求多方共赢的效果。近年来，垃圾处理项目邻避效应日益突出，多地垃圾处理设施无法落地。株洲垃圾焚烧发电项目充分做好协调工作，考虑村民的合理要求，并组织村民到外地参观、公开环保标准、帮助修建便道及硬化道路、设置合理的环保防护距离、欢迎居民代表监督、建设教育基地等，提高了全社会参与城市管理的热情，形成全民支持和参与的局面。

## 三　存在的问题：统筹、规划、融资、维稳方面求突破

目前株洲在垃圾处理方面仍然存在四大问题，这些问题在其他市州也同样存在，需要引起重视。

——统筹不足，多头条块格局急需打破。目前固废管理分属不同部门，现有体制下难以形成统一有序的高效管理体系，已建项目布局分散，不利于形成循环利用的规模效应。例如，株洲市下辖各县（市）生活垃圾主要采用的是“村收、镇运、县填埋”模式，每个县（市）都建设有一座标准垃圾填埋场，只负责处理本区域垃圾，而各县（市）生活垃圾产生量约300吨~500吨/天，达不到单独建设焚烧发电厂的规模，就需要建立跨县（市）统筹协调机制。

——规划不够，设计的精细化程度和前瞻性待提高。株洲市垃圾焚烧发电厂根据2012年的990吨/天的垃圾清运量设计，一期规模1000吨/天，二期预留500吨/天。一期2014年刚建成，2015年发电厂实际处理量就达到约1100吨/天。预测到2020年，株洲市垃圾产生量将达1550吨/天，2030年将达3000吨/天。项目规模设计仅考虑筹备期的需要，未考虑中远期处理要求，导致项目设计滞后于发展需求。

——融资较难，需要引入和完善新的建设模式。生活垃圾无害化处理项目投

资普遍在6000万元以上，但各项目融资渠道较为单一，主要依靠农开行贷款，放款进度实行报账式，且贷款额度只能为投资总额度的80%，另外20%需业主自行筹集。目前虽然引入了BOT、PPP等模式，但在具体操作过程中，存在项目落地难、不规范等问题。

——维稳隐患，易引发群体性事件。场址所在地居民担心生活垃圾场建成后会影响生活环境，往往反应强烈，处理稍有不慎将可能引发群体性事件。同时，按照建设部规定，要求垃圾处理场周边500米以内的居民搬迁，涉及搬迁补偿、征地、青苗及林木补偿、村民改水等费用，资金缺口较大，补偿不到位也易埋下隐患。

## 四 对策建议：以精细化管理提升城市“微建设”能力

加快推广株洲垃圾处理“全流程”模式，进一步增强湖南省城市的服务属性，实施五大精细化管理举措。

——强化规划引导，设计源头注重科学精细。出台《“十三五”湖南省城乡垃圾治理规划》《“十三五”湖南省城镇生活垃圾无害化处理设施建设规划》，指导市州科学确定垃圾处理项目建设规模、技术方案，实现危险废物处理、再生资源利用产业等的省内统筹。引导有条件的地区建设固体废弃物综合处理基地，集中处理生活垃圾、工业垃圾、危险废物、医疗垃圾、粪便垃圾、市政污泥、建筑垃圾等固废物。

——加强统筹协调，试点垃圾处理的大城管治理机制。在长株潭等地区率先试点垃圾处理大城管治理机制，将固废管理纳入城管部门统一管理的事项。进一步划分省、市、县各级政府的职责，省级部门负责完善法律、法规和指导体系，制定省级规划，对跨市州项目及市级规划进行审批；市州部门负责落实市城区垃圾的收集、运输、处理及处置工作，制定市级规划，审批市城区以及跨县（市）项目等；县（市）部门负责落实区域内垃圾的收集、运输、处理及处置工作等。

——加快标准制定，在全省推行垃圾处理“全流程”标准化管理模式。建议将株洲城市垃圾“全流程”管理进一步标准化，推广到全省其他市州。并在此基础上出台《湖南省城市垃圾处理“全流程”管理标准体系》，形成相应的指导性意见，对全省各市州的城市垃圾处理管理流程进行规范化、标准化引导。

——引进PPP等新模式，解决融资和效率难题。在全省积极推广垃圾处理的 PPP 模式，完善政府、企业和社会多元化投入机制，积极鼓励社会资本和专业的垃圾处理环保企业参与，拓宽垃圾处理设施建设的资金投入渠道。

——加强社会协作，营造全社会“共治共管，共建共享”的氛围。开展多形式主题宣传，倡导绿色生活方式，促进垃圾源头减量和回收利用。大力宣传推进生活垃圾资源化处理的成效，解除公众对垃圾处理项目带来二次污染的顾虑。广泛动员社会力量构建共治共享、多元化参与的模式，避免“政府干着、群众看着”怪象。

# 实施乡村振兴战略

## 加快湖南农业供给侧结构性改革对策研究*

湖南省人民政府发展研究中心调研组**

着力加强农业供给侧结构性改革，是推进农业现代化的必然要求。作为农业大省，湖南近年来农业发展成效显著，但供给侧仍然存在诸多问题。要顺应新时代农业发展要求，多措并举，加快推动农业供给侧结构性改革，不断提高湖南农业综合竞争力。

### 一　当前湖南农业供给侧存在的主要问题

1. 优质农产品供给不足

湖南农业属于传统粮猪型结构，2016年粮食播种面积占农作物播种总面积的55.6%，猪肉产量占肉类产品总产量的82.4%。高档优质稻播种面积不足800万亩，"三品一标"产品占农产品商品量的比重仅为20%左右，市场需求较大的特色粮油、果蔬、特种水产、草食牛羊等供给不足。休闲农业仍多为农家乐钓

---

* 本报告获得湖南省委副书记乌兰、副省长隋忠诚的肯定性批示。

** 调研组组长：卞鹰；调研组副组长：唐宇文；调研组成员：蔡建河、屈莉萍、刘海涛。

鱼、采摘、餐饮等业态，休闲农业的文化功能、观赏价值、体验作用远未发挥。

2. 农业市场竞争能力不强

一是农产品加工企业不大不强。2016 年全省农产品加工企业 5.6 万家，但年销售收入过 10 亿元的仅 70 余家，过 100 亿元的 4 家。而同处中部的河南，有 1 家过 1000 亿元，6 家过 100 亿元，近 400 家过 10 亿元。二是农产品区域品牌“散、小、弱”问题明显。作为传统的鱼米之乡，湖南农产品品牌众多，仅大米就有 100 多个品牌，茶叶“三品”认证的品牌达到 150 个，但有全国性影响力、较高市场占有率的大品牌缺乏。2016 年中国“十大”大米、30 个最具影响力的水产品区域公用品牌，湖南均榜上无名。三是农产品加工水平低。全省农产品仍以鲜销为主，2015 年加工转化率为 38%，低于全国平均水平 2 个百分点。四是农产品出口规模小。2016 年全省农产品出口总额 69 亿元，与山东（1075.3 亿元）、云南（296.5 亿元）、河南（200 亿元以上）等省相距甚远。

3. 农产品绿色安全生产水平不高

一是农业生产以大水、高肥、重药的粗放模式为主。目前，湖南主要作物氮、磷、钾肥利用率仅在 30% 左右，2015 年化肥使用量达 840.13 万吨，农药年施用量达 12 万多吨，亩均用量高出全国 20%，农膜年使用量约 8 万吨，回收率不到 80%。二是农田面源污染加重，产地环境恶化。据农业部门监测，2012 年湖南省约 25.8% 的农田灌溉水和 18.3% 的农田受到不同程度的污染。2014 年，湖南省土壤酸化面积达到 4100 多万亩，占全省耕地总面积的近七成。三是重金属污染治理任务艰巨。目前全省重金属污染面积占耕地总面积的近四分之一。2013 年的“镉大米”事件，使湖南大米遭遇信誉危机，至今部分消费者对湘米质量安全仍心存疑虑。

4. 农业现代经营体系不够健全

一是土地规模化程度不高。2016 年全省流转耕地面积 2137.26 万亩，占承包总面积的 41.71%，仍有近 6 成的耕地处于分散经营状态。现有土地流转存在不规范、稳定性差等问题，流转期限普遍偏短。二是新型经营主体发展不够规范。2016 年全省家庭农场有 3.9 万户，但农业部门登记在册的只有 2 万户，在工商部门注册获得法人资格的仅 1.2 万户。农民专业合作社名实不符的多，如邵阳 3283 家合作社中近半数为“僵尸”合作社，常德 100 多家水果专业合作社中采用“合作社 + 基地 + 市场”方式营运的不到 10 家。三是农业社会化服务不发达。各类农业服务主体参差不齐，围绕生产开展的全程社会化服务率不高。适合农业农村特点的担保抵押机制尚未形成，难以满足现代农业发展的融资需求。农业保险不完善，赔付率低。

5. 农业发展基础条件有待改善

一是农业科技支撑能力不强。农业科技成果转化应用比较滞后，基层农技服务力量薄弱，技术人才队伍青黄不接，一些市县农业部门多年未新进专业人才。适合小规模土地经营方式的小型农业机械的研发不足。二是农田基础灌排设施老化、损毁问题突出。全省灌溉水利设施利用系数仅 0.43，农田机耕道“窄、差、无”问题突出，30% 以上渍涝、渍潜中低产田地下水难以排出，农田输配电设施建设滞后。三是农业设施用地供给不足。适度规模经营必然要配套建设一定的农资农机仓库、烘干和粮储用地。但各地符合设施农用地管理政策的荒山荒坡、滩涂多数存在水、电、路等基础设施欠缺问题，致使农业设施用地有效供给严重不足。

## 二　加快推进湖南农业供给侧结构性改革的建议

要坚持问题导向，适应新时代农业发展新趋势，以深化结构性改革为主线，推动农业供给侧壮大主体、提升品质、保障安全、创新模式；要通过优化环境、政策支持，为供给侧改革提供强有力保障。

1. 顺应现代大农业发展要求，着力发展壮大供给主体

要进一步推进农业组织化，提升供给侧结构性改革的原动力。一是提质发展农业专业合作社。更好地引导农民走合作共富之路，以规模化种养基地、特色产业为重点，通过多种途径培育合作组织，鼓励农村能人、专业大户、农产品流通加工企业、农技推广部门等牵头发展合作社。突出重点扶持壮大一批示范社，力争 3 年左右时间办好 1000 个省级农民合作示范社，10000 家以上县级以上农民合作示范社。示范社要健全管理机制，做强做优主导产业，不断提高经济效益。政府要完善政策支持体系，通过财政资助和税收优惠等方式，择优扶持带动能力强、富民效果好的合作社。二要积极探索发展集体经济。贵州塘约、河南南街村等地实践证明，集体经济依托乡土基础，经济上更易成为村民同心协力、因地制宜多种经营、共同富裕的联合体。要借鉴塘约村等模式，在全省各市州有选择地培养一批集体经济试点村，以加强村党支部建设为核心，依托集体经营、选贤任能、民主管理、政府扶持等方式，积极发展地方特色产业，打造充满活力的村级经济体。三是提升龙头企业的带动引领作用。以创新、绿色发展为导向，继续大力发展产业化龙头企业，加快扶持壮大一批产值过 100 亿元、10 亿元的大型优

势企业，使龙头企业成为发展现代化大农业、开放型农业的核心力量，担当引领湖南农业大省走向农业强省的主力军。四是创新发展各类农业生产联合体。推动龙头企业、家庭农场、专业合作社、农户等农业经营主体发挥各自优势，以产业链、要素链、利益链等为纽带，形成管理规范、相对稳定、互利共赢的紧密协作关系，打造资源整合能力强、综合实力强大的现代农业联合体，以有力地推动农业生产力水平的提升与农业价值链的创新升级。

2. 顺应城乡消费升级趋势，着力提升供给品质

积极推进农产品优质化、品牌化，提高湖南农产品市场美誉度和占有率。一是着力建设优质农产品生产基地。按照“政府引导、市场主导”的原则，通过多种途径加大投入力度，推进各地农业产业化基地建设进程。要创造基地良好的生态生产环境，积极转变农业生产方式，全力推进绿色发展和品种改良，稳步提高稻米、果蔬、食用油、水产、肉类等大宗农产品优质率，加快打造一批实力雄厚的示范基地。二是发展壮大品牌农业。各地要高度重视农业品牌建设，以农业龙头企业、专业合作社、农业生产基地、行业协会等为主体，充分发挥区域资源优势、产业优势和特色优势，广泛采用国际标准和国内先进标准，推进农产品生产标准化，积极进行著名商标、名牌农产品的创建以及无公害、绿色、有机农产品的认证。注重提高品牌经营能力，通过市场化手段，有序整合现有农业品牌，使之做大做强；鼓励农业经营主体加强协作，支持和鼓励传统农产品、历史品牌产品的集中产区积极申报原产地保护和地理标志证明商标，打造农业区域品牌，推进农产品商标和地理标志证明商标的国际注册。拓展农产品品牌化营销渠道，组织涉农企业、专业合作社等参加各类展销活动，提高农产品品牌知名度。加快实施农产品走出去战略，组织优势农产品外销。政府要加大农产品品牌化扶持力度，完善品牌人才队伍建设，对获得各种无公害、绿色和有机质量认证的企业和合作社以及对获得国家地理标志认证的单位财政要给予奖励。力争“十三五”时期，湖南农业知名品牌数量明显增加，形成若干各层次品牌有机结合的品牌集群，使品牌农业对高效生态农业的推动作用显著增强。

3. 多措并举狠抓农业安全生产，着力保障供给安全

紧扣农业生产各环节，形成农产品生产全产业链的安全保障机制，不断提高湖南农产品安全信誉。一是注重从源头保障安全。坚持好土好水生产好产品的理念，切实治理农业面源污染，加强农业土壤、用水等安全性监测，确保产品生产环境安全。对生产环境污染物超标的片区，加大整治力度；对长期难以根治的片区，考虑调整用地或种植结构。抓好种子管理，严禁未经批准的转基因作物种

植。二是大力推行绿色生产方式。推进化肥农药使用量零增长行动，推广测土配方施肥、秸秆还田，加快绿色生产技术推广应用。利用不同动植物的生活习性和环境特点，创新推广互利共生的生态型种养结合模式，如“稻虾共生”、“鱼藕共生”、农业循环经济等。三是健全农产品质量安全监管体系。按照《农产品质量安全法》的监管要求，结合农业生产区域布局，健全布局合理、职能明确、专业齐全、运行高效的农产品质量安全检验检测体系。优化整合检测资源，配备现代化检测仪器设备，加强检测机构技术人员队伍建设，全面提升检验检测能力，在规范生产规程、严格投入品管理、加强农产品检测、畜禽产品检疫、农产品准出、市场监督等方面不断提高监管水平。支持农业企业、农民专业合作社、家庭农场等购置检测设备，加强生产环节质量监控，为品牌农业创建提供保障。建立民间监督体系，形成食品安全问题快速反应机制。四是突出解决“湘米”安全问题。针对镉大米的负面影响，采取切实措施恢复湘米信誉。加强重金属污染区域耕地及农产品超标情况检测，根据污染程度分区治理，进行耕地修复和种植结构调整。加强镉低积累农作物品种选育及应用配套技术研究，选育推广镉低积累农作物新品种。加强重金属污染源管控，严禁新污染源产生。

4. 推进农业融合开放发展，着力创新供给模式

一是大力促进一二三产业融合发展。推动农林牧渔产品生产、加工、销售及文化旅游等打破固有行业樊篱，实现产业链、价值链的整合衔接、创新升级。着力增强新型经营主体推进三次产业融合发展的能力，探索种养加结合、农文旅融合、产业链条延伸、产业集聚等不同融合模式，通过订单协作、股份合作、服务带动等多种利益联结机制，促进各类新型经营主体、农户等形成风险共担、互惠共赢的利益共同体。农业部门要加大政策扶持力度，因地制宜促进三次产业融合发展。可考虑财政出资与吸收社会资本结合，设立农村一二三产业融合发展引导基金，以股权投资等方式，重点支持农业嘉年华、田园综合体、农业主题公园等农村产业融合新业态、新模式。二是大力推进“互联网+农业”发展。加快推动互联网技术向农业全领域、各环节渗透，实现“互联网+”与农业深度融合。如运用地理信息系统（GIS）、遥感技术（RS）和全球定位系统（GPS）等网络和信息技术指导农业生产，提升农业生产各环节智能化、精准、数据化水平，发展精细农业；利用二维码、云计算、大数据等技术手段，建立农产品质量安全溯源体系，实现对农产品生产、加工包装、流通、消费的全流程信息追踪；利用电子商务平台发展订单农业，实现产销无缝对接。三是积极发展开放型农业。立足湖南农业资源禀赋和发展基础，以特色化、规模化、优质化、品牌化为重点，扶

持发展湖南农产品出口龙头企业，打造湖南大宗农产品出口生产加工基地，培育壮大一批特色农产品出口强县、强镇。鼓励农业龙头企业建立境外生产基地与营销机构。积极融入“一带一路”建设，借助国际贸易平台推进农业“湘品出湘”。积极引进外资投资湖南农业，发展出口导向型农业。

5. 完善现代农业服务体系，创造供给侧结构性改革良好环境

创新农业社会化服务方式，构建公益性服务和经营性服务相结合、专业性服务和综合性服务相协调的多元化、多层次服务机制。一是加强公益性服务体系建设。着力健全市、县、乡镇、村各层次农技推广网络，完善省、市、县、乡、村各级动物防疫体系，强化全覆盖的农产品质量监管体系。明确基层农技推广机构公益性职能，由组织、人社等部门制定人才引进优惠政策，充实基层农技人员队伍；切实加强知识更新培训，着力提高农技推广人员服务水平，提升农业科技推广服务效能。加强监督考核，建立补助经费与服务绩效挂钩制度。二是积极发展经营性服务组织。强化农村供销社在农资、农产品流通业中的重要作用。促进农产品行业协会规范发展，提升服务功能。鼓励各类组织、企业和个人利用自身资本、技术、信息优势，成立农业专业服务公司。拓宽农业社会化服务新领域，鼓励社会化组织发展加工、仓储、冷藏、保鲜、物流、生态循环农业等生产性服务业，开拓市场预测、信息传递、人才咨询管理、教育培训等新领域。规范提升一批有规模、有品牌、有竞争力的社会化服务组织。鼓励各类专业化服务组织联合协作，组建农业服务超市，面向农业生产经营发展一体化全程式服务。搭建农业社会化服务信息平台，促进服务供需对接。出台农业社会化服务体系考评办法，开展社会化服务示范组织评选表彰活动。三是切实提升金融保险服务农业能力。优化金融支持农业发展政策，推进农村资产产权抵押贷款试点，拓展贷款抵押物范围，开展农产品订单和农业补贴等质押贷款。完善农村财产担保办法，鼓励各类担保机构提供融资担保和再担保服务。推广产业链金融模式，支持龙头企业通过自身信用或产品订单为联结农户进行贷款担保。扩大农业保险覆盖面，鼓励保险公司扩大保险品种和范围，推进农民合作社等开展互助保险。进一步完善农户征信体系，将各类经营主体和订单农户违约行为纳入人民银行征信体系，加大违约成本和处罚力度。

6. 加大政策支持力度，为供给侧改革提供有力保障

一是加大财政支农力度。完善财政支持农业政策体系，确保财政支农资金增长高于地区财政收入增长，确保农业税收优惠政策落实。健全财政支农资金统筹管理机制，科学配置资源，提高使用效益；允许市县因地制宜，整合各渠道资

金，集中力量支持重点领域和项目。二是大力支持农业科技、人才发展。加大政府科技投入，加强农业基础性、前沿性和公益性科技研究。发展现代种业，抓好粮、油、果蔬、肉食水产等优质品种选育和推广；加强绿色生产技术研究，在病虫害防治、土壤施肥、节水节地技术等方面加快创新突破。完善科技特派员制度。完善新型职业农民教育培训体系，鼓励各地开展网络化开放式新型职业农民教育和技能培训，举办新型职业农民技能比赛。推动产教结合，支持高校和职教机构在农村产业融合发展示范区和重点企业建立复合型人才教学和实训基地。三是保障设施农用地供给。适当扩大设施农用地规模，对农村产业融合发展项目建设用地给予倾斜。对农产品产地初加工、仓储物流、产地批发市场、农产品电商、乡村旅游等农村项目，实行用地计划指标单列。四是加强农田水利建设。积极推进高标准农田建设，实施耕地质量提升行动。推进大中型灌区续建配套，加快农村“五小水利”建设和库塘沟渠清淤疏浚，在丘陵区和城市郊区加快普及节水灌溉。加快洞庭湖区灌溉和排涝工程、衡邵干旱走廊及大湘西地区水源工程等建设。

# 湖南省合乡并村后基层组织运行情况、存在的问题及建议*

湖南省人民政府发展研究中心调研组**

合乡并村、整合资源，是深化农村改革、创新和完善农村社会治理体系的重要途径。2017 年 6 ~ 8 月，根据省委常委、省秘书长谢建辉同志的指示，省政府发展研究中心专题调研组前往相关省直部门调研，并深入永州、娄底、岳阳等地市基层调研，与乡、村干部及村民进行沟通交流，了解湖南省合乡并村改革后基层组织的现状，分析其后续运行中出现的问题和难点，研究提出了初步的政策建议，供领导决策参考。

## 一 合乡并村后存在的问题

为更好实现乡镇和建制村数量与土地面积、人口数量均衡匹配，2015 年 9 月，湖南省第三次全面开启合乡并村调整改革工作。截至 2016 年 6 月 8 日，乡镇、建制村数减幅分别达 25.4%、42%，已完成合乡并村改革任务，各项工作逐步走上正常轨道，并于 2017 年进行了村居两委换届选举工作，截至 2017 年 6 月 16 日，党组织环节选举完成 99.9%，村委会和居委会环节选举完成 99%。

合乡并村区划调整改革和换届选举工作虽已完成，但也存在一些亟待解决的难点，尤其是村级基层组织运行方面存在的问题更为复杂。

### 1. 合并后融合程度低，内耗突出

一是利益难均衡，融合困难。乡镇合并后，乡名消失，公共基础设施和公共服务日益边缘化，使被合并者有抵触情绪。村合并更直接涉及村民待遇，因历史遗留问题未得到妥善解决，并村后项目、资金分配等利益难以均衡，部分村民抵制情绪明显。尤其是村支部书记和村主任的人选争论，在 2017 年的村（居）两

* 本报告获得湖南省委常委、省委秘书长谢建辉的肯定性批示。

** 调研组组长：卞鹰；调研组副组长：唐宇文；调研组成员：唐文玉、王颖。

委换届选举中表现得特别突出。个别小村合并至大村，因无法保障通过选举产生本村的村委会成员，需配备专职工作人员开展小村日常工作。二是部分合并后的村支两委人心不齐。新村两委成员之间因年龄、阅历、文化程度等方面的差异，在村级经济发展、项目建设、资金及名额分配上易现分歧，融合认同尚须时日。三是合村后续保障工作落实不到位。合乡并村后，对因地名信息变化引起的许多连带问题，各级各部门未明确责任主体和工作经费，人力、物力、财力保障等明显滞后。如身份证和土地房产信息等未及时同步更新、换领费用矛盾、换领程序复杂、部分机构认旧不认新等问题。四是合乡并村后原有的人缘、地缘关系格局被打破。内部融合程度不高，部分地区争取乡友支援家乡发展的积极性受挫。

2. 群众办事方便程度下降，村干部工作难度加大

一是合乡并村后部分地区出现群众办事不方便现象。随着服务半径的扩大，农民到乡政府、村委会办事成本不断增加，给生产、生活带来不便。常宁市政协文史学习委员会调研发现，常宁江河片的群众到新河镇政府办事需半天时间，往返摩托车租车费 40 元，有时一趟两趟还找不到人。二是村干部开展工作难度加大。并村后，新的建制村人口增多，地域宽阔，交通不便，加之合村后新村村委会仅按一个村职数配备，工作量和难度大幅增加。如：永州祁阳县的云腾村 2500 人，面积 8 平方公里，面对村级日常事务，村干部疲于奔波，如遇到换届、党建、扶贫等工作，工作强度系数倍增。

3. 工作经费缺乏，债权债务问题未及时解决

一是村级运行经费不足，开支困难。与合并前相比，村级运行成本大幅提高，但合并后人均工作经费呈下降趋势。如娄底双峰县，合并前工作经费为 7 万~8 万元/村·年，合并后村级经费按照村民数 1000 人以下、1000~2000 人、2000~4000 人每年每村 9 万、11 万、14 万三个档次划拨村级运转经费，以合并前各 800 人的小村为例，2 村合并后村民数达 1600 人，合并前人均村级运转经费 87~100 元，合并后人均经费仅为 56 元，可见合并后建制村村民人数增加的同时，人均村级工作经费未增反减。尤其 2017 年村支两委换届、低保清理等任务，挤占建制村有限的运转资金。部分地区套取或挪用其他资金，维持村级运行，实属无奈之举。二是合乡并村奖励金未兑现，政策落实不到位。据娄底乡镇村两级干部反映，合并前政府承诺的“每精简一个建制村奖励 4 万元，多精简一个建制村奖励 5 万元”的经费迟迟未下拨，政策公信力受到质疑。三是并村后集体资产和债权债务处理未到位，村级新债务增加的可能性加大。一方面，因法规政策不明确，界定缺乏操作性，大部分村级资产处置和债权债务的处理未完全到位，债

务金额多则上百万，少则几万，部分债务由农户、村干部垫付，或出自银行贷款。处理方式上，合并后的建制村基本采用合村不合账，或以旧账单列等待债务化解、新账统一的方式，同时也存在并账不规范、并账难协调等问题。另一方面，城乡环境卫生整治、农村综合平台建设等工作均涉及村级资金配套，有可能成为村级新债务。

4. 并村后的村部建设滞后，交通连接不畅

一是村部建设滞后。合并后许多乡镇、村级办公或活动场所因规模小、设施简陋，已不适合继续使用，需要重建或维修。如华容县合并后的某镇 13 个村，其中 7 个村部需要重建，6 个村部需维修。二是合并后交通连接不畅，村与村之间的道路不相通或需绕道他村进入。如永州蓝山县祠堂圩镇新成立的大咀村，其中原大基村和咀背村道路不相通。另外，部分建制村与乡镇之间未开通客运班车，或虽开通了班车，但趟数较少，给村干部办公和群众办事带来诸多不便。三是合并后的安全电网和渠道水系需进行适当调整和改变。

## 二　进一步提升基层治理能力的对策建议

为有效解决合乡并村改革后的问题和困难，提高基层治理能力，改善农村公共服务，建议从四促四重四实现入手。

1. 促融合，重协作，实现以基层党建为龙头的多方治理

一是强化基层党建在合乡并村融合中的引领作用。大力发展基层党员，充实基层党组织队伍。强化合并后基层党组织的作用，整顿组织力量涣散的基层党组织，适时进行组织人员结构调整。发挥基层党员联系群众责任制度的作用，促进合并后村支两委与群众的联系，建议村支两委每年集中 1～2 次深入村民家中开展家访，同时可通过建立村镇群众联系微信群，加强沟通交流，引导村民积极参与村级公共事务。二是注重民主决策机制，强化议事会制度。因地制宜建立两委联席会议、“一事一议”、“四议两公开”、村民代表联系农户等制度，明确启动村民户主大会、村民议事会、村民代表大会具体要求，不断完善村务重大事项议事制度体系；通过建立和完善民主评议会、协调会、听证会、村（居）民论坛等民主决策形式，进一步深化民主决策机制。强化建制村议事会对村务重大事项决策的参谋作用，重视议事会村民代表的选取。在实现内部真正融合前，建议成立自然村议事会小组作为建制村议事会分部，积极招募和引导农村能人或宗族力量，畅通村民民主表达渠道。三是加强两委团结协作，增利增效。各地区可根据

实际情况，出台相关细化条例，明确村支两委具体职责分工，细化决策执行流程。积极选派驻村党建指导员和“第一书记”，帮扶提高两委合作程度和工作效率，并接纳乡贤参与村级事务，协助并督促两委做好村级管理事务。在提升村民民主意识和制度意识基础上，发挥村务监督委员会作用，加强村民对村支两委的监督。

2. 促便民，重服务，实现保障有方

一是健全服务体系。为更好地服务村民，乡镇应设立便民服务中心，抽调相关部门人员合署办公；建制村和社区、自然村分别设立便民服务站和临时服务点，由上级服务中心派驻指导人员，村干部兼任代办员或采用社会购买服务的形式，负责各辖区行政审批及其他事项的代理服务。对于服务事项，须制定事务管理服务清单，明确制度纪律规矩，列明办事流程，提高管理和服务水平。同时，建立健全干部轮流值班制度，对牵涉人数多的工作，实行进村入组、上门服务。二是切实完善合乡并村后续保障工作的有关措施和办法。省级公安、国土、林业等部门已制定出台并村后与人口、房产、土地、山林权证等信息变化相应的政策，建议督促相关部门尽快研究出台具体操作措施和办法，尤其是对于身份证、户籍、房产等信息的变更，可设立变更免费有效截止时间，简化变更程序，打通各部门相关通道，实现部门内部系统调整，有效减少村民来回奔波之苦，确保并村后续保障工作落实落地。

3. 促管理，重效率，实现城镇化和新农村建设协调推进

一是增加农村经费总量，建立和完善投入机制。统筹发改、财政、农委等单位投入农村的专项经费，根据近三年省、市、县三级投入农村经费总量，适当增加投入。加快研究制定改革后省、市、县三级投入农村的一般性转移支付基数、各专项经费及年度内中央支持和临时增加经费的拨付和监管政策。加快落实“并乡镇合村”的新政奖励政策，兑现激励奖金。二是重新测算村级运行成本，实行行政任务专项管理。建议重新测算各地区村级运行成本，并以8%～10%的年递增机制予以保障。运行成本可按照固定办公费用、人员补贴费、项目开支等实行单列，对于上级下达的低保清理、换届选举、城乡环境卫生整治等行政任务应设立专项配套资金，并加强项目管理。整合各类涉农项目资金，减少村级自筹资金项目。增加向合并新村在民生工程、资金扶持方面的倾斜支持。三是财政应设立村级债务化解专项经费，分步逐批化解基础设施建设债务。建议各级党委、政府明确村级债务消化时间表，将合并村的债权债务、资金使用和资产处置清理审计结果，及时张榜公示。对存在的问题逐一建立台账，针对群众反映强烈的问

题，由相关职能部门成立工作组进行调查、清理、处置。同时，建议省委、省政府出台具体村级债务化解指导性意见，设立村级债务化解专项经费，尤其是对于基础设施建设所负债务，统一分步逐批予以解决。四是公开村级事务目录，完善减轻农民负担逐级督导制。深化以村务公开为主要内容的民主监督制度，实现村务公开全覆盖。不断创新村务公开方式，在明确部门和基层政府职责范畴和村级组织职责清单的基础上，规范县市区村务公开目录，健全村务监督制度和考评体系。健全农民负担监督工作机制，实行减轻农民负担“一票否决”制。五是规范村级干部的补贴项目和标准，完善长效监督体制。建议组织、人社、财政等部门研究出台村干部在任误工补贴标准、在任农村养老保险缴纳补助标准，完善现行退任村干部生活困难补助办法，建立健全补贴补助的正常增长机制。对于在任村干部建议实施综合考评，通过引入激励机制，将民主评议与村级任务完成情况相结合，对于综合考核优秀村级干部给予一定奖励。同时制定相关条例，约束村级干部处理村级事务行为，建立健全长效监督机制。

4. 促发展，重突破，实现因地制宜搞建设

一是完善基础设施建设，解决发展薄弱问题。结合小城镇、美丽乡村建设和易地扶贫搬迁等工作，对新村进行统一规划布局和建设。同时，建议交通部门优先规划建设合并后新设立的贫困村路网、农村公交，打通“断头路”，修好“连心桥”，做好村与村的连接。进一步抓好村村通客运班车工程，设计好营运路线，规范客运车辆。建议水利、电力等相关部门尽快提出渠道水系调整支持、安全电网调整支持等具体措施。二是以节约整合为原则，加快推进农村综合服务平台建设。在尽可能利用原有办公地址、校园场所的基础上，以将政务、医疗、商务等服务合成一体为目标，加快推进农村综合服务平台建设，规范招投标程序，降低成本。同时，对于暂时不新建综合服务平台的新村，并村后未成为新村办公地点的场所，应优先考虑将其作为农村三类留守人员活动场所，及医疗卫生、优生优育等的服务场所。三是抓突破，因地制宜发展集体经济。各地可从自身经济基础、区位优势、资源条件等实际情况出发，结合产业扶贫、脱贫攻坚任务，通过土地流转、转变土地经营模式、入股龙头企业及合作社等方式，有选择性地发展村级集体经济。对于无任何优势的偏远地区建制村，可联合其他优势村进行结对合作，参与集体经济发展的试点，增强村级集体造血功能。针对目前湖南省村委会、集体经济组织均未登记为法人的情况，要尽快出台发展集体经济的支持政策，完善村委会和集体经济组织法人登记制度，落实村委会作为集体经济组织法人的有效地位，保障村委会对于集体经济的收益权。

# 打造以精细农业为特色的优质农副产品供应基地对策研究

湖南省人民政府发展研究中心调研组*

精细农业是精准进行产业布局、精细确定生产方式和经营模式、优化要素配置、实现产品质量和效益提升的农业发展方式。打造以精细农业为特色的优质农副产品供应基地，是农业供给侧结构性改革的重要举措，是湖南省实现由农业大省向农业强省跨越的重要途径和手段。我们在广泛调研的基础上，提出湖南省打造十大优质农副产品供应基地的思路以及推动精细农业发展、提升农产品质量效益的四点建议。

## 一　打造优质农副产品供应基地的现实基础及存在的问题

### （一）湖南是全国主要的大宗农产品生产基地，但产品竞争力不强

湖南是全国粮食主产区，洞庭湖平原是全国九大商品粮生产基地之一；是主要的生猪输出基地，15 个县进入全国生猪养殖百强县，62 个县列入国家生猪调出大县；是国家重点打造的双低油菜生产基地。2016 年，稻谷、生猪、油菜籽产量分别达到 2602.50 万吨、5920.9 万头、210.57 万吨，分别居全国第一、第三、第三位。

但是农产品多而不优、全而不精的问题比较突出。一是优质率不高。2016 年高档优质稻不足 50%，牛羊肉占猪牛羊肉的比重仅 6.93%；蔬菜以大宗、低档菜为主；柑橘低品质种植面积达 68.3%；茶园 60% 处于老化期。二是加工程度不高。2016 年，规模以上农产品加工企业 3800 家，销售收入 1.35 万亿元，农

* 调研组组长：卞鹰；调研组副组长：唐宇文；执笔：黄君、彭蔓玲。

产品加工产值与农业总产值的比值为2.2∶1，而河南省和湖北省三项指标分别达到7779家、2.3万亿元、2.7∶1和5250家、1.5万亿元、2.5∶1。农产品加工转化率仅38%，低于40%的全国平均水平。三是品牌竞争力不强。“三品一标”农产品产量占同类产品总量的比重仅为20%左右；缺乏区域性公共品牌，品牌散而小，稻米品牌、茶油品牌各有100多个，茶叶商标多达150个；品牌影响力不大，2015年全国农产品区域品牌百强仅祁东黄花菜和安化黑茶进入，排名分别为第57位、99位。四是对接市场能力不强。一方面，订单生产面积较小，农产品“买难”和“卖难”时有存在。另一方面，出口量小面窄。2016年，农产品出口额13.76亿美元，仅为山东的8.4%、湖北的61.6%、河南的86.2%；出口地区主要是香港，占比41.71%，美国、俄罗斯占比为6.40%、5.53%，其余均在5%以下。

### （二）初步形成了区域特色产业格局，但布局有待进一步优化

当前湖南省已初步形成以洞庭湖地区、长株潭地区、湘中南地区为主的优质稻米生产基地和良种生猪生产基地，以洞庭湖地区为主的双低油菜生产基地，以洞庭湖、湘中以及湘潭地区为主的优质蔬菜生产基地，以洞庭湖和郴州、张家界地区为主的名特水产基地等区域特色产业格局。

**表1　2016年湖南省主要优质农副产品地区分布**

| 地　　区 | 优质稻米（万亩） | 良种生猪（万头） | 双低油菜（万亩） | 优质蔬菜（万亩） | 名特水产（万亩） |
|---|---|---|---|---|---|
| 长沙市 | 311.7 | 106.04 | 45 | 23.3 | 0.75 |
| 衡阳市 | 227.3 | 687.33 | 250.6 | 48.6 | 0.3 |
| 株洲市 | 223.28 | 409.62 | 17.43 | 21.3 | 0 |
| 湘潭市 | 121.4 | 41.02 | 0 | 86.27 | 0 |
| 邵阳市 | 442.65 | 722.89 | 71.5 | 50.41 | 0 |
| 岳阳市 | 381.6 | 458.24 | 148.16 | 17 | 19.72 |
| 常德市 | 581.89 | 616.59 | 429.62 | 77.94 | 39.7 |
| 张家界市 | 26.3 | 81.57 | 57.21 | 0 | 91 |
| 益阳市 | 451.8 | 161.86 | 140.81 | 111.38 | 49.5 |
| 郴州市 | 242.79 | 208.4 | 26 | 29.1 | 36.51 |
| 永州市 | 477.18 | 253.26 | 0 | 47.53 | 0 |
| 怀化市 | 209.99 | 147 | 93.92 | 24.29 | 0 |
| 娄底市 | 187.5 | 24.5 | 0 | 51.3 | 0 |
| 湘西州 | 29.1 | 0 | 0 | 12 | 0 |
| 全　省 | 3914.48 | 3918.32 | 1280.25 | 600.42 | 237.48 |

数据来源：根据湖南省农委提供的资料整理。

但部分产业布局不优。一是部分与环境承载能力不适应。长株潭地区生猪养殖过多，有4个县进入全省十强；主要重金属污染区水稻种植面积较大。二是部分与资源气候不适应。常德部分丘陵区适合双季稻，但有经营主体为节约劳动力种植再生稻；湘南湘西地区自然资源利用不够，如湘西黄牛、武陵雪羊等特色畜牧业还未形成规模。三是部分产业布局分散。如蔬菜产业，普遍是分散经营、就地供应，蔬菜基地零散分布在城郊。四是部分品种同质化严重。如，水果产业产品相似度高，缺乏特色，导致收益下降，2016年，柑橘收益下降到800元/亩，葡萄收益下降到8000元/亩，利润空间压缩严重。

## （三）推行精细化生产，但生产经营方式仍比较粗放

近年来，湖南省推行规模化经营、机械化作业、精准化生产，取得积极成效。2016年，农产品加工企业达5.6万家，家庭农场1.57万户，农民合作社6.2万个。主要农作物机械化水平达45%，其中，水稻达70.2%、油菜达52.6%。农业标准化基地面积达4200万亩。主要农作物测土配方施肥率达到90%以上，重大病虫害统防统治率达30%。精细化设备得到推广，如大部分水稻示范基地配备了温湿实时监控系统，部分蔬菜基地配备了产品溯源系统、温控系统、智能喷灌系统。

但是，生产经营管理模式依然较粗放。一是精准化生产程度较低。高投入模式未根本转变，2015年农药使用量12.24万吨，亩均用量高出全国平均水平约20%，主要作物氮、磷、钾肥利用率分别只有29.96%、25.91%、36.65%。二是适度规模经营水平不高。截至2015年底，农民合作社入社成员仅占农户总数的18.6%，家庭承包耕地面积占比仅28.9%；同时，水稻种植中存在承包面积过大导致经营粗放的情况。三是精细化管理水平不高。产品质量检测监管乏力，基层监管力量薄弱，可溯源的质量监管体系仅主要覆盖了出口产品；标准体系不健全，一些新兴的农产品（如富硒产品）质量标准不完善，地方和企业自行制定标准缺乏政策支持；经营管理中重量轻质现象较普遍。四是社会化服务水平较低。公益性服务体系不健全、人员有限，平均一个技术服务人员对口750个农户，服务短缺；营利性社会化服务组织发展缓慢，规模小，如农机化作业服务组织平均仅5.7个工作人员，注重产中服务而产前、产后服务缺失。

## （四）配套支撑能力不强

一是人才短缺。技术型农民少，通过认证的新型职业农民3万多人，平

均每个农业县仅 300 多人；畜牧水产、农机等专业技术人员少，占比约为 18%、9%；高素质经营管理及涉外农业人才严重短缺。二是公共平台不健全。农村网络建设落后，信息采集分析决策平台、产品溯源平台等精细生产公共平台，以企业自主或合作搭建为主，覆盖面窄。三是金融保险支持欠缺。经营主体由于缺乏抵押物且风险高，贷款难度大；一些特色农产品如蘑菇等蔬菜、虾蟹、特色淡水鱼以及大部分中药材，由于没有财政补贴资金支持，缺乏对应险种。

## 二　优质农副产品供应基地布局重点与发展思路

综合考虑产业基础和市场环境，重点打造十大优质农副产品供应基地，分别是优质稻米、良种生猪、健康油料、生态畜禽、绿色蔬菜、优质水果、特色水产、茶叶、中药材、种业基地。

### （一）优质稻米生产基地

打造三大板块优质稻米生产基地。洞庭湖平原、湘中丘陵盆地布局双季稻，湘中南除湘中丘陵盆地外的其他地区布局优质一季稻，怀化、湘西、张家界以及常德的石门范围内的海拔 400～900 米的盆地区域布局优质中稻。建设标准化生产基地，健全“种、收、服”产业链发展平台，提升品质，打造区域公共品牌，重新树立湘米的国内市场地位。

### （二）良种生猪供应基地

打造全国最大良种生猪输出基地和亚洲猪肉供应基地。重点布局在湘中南地区（衡阳、邵阳、娄底、郴州、永州）和湘西地区（怀化、湘西、张家界以及常德的桃园、石门地区）。加快生猪养殖向山区和丘陵山区转移，推进标准化健康养殖；发展大型现代化养殖、加工、销售物流企业。

### （三）健康油料作物生产加工基地

一是重点打造全国最大油茶生产和精深加工基地。建设衡阳、常德、怀化、邵阳油茶千亿产业带，扩大种植规模，推进野生品种改造，壮大加工企业。二是巩固全国主要双低油菜供应基地地位。以洞庭湖为主、衡邵盆地为辅布局，推广优质、高产、易炸荚品种，推进生产全程机械化。

### （四）特色生态畜禽供应基地

打造全国重要特色生态畜禽生产和加工基地。一是在湘中、湘西山地、丘陵草原布局特色畜牧业，推进特色牛羊发展。二是在娄底、衡阳、株洲布局陆地禽类，重点发展湘黄鸡、绿壳蛋鸡、乌骨鸡等品种。三是打造常德、怀化、郴州水禽养殖带，重点发展临武鸭、溆浦鹅等品种。

### （五）绿色蔬菜基地

打造全国主要蔬菜加工品生产和有机蔬菜供应基地。重点布局洞庭湖、湘中两大主产区。洞庭湖产区（岳阳、常德、益阳、湘潭）主要发展食用菌、湘莲、榨菜等；湘中南产区（衡阳、邵阳、娄底、郴州、永州）重点发展辣椒、黄花菜、香姜、香芋等。规范针对不同市场的产品质量标准，推行订单式生产，完善冷凝运输和加工环节。

### （六）优质水果供应基地

打造全国第一柑橘基地、中南主要特色水果基地和全国主要水果罐头饮品生产基地。建设罗霄山脉、南岭山脉、雪峰山脉、武陵山脉优质水果生产带，做大做强岭南山区、雪峰山区、武陵山区柑橘产业带，扩大炎陵黄桃、澧县葡萄、张家界猕猴桃等优质品种规模。注重保鲜和冷链建设，着重引进培育加工企业，促进水果饮品行业发展。

### （七）特色水产供应基地

打造全国前二特色淡水水产养殖加工基地。主要布局环洞庭湖地区和张家界、郴州两地。环洞庭湖地区（岳阳、常德、益阳和长沙望城）重点提高鳜鱼、鳙鱼、罗非鱼等优质鱼类比重，引导中华鳖、小龙虾、大闸蟹、鳝鱼等名特优水产养殖；张家界发展大鲵养殖；郴州发展稻花鱼以及鲟鱼、鳟鱼等名特水产生态养殖。推行标准化健康养殖，加强水产精深加工。

### （八）茶叶供应基地

打造中部地区最大的优质茶叶供应基地。武陵山脉、罗霄山脉、南岭山脉和长岳山丘区大力发展名优绿茶，雪峰山脉重点发展黑茶，环洞庭湖发展黄茶，湘南发展大叶茶。推进茶园提质改造，推广标准化技术模式，提高有机茶比例，推进品牌整合，每类茶打造一个区域品牌。

### （九）中药材供应基地

打造国际国内知名的中药材和中成药生产基地。重点在武陵山、南岭山脉、罗霄山脉发展玉竹、枳壳、栀子、黄精、龙牙百合等特色品种。规范栽培和产地加工技术，加强质量监管，加强本土特色资源保护，加强原产地认证。

### （十）良种培育和供应基地

打造全球著名水稻良种供应基地。依托九个国家级杂交水稻种子生产基地，做强做大育种制种基地；以长沙为中心发展水稻种业企业；放大袁隆平效应，打造具有国际竞争力的稻种品牌。

## 三　对策建议

### （一）紧扣品种改良、精深加工、品牌建设，提高产品质量和竞争力

一是推进品种改良。实施畜牧业良种工程，加强对地方特色畜牧品种的保护，引进和开发优良品种；建立农产品品改基金，支持茶叶、柑橘等更新品种，推进水果、油料作物品种改良，优质蔬菜引进和改良等。二是加强地方特色产品开发。严格控制产品的品质，突出健康、绿色、风味等特色，严控准入门槛；注重产品与地方文化相融合；加强指导和资金支持，鼓励申报“地理标志产品”等。三是提高农产品精深加工水平。着力培育和引进一批竞争力强的龙头企业，积极引进战略投资者，提升对农产品加工业的带动能力；重点围绕精深加工、质量安全、新产品开发等开展联合攻关，推广应用现代加工技术，提高农产品精深加工比例和水平。四是提升品牌竞争力。进行品牌整合，打造稻米、生猪、油料、水产、大宗蔬菜区域公共品牌，每个产业每类产品重点打造一个品牌；依托“地理标志产品”建设特色产业品牌；通过网络和国家主流媒体加强品牌宣传。

### （二）紧抓标准化生产、适度规模化经营、精准化技术装备，提高精细化生产经营管理水平

一是大力推行标准化生产。围绕重点发展的十大产业，补充修订完善生产标

准、质量标准、技术规范、经营管理规程等，加快构建符合精细化要求的标准体系。大力推行标准化生产，扩大省级标准化生产示范范围，力争所有纳入优质农产品供应基地的生产大县的规模生产过程实现标准化、规范化。实施化肥、农药使用量零增长行动，扩大测土配方施肥范围，大力推进病虫害专业化统防统治，精准高效施肥、用药。二是推广精细化技术和装备。大力推广农机农艺配套、良种良法集成技术。支持大田种植物联网技术、设施农业技术、生产养殖环境智能监控和喂养技术、畜禽养殖环境和精细喂养技术等开发推广，以及农田信息采集设备、水产和畜牧养殖环境监测设备、变量作业设备、智能农业机械等设备的开发和推广。三是推动适度规模经营和产业集聚发展。开展对精细化生产经营主体的认定和评选，并予以技术、资金等方面支持。完善利益联结机制和农业补贴政策，推进耕地等资源向经营层次高、经营水平高、经营效益好的精细农业经营主体集中。通过“种粮大户（合作社）＋家庭农场”的模式对超大规模的种粮大户、合作社经营模式进行改造。打造精细化农业生产聚集区，采取“龙头企业＋农民合作社＋农户”、“龙头企业＋基地＋农户”等模式推动周边产业围绕企业集聚发展。四是提升精细化管理和社会化服务水平。完善产品质量安全监测体系。采取政府搭建平台、企业有偿使用的方式推进农产品溯源体系建设；建立严格的农产品分级和监管制度，加大资金扶持力度，推进“三品一标”农产品认证和发展。加速供销社改革步伐，发展全程式社会化服务；采取政府购买、奖励补助等方式，支持农民合作社、企业和社会组织组建以精细生产经营为主要内容的全程服务公司；重点发展市场信息服务、品种选育、精细化设备和技术服务、产品市场推广等服务。

### （三）紧贴国内外需求、创新推广模式，提升精准对接市场能力

一是依托一带一路开拓国际市场。把握一带一路建设机遇，开拓俄罗斯蔬菜、茶叶、水果市场，欧盟茶叶、中药材市场，东盟水果、水产品市场，亚太地区稻米、油料、生鲜畜禽市场；稳定港澳地区生鲜蔬菜、畜禽市场和美洲稻米、茶叶市场。二是立足一带一部拓展国内市场。稳步提升稻米、猪肉、蔬菜等大宗产品中优质产品在珠三角地区的市场份额；推进名特优农副产品开拓京津冀、长三角市场。三是创新市场推广模式。大力发展农村电商，完善农村商贸综合服务体平台建设，扩大站点规模，支持发展社群模式、社交网络模式等“互联网＋农业”新模式。加强与国内外大宗农产品销售企业、加工企业、连锁酒店等的合作，将湖南省建成供货基地。着力推行订单农业，重点发展政府职能部门牵线、企业农户直接合作、依托中介流通组织等订单农业模式。

### （四）强化人才、资金、平台建设，提高支撑保障能力

一是加强人才引进和培育。将农业人才列入地方人才引进目录，重点引入精细化生产技术和装备研发人才、良种保护和繁育人才、技术服务人才、精深加工经营管理人才、农业贸易人才；健全以集中培训、网络培训、委托院校培训为主要形式的职业农民培训体系；对返乡创业青年农民、现代青年农场主、农村青年致富带头人在技术指导、配套设施建设方面予以重点支持。二是强化财政金融保险支持。扩大农业产业基金规模，重点对新型农业经营主体购置精细化生产设备、配套设施改造、品种更新以及特色产业经营主体扩大生产规模等进行贷款担保。加大财政补贴力度，引导保险公司开发社会急需的特色水果、优质蔬菜、名特水产、中药材等保险品种。探索由财政和新型农业经营主体共同投入资金组建担保公司，撬动金融资本，解决农业生产“融资难”问题。三是加强公共服务平台建设。优先在现代农业示范区搭建气候、土壤监测与分析、产品溯源、技术服务等公共服务平台，逐步推广；完善农业生产指导服务信息平台，加强市场需求、价格变动、市场预判等信息推送。

# 湖南省农业品牌建设的现状、问题及对策*

湖南省人民政府发展研究中心调研组**

习近平总书记指出，要推动“中国产品向中国品牌转变”。为此，农业部将2017年定为农业品牌推进年。近年来，湖南省农业品牌建设取得一定成效，截至2016年底，全省“三品一标”农产品达2943个，农产品注册商标约5万件，国家地理标志产品保护农产品62个；但与中部和全国先进省份相比，仍有一定差距，亟须从多方面加大品牌建设力度。

## 一 湖南省农业品牌建设现状

### （一）农业区域品牌集中在瓜果蔬、畜牧、茶叶等领域和常德、岳阳、邵阳、怀化、永州等地市

2016年首届全省十大农业（区域公用）品牌中，茶叶、水果和畜牧水产品各有3个，益阳、怀化和湘西州各有2个。全省44个地理标志农产品中，水果类有14个，蔬菜、畜牧产品各有10个，岳阳和常德市各有8个（见图1）。

截至2016年底，全省有62个农产品实施了国家地理标志产品保护，瓜果蔬类产品有21个，畜牧产品有11个，茶叶作为数量最多的单一品种有10个；区域分布上，常德、邵阳市分别占23%和18%，远高于其他市州（见图2）。

### （二）农业企业品牌集中在大米及谷物制品、瓜果蔬、畜牧水产品、茶叶等领域和岳阳、长沙、常德、益阳等地市

截至2016年底，全省农产品加工企业获得“中国名牌产品”称号41件、

---

* 本报告获得湖南省委副书记乌兰的肯定性批示。

** 调研组组长：卞鹰；调研组副组长：唐宇文；调研组成员：谢坚持、李学文、黄玮、张诗逸；执笔：李学文。

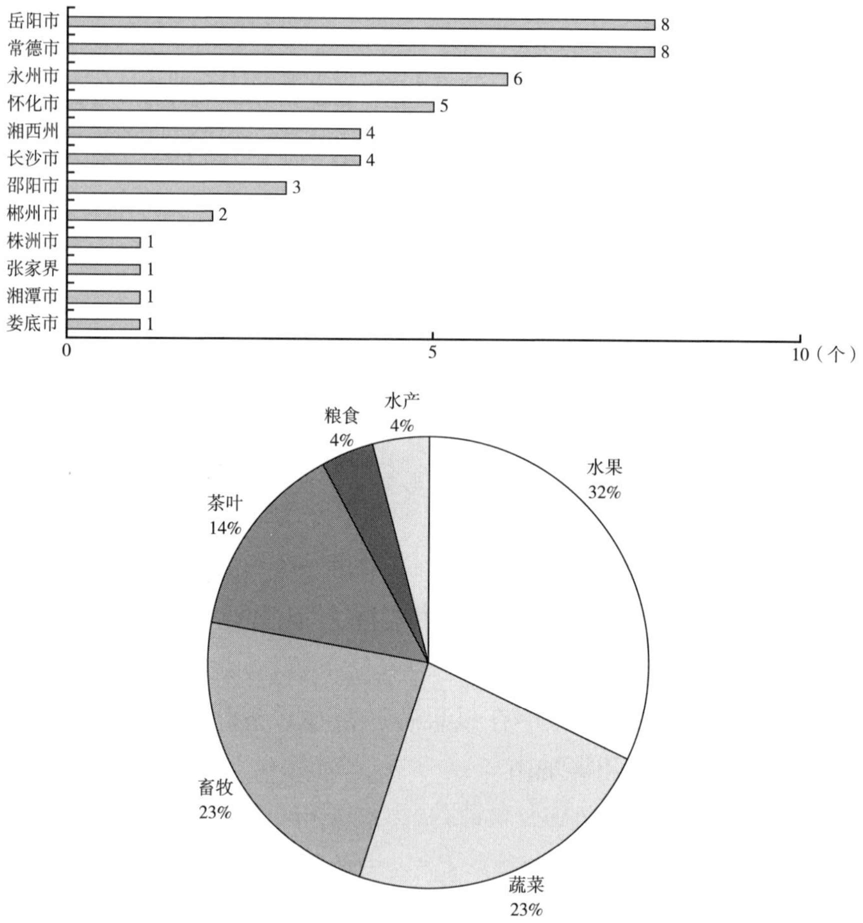

|  |  |
| --- | --- |
| 岳阳市 | 8 |
| 常德市 | 8 |
| 永州市 | 6 |
| 怀化市 | 5 |
| 湘西州 | 4 |
| 长沙市 | 4 |
| 邵阳市 | 3 |
| 郴州市 | 2 |
| 株洲市 | 1 |
| 张家界 | 1 |
| 湘潭市 | 1 |
| 娄底市 | 1 |

0　5　10（个）

粮食 4%
水产 4%
水果 32%
茶叶 14%
畜牧 23%
蔬菜 23%

**图 1　湖南省 44 个地标农产品在品类和地州市的分布情况**

数据来源：湖南省农委。

“中国驰名商标”167 件；共有 9 个大米品牌、7 个蔬菜品牌、10 个果品品牌、14 个茶叶品牌入选 2015 年度全国名特优新农产品名录；唐人神、金健米业、克明面业、舜华鸭业等成为全国知名农产品企业品牌，唐人神品牌价值达 54. 38 亿元，居 2017 年中国最具价值品牌榜第 438 位，为湖南省唯一上榜农业品牌。

在 135 件工商认定农产品中国驰名商标中（不含烟草、酒类和林业产品），大米及谷物制品、瓜果蔬菜及加工产品、禽畜牧水产品商标分别占 24%、19%

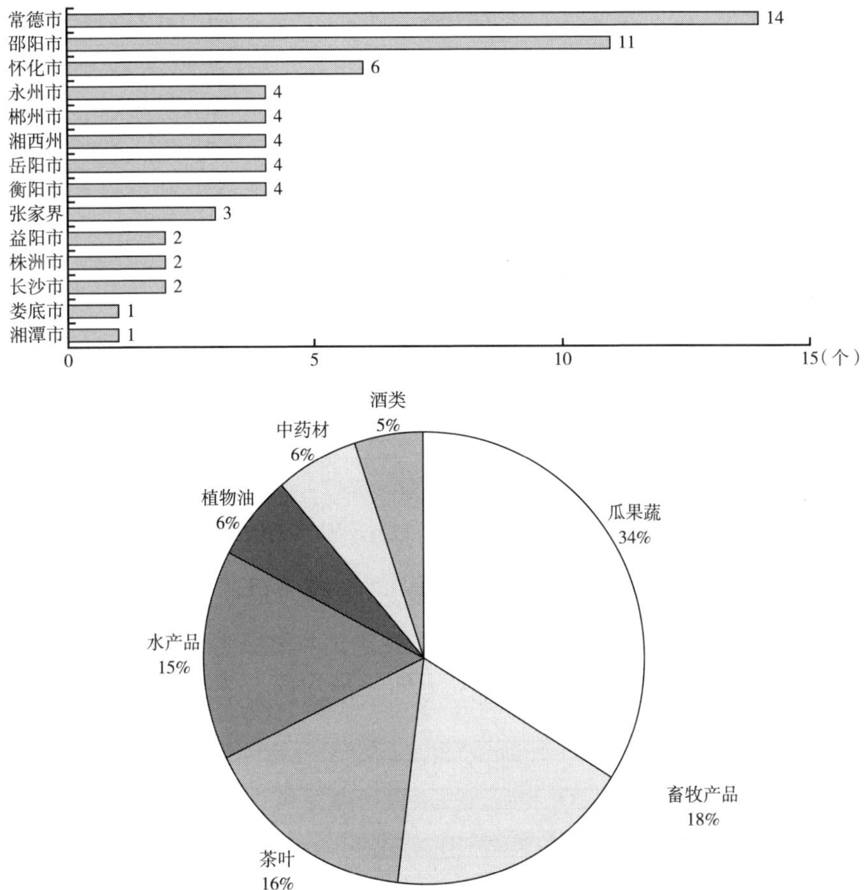


**图 2　湖南省 62 个国家地理标志保护农产品的品种和市州分布情况**

数据来源：湖南省质监局。

和 17%，茶叶作为最大单一品种占 16%。区域分布上，岳阳、长沙、常德市居前三位，分别占 20%、19% 和 18%（见图 3）。

## （三）农业品牌在全国具备一定影响力，但与中部和全国先进省份比仍有较大差距

1. 农产品区域品牌发展处于全国中游、中部靠后位置

2015 年全国农产品区域品牌价值排行榜中，湖南省祁东黄花菜、安化黑茶、石门柑橘分别居第 57 位、第 99 位和第 116 位。在百强区域品牌中，湖南省 2 个

入选品牌总价值达39.92亿元，居全国第17位、中部第5位；全国前五位为山东、浙江、福建、陕西、江苏，入选品牌总价值分别达到740.2亿、409.8亿、278.9亿、266.4亿、244亿元；中部的河南、江西、安徽、湖北各有5个、3个、4个、3个品牌进入全国百强，品牌总价值分别达到195.6亿、115.2亿、87亿、60.3亿元。

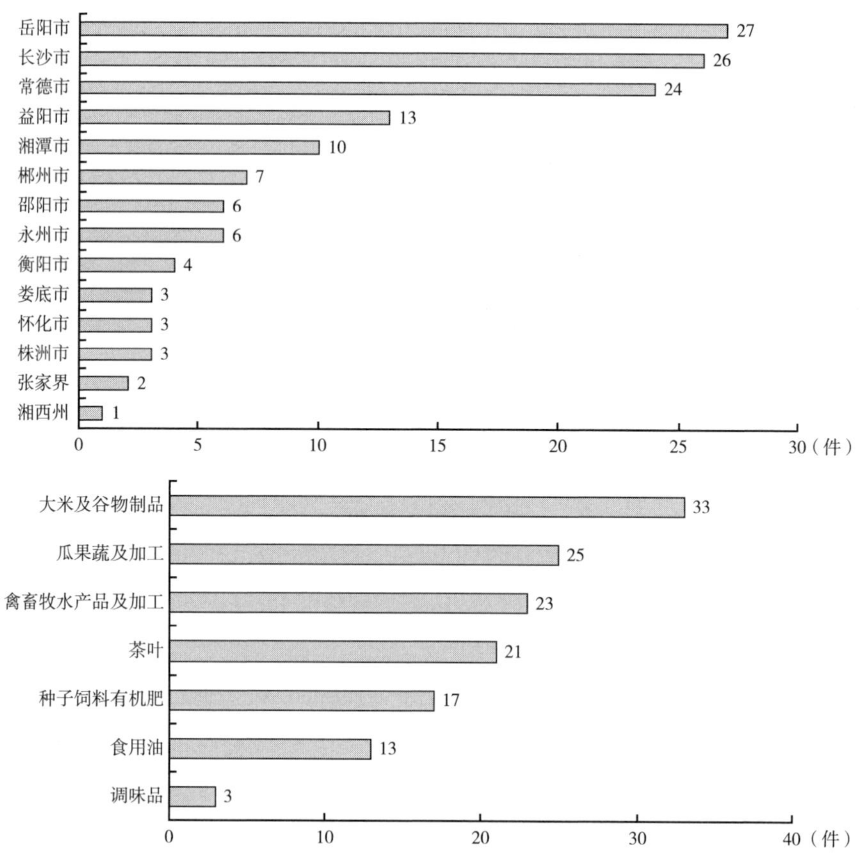


**图3 湖南省农产品中国驰名商标（工商认定）在地区和行业间的分布情况**

数据来源：湖南省工商局。

2. 农业企业品牌价值与先进省份差距明显

2017年中国500最具价值品牌中，湖南省上榜农业品牌仅唐人神1家，不管是品牌价值还是排名都比较靠后，与河南双汇、内蒙古伊利与蒙牛、四川新希望和黑龙江北大荒等品牌比差距明显（见表1）。

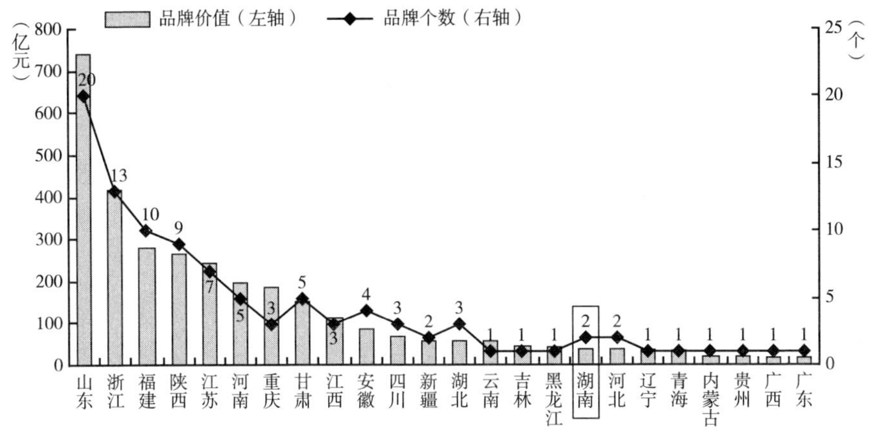


**图 4　2015 年农产品区域品牌 100 强在各省市区的分布情况**

数据来源：浙江大学中国农业品牌研究中心。

**表 1　2017 年全国 500 最具价值品牌中部分农业品牌比较**

| 省份 | 湖南 | 湖北 | 河南 | 山东 | | 内蒙古 | | 四川 | | 黑龙江 | |
|---|---|---|---|---|---|---|---|---|---|---|---|
| 品牌名称 | 唐人神 | 良品铺子 | 双汇 | 鲁花 | 金锣 | 伊利 | 蒙牛 | 新希望 | 通威 | 北大荒 | 完达山 |
| 品牌价值(亿元) | 54 | 102 | 266 | 165 | 145 | 442 | 360 | 517 | 451 | 568 | 294 |
| 品牌排名 | 438 | 336 | 151 | 230 | 271 | 80 | 97 | 65 | 76 | 58 | 132 |

数据来源：2017 年《中国 500 最具价值品牌》分析报告。

### 3. 农产品品牌网络声誉表现在中部地区居后

2016 年全国农产品区域品牌网络声誉 50 强中，湖南省仅有安化黑茶居全国第 26 位，居全国前三位的浙江、福建、山东分别有 8 个、5 个、4 个品牌入选；中部的江西、安徽各有 3 个品牌入选，安徽祁门红茶和江西赣南脐橙高居全国第 14、15 位，河南信阳毛尖高居全国第 9 位，湖北恩施玉露排位也高于湖南省。

企业品牌网络声誉 50 强中，湖南省白沙溪、盐津铺子分别居全国第 30 位、第 34 位，入选品牌数量居全国第 8 位，全国前三位的上海、北京、浙江分别有 9 个、8 个、6 个品牌入选；中部地区中，安徽三只松鼠、洽洽品牌高居全国第 1 位、第 8 位，湖北良品铺子、楼兰蜜语品牌高居全国第 3 位和第 9 位，河南好想你品牌和江西甘源品牌分别居全国第 11 位、第 23 位，皆高于湖南省入选品牌排位。

## 二 湖南省农业品牌建设面临的主要问题

### （一）农业品牌建设的政策支持体系不精准、工作机制不完善

一是顶层设计和统筹规划不足。缺乏省级层面的总体规划和具体实施方案。二是政策支持力度不大。省县域经济专项资金可用于品牌建设的仅2000万元左右，而2014年海南省就设立了每年1亿元的品牌农业专项资金。三是政策支持方式灵活度不够。以资金奖励引导为主，其他的引导鼓励方式缺乏；对企业的支持力度较大，对合作社等新型经营主体的支持力度较小。四是地方政府重生产、轻品牌的思想仍然存在。除益阳市外，其他市州尚未出台支持农业品牌建设的政策文件。五是高层次、跨部门的沟通协调机制缺乏。农委农产品地理标志、工商局地理标志证明商标和质监局地理标志保护产品，三者间缺乏有效的沟通协调机制，既不利于统一开展农业品牌建设工作，各式各样的地理标志、商标也容易对消费者造成困扰。

### （二）农业区域公用品牌与企业品牌尚未形成互动发展格局

一方面，农业区域公用品牌建设相对滞后，尤其体现在水稻、生猪等省内优势产业上，如全省有稻米品牌近千个，有20多个中国驰名商标，却没有一个区域性的稻米品牌。另一方面，部分企业不愿意打造企业品牌，只想靠着区域公用品牌的大树“躺着赚钱”，以茶叶为例，2016年安化黑茶居全国茶类区域品牌第19位，全县有茶叶加工企业150多家，却没有一家黑茶企业进入全国茶企百强，缺乏强力龙头企业的带动，也制约了安化黑茶品牌进一步做大做强。

### （三）经营营销能力不强制约品牌影响力和价值的提升

湖南省农业品牌有数量优势却无市场优势。一是经营品牌的意识不强。企业普遍存在重申报轻经营、重注册轻管理现象；地方政府仍以数量作为农业品牌建设和考核的目标。二是农业品牌宣传传播渠道受限。在省级、国家级主流媒体和网络等新兴自媒体平台集中推介力度不够。三是缺乏专业人才和中介服务体系。很多企业认识到品牌经营的重要性，但苦于没有营销专业人才对品牌进行包装，也缺少能够提供品牌规划、设计、传播等服务的第三方机构来帮助企业运营品牌。

### （四）产品质量安全基础不牢极大制约了农业品牌发展

湖南省爆发过瘦肉精、镉大米、毒黄花菜等食品安全事件，严重损害了全省农产品形象。一是农业标准化和农产品基地建设水平不高。二是农产品质量安全监控溯源体系不健全。目前有相关部门和部分龙头企业建立了一些产品追溯监管体系，但覆盖范围比较狭窄，且互相不兼容、不共享，导致资源分割。三是对农业品牌的监管保护不力。假冒伪劣产品严重影响了品牌的声誉度。

## 三　深入推进湖南省农业品牌建设的对策建议

### （一）提高政策体系的精准度，畅通工作机制，加强品牌保护，营造农业品牌创建的浓厚氛围

一要做好顶层设计。加快制定全省农业品牌建设总体规划，明确优势产业、主打品牌、重点地区、重点任务和建设路径等。

二要在政策支持上做到“精准施策”。省级层面要加大财政专项资金的支持力度。更加注重政策引导功能，如可在各级党校干部培训班上增设农业品牌建设课程，增强领导干部的农业品牌意识；除资金奖励外，还可奖励在机场高速公路上为品牌建立广告牌，在项目申报等方面给予政策奖励，使引导方式更加灵活有效；加大对合作社、家庭农场等新型经营主体的支持力度。地市和县区要加快出台支持农业品牌建设的专门文件，明确具体的扶持产业和品牌，落实具体的财政、金融、税收等支持政策。

三要畅通农业品牌建设的工作机制。建立常态化、高层次的统筹协调机制，推动农委、工商局、质监局等部门相互配合、形成合力，逐步统一部门间各类产品、品牌的认证评选标准，提高认证公信力。

四要加强对农业品牌的保护。实时监控、评估品牌资产保护状态，运用多种手段打击各种侵权行为，从企业自律、行业监管和打假维权三方面维护品牌资产权益。

### （二）打造覆盖全区域、全品类、全产业链的地级市农业区域公用品牌，形成区域母品牌与企业子品牌的叠加效应

借鉴浙江省打造首个地级市公用品牌“丽水山耕”、创牌两年销售额超过20亿元的经验，着力解决“一县一品”建设中品牌多而散的问题，在地级市公用

农业品牌建设上寻求突破。

一是开展地级市农业公用品牌建设。在各市州以“地名 + 特产”构建一个全品类、全产业链的区域公用农业品牌，结合本市州的资源、文化、产业基础，对品牌命名、品牌定位、品牌理念、符号系统、渠道构建、传播策略等，进行全面策划并制定具体的发展规划。

二是搭建有利于区域品牌运营和推广的平台机制。依托相关协会注册区域公用品牌集体商标，委托国有独资的农业投资公司运营，确保品牌的公益性；建立认证制度和准入机制，引导区县各类特色农产品积极加入，推动区域母商标与企业子商标双商标运行，实现既有政府背书的公信力，又有市场主体的灵活性。

### （三）苦练线上线下营销推广内功，借助国家级平台和专业化第三方机构外力，提升农业品牌经营营销能力

一是畅通省内线上线下营销推广渠道。利用省级电视、报刊等传统媒体和网络等新兴媒体，对全省农业品牌进行集中推介；推动品牌农产品转化为旅游地商品，在景区景点、民宿农家乐、车站、高速服务区等设置商品展示售卖点；完善线上线下营销体系，线上以农村电子商务、智能体验商店、电商平台品牌旗舰店、微信公众号等“互联网 + 农业”为切入点，线下依托物流配送体系再造，通过进驻大型超市、设置城市社区智能售货点等方式进行推广。

二是借力国家级媒体广告平台。利用农业品牌建设资金，在中央电视台播放湖南省农业区域公用品牌广告宣传片，打造湖南“农业强省、品牌大省”良好形象，鼓励有条件的企业在国家级平台上开展广告宣传，提升品牌知名度。

三是完善专业化服务体系。加强与中国农业品牌研究中心、中国优质农产品开发服务协会等品牌评价机构的交流合作，鼓励全省农业品牌积极参加品牌评选活动；引进如中国农产品品牌建设联盟等第三方服务机构，为省内农业品牌提供设计、营销、咨询等专业化服务。

### （四）提升农业标准化、规模化水平，建立全省统一的溯源体系，夯实农业品牌的质量基础

一要进一步提升农业标准化水平。完善农业生产产前、产中、产后各个环节的技术要求和操作规范，提升种植、养殖、水产、加工等主要农产品质量标准，鼓励企业制定高于国家或行业标准的企业标准。

二要加快推进优质农副产品基地建设。围绕稻米、油菜、生猪等优势产业和果蔬、茶叶、药材、禽畜、水产、棉花等特色产业，采取“公司 + 基地”“公司 + 合作社 + 家庭农场”等模式构筑产业带，大力推进现代农业产业园建设，以“产业带 + 大园区 + 大市场”形成产业集聚区，建设千个优质特色农副产品供应基地。

三要逐步建立全省统一的农产品溯源体系。推行农产品条形码制度，督促企业建立和完善质量安全追溯系统，实现全产业链可追溯管理；基于互联网技术，建立全省农产品追溯管理信息平台，统一整合全省农产品生产、经营企业的追溯管理信息，实现追溯信息互通共享。

# 以全域旅游示范创建为抓手 大力推进湖南全域旅游基地建设

湖南省人民政府发展研究中心调研组*

随着大众旅游时代的到来，全域旅游作为一种以旅游业推动经济社会和谐发展的全新区域协调发展的理念和模式应运而生。发展全域旅游，既是湖南实施创新引领开放崛起战略的重要抓手，也将对经济新常态下湖南旅游业乃至经济社会发展起到突出作用。近期，我们对湖南的国家全域旅游示范创建单位进行了问卷调查，并选择其中3市7县区实地调研，发现湖南省全域旅游示范创建工作中仍存在一些亟须解决的共性问题。

## 一　湖南全域旅游示范创建单位的情况

1. 拥有良好的资源优势

2016年湖南省31家单位先后两批入选国家全域旅游示范创建单位名单（见表1），数量排全国第一。这31家单位包括52个县市区，占全省县域考核98个县市区总数的53.06%；覆盖52个旅游资源重点县，占全省旅游资源重点县的74.3%，自然风光、历史文化、民俗风情以及休闲运动、养生等旅游资源丰富；拥有7个国家5A级、55个4A级旅游景区，约占全省5A、4A级旅游景区数量的80%、52%。

2. 基础设施、公共服务配套设施水平提升

交通条件明显改善，外部进入耗时缩短。受益于高铁、高速公路等路网密度的大幅提高，19家创建单位从最近的高铁站到城关所花时间不到1小时；28家创建单位直连高速，从高速路口到城关的时间在半小时以内，与外界的通联度增强（见图1）。

---

* 调研组组长：卞鹰；调研组副组长：唐宇文；调研组成员：谢坚持、廖仲华、李学文、黄玮、张诗逸；执笔：黄玮。

**表1　湖南31家国家全域旅游示范创建单位名单**

| 地市级 | 张家界市、怀化市、湘西土家族苗族自治州 | 共3家 |
| --- | --- | --- |
| 县区级 | 长沙市:望城区、浏阳市、宁乡市、长沙县<br>株洲市:炎陵县、醴陵市<br>湘潭市:韶山市、昭山示范区<br>岳阳市:平江县、湘阴县、临湘市<br>郴州市:桂东县、苏仙区、资兴市、汝城县、宜章县<br>邵阳市:新宁县、城步苗族自治县<br>常德市:石门县<br>娄底市:新化县、涟源市<br>永州市:东安县、江永县、宁远县<br>衡阳市:南岳区<br>益阳市:桃江县、安化县<br>怀化市:通道县 | 共28家 |

智慧旅游的信息基础设施逐渐完善。一是通信质量优化。主要交通线路沿线基本不存在大面积、长时间通信质量信号不佳的现象；80%地区的主要景区基本消除信号盲区。二是智慧景区无线网络基础架构初见雏形。超过七成地区的主要景区已提供WiFi服务。

旅游公共服务配套设施功能增强。一是厕所革命取得良好成效。2015年以来，31家单位共新建、改建1600多座旅游厕所。二是旅游交通标识系统日益完善。近八成地区认为当地交通指示牌较为完备清晰，旅游道路的可进入性提高。

3. 旅游体制机制改革走在全省前列

积极构建“1+3+X”的旅游综合管理、执法管理模式。如：张家界市成立了旅游发展委员会，组建了旅游警察支队、旅游工商分局、旅游法庭、旅游检察等相关职能部门联动体制；韶山市成立了旅游发展委员会且其在政府组成部门中排在首位，组建了旅游警察大队、旅游市场监管大队、旅游巡回法庭、旅游纠纷人民调解委员会4个机构；郴州资兴市设立了旅游警察大队；衡阳市南岳区设立了旅游速裁法庭；岳阳平江县首创性构建“1+6+N”的旅游管理模式。2017年6月平江县、南岳区被评为第二批国家级旅游业改革创新区。

4. 发展势头好、潜力大

随着全域旅游示范创建工作的稳步推进，创建单位旅游业发展迅速。2016年共接待游客超过3.5亿人次，旅游总收入2600多亿元，占全省接待游客数的

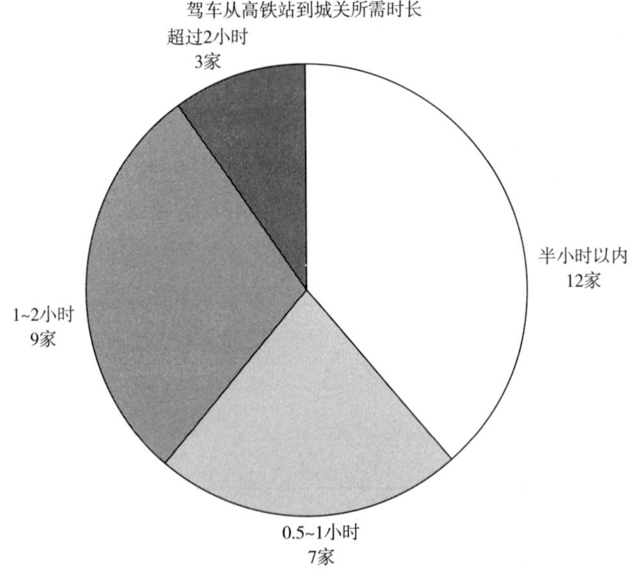


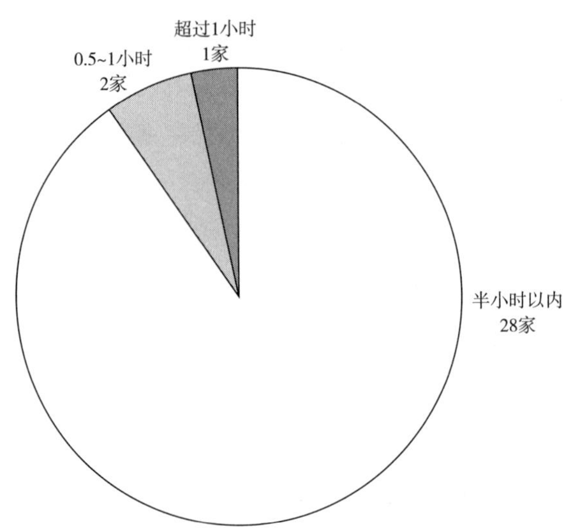


**图1　从最近的高铁站和高速路口驾车抵达城关耗时统计**

数据来源：调研组调研整理。

62.8%、旅游总收入的55.6%；同比分别增长23.8%、29.4%，比全省平均高出4.4个和2.7个百分点。“十三五”期间在建旅游项目超过830个，预计总投资3450多亿元，其中投资额500万元以上的项目755个，发展后劲足。

## 二　湖南全域旅游示范创建面临的突出问题

湖南省全域旅游示范创建虽然已取得一定成绩，但和先进省份比，工作步伐仍需加快。2017 年 8 月国家旅游局公布的新一批省级全域旅游示范创建单位新晋陕西、贵州、山东、浙江、河北 5 省，加之上年获批的海南、宁夏，已扩至 7 家。湖南省全域旅游示范区创建“醒得早，起得晚”，分析原因，主要有以下四个方面。

1. 政策扶持力度较弱

针对全域旅游发展或全域旅游示范创建，贵州等省在土地、财政、资金等方面出台了具体的扶持政策，与之相比，湖南省缺少实实在在、真金白银的政策。调查问卷中，仅有 7 家明确在获批国家全域旅游示范创建单位后享受了优惠政策，且多为市、县级层面的奖励，部分配套了一定工作经费。产业扶持资金方面，湖南省虽设有规模 20 亿元的文化旅游产业投资基金，但实际投资项目中鲜有省内旅游项目。

2. 交通及旅游综合配套服务有短板

交通瓶颈依然存在。虽然外部通连度整体提高，但常德石门、邵阳城步等地仍是高速交通“洼地”。多数地区内部尚未形成循环路网，乡村公路等级低、路面窄，部分景区、景点的干线交通条件较差，“进不来、走不动、出不去”，城区、景区、乡镇和农村旅游点之间难以实现无障碍旅游。另外，部分高速公路路段收费较贵、限速标准较低，湖南省已通车高速公路限速 100 公里/小时的居多，限速 120 公里/小时的偏少，湘西州、张家界、怀化、郴州汝城县等地普遍反映高速公路限速标准偏低，部分路段最高限速仅 80 公里/小时；夏蓉高速汝郴段一型车收费标准约为一般高速公路同类型车辆基准收费标准的 2 倍。

旅游综合配套不完善。一是集散体系、信息咨询等距离全域旅游的标准和游客实际需求仍有较大差距（见表 2）。二是酒店、餐饮等服务配套水平参差不齐。17 个创建县区没有四星级及以上酒店，住宿条件较好、水平基本相当的床位数偏少，难以满足高端客户以及大型活动的需求；整体缺少精品民宿、客栈。

智慧旅游深层次应用有待提升。创建单位中，仅有 20% 推出了智慧旅游 APP，但其提供的内容、服务的旅游体验应用不够丰富；当地龙头景区提供微信“扫一扫”语音导览服务的占比不足 45%。

**表2　游客集散中心、咨询服务中心建设情况一览**

| 游客集散中心建设情况 | | |
|---|---|---|
| 已经投入使用 | 正在建设中 | 尚未建设 |
| 6+1 | 10+1 | 12+1 |
| 游客咨询服务中心建设情况 | | |
| 已经投入使用 | 正在建设中 | 尚未建设 |
| 6+2 | 12 | 10+1 |

注：加号前的数字为县市区一级的数量，加号后的数字为地市一级的数量。

数据来源：调研组调研整理。

3. 人才、资金、产品、土地等要素紧缺

对最制约当地全域旅游发展的主要因素进行调查的结果见图2。票数居前的，一是旅游相关人才奇缺。旅游管理人员和旅游行业从业人员中专业人才占比低，如浏阳市旅游局在编在岗职工22人，仅有2人为旅游专业人员；旅游行业从业人员中专业人才不到10%。“难招人”“招来人留不住”的问题同样突出。二是资金缺乏。不少地区旅游产业仍处于起步阶段，基础配套设施薄弱，旅游项目建设量大，资金缺口大；部分旅游项目建设单位没有完善的投融资机制。三是产品供给不足。现有旅游产品相对单一，产业链条较短，游客“进得来，留不住，消费少”；缺少旅游龙头企业，知名度高的景区和旅游产品不多，游客以当地和周边为主，客源地范围不广。四是用地难。部分创建单位反映受土地指标的限制，旅游项目建设用地报批困难。

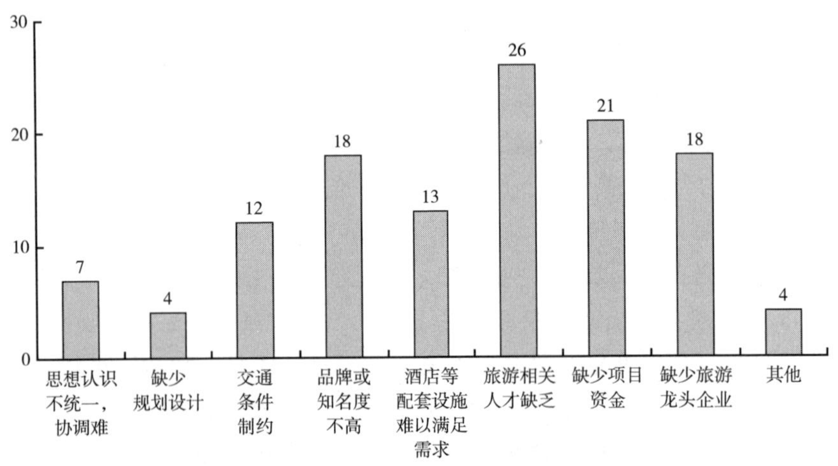


**图2　制约当地全域旅游发展的主要因素票数统计**

数据来源：调研组调研整理。

4. 体制机制存在障碍

一是管理碎片化导致部门、项目、区域之间沟通协调融合难。全域旅游发展涉及交通、住建、农业、商务、文化、工信、国土、工商、公安、卫生、质检等众多职能部门，各自为政的体制机制给规划布局、规模发展、产品创新和监管执法等造成不少障碍。二是基层机构旅游管理能力有待提升。如怀化 13 个县市区只有洪江区单设旅游局，其他县区直接从事旅游行政管理的人员一般仅有 2 ~ 3 人；醴陵旅游管理部门作为醴陵市商务旅游和粮食局的组成部门，只有 3 个工作人员，开展全域旅游示范创建工作难度较大。

## 三　湖南打造全域旅游基地的对策建议

湖南省打造全域旅游基地，需以全域旅游示范创建单位为核心、以县域为基础，上下统筹、综合协调、统一谋划、分步推进，从体制机制、政策保障等诸多方面创造有利的发展环境和条件。

1. 完善工作机制，营造良好氛围

强化顶层设计，尽快出台全省全域旅游发展规划。在梳理湖南省旅游资源的基础上，整合区域优势资源，优化布局，强化高等级旅游景区的引导作用，打造辐射带动全省全域旅游发展的龙头片区，由点、线及面形成示范带动效应，构建市县联动发展全域旅游的大格局。

整合资源，鼓励先行先试。首先，要尽快批准全域旅游示范创建单位成立旅发委，增强其全域旅游发展的统筹协调能力，有效整合区域资源，谋划推进全域旅游发展。实行全域旅游有关职能部门政策直通车制度，形成各部门联动发展的体制机制。其次，创新全域旅游综合执法机制，把市场环境治理纳入地方综合治理，鼓励设立旅游警察、旅游巡回法庭、旅游工商分局及其他联合执法机构。最后，探索全域旅游发展模式和创建途径，积极扩大覆盖面。总结湖南省全域旅游先发先进地区的经验，借鉴外省市成功做法，因地制宜，从产业转型升级、旅游休闲度假、民俗文化体验、龙头景区带动、生态文明建设、新型城镇化发展、美丽乡村建设及旅游扶贫等方面，打造多层次旅游目的地，推广“旅游 +”新的生活方式，形成“一地一品、一地一色”。开展全域旅游示范市、县的创建工作，争取全域旅游示范创建早日扩面至全省范围。

完善考核督查制度。依据全域旅游创建有关要求，制定系统全面的量化指标、评价标准，健全完善旅游发展和项目建设的考核评价机制，并将其纳入对下一级政府以及相关部门的年度目标管理责任考核指标体系。

2. 强化基础配套，提高支撑能力

构建完善的全域旅游交通网。借鉴贵州等省的做法，加强城市、景区、乡村与机场、车站之间的连接道路建设和旅游化改造，实现交通畅通、无缝接驳，基本消除区域内旅游交通瓶颈；加强景区和乡村旅游点停车位建设。参考浙江丽水市的经验，在车站、景区等游客集中区提供便捷的共享汽车租赁服务，解决“最后一公里”问题。

加快推动智慧旅游建设。一是提升信息网络基础建设水平。借鉴贵州、浙江等省经验，实施“满格湖南”工程，基本消除信号死角；加快推进旅游景区、饭店、农家乐的4G全覆盖、高速宽带全接入、WiFi信号全免费。二是建设全域智慧旅游省，努力提升旅游信息化水平。参考浙江丽水市“一机游丽水”智慧旅游综合服务平台的成功范例，加快建设围绕旅游服务、旅游管理、旅游营销的智慧旅游网络体系。构建统一的旅游信息宣传、查询和服务平台，开发基于手机的旅游公共信息服务，在游客集聚地（如交通枢纽、宾馆、饭店等）设立旅游信息触摸屏、旅游信息发布大屏。加快建设旅游基础数据库，将所有涉旅元素编入电子地图；整合编制区域旅游图片、旅游视频、旅游攻略等资料库。

3. 培育龙头企业，发挥品牌效应

加大定向招商力度，积极引资引智。提高旅游招商引资精准度和实效性，积极引进央企和省外龙头企业（如华侨城、万达、宋城演艺、华夏文旅、恒大旅游集团等），招引一批层次高、辐射强的龙头型、基地型、平台型项目。

集中力量培育本土龙头企业。借鉴浙江、安徽、贵州、陕西等省的经验，打造省级层面的旅游集团（公司），使其充分发挥旅游产业资源整合、资源运营、资本运作及创新发展等平台功能，进行旅游建投、旅游服务、旅游酒店、旅游金融、旅游文创等全产业链运作，形成龙头型、创新型综合旅游企业集团和旅游服务品牌。鼓励有条件的市、县成立旅游集团（公司）。省旅游集团联合市、县旅游集团（公司）及金融机构、投资机构、品牌机构和专业旅游媒体，组建“省旅游集团联盟”。

4. 加强政策扶持，强化要素保障

省级层面要针对性地出台促进全域旅游发展的支持政策，并按照国家旅游局公布的“八优先”原则给予全域旅游示范创建单位倾斜；要用抓工业发展的力度推动政策落实，保持政策延续性、稳定性，为打造全域旅游基地夯基垒台。

强化资金保障。参照宁夏、贵州、浙江、广东等省份的做法，设立全域旅游发展专项资金，整合各方面涉旅资金，加大对全域旅游基础设施和公共服务的资金投入，对创建单位核心引导项目进行专项扶持。对列入全域旅游示范创建名单的单位给予一次性或分批次的基础设施建设补助资金；对新创建国家级、省级旅游度假区，新创建国家5A级、4A级旅游景区，新评定五星级、四星级旅游饭店，新评定国家五星级、四星级旅行社等单位，给予一次性适当补助；对新建、改扩建旅游厕所，给予适当资金补助。借鉴浙江、宁夏等省份的经验，引导设立旅游产业投资基金/种子基金、古村落（传统村落）保护利用基金等，为符合条件的单位和项目提供部分资金和信贷支持。探索通过PPP及政府购买服务的模式开发基础设施建设和公共服务项目。

强化人才保障。加强旅游部门干部队伍建设，优选一批德才兼备的旅游干部充实到相关岗位，加强对基层单位创建工作的业务指导。建立政府、教育机构、企业三方联动的人才培养机制，加强全员培训，尤其是边远区县的专门培训；对于偏远地区，允许有业余导游，实现“人人皆导游”。切实发挥省内涉旅大专院校的作用，加强旅游领军人才队伍建设。制定出台旅游人才引进计划，完善旅游人才激励与保障机制。

强化土地保障。加强旅游用地改革创新，年度土地供应中适当增加旅游业发展用地。通过城乡建设用地增减挂钩等方式，满足乡村旅游、产业小镇等项目的用地需要。

落实带薪休假制度。借鉴浙江做法开展职工省内疗休养工作，支持企事业单位将自身实际与传统节日、地方特色活动相结合，安排错峰休假、弹性作息。

规范旅游服务标准。制定出台农家乐、民宿等不同于星级饭店、商务酒店的消防安全、食品卫生安全等地方标准，配备符合乡村旅游发展需要的消防、食品卫生安全等设施设备。

5. 加强立体宣传，拓宽旅游市场

树立全省一盘棋思想，整合省内资源，围绕全省旅游资源策划整体宣传营销，实现全省联动、联合推介、捆绑营销，市县互相推介、互引客源、抱团发展。

加大宣传力度。充分发挥湖南电视台的平台优势，借力中央电视台、知名视频网站等平台，与携程、途牛、蚂蜂窝、穷游网等旅游专业网站开展深度合作，对湖南省全域旅游进行整体形象推介和产品推广。灵活运用网络营销、媒体营销、体验营销和航线营销等方式，通过新兴媒体技术进行全方位宣传推介，拓展国际国内客源市场。

形成营销合力。大力实施政府主导、媒体跟进、企业联手的“三位一体”营销模式。政府主要负责“形象营销”，通过投放品牌公益广告、举办旅游推介会、策划文化旅游活动等方式，提升湖南旅游的美誉度和知名度；媒体负责“内容营销”，加强旅游线路推广、旅游特色宣传，做好湖南旅游形象的宣传者和传播者；企业负责“服务营销”，把旅游产品做好，解决游客如何来、怎样游、住哪里等具体问题，切实提升湖南省旅游景区的美誉度和影响力。

# 健全湖南基层医疗卫生服务体系的对策研究*

湖南省人民政府发展研究中心调研组**

基层医疗卫生服务体系承担着向基层群众提供基本医疗卫生服务的重要职责，直接关系亿万人民的健康和幸福。为进一步了解湖南省基层医疗卫生服务体系建设情况，中心成立了专题调研组，赴株洲市、永州市、武冈市、芝山区等地和相关省直部门进行了深入调研，针对基层医疗卫生服务体系中的现实问题提出了对策建议。

## 一 湖南省基层医疗卫生服务体系的现状及问题

近年来，湖南省基层医疗卫生服务体系在基础设施建设、人才培养、信息化建设等方面取得了长足发展，新型农村合作医疗和城镇居民基本医疗保险取得了突破性进展，医疗卫生服务条件得到了较大改善，为深化医药卫生体制改革打下了良好基础。但仍然存在投入和补偿力度不够、人才队伍结构不合理、部分农村基层卫生机构运转困难、管理机制有待完善等问题。

1. 投入和补偿力度不够

一是基础设施不完善。目前，湖南省共设置乡镇卫生院 2451 所，社区卫生服务中心 417 个，本轮行政村合并后，全省行政村从 41478 个减至 25409 个，各地正根据行政村合并的情况重新设置村卫生室。国家投入经费建设乡镇卫生院 1870 所，仍有 581 所乡镇卫生院的基础设施未得到改善。村卫生室即使按 2.5 万个行政村卫生室的总量测算（合村后拟设置行政村卫生室数量），目前国家和省项目仅建设 1 万个（已建村卫生室项目中有部分项目因合村而重复存在），仍有

---

* 本报告获得湖南省委副书记乌兰、时任副省长向力力的肯定性批示。

** 调研组组长：卞鹰；调研组副组长：唐宇文；调研组成员：唐文玉、邓润平、王颖、王灵芝；执笔：邓润平。

1.5万个尚未得到建设项目资金覆盖。社区卫生服务中心方面，全省除列入国债项目建设的125家中心外，其余一半以上的机构都未进行过专项建设，大部分社区卫生服务中心条件较差，房屋破旧，面积较小。

二是医疗设备不足。过去为乡镇卫生院和村卫生室配备的医疗设备已使用多年，为了更好地推进分级诊疗、家庭医生签约服务等新工作，需要配备适应新要求的医疗设备。基层医疗卫生机构尤其是乡镇卫生院、社区卫生服务中心对救护车、DR、彩色B超、全自动生化分析仪、心电图机、康复理疗设备等的需求较为迫切。

三是专项经费投入不够。部分基层医院没有落实全额拨款，其效益与医院收入好坏直接挂钩，导致基层医院不可避免地出现逐利行为，影响公立医院的公益性。有的地区实施综合财政预算，把中央投入的公共卫生专项经费打捆预算，用于支付乡镇卫生人员工资，变相挤占了公共卫生经费，导致基层医疗卫生人员待遇削减。

2. 医卫人员普遍短缺

基层医院设备、环境相对较差，工作人员待遇较低，导致很多医学生和医务人员不愿意到基层就业，医卫人员短缺已成为基层医疗持续发展、实现“十三五”期末全面建成小康社会的重要制约因素。

一是医卫人员总量不足。湖南省基层医疗队伍资源总量不足，专业卫生人员短缺。脱离基层实际的事业单位招考制度导致很多偏远地区因达不到规定比例不得不取消招录计划，基层医院尤其是乡镇卫生院方面，往往存在空编与临聘人员并存现象。在2016年全省开展群众满意乡镇卫生院复核时，发现在岗人员中有近三分之一属于临聘人员。同时，受到招聘方式、基层机构条件等多种因素影响，基层医院普遍存在人才下不去、留不住、难提高的问题。即使引进了，培养成了骨干医生，又难以留住。部分卫生院妇产科、内科、儿科医生、检验人员严重短缺。村卫生室方面，重新设置的行政村卫生室中60岁以上的乡村医生约7000人。尽管近几年通过乡村医生本土化培养，已培养3300多人拟逐年更替，仍有3000多人的缺口。

二是队伍结构不合理。从学历来看，卫生专业技术人员中中专学历占41.4%，专科学历占39.2%，10.1%左右的人员未取得任何医学学历，具有本科医学学历的仅占9.3%且集中在条件较好的卫生院。从职称来看，初级职称占76.8%，中级职称占12%，高级职称仅占0.9%，还有10.3%的人员未取得任何专业技术职称。从专业来看，医疗人员占比47.16%，公卫人员占比11.22%，护理人员占比 23.91%，但全科医学人员仅占 1.01%，远远低于国家配备要求。边远地区和经济欠发达地区基层人才短缺问题更加严重。

3. 高效运行和管理机制尚未建立

近年来，国家加大对基层医疗的投入，人民群众看病有了医疗保障，公共卫生服务正在逐步均等化，但“维护公益性、调动积极性”的运行新机制尚未建立起来。

一是激励和保障机制有待创新。部分乡镇卫生院还存在吃大锅饭、平均主义现象，基层卫生人员上下流动机制不完善挫伤了基层医务人员积极性，优质资源下沉也难以实现。乡村医生养老保障机制尚未建立。乡村医生为广大农村群众提供基本医疗服务发挥了不可替代的作用，但出于身份原因，养老待遇没有解决，不利于形成稳定的服务团队和良好的退出机制。

二是国家基本药物保障机制有待完善。国家基本药物实施以来，病人的用药负担并没有明显降低。有的基本药品价格没有有效合理地下降，有的药品价格甚至比招标前还高，有的基本药物因为价格低、利润薄，又存在配送企业不愿配送的现象，致使部分基层医疗机构难以获得齐全的基本药物。另外，基本药物的品种不够完善，因地区气候差异，治疗使用的药品也有区别，如早年临床用于风湿腰腿痛的药目——红茴香、风湿宁、黄瑞香等，价格合理，疗效好，因未列入国家基本药物，配送不便。

三是监管督查有待加强。近年来，湖南省高度重视基层医疗卫生服务体系建设，出台了系列文件，在基层医疗卫生机构财政投入、人员编制、人才招聘、工资待遇、绩效考核、水电费价格、建立分级诊疗体系、乡村医生队伍建设等方面均实现了政策性突破，对基层医疗卫生体系建设进行了全面部署，但因缺乏有力的监管督查措施，部分文件要求至今未落实到位。如乡镇卫生院人员编制未按每 1000 服务人口配备 1.4 人的标准核定，政策补助不到位，国家订单定向免费培养的医学本科生按协议落实就业阻力重重等问题依然未得到解决。

## 二　健全湖南省基层医疗卫生服务体系的对策建议

健全基层医疗卫生服务体系，是缓解人民群众“看病贵、看病难”的关键，是“保基本、强基层、建机制”的重要抓手和切入点，只有综合、系统、全面地改革，才能真正筑牢基层卫生服务网底，实现“人人享有基本医疗”的新医改目标。

1. 科学规划，完善政府对基层医疗卫生机构的投入机制

一是继续加强基层医疗卫生机构标准化建设。资金不足一直是制约基层医疗机构发展的难题，基层医疗的公益性决定了政府应承担对基层医疗的投入主体责任，尤其是要加大对偏远地区的财政投入。按照“填平补齐”的原则，省级财政应继续加强乡镇卫生院和社区医院业务用房建设，重点加大对经济欠发达地区的投入，解决地方财力不足的困难。按照“八室两中心一广场”的功能布局标准，整合资源，大力推进农村综合服务平台标准化建设，不断夯实基层卫生服务网底。

二是加大对基层医疗卫生机构的补偿力度。县（区）级财政要将基层医疗卫生机构纳入公共财政补偿体系，建立稳定长效的补偿机制，按规定落实财政专项定额补助，对其经常性收支差额补助予以保障。进一步完善村卫生室基本药物制度实施后的多渠道补偿机制，并根据经济发展水平，动态调节乡村医生各渠道补助标准，逐步提高乡村医生的待遇水平，确保农村基层医疗卫生机构正常运转。

2. 加强人才队伍建设，提升基层医疗卫生服务能力

一是加大人才培养力度。针对农村乡镇卫生院人才引不进、留不住的问题，建议继续加强对农村医务人员的本土化培养，对志愿回户口所在县农村乡镇卫生院执业的应届高中毕业生，适当降低录取分数线，给予一定比例的学费生活费补助，签订培养协议，实行医学专科学历全日制教育，毕业后经考试考核合格，简化招聘手续，直接进入协议乡镇卫生院工作。严格执行编制标准，切实解决空编与临聘人员并存的现象，对在乡镇卫生院医疗卫生技术岗位临聘多年、具有相应执业资格、工作经验丰富、综合素质较高、能力较强的紧缺岗位医务人员，可以简化招聘程序进行聘用。

二是着力提高基层医疗服务能力。医疗职业是需要终身学习的，前些年国家实施的农村卫生人员培训项目，对于提高基层卫生人员卫生管理知识和医疗业务能力，发挥了极为重要的作用，也得到了基层普遍好评。但目前该项目已不再实施，这将对今后农村卫生人员的在职培养产生严重影响。建议由省级财政拨付专项经费，由市州负责组织实施农村卫生人员本地化培训，持续、长期地开展农村卫生人员培训，不断提升农村基层医疗服务水平。鼓励引导社会资本参与人才培养培训，以奖学金、公益金等形式支持基层卫生人才队伍建设。

3. 建立县域医共体，构建现代医院管理制度

一是建立县域医共体。加强中心乡镇卫生院能力建设，探索县级医院对口支

援乡镇卫生院的帮扶机制；加强乡镇卫生院对村医务室的指导和培训，推进县管乡用、乡管村用的人才柔性流动机制。

二是健全内部绩效考核机制。建立以服务数量、服务质量和满意度为主要内容，定性与定量相结合，日常性监督检查、定期核查和群众评议相结合的内部绩效考核制度。坚持多劳多得、优绩优酬。在保证基层医疗卫生机构回归公益性的同时，又充分调动医务人员的积极性。

三是完善村医保障机制。充分发挥乡村医生在农村基层社会治理中的优势和作用，将村医中的优秀分子纳入基层组织之中，将村医由单纯的健康守护员发展成党和国家的政策宣讲员、群众矛盾的调解员、社情网格的信息员，既能解决村干部队伍来源不足和班子结构不合理的问题，也可增加村医的补助收入，减少村医外流现象。推进乡村卫生服务一体化管理，探索建立乡村医生养老机制，为纳入一体化管理的乡村医生统一购买养老保险，妥善解决乡村医生养老问题。

4. 完善医保和药品保障制度，健全综合监管体制

一是加强医保导向，建立分级诊疗制度。充分利用医保的引导和支撑作用，对基层医疗卫生机构实行医保倾斜政策，引导患者“基层首诊”，使群众就诊规范、有序，提高县域内的就诊率。建立基层医疗机构与上级医院双向转诊制度，因地制宜推广县域医共体、专科联盟，打通上下转诊渠道，确保下得去、接得住。充分发挥基层医疗机构的作用，既方便群众看病，又大大减轻个人和医保负担。如永州市自 2013 年起实行新农合“10 + 100 补偿机制”（新农合的患者在乡镇卫生院、社区卫生服务中心看门诊每次最多只自付 10 元钱、住院每次只付 100 元，其余全部由新农合基金报销），不仅群众医疗负担大大减轻，而且全市新农合基金年年均有结余，2016 年度永州市新农合基金收支节余 1.6 亿元，年末滚存节余 8.37 亿元，不失为既便民利民又减轻医保负担的好方法。其他市州可以参照永州模式，制定适合本地区实际的新农合补偿机制。

二是加强基本药物制度管理。一方面，实施阳光招标、科学配送。采取网上公开招投标方式，主要针对生产企业招标，由中标生产企业对药品质量和配送统一负责，发挥规模优势，实行量价挂钩，最大限度减少流通环节，降低成本。政府直接向生产企业支付药款，对中标药品从生产到使用进行全过程监管，确保用药安全，全程接受社会监督，杜绝不正之风，确保人民生命健康和医保资金高效使用。另一方面，要充分听取基层医疗技术人员的建议，动态调

整药品目录，不断优化用药品种、类别与结构比例，确保基层群众能用上好药、便宜药。

三是加大监管督查力度。加强对医疗保险经办、基金管理和使用等环节的监管，强化医疗保障对医疗服务的监控作用，完善支付制度，积极探索实行按人头付费、按病种付费、总额预付等方式，建立激励与惩戒并重的有效约束机制。将基层医疗卫生服务体系建设作为民生保障重点工程纳入省政府对市县级政府的综合目标重点考核内容，确保各项政策落到实处，实现“人人享有基本医疗”。

# 湖南保障和改善民生的现状、问题与对策建议

湖南省人民政府发展研究中心调研组*

保障和改善民生是不断满足人民日益增长的美好生活需要，保证人民在共建共享发展中有更多获得感的必然选择。本调研报告结合省情，深入分析湖南在民生建设方面的成效及不足，提出可操作性的思路和对策建议。

## 一、湖南保障和改善民生的现状

近年来，湖南实施民生优先战略，加快形成政府主导、覆盖城乡、可持续发展的基本公共服务体系，在改善民生上持续取得新进展。

——完善收入分配制度，缩小地区差距。2016 年，全省居民人均可支配收入 21115 元，增长 9.3%。“十二五”时期，湖南城乡居民人均生活消费支出保持年均 10% 左右的增长率，城镇居民消费结构升级特征明显。湖南各地区之间收入差距逐渐缩小，2015～2016 年，长株潭地区与大湘西地区的收入比从 2.38∶1 缩小到 2.34∶1。

——推动创新创业，不断完善公共就业服务体系。2016 年湖南实现新增城镇就业 77.36 万人，全省城镇单位就业总人数达 656.46 万人。全省创新创业日趋活跃，新增创业主体 39.13 万个，带动城乡就业 77.24 万人。落实就业帮扶援助政策，扎实做好大学毕业生、失业人员等重点群体就业再就业工作。全面建立劳动合同制度，全省规模企业动态劳动合同签订率达 99% 以上。

——强化社保提标扩面，建立更加公开可持续的社会保障制度。近年来，湖南省合并实施城乡居民养老保险，实施机关事业单位养老保险制度改革，成功开展城乡居民医保统筹试点，建立起比较完备的社会保险制度体系。基本医疗保险

* 调研组组长：卞鹰；调研组副组长：唐宇文；调研组成员：唐文玉、王灵芝、邓润平、王颖。

实现全民覆盖，工伤保险、生育保险和失业保险基本实现职业人群全覆盖。连续12年调整提高企业退休人员养老金，企业和机关事业单位首次同步调整。全面建立特困救助供养制度，城乡低保标准分别提高到420元/月、220元/月。

——均衡发展，全面推进教育公平。目前，湖南除学前教育毛入园率略低于全国平均水平外，其他教育发展指标均相对较高。农村义务教育被全面纳入公共财政保障范围，进一步落实了进城务工农民子女入学就读政策，家庭经济困难学生资助体系进一步完善，教育公平取得重要进展。“十二五”期间，学前教育、义务教育均衡发展水平明显提高，累计建成农村公办幼儿园1571所，建成合格学校10803所。

——深化医改，医疗服务体系不断完善。全省已全面推开城市公立医院综合改革，189家城市公立医院取消药品加成。全面推进分级诊疗，规范双向转诊程序，逐步实现不同级别和类别医疗机构之间的有序转诊。城乡居民基本医疗保险财政补助标准提高到每人每年420元，人均基本公共卫生服务经费补助标准从40元提高到45元，政策范围内住院费用报销比例稳定在75%左右。医疗服务体系不断完善，全省医疗卫生机构数、床位数、医疗卫生及技术人员数均较“十一五”时期有较大幅度的提高。

——文化惠民，全民健身稳步推进。以群众需求为导向，各类公益性文化活动广泛开展，送戏下乡每年1万场以上，免费开放公共图书馆、文化馆（站）、博物馆，群众满意度90%以上。人均公共文化设施面积、万人拥有三馆一站公用房屋建筑面积均有较大幅度的提高。“十二五”期间，全省群众体育健身活动场地设施大幅度增加，全民健身工程取得大突破，形成了一批有较大影响的全民健身活动品牌。

——精准扶贫，安居工作有序进行。“十二五”期间，全省减少农村贫困人口561万人，2016年减少125万人，脱贫攻坚成效明显。2016年，全省各类棚户区改造开工完成47.99万套，完成国家下达任务的105%，完成直接投资1500亿元。湖南省保障性安居工程建设规模连续7年位居全国前列，2016年，全省安排保障性安居工程用地1300公顷，累计完成分配入住81.18万套，分配入住率77%。

——加强监管，构建公共安全长效机制。将食品药品安全监管延伸到乡镇（街道）监管所，实施了分类分级监管，强化事中事后监管，全省食药监管权威、统一、集中监管效能逐步显现。加大安全生产投入，大力推进企业安全生产标准化建设，重大安全生产隐患治理成效明显，全省生产安全事故死亡人数逐年下降。加强社会治安管理，开展立体防控，组建治安防控中心，健全点线格网整体关联的防控网络，防控成效明显，全省刑事发案量连续三年下降。

## 二　存在的突出问题

湖南在保障和改善民生方面存在的问题和不足，主要表现如下。

——公共服务供给总量不足，人均水平更低。具体表现为：公办幼儿园在园幼儿数占全部在园幼儿数的比重居全国后三位，每万人口全科医生数只有全国平均水平的65.2%，人均拥有公共图书馆藏书量仅为全国水平的62%。

——公共服务供给区域差距明显，民生建设法治化水平偏低。公共服务供给在城乡、区域之间差距巨大：农村学校办学条件明显落后于城镇，城乡义务教育的生均公用经费、标准化学校建设等方面差别很大；医疗、教育等资源集中在长株潭等中心城市，如长沙市健康服务业的营业收入与主营业务收入占全省近七成。虽在2010年颁布《社会保险法》，社会建设法治化水平仍偏低，需要相关法律法规支持与保障。

——促进居民增收的抓手不多，社会力量参与公共服务的动力不足。湖南各地政府除不断提高当地的最低工资标准之外，在对企业执行工资指导线和工资指导价位方面缺少有效制约，促进居民增收的手段不多。农民增收的政策落实不够到位，土地、资金等依然制约农民持续增加收入。受各项严格规章及制度的制约，新型社会力量加入公共服务供给改革的动力明显不足。

——城乡一体的社会保障体系有待完善，民生建设的公平性不足。目前湖南已初步建成覆盖城乡的社会保障体系，但仍有少部分人员游离于保险体系之外，农保退休人员、被征地农民、农村老年居民提高补贴待遇的呼声较高。近年来，各地推进基本公共服务均等化的努力效果有限，针对低收入者、残疾人士、外来务工人员等社会弱势群体的权益保障制度亟须完善，公共服务水平有待提高。

## 三　进一步改善民生的政策建议

未来湖南要紧紧抓住人民最直接最现实的利益问题，关注最需要关心的人群，谋民生之利、解民生之忧，建设富饶美丽幸福新湖南。

——推动实现更高质量的就业，提高人民收入水平。进一步优化劳动力、资本、土地、技术、管理等要素配置，加快培育创业主体，加快建设众创平台，优化创业服务，加大财税支持力度，全力推进大众创业、万众创新。继续实施促进高校毕业生就业的专项计划，加强创业教育培训和创业孵化服务，做好结构调整中下岗失业人员再就业工作，统筹推进重点群体就业。开展各种形式的技能培训和创业培训，实施新生代农民工职业技能提升计划和贫困地区劳动力素质提升培训计划，着力完善职业培训体系。

——全面深化教育领域综合改革，使教育更加公平可及。加快发展公办幼儿园，积极扶持普惠性民办幼儿园，落实用地、减免税费等优惠政策，到2020年，力争公办和普惠性幼儿园占比达到50%以上。推进标准化学校建设，推进教育资源向农村倾斜，依法保障进城务工农民工随迁子女平等接受义务教育，促进义务教育均衡发展。改善薄弱高中基本办学条件，提升高中阶段学校人才培养质量，实施普通高中多样化发展计划，推进普及高中阶段教育。加强中等职业学校建设，实施“卓越职业院校建设计划”和“特色专业体系建设计划”，加快发展现代职业教育。

——完善城乡居民社会保障体系，增强人民安全感。完善城镇职工基本养老保险个人账户制度，建立统一的城乡居民基本医疗保险制度，完善城镇职工基本医疗保险个人账户政策，改革医保管理和支付方式。逐步合并生育保险和基本医疗保险，完善失业保险制度，深化社会保障体制改革。全面实施全民参保登记计划，健全参保缴费激励约束机制，巩固高危行业农民工参加工伤保险率，促进扩面征缴。逐步提高养老金待遇标准，逐步提高居民医保门诊统筹和大病保险待遇保障水平。大力发展企业年金、职业年金、商业保险等补充养老保险和探索补充工伤保险，加强“互联网 +”康复工作，构建多层次社会保障体系。加大残疾人社会救助力度，帮助残疾人普遍参加基本养老保险和基本医疗保险，建立完善残疾人福利补贴制度，完善残疾人生活兜底保障。

——加快完善基本医疗卫生制度，加快构建健康湖南。促进医疗资源向贫困地区、基层和农村倾斜，完善农村三级卫生服务网络，到2020年基本建成城乡居民15分钟医疗服务圈。进一步加强中医药服务体系建设，提高中医药服务质量、可及性和可得性。大力推进基层首诊、双向转诊、上下联动、急慢分治，着重完善分级诊疗模式。加快推进医养结合，推动中医药与养老结合，建立健全医疗机构与养老机构之间的业务协作机制。加强妇幼卫生保健与生育服务，有效降低孕产妇死亡率、婴儿死亡率和出生缺陷发生率。

——推进惠民文化创新繁荣发展，丰富人民精神生活。“十三五”时期继续在全省范围内建设一批三馆工程，建设村级文化小广场，提升县级公共文化体系，加快公共文化基础设施提质升级。深入开展“欢乐潇湘”等大型群众文化活动，继续抓好全国性“群星奖”、老年合唱节等群众文化会演活动，促进文化惠民活动深入开展。建立健全博物馆免费开放经费保障机制，加快博物馆纪念馆免费开放。

——全面深化民生保障提质扩面，保障人人均等享有。完善保障性安居工程体系，有序推进棚户区改造，加快农村危房改造步伐，推进保障性住房建设。推进城乡低保统筹发展，健全特困人员供养制度，进一步完善医疗救助制度，完善社会救助体系。健全养老基础设施，大力开展社区居家养老服务，鼓励发展社会互助养老，支持公办民营、公建民营、民办公助等多种运营形式，加速社会养老体系建设。推进社区管理体制改革，加快推进社区公共服务综合信息平台建设，创新基层社会治理体系。

——完善公共安全治理体系，着力夯实平安湖南。加强食用农产品源头监管，推进食用农产品质量安全追溯体系建设，加强食用农产品产地准出和市场准入管理，加强食品生产加工和经营监管，强化食品全程监管。加强药品、化妆品、医疗器械监管，落实质量主体责任。深化安全生产监管体制机制改革，提高行业事故防范能力，深化安全生产信息化建设，全面推进道路交通、铁路交通、水上交通、建筑施工等安全管理和监督工作，加强安全生产监管。

——创新体制机制，保障改善民生措施落到实处。创新财政保障机制：优化财政支出结构，严格控制一般性支出和“三公经费”；推动财政公开化、透明化、民主化建设，细化财政民生项目，完善民生财政的决策监督机制；建立健全管理制度和运行机制，降低民生财政成本。创新服务供给机制：界定公共服务范围，多样化供给公共服务产品；拓宽公共服务供给渠道，推进公共服务建设均衡化发展；落实政府对社会力量的各项优惠政策，推进公共服务事业发展。编制一年一度的湖南民生指数，建立地方政府改善民生的绩效评价机制，重塑以“民生”为重点的政府绩效考评体系。

# 关于政策性农业保险在实施中存在的几个问题及建议

湖南省人民政府发展研究中心调研组*

农业保险作为处理农业风险转嫁的重要工具，是现代农业发展的三大支柱（农业科技、农村金融和农业保险）之一，也是世贸组织允许支持农业的一项“绿箱”政策。自2004年在国内试点以来，连续14年的中央一号文件都对发展农业保险提出了要求。湖南省2007年被确定为试点省份，其实施也有10余年。截至2015年底，湖南省财政累计投入农业保险保费补贴99.8亿元。在近期对一些县市的调研中发现，政策性农业保险在实施中存在的制约因素还很多，由此造成了政策执行难、农民受益少的局面，亟须通过完善相关政策，让农民真正得到实惠。

## 一　在实施中存在的问题

虽然相关农业保险政策，特别是《农业保险条例》已对农业保险的实施做了规范，但在实际操作过程中存在走样的情况。调研中了解到的问题主要如下。

——条款设定环节：存在保障水平偏低、对小农户利益考虑不足等问题。一是保险保障水平偏低。现行实施方案规定，农险保障金额水稻360元/亩、油菜150元/亩、能繁母猪1000元/头、育肥猪500元/头。经核算，目前的物化成本为水稻1050元/亩、油菜680元/亩、能繁母猪3000元/头、育肥猪1700元/头。也就是说种植业保险保障水平约为成本的33.9%、养殖业保险约为成本的31%，帮助农民恢复生产的能力较弱，缺乏吸引力。二是对小农户的利益考虑不足。比如育肥猪的承保要求为规模养殖户，但规模养殖户一般比较专业，对风险的抵御能力也强，而缺乏养殖技术、急需风险补偿的广大散养

* 调研组负责人：唐宇文；调研组成员：左宏、张鹏飞；执笔：张鹏飞。

户却不能投保。虽然目前政策导向更支持规模化经营，但是对于小农户还是应该有一定的保险产品进行保障。

——承保管理环节：存在农民参保意愿低、保费收取难等问题。一是农民参保意愿低。根据湘潭县财政局的一项调查，农业保险政策的知晓率不足70%，有一半以上的农户表示不愿意参加或参不参加无所谓。农民参保意愿低是制约农业保险发展的重要因素，究其原因，主要是因为农民对农业保险认识不足，得到的实惠少。二是保险标的数据采集不准确。在调研中，保险公司表明，基于技术落后和管理不到位等方面的原因，很难准确核实保险标的数量和明确保险标的。三是保险费率没有区分，影响投保积极性。目前保险公司实行的是统一费率，没有进行风险区划和费率分区，经常受灾的田，农民愿意投保，而旱涝保收的田，农民投保意愿低。四是保费收取难，农户自缴保费部分垫付普遍。基于农户居住分散、自缴保费部分金额不多（水稻险方面，一般为每户12～20元）、参保意愿低、在外打工农民多和农忙等原因，采取一家一户征收保费的方式，要耗费大量的人力、物力，导致征收成本高、保费收取难，所以在政策执行中，农户自缴保费大部分是由村干部或村集体垫付。虽然文件中明确规定，严禁在农户不知情的情况下，由村委会或村干部垫交农户自缴保费部分，而后在保险赔款中返回。但因为执行难度大以及缺少其他相关政策的支持，村干部为完成任务，不得不这样操作。

——查勘定损环节：存在查勘定损程序不规范和农险公司技术落后等问题。水稻险方面，保险公司对灾情的查勘定损只到乡镇这一层面，基本上没有做到定损到户。同时，查勘定损随意性较大，甚至出现目测农作物所受病虫害和天灾影响的情况。养殖险方面，由于保险公司禽畜养殖方面专业技术人员缺乏，查勘定损目前由基层农业、畜牧等部门承担，实际工作中已出现人手不够、工作成本高等问题，造成不能及时查勘定损、理赔，这制约着农业保险的发展。

——实际理赔环节：理赔款难以到受灾户，存在廉政风险点等问题。目前理赔实际操作流程是：灾害发生后，保险公司根据各镇受灾情况和保险赔付率，确定理赔款到镇一级。理赔款发放到镇财政后，由乡镇统筹考虑各村受灾情况，确定各村理赔金额，并发放到各村提供的账户上。因为保险资金的发放要求理赔到户，村干部一般找党员、组长及关系好的村民，打到他们的账户，再提取资金，先返还村里垫缴的保费。由于不掌握定损技术、理赔标准又不明确，所以村干部难以将剩余的理赔款分发到受灾群众手里，部分村就留作村集体资金，由此也给了个别村干部据为己有的空间。此外，因为农户实际获得的理赔款与期望值有落差，导致出现上访情况。

——其他环节：存在协保员管理不到位的问题。农业保险实施方案要求村村有协保员，但目前协保员还停留在提供名单的阶段，对于资料填写、查勘理赔、政策宣传等方面的作用还未发挥。同时，根据协保员反馈，他们没有工资等激励，很少接受培训，也不清楚保险理赔标准。

## 二 几点建议

农业保险对于发展现代农业具有重要意义。如何完善农业保险制度，规范发展农业保险，是当前推动农业保险发展面临的重要课题。

——加大宣传力度，提高农民参保积极性。建议整合政府和保险公司的宣传力量，用通俗易懂的语言把农险意义、各类农险的保费收取标准、查勘定损规范、理赔标准、理赔流程和监督电话做成宣传页发放到每个投保户手中，培育农民的保险意识和监督责任。继续推进农险业务信息透明化、公开化，整合农险信息到湖南省“互联网+监督”平台。

——鼓励农业保险公司提高运营管理水平。一是加快农业保险标准化建设。梳理适合省情的行业标准，整合行业力量，在管理流程、业务操作方法、理赔服务等方面进行标准化建设。二是实行风险区划和费率分区。科学合理的差异化费率可以有效防止风险不同质而导致的逆向选择，提高农民的积极性。各保险公司要联合政府部门，根据各地气候、地形、农作物、损失记录等把所辖全部耕地划分为若干同类风险区，每个风险区实行不同的保险费率。三是鼓励农业保险公司加快新技术的应用。新技术可以提高工作效率，为农业保险灾害预测预报、作物面积估测和受灾评价、定点查勘、损失程度鉴定和作物产量估计等提供量化数据。要鼓励保险公司加快GPS、无人机查勘、卫星遥感等新技术的引入，扩展IT技术在承保、理赔、财务核算等环节的管理与应用。政府可以适当对新技术运用和数据库的建立给予补贴。四是发挥协保员的作用。通过完善管理、培训和工资待遇等制度，切实发挥协保员在数据整理、查勘理赔、政策宣传方面的作用。

——研究建立强制保险和自愿保险相结合的农险模式。建议在湖南省施行强制保险和自愿保险相结合的模式。强制保险方面，对关系国计民生、对农民收入影响较大的农作物和牲畜，以及对于频繁发生、损失严重的自然灾害，如干旱、洪水等，采用强制保险的模式。对于强制保险需要农民自缴保费部分，可采取与其他支农政策配合的方式，如在粮食直补中扣除保费；或者将农业保险和其他救灾政策、优惠金融政策捆绑在一起，不买农作物强制保险就不能获得其他优惠政策。自愿保险方面，省市县级财政对自愿险予以适度奖补，并积极争取中央财政补贴。建议率先推广农产品价格指数保险、农产品收入保险等险种，不断满足农户日益增长的需求。

——健全农业保险配套政策。一是以《农业保险条例》为基础，加快地方性的农业保险条例、规定的制定。二是政策的制定考虑广大小户的利益，特别是尽快扩大养殖险投保范围至散户。三是建立农业保险信用体系，一经发现骗保等违规行为，列入保险黑名单，若干年内不能投保。四是稳步提高农险的风险保障水平，适应农业生产成本上升和风险增大的基本趋势，尽快达到“保生产成本”的程度。五是建立农业保险信息数据库。各保险公司和相关政府部门积极配合，共同推动农业保险数据库的建设。

——建立有效的监督检查机制。一是建立由保监、财政、纪委、审计等部门组成的农业保险监督联合机制，对保费补贴资金进行事前、事中、事后全程监督，定期开征专项督查，严查各农业保险机构不按业务程序和标准及各项要求进行操作的违规行为。二是建立政策性农业保险理赔鉴定认定体系。建立由气象、农业、畜牧等部门专业人员组成的专家库，就灾害查勘、理赔、定损等建立第三方鉴定认定体系，改变“农业保险由保险公司查勘定损，农民无条件接受”的局面。三是各农险公司要建立严格的内控制度和内审机制，切实加强对分支机构的稽核审计，自觉抵制和杜绝各类违法违规和不诚信经营行为。

# 保障湖南省生鲜农产品安全务必重视流通监管*

湖南现代物流职业技术学院、省政府发展研究中心联合课题组**

民以食为天，食以安为先。湖南是全国重要的农产品生产基地，生鲜农产品产量综合占比为全国的6%左右。如何把湖南生产的健康、有机、多样的生鲜农产品，安全、高效地送到全国人民的餐桌上，维护老百姓“舌尖上的安全”，是各级党委政府时刻关注的重要问题。

## 一　流通环节直接影响湖南生鲜农产品安全

近年来，湖南各级农业主管部门高度重视农产品质量安全工作，全面推进了无公害农产品行动计划，规范农产品质量检验检测机构、培养农产品质量检验骨干队伍、建立农产品质量安全抽查制度，从源头上遏制了生鲜农产品安全事故的发生。但是，从2016年省农委监测数据来看，蔬菜合格率最低只有92.7%，水果为95%，茶叶为96.9%，始终达不到100%合格。通过调研和分析发现，流通环节是影响湖南省生鲜农产品不安全的主要因素，需要引起高度重视。

### 1. 湖南生鲜农产品质量安全关乎国家食品安全

湖南是全国重要的蔬菜、水果、生猪、水产、蛋类等生鲜农产品生产基地。2015年，湖南蔬菜播种面积1372.9千公顷，产量3996.9万吨，占全国的5.2%；水果产量981.0万吨，占全国的3.6%；肉类产量540.1万吨，占全国的6.3%，其中猪肉产量448.00万吨，全国排名第3；水产品产量261.4万吨，占全国的3.9%，全国排名第7；蛋类产量101.5万吨，占全国的3.4%，是名副其实的农业大省，见表1。

* 本报告是2015年度湖南省情与决策咨询研究课题项目“基于供应链的湖南生鲜农产品质量安全监管研究”中期成果，项目编号：2015ZZ029。

** 课题组顾问：唐宇文；课题组成员：曾玉湘、禹向群、贺超群。

**表1　2015年湖南主要生鲜农产品产量和占全国比重情况**

| 蔬菜 | | 水果 | | 肉类 | | 水产品 | | 蛋类 | |
|---|---|---|---|---|---|---|---|---|---|
| 产量（万吨） | 占比（%） | 产量（万吨） | 占比（%） | 产量（万吨） | 占比（%） | 产量（万吨） | 占比（%） | 产量（万吨） | 占比（%） |
| 3996.9 | 5.2 | 981 | 3.58 | 540.1 | 6.26 | 261.35 | 3.91 | 101.52 | 3.39 |

数据来源：农业部、湖南省统计局。

2. 湖南生鲜农产品流通的复杂性直接影响质量安全

湖南生鲜农产品种类繁多、流通地域广、销售方式复杂影响质量安全。一是季节性生产导致储存难，影响产品质量安全。如水果，季节性生产与全年性消费以及跨区域远距离流通导致水果容易受到有害物质和微生物污染，增加变质的概率和监管难度。二是分散经营的管理模式，规模效益低。产品从农户到经销商，由支线聚到干线，最后又由分售商（如农贸市场、生鲜超市、小区附近的摊贩）扩散至分散的消费者，整个流通过程发散性强，容易导致市场监管难以到位，也无法追根溯源。三是生鲜农产品在流通中对温度和湿度有特殊要求，比如，香蕉的储存适温为12℃～13℃，而甜橙的储存适温为3℃～5℃，如果达不到生鲜农产品需要的流通环境，只要某个环节（如包装、贮存、运输等）的温度和湿度没有达到要求，都会影响生鲜农产品的质量安全。

3. 湖南冷链物流供应不足影响生鲜农产品安全

高效的物流运输、必要的保鲜设备是实现生鲜农产品流通价值的生命线。目前，湖南冷链物流基础设施能力尚不足，冷冻冷藏运输流通设备的覆盖范围比较小，技术水平偏低，以致一些生鲜农产品在运输过程中变质；生鲜农产品预冷技术和低温环境下的分等分级、包装加工等商品化处理手段尚未普及，全程温度自动控制没有得到广泛应用；经过多次集散缺乏购销凭证、溯源管理困难等原因，使得湖南生鲜农产品不仅产后损耗惊人，而且安全隐患大大增加。调研数据显示，湖南蔬菜、水果、肉类和水产品在流通中腐损率分别高达20%、30%、12%和15%，叶菜类损失率甚至超过30%，远高于发达国家5%的水平。

4. 缺乏有效的信息共享平台，质量追溯体系效用有限

湖南目前缺乏有效的信息共享平台，没有将生鲜农产品的质量安全信息、产出信息、生产加工技术标准、流通中的物流运输、仓储管理以及销售等信息集

成，形成监督生鲜农产品质量的严密信息系统。如，近两年湖南的农产品质量安全例行监测发现，市场、基地生鲜农产品质量安全问题偏多，虽然溯源发现了部分来源，但对问题到底出在哪个环节没有定论。如2015年50个不合格蔬菜产品中，40个来自市场，10个来自基地；溯源16个来自湖南省生产基地，14个来自外省，还有20个来源不详。同时，湖南生鲜农产品流通的相关标准、规程、管理制度还不够健全。主要监测内容是农药残留和重金属含量，而不是根据种类监测流通过程中的卫生标准和检验检疫规程，准入管理也很不到位。加上检测从业人员专业知识缺乏，导致部分地区在购置检验检测设备后，存在没人会用，或嫌麻烦不愿意用的情况。

## 二　加强湖南生鲜农产品流通环节监管的几点建议

1. 抢抓“互联网＋”发展机遇，加快生鲜农产品流通体系信息化建设

2015年国家《“互联网＋流通”行动计划》出台，加速了网络零售市场的发展。为此，湖南应在三个方面发力，一是应用物联网信息感知、传输与智能控制技术，配套技术及标准规范，构建一个可靠感知、全面互联、智能服务和实时调控的生鲜农产品信息平台。利用实时跟踪，实现有效控制与全流程管理，把安全信息向流通主体、消费者等社会公众公开，实现对生鲜农产品流通环节的全社会实时监管。二是完善生鲜农产品质量安全检测和追溯体系，制定统一的质量安全检验检测信息标准，促进生鲜农产品检验检测信息化和统计信息化，提高生鲜农产品质量安全信息的及时性、准确性、灵敏度、共享性并进行动态统计分析。三是创新流通模式。鼓励构建以“网络平台＋形象体验店”“大数据＋精准运营”为核心的“生产者＋零售平台＋消费者”“生产者＋直销店＋消费者”等“互联网＋生鲜农产品”流通新模式，减少流通环节，提高流通效率，降低流通费用与损耗，增强生鲜农产品流通环节的安全保障能力。

2. 培育生鲜农产品流通龙头企业，发挥龙头企业的典型示范、辐射带动和核心监督作用

推动湖南生鲜农产品经销商实现公司化、规模化、品牌化发展（如大型批发商、连锁超市）。鼓励生鲜超市、饮食店、单位食堂等大型生鲜农产品需求场所与农业生产基地、农民专业合作社等实现产地对接，建立稳定的产销关系。积极引导发展订单农业，建立生鲜农产品从田间到饭桌的快通道，推进传统农产品流通企业创新转型，支持市场和企业建立和优化生鲜农产品流通供应链。财政资

金要大力支持第三方物流企业发展，特别是优化整合冷链物流企业，建立生鲜农产品物流（示范）中心。鼓励龙头企业发挥典型示范、辐射带动和核心监督作用，引导生鲜农产品流通企业提高质量安全保障意识。

3. 加强流通基础设施建设，特别是冷链物流基础设施建设

省级政府要出台支持生鲜农产品流通基础设施建设的政策文件。通过政策调整引导投资方向，改善与生鲜农产品流通密切相关的公路、铁路、水路、航空等交通运输条件，加强物流集散中心、保鲜冷藏、信息平台等基础设施建设，提高生鲜农产品供应链的专业化、现代化和信息化水平。适时整合现有冷链物流企业，优化省内冷链物流基础设施及节点布局，既防止重复建设，又顾及偏远地区特色生鲜农产品流通冷链物流需求。省政府应根据湖南农业生产现状，构建科学合理、有利于推动全省经济发展的冷链物流网络。如加强岳阳淡水产品冷链物流设施，常德、益阳的柑橘、茶叶冷链物流设施，衡阳的黄花菜冷链物流设施，怀化、邵阳、娄底的林产品冷链物流设施等的建设，提高湖南生鲜农产品流通保障能力。

4. 逐步完善生鲜农产品流通的相关标准、规程、管理制度，推行生鲜农产品产地准出与市场准入制度

一是根据湖南实际，结合流通和消费水平，借鉴兄弟省市和国外先进经验，制定并完善相关标准、规程与管理制度，特别是监管责任机制。二是加强生鲜农产品产地准出、市场准入制度建设。督促生产者落实质量安全措施，健全生产记录，严格准出要求。以农业企业、农民专业合作社等规模生产单位为重点，推广使用生产记录，扩大准出证、标识卡、产地编码、安全条形码等的应用，逐步实现可追溯。进入市场的生鲜农产品要有检验检测合格报告，符合市场准入条件。推进产地准出与市场准入衔接，建立生鲜农产品产销对接机制。三是完善检测网点。以农业企业、农民专业合作社等规模生产单位为重点，加强动态检测点建设。强化例行监测，扩大检测品种、范围，增加检测频次，严厉打击各种违法违规行为。四是建立生鲜农产品质量安全信息的收集、评价、处置和发布制度，完善突发应急预案，建立监测预警机制，全面准确把握生鲜农产品质量安全信息动态，规范信息发布，加强舆情监控，提高应急处置能力。

5. 引培结合，打造生鲜农产品质量安全监管“铁军”

一是省农委要适时举办一批培训班，努力提高监管人员业务能力和综合素质。二是支持大专院校和企业开展针对性培训。大专院校可与提升学历相结合，对在岗检测人员进行培训。三是引进一批专业技术人才。各级政府结合当地实

际，出台相关人才引进政策，积极引进农产品质量监管专业的高级人才。通过引进、培训等多种途径，培养一批精通风险评估、标准制定、检验检测和质量认证的专家队伍，一批通晓行政执法的管理队伍，一批面向基层、面向实践、面向监管一线的实用人才，逐步打造一支结构合理、作风优良、业务精湛的生鲜农产品监管“铁军”。

# 打好三大攻坚战

## 紧扣五个转变　采取五项措施*

### ——实现湖南省扶贫资金精细化监管的对策建议

湖南省人民政府发展研究中心调研组**

扶贫资金有效使用才能确保精准扶贫高效完成。十九大报告提出坚决“打赢扶贫攻坚战”，对于财政资金的支出要“全面实施绩效管理”，这意味着，强化扶贫资金的监管力度极为紧迫。目前湖南省扶贫资金涉及面广、线长，尤其是基层监管难度大，出现了虚报冒领、截留专项资金、违规支出专项资金等现象，但随着湖南省对扶贫的监管力度越来越大，资金腐败在一定程度上被遏制，但出现了一些“按下葫芦浮起瓢”的新问题，集中体现为“五个转变”。

第一，乱作为向不作为转变：体现为资金滞留情况严重、项目推进缓慢。调研中，我们发现“乱作为”行为极大减少了，扶贫资金的“不作为”或者“作为不到位”的问题凸显。据财政厅数据，截至2017年4月底，2016年及以前年度的中央财政专项扶贫资金还有2.6亿元未完成支出。项目推进缓慢的情况也较多。省审计厅抽查17个县市扶贫基础设施，均未完成年度计划。

第二，轻视责任向推卸责任转变：体现为资金向乡村两级下移，上级部门要

* 本报告获得湖南省委常委、常务副省长陈向群，省委常委、省委秘书长谢建辉的肯定性批示。本文系财经大数据资产开发与利用——湖南省高等学校2011协同创新中心研究成果。

** 调研组组长：卞鹰；调研组副组长：唐宇文；执笔：左宏。

求不符合基层实际。某市调研结果显示，大量资金拨付到乡镇财政所、切块资金主管单位，属于以拨代支，没有形成实际支出。如该市某区财政扶贫专户虽然目前只有资金余额 763 万元，但 2016 年其拨至某乡财政所的资金 2912 万元，实际完成支出 207 万元；拨至另一乡财政所资金 1425 万元，目前实际完成支出 30 万元。此外，还存在上级部门的计划安排不当。例如，某市 2017 年有一个水利项目，5 月份上报，7 月份资金到位，9 月份就要求验收。

第三，监管不足向监管失当转变：体现为基层疲于应付，表格扶贫层出不穷。有驻村干部反映，各级各部门的会议、检查和考核太多，且标准不统一，基层疲于应付，一个村最多时一天就填了 48 份，反而没有时间真正开展扶贫工作。

第四，资金难分配向资金难统筹转变：体现为县级资金统筹不到位。目前，资金分配已良性运行，而资金的县级统筹却出现了困难。例如，据审计厅报告，2016 年，有 4 个贫困县各级帮扶单位投入资金共 15287. 35 万元，未纳入整合范围。此外，部分资金有专项用途，难以整合使用。有地方反映，交通部门下来的某条修路的专项资金若被统筹作他用，之后就不可能再申请到资金修这条路。

第五，贪腐挪用资金向低效浪费资金转变：体现为项目脱离实际需求，损失浪费情况时有发生。调研发现，在贪腐挪用等情况不断减少的同时，一些地区出现了项目闲置的情况。例如，某县委托一药企帮扶该县 1 万户贫困户种植枳壳等药材，因种植培训及后期管护不到位，枳壳成活率很低，无法通过验收，造成了 82 万元资金浪费；某县 2016 年建成 75 个村卫生室，有 30 个闲置未用。

克服“五个转变”新挑战，当前重点要在扶贫资金筹集、分配、使用和监管各个关键环节，压实主体责任，强化资金监管效果，把每一笔扶贫资金尽快转化为脱贫攻坚的实物量。

第一，“两张清单”：建立各级政府和部门的扶贫资金责任清单和风险点清单。首先，建立和完善扶贫责任清单。进一步明确各级各部门在扶贫资金分配、使用和监管各环节的主体责任，各级责任由各级承担。其次，建立风险点清单。要求各级责任部门梳理规划申报、扶贫对象确定、资金分配拨付、工程实施验收、监督管理机制完善等环节可能存在的风险点。最后，实施专项资金分类管理。按照用途进行分类管理：第一类是基础设施，主要包括易地扶贫搬迁、集中安置项目、小型农田水利建设项目、乡村道路建设项目等，必须按照施工进度拨款；第二类是产业扶贫，按照投放要求进行绩效管理；第三类是家庭困难补助，如危房改造资金，公布扶贫对象后，将款项直接拨付贫困户。

第二，“一个标准”：建立全省统一、科学的扶贫资金监管和评价标准。一是出台全省统一的扶贫监管制度。省财政、扶贫办及相关部门联合出台制度，按照统一标准进行监管，并建立联合小组进行督查巡查、考核评估，减少对基层的检查次数。二是建立统一的以减贫成效为主要指标、资金廉政与资金效率并重的评价体系。对扶贫资金的使用、管理和效果进行综合评价，并将考评结果作为各市县脱贫攻坚工作考核的参考依据。三是清简各类监管考核活动。清简各类会议，完善建档立卡信息系统和统计报表制度，严禁层层增加指标和填报频次。

第三，“一套体系”：建立扶贫资金运行全过程监管体系。按照资金流向，建立筹集－分配－划拨－使用－报账－监管全过程监管体系。其一，分配环节，扶贫资金投向必须符合政策和实际，专款专用。其二，识别环节，做到精准识贫，确保扶贫资金精准拨付、及时拨付。其三，立项环节，强化规划引领，充分吸收相关部门和村民的意见，科学决策立项。其四，报账环节，做到精确报账核销，严格审核原始票据的齐全性和关联性，对项目管理费和培训费支出要严格审核事项的真实性和票据的合规性。其五，支付环节，大力推行国库集中支付制度，对工程建设、政府采购等大额扶贫资金支出必须实行财政直接支付。其六，项目管理环节，各扶贫项目单位应对扶贫资金按项目建立明细台账。其七，统筹环节，进一步完善上级（资金下达）部门的资金使用规则，建议先期做资金统筹，再逐步整合。

第四，“一个平台”：推进“互联网＋监督”平台建设，让扶贫资金监管插上科技翅膀。加快建设全省“互联网＋监督”平台，形成“前台”晒＋“后台”算的架构。一是“前台”重在面向社会、方便群众、易于操作，公开公示涉及扶贫和民生资金发放情况的整套信息。二是“后台”重在建立情况明、数据准、可监控的数据库，打破信息壁垒，建立精准全覆盖、安全可控的数据库系统。三是由省纪委牵头建立“互联网＋监督”工作领导机制，各相关部门联动监管，形成“横向到边，纵向到底”的全网络监管格局。

第五，“两大机制”：加快建立扶贫问责机制与容错纠错机制。一方面，要建立完善扶贫问责机制。整改千家不如追责一个，要在《市县党政正职脱贫攻坚工作问责规定（试行）》基础上建立一整套扶贫问责机制。另一方面，要建立完善扶贫容错纠错机制。出台《湖南省党政机关容错纠错办法》，率先在扶贫领域试行，对敢于担当的干部予以免责处理，给从事扶贫的基层干部吃下了“定心丸”。

# 标本兼治　强化监管　推动脱贫攻坚取得实效*

湖南省人民政府发展研究中心调研组**

监督管理是推进扶贫工作的重要抓手。时任中纪委书记王岐山在调研湖南、主持召开巡察工作座谈会上指出，巡察要聚焦再聚焦，突出扶贫攻坚这个重点，发现和惩治群众身边的“微腐败”，不断增强群众的获得感。湖南省扶贫项目监管依然存在一些问题，本报告在深入调研的基础上针对扶贫领域存在的一些突出情况，深入分析原因，提出要着力标本兼治、强化监管，推进脱贫攻坚工作取得实效。

## 一　扶贫中存在的突出问题

湖南省脱贫攻坚目前已经取得明显成效，但依然存在一些不容忽视的问题。

——产业扶贫方面。一是产业项目与贫困对象的利益联结不到位。如2015年某贫困县企业实施猕猴桃种植项目，要求新建基地2816亩以上、委托帮扶贫困对象3755人以上，然而该公司未采取向贫困对象保底分红的方式进行利益联结，项目租赁398名农户1531.6亩土地，贫困对象仅110人，占比27%。二是产业项目设计不科学，难以按计划实施。2016年，省扶贫办、省财政厅安排凤凰、保靖等16个县重点产业项目31个，截至2016年底，尚有11个项目未实施。三是产业项目脱离贫困户实际需求，缺乏针对性。如某村3组没有水田，却有5户被安排了稻田鱼养殖扶持项目资金。

——易地搬迁方面。一是非建档立卡户违规享受易地搬迁补贴资金。如某县2016年易地搬迁扶贫对象4098人中，有50人为非建档立卡贫困人员；另一县

* 本报告获得时任湖南省政协副主席袁新华和省扶贫办主任王志群的肯定性批示。

** 调研组组长：卞鹰；调研组副组长：唐宇文；调研组成员：左宏、胡跃平、龙花兰；执笔：胡跃平、左宏。

2016年申报易地搬迁补助的农户中，有47户名下登记有在县城购置的商品房。二是建档立卡户中不符合易地搬迁地理条件的对象被纳入补贴范围。如2016年某县实施易地搬迁的661户中，以交通不便为由实施搬迁的对象有539户，占易地搬迁总户数的81.54%，超范围发放易地搬迁补助资金5167.5万元。三是易地搬迁实施进展缓慢。例如调查发现有15个县2016年易地搬迁项目实施情况，计划搬迁35814人，实际搬迁7741人，完成进度为21.61%；计划建设集中安置点80个，实际完成17个，完成进度为21.25%。

——金融扶贫方面。一是小额扶贫信贷资金违规投向非建档立卡户。如某县2016年投放小额扶贫信贷资金14183万元，其中投向非建档立卡户的资金为4494.1万元，占比31.69%。二是承贷企业采用固定利率向贫困户支付利息，以资本分成代替收益分红。如某县2016年投放企业小额扶贫信贷资金800万元，按6%的固定利息支付给贫困户，签订了3年的协议。三是承贷企业将信贷资金用于发展非扶贫产业。如某县2016年投放112家企业信贷资金29340万元，其中有19945万元实际投向建材、商贸、工业制造、矿产加工、房地产等非扶贫产业，占比67.98%。四是超利率标准发放小额扶贫贷款贴息。如某县对中国扶贫基金会中和农信项目管理有限公司发放的小额扶贫贷款按10%～13%利率给予贴息，远高于4.35%的基准利率。五是金融机构违法牟利。如某县农商行2016年虚造43个建档立卡户名单，将213万元小额扶贫贷款转为定期存款，据此可获得财政贴息20.24万元。

——医疗保险和救助方面。一是对新农合个人缴费部分补贴不到位。如某县2016年参加新农合的建档立卡户44331人，财政应补贴个人缴费531.97万元，实际未到位。二是未落实贫困人口就医费用报销优惠政策。如一些县市未出台对贫困人口大病实行分类就诊制度，未落实“先诊疗、后付费”的制度规定，未全面实施贫困地区儿童营养改善项目。三是未建立贫困人口健康档案。调查发现一些贫困县部分贫困人口未建立健康档案。

——劳务输出和教育扶贫方面。一是政策未落实。如某些县未落实向经半年以上职业技能培训获得初、中级职业资格证书的贫困人口每人资助1500元的扶贫政策，未开展“雨露计划”职业教育培训。二是降低标准发放补助资金。如某县降低标准发放中职助学金，某市部分建档立卡贫困学生未享受免学杂费的优惠政策。三是义务教育项目实施缓慢。如一些县农村义务教育办学条件改善项目进展缓慢，县乡村中小学教师公租房建设未按进度实施。

——其他方面。一是扶贫资金闲置规模较大。如某县级市截至2016年底，财政扶贫专项及统筹整合资金结余 19849.69 万元，其中闲置 1 年以上的资金达 2234.13 万元，闲置 2 年以上的资金达 1634.29 万元。二是扶贫资金分配“散小”的问题突出。如某县 2016 年安排村组道路、农田水利、安全饮水等基础设施建设项目 316 个，资金总额 1664 万元，平均每个项目 5.26 万元，其中 5 万元以下项目 268 个，占项目总数的 85%。三是公示公告制度执行不到位。如某县 2016 年第一批财政扶贫资金（产业发展）计划中安排的 40 个扶贫项目，其项目规模、资金来源、建设内容、施工单位、项目完成情况等未在所在乡镇、村公示，项目资金拨付后也未及时向群众公布。

## 二 原因分析

扶贫领域存在的各种问题，根本原因在于扶贫项目管理，项目管理不完善是本，违规违纪现象是标。

——扶贫项目立项机制不完善。一是扶贫项目与扶贫规划脱节。一些县政府的扶贫开发规划没有与“十三五”规划以及行业部门规划衔接，导致扶贫项目与扶贫规划严重脱节。二是扶贫项目立项随意，缺乏项目库的支撑。调研中发现，很多县未建立动态的扶贫项目库，扶贫项目立项随意性大，散而小，不合实际，不够科学。三是项目的规划、申报、立项等程序缺乏群众参与。项目从申报到立项实施缺少群众参与，导致项目一边实施一边调整标准，甚至造成项目不符合群众需求与扶贫实际而失败。

——扶贫项目过程管理不健全。一是缺乏项目过程监管。省级下放扶贫项目管理权限后，资金使用、项目审批、政府采购、招投标、项目管理、监管责任“六到县”，但是缺少对县政府的明确要求，实施没有明确的程序和明确的责任人。二是项目验收工作不规范。目前，扶贫项目的验收方式过于单一，没有考虑项目的进度和质量等多维度的验收，对项目的过程中的资金管理、档案管理、实施效益没有进行量化考评，没有出具项目验收报告，对存在的问题没有及时整改。三是决算审计重视不够。多数扶贫违规违纪现象可以通过决算审计发现并处理，但普遍决算审计不到位。

——扶贫项目管理体系不规范。一是乡镇财务管理不规范。乡镇财务人员紧缺，项目管理、资金管理和档案管理三项工作没有制度规范，导致公款私存、大额提现、白条列支、资金拨付方式不合规等问题突出。二是扶贫项目资金监管缺乏明细。乡镇一级财政所没有纳入扶贫资金监管体系，扶贫资金的使用明细不能及时反映到财政监管体系内，使得扶贫资金监管的“最后一公里”容易出监管漏洞。三是档案管理不健全。未建立扶贫项目档案管理工作体系和工作制度，项目的申报文本、实施方案、资金文件、拨付凭证、竣工报告等资料归档收集不全面。

——扶贫项目信息公示不到位。一是部分县扶贫信息公示制度执行不到位。国务院巡查组在湖南巡查过程中接到举报，有人反映湖南省存在扶贫项目、资金信息公示不到位的情况。二是群众知情权难保障。乡镇、村扶贫信息的公示不足，公示信息难以长时间保存，群众的知情权难以落实。三是群众监督力量未充分发挥。只有把扶贫信息通过合适的方式有效地传递给群众，畅通群众监督、反馈的渠道，群众的监督作用才能真正发挥起来。

## 三　对策建议

加强对扶贫项目事前事中事后的全过程监管，要明确程序、压实责任，注重程序监管、痕迹监管和群众监督。

——加强制度设计，严把项目规划、申报、审批关。一是加强扶贫规划建设。县、乡、村各级单位要针对贫困户主要致贫原因，深入分析本地区资源条件，因地制宜科学制定本地区的扶贫规划，同时扶贫规划要与本地区的“十三五”规划、政府部门规划结合起来，产生联动效应。二是加强项目科学论证，建立项目库。乡镇、村级层面在项目立项前必须经过村民代表大会、村党员大会、村民委员会的审核通过；县级层面在项目立项前必须经过专家组的可行性研究，确保符合市场经济规律和贴近贫困地区、贫困户的实际需求。对扶贫项目实行计划管理，建立项目库，凡是纳入项目库的项目才可申报审批。三是加强项目审批管理，推行事前审计制度。要建立审批规则，推行事前审计，严格审查项目是否符合本地区扶贫开发规划、是否符合国家和省里的扶贫政策、是否符合资金投向范围、是否符合规范程序等。

——加强事中管理，确保扶贫项目落在实处。一是明确职责。要明确县级扶贫开发领导小组和各职能部门的领导责任，明确乡镇党政一把手的监管责任，严格执行扶贫项目“法人负责制、合同管理制、建设监理制、工程招投标制、工程预决算审计制”等管理制度。二是把好项目运作履约关。项目实施一定要按合同或协议运作，不得随意变动和更改项目计划内容，保证扶贫项目建设的严肃性。要做到精准监管、动态监管，严格管理项目工程质量，重点把好工程质量监理关和项目工期关。

——加强事后监管，确保扶贫项目效果到位。一是抓好项目竣工验收责任制。项目完工后，要由县扶贫办牵头，组织财政、审计、监察、有关职能部门专家和技术人员、项目业主代表等组成联合验收小组，对项目进行审核检查验收，各方须在验收文件上签字盖章。验收采取谁签字谁负责的原则。二是抓好扶贫项目决算审计。抓好扶贫项目竣工决算审计，要严格审核原始票据的齐全性和关联性，审核事项的真实性和票据的合规性，严格挤压工程造价“水分”，严防扶贫资金使用过程中的“跑、冒、滴、漏”现象。三是完善项目报账制度。实行县、乡两级报账制，对县级立项的扶贫项目实施县级报账，对村级项目实行乡财政报账，分级承担责任，并通过国库金支付提高拨付效率。四是加强扶贫项目档案管理。要明确扶贫项目档案管理制度和人员，建立健全项目档案，从项目立项到验收各个环节的文件资料都要严格按照规定收集、整理、归档。

——优化扶贫项目程序，确保扶贫管理严密。一是规范资金拨付程序。要严格执行资金到项目、管理到项目、核算到项目的“三到”制度，所有的项目资金支出，必须按规定的程序申报，经审批后方可拨付资金，确保项目资金按进度及时安全到位。二是加强项目文件管理。所有项目资金从分配到使用都要发文明确，资金、项目、文号对应，要抄送相关部门单位归档备查。三是加强乡镇财政所的监管作用。推进乡镇财政所与经管站合署办公，加大乡镇财政人员培训力度。乡镇财政所要及时准确地把扶贫资金的明细上传到扶贫资金管理系统，资金要明确到人到事。

——加快推进“互联网 + 监督”，发挥群众和科技的监督力量。当前，省纪委牵头正在推进全省“互联网 + 监督”平台建设，要把全省“互联网 + 监督”平台建设作为强化扶贫效果的重要科技手段，省、市、县三级政府部门要按照扶贫工程总体部署，确定工程实施的内容、资金数目、地点及时间，并把它落实到乡、村和户，把内容在乡镇、村设置的“互联网 + 监督”平台进行公示。通过“互联网 + 监督”平台畅通群众的知情、建议和投诉渠道，切实发挥群众监督的作用。加强后台的数据关联分析，借助科技助推扶贫监管。

# 湖南省兜底扶贫的现状、问题及对策建议*

湖南省人民政府发展研究中心调研组**

随着湖南省扶贫开发工作进入攻坚期，社会保障兜底扶贫对于如期实现脱贫攻坚和全面小康目标有着重要意义。2017 年 4 ~7 月，湖南省人民政府发展研究中心成立调研组，开展了兜底扶贫专题调研。调研组先后赴怀化、湘西、郴州等地的贫困地区以及民政、扶贫、人社、财政等相关部门开展广泛深入的调研，召开多次座谈会，充分了解情况、听取各方面的意见建议。调研结果显示，2016 年下半年以来，湖南省推进兜底扶贫工作成效较明显，但仍存在兜底对象识别不够精准、部门协调配合机制不完善、基层工作力量薄弱、宣传不到位、医疗救助资金缺口大等问题。下阶段，湖南省应在精准识别、精准施策、完善政策机制等方面下苦功夫，推动兜底扶贫再上新台阶。

## 一　湖南省兜底扶贫的情况与特点

1. 兜底脱贫对象基本情况

截至 2016 年 11 月，湖南省共有兜底脱贫对象 166056 户 392099 人；截至 2017 年 4 月，兜底脱贫对象动态调整为 346416 人①。

从致贫原因看，兜底脱贫对象主要分为因病重度贫困、无或者丧失劳动能力造成重度贫困、因残重度贫困三类，其占比分别为 33.8%、32.8%、32.3%（根据 2016 年 11 月数据计算）。

---

* 本报告获得湖南省委常委、省委秘书长谢建辉和时任副省长向力力的肯定性批示。

** 调研组组长：卞鹰；调研组副组长：唐宇文；调研组成员：彭蔓玲、罗会逸、刘琪。

① 注：本文相关数据来源于湖南省民政、财政、扶贫、人社等部门。

**表1　湖南省兜底脱贫对象情况（截至2016年11月）**

| | 户数(户) | 人数 | |
|---|---|---|---|
| | | 数量(人) | 占比(%) |
| 无或丧失劳动能力造成重度贫困 | 59035 | 128497 | 32.8 |
| 因残重度贫困 | 55898 | 126826 | 32.3 |
| 因病重度贫困 | 53460 | 132407 | 33.8 |
| 因灾或意外事故造成重度贫困 | 6880 | 16505 | 4.2 |
| 因其他因素造成重度贫困 | 8921 | 22710 | 5.8 |

注：①数据来源：湖南省民政厅；②因有的家庭致贫原因多种多样，五类情况汇总后大于合计的人数。

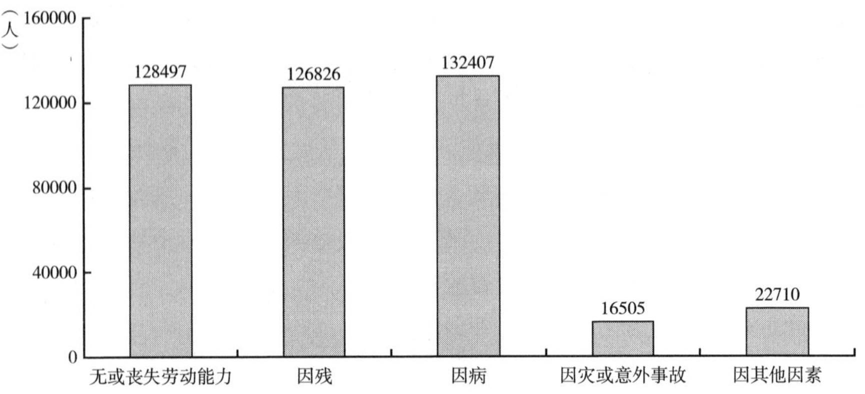


**图1　湖南省兜底脱贫对象的类别情况（截至2016年11月）**

数据来源：湖南省民政厅。

从区域分布看，截至2017年4月，湖南省兜底脱贫对象主要分布在邵阳、湘西州、娄底、怀化等地，其占全省的比重分别为，邵阳16.4%、湘西13.6%、娄底9.2%、怀化8.5%，其余市州占比均在8%以下；有六个市州的兜底脱贫对象占总人口比重高于全省平均水平（0.48%），分别是，湘西1.6%、娄底0.71%、张家界0.71%、邵阳0.69%、怀化0.57%、益阳0.49%。湘西州的兜底扶贫任务最重。

从兜底对象人户比看，全省兜底对象户平均每户2.3人，14个市州中湘潭、郴州两市户均不到2人，其中湘潭1.7人、郴州1.96人。这一定程度上反映这两个地区清理“拆户保”或“政策保”的任务较重。

从特困人员看，截至2017年4月，全省有农村特困人员395764人，城镇特困人员约2万人。农村特困人员较多分布在邵阳、郴州、常德、岳阳等地，其占

表2　湖南省14个市州兜底脱贫对象情况（截至2017年4月）

| | 兜底对象数量(人) | 占全省比重(%) | 占总人口比重(%) |
|---|---|---|---|
| 长　沙 | 14066 | 4.1 | 0.21 |
| 株　洲 | 18581 | 5.4 | 0.46 |
| 湘　潭 | 6272 | 1.8 | 0.22 |
| 衡　阳 | 19113 | 5.5 | 0.24 |
| 邵　阳 | 56719 | 16.4 | 0.69 |
| 岳　阳 | 17231 | 5.0 | 0.31 |
| 常　德 | 19466 | 5.6 | 0.32 |
| 张家界 | 12106 | 3.5 | 0.71 |
| 益　阳 | 23776 | 6.9 | 0.49 |
| 永　州 | 26943 | 7.8 | 0.42 |
| 郴　州 | 23829 | 6.9 | 0.45 |
| 娄　底 | 31978 | 9.2 | 0.71 |
| 怀　化 | 29280 | 8.5 | 0.57 |
| 湘　西 | 47056 | 13.6 | 1.60 |

数据来源：湖南省民政厅。

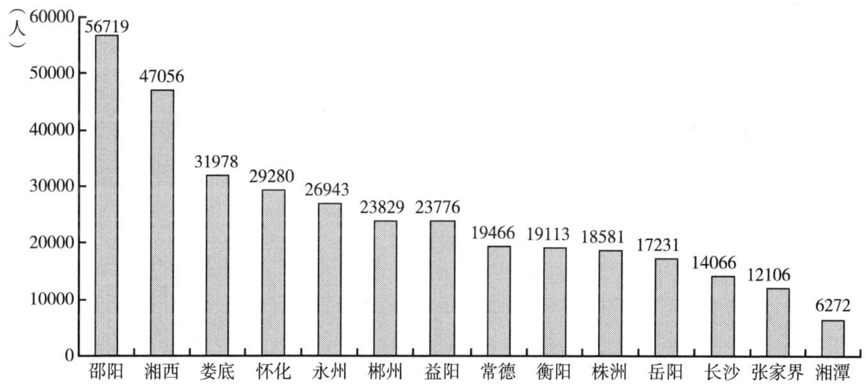


图2　湖南省兜底脱贫对象的区域分布情况（截至2017年4月）

数据来源：湖南省民政厅。

全省的比重分别为邵阳11.2%、郴州10.8%、常德10.6%、岳阳10%，其余市州占比均在10%以下；有七个市州的兜底对象占总人口比重高于全省平均水平（0.58%）：湘潭0.69%、邵阳0.61%、岳阳0.70%、常德0.72%、张家界0.65%、益阳0.88%、郴州0.91%。

表3　湖南省及14个市州农村特困人员情况（截至2017年3月）

| | 特困人员数量(人) | 占全省比重(%) | 占总人口比重(%) |
|---|---|---|---|
| 长　沙 | 30431 | 7.7 | 0.41 |
| 株　洲 | 18158 | 4.6 | 0.45 |
| 湘　潭 | 19405 | 4.9 | 0.69 |
| 衡　阳 | 37331 | 9.4 | 0.51 |
| 邵　阳 | 44165 | 11.2 | 0.61 |
| 岳　阳 | 39501 | 10 | 0.70 |
| 常　德 | 41844 | 10.6 | 0.72 |
| 张家界 | 9922 | 2.5 | 0.65 |
| 益　阳 | 38682 | 9.8 | 0.88 |
| 永　州 | 18596 | 4.7 | 0.34 |
| 郴　州 | 42937 | 10.8 | 0.91 |
| 娄　底 | 19797 | 5 | 0.51 |
| 怀　化 | 21630 | 5.5 | 0.44 |
| 湘　西 | 13365 | 3.4 | 0.51 |
| 全　省 | 395764 | 100 | 0.58 |

数据来源：湖南省民政厅。

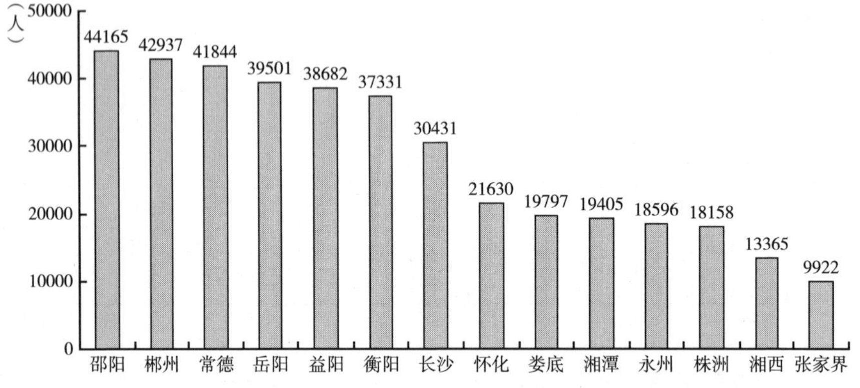


图3　湖南省农村特困人员的区域分布情况（截至2017年3月）

数据来源：湖南省民政厅。

2. 保障体系不断完善

生活保障标准逐步提高。兜底对象：按照农村低保标准全额发放低保金。2017年湖南省农村低保指导标准提高到252元/月，较2016年提高14.6%；全省14个市州均已达到或超过指导标准。2017年1～5月，全省兜底扶贫累计支出3.4亿元，月平均补助水平为257元。特困人员：2016年救助标准，集中供养和分散供养标准分别为6724元/年和3710元/年，同比提高7%和9%；2017年救助标准调整为基本生活标准和照料护理标准，基本生活标准不低于农村低保标准的1.3倍，照料护理标准分为全自理、半护理、全护理三档，分别不低于当地上年度工资标准的1/10、1/6和1/3。

医疗保障不断增加。提供资助参保、门诊救助、住院救助等保障。兜底对象：基本医疗保险个人缴费部分给予定额补贴，门诊和县级以上住院费用报销比例提高10%，大病保险补偿起付线降低50%；在县乡级定点医疗机构、政策范围内的自负费用，年度救助限额内按不低于70%的比例救助。特困人员：基本医疗保险个人缴费部分给予全额补贴，门诊和县级以上住院费用报销比例提高10%，大病保险补偿起付线降低50%；在县乡级定点医疗机构、政策范围内的自负费用按100%比例救助。截至2017年3月底，湖南省大病保险补偿达到人均6309元，较2016年人均增加700元左右。2016年湖南省医疗救助人次均费用达到1263元。

残疾人保障逐步增加。兜底对象、特困人员：2016年起均享受困难残疾人生活补贴和重度残疾人护理补贴，补贴标准分别为不低于50元/（人·月）（纳入特困人员救助供养范围的残疾人，不再享受残疾人两项补贴）。

养老保障逐步提高。兜底对象：享受基本养老服务补贴。特困人员：除享受基本养老服务补贴外，还享受政府代缴最低档次养老保险的保费等政策。

临时救助力度加大。兜底对象、特困人员：均纳入临时救助范围，2016年全省人均次救助金额近900元，同比增加27.6%。

保障设施不断完善。截至2016年全省建有公办福利院121家、床位22523张，有儿童福利院98家（其中：12家在建）、床位7000余张。基本保障了需求。

3. 资金投入逐年增加

总体来看，财政对兜底保障的投入力度逐年加大，2016年，主要惠及兜底对象的特困供养、医疗救助、临时救助资金的各级财政投入总额同比分别增加4%、2.3%、80.6%。从投入来源来看，特困供养、医疗救助、临时救助等资金中央转移支付与地方配套的占比较大，省级投入不足，尤其是医疗救助资金，2016年省级投入占比仅为6.7%。

**表4　各级财政对湖南主要涉及社会兜底保障事项的投入情况**

单位：亿元

| | 2014年 | | | | 2015年 | | | | 2016年 | | | |
|---|---|---|---|---|---|---|---|---|---|---|---|---|
| | 合计 | 中央 | 省 | 地方 | 合计 | 中央 | 省 | 地方 | 合计 | 中央 | 省 | 地方 |
| 城乡低保 | 83.8 | 63.1 | 9.6 | 11.1 | 85.5 | 66.2 | 10 | 9.3 | 92.2 | 71.6 | 12.6 | 8 |
| 特困供养 | 17 | 0 | 4.8 | 12.2 | 17.4 | 0 | 5 | 12.4 | 18.1 | 6.5 | 5 | 6.6 |
| 医疗救助 | 12 | 8.9 | 0.6 | 2.5 | 13.1 | 8.8 | 0.8 | 3.5 | 13.4 | 9.2 | 0.9 | 3.3 |
| 临时救助 | 2.7 | 1.2 | 0.1 | 1.4 | 3.6 | 1.7 | 0.3 | 1.6 | 6.5 | 1.7 | 0.4 | 4.4 |

数据来源：湖南省财政厅。

4. 保障措施不断加强

社会保障兜底扶贫相关工作深入推进。2016年，湖南省在新田县、凤凰县和衡阳市等地开展社会保障兜底脱贫对象认定试点，在此基础上，2016年8月出台了《关于社会保障兜底脱贫对象认定工作方案》，建立联合认定机制，制定认定标准和程序，在全省范围内开展兜底扶贫对象精准认定工作。2016年12月在全国率先开展农村低保标准与国家扶贫标准“两线合一”工作，出台《湖南省农村低保制度与扶贫开发政策有效衔接工作实施方案》，在政策、对象、标准、管理和信息等方面加强衔接。2017年4月，召开全省农村低保和社会保障兜底脱贫对象认定清理整顿工作电视电话会议，出台《湖南省农村低保和社会保障兜底脱贫对象认定清理整顿工作方案》，强力推进清理整改工作。

好经验、好做法不断涌现。对象认定方面，桂东等地在民主评议环节探索“打分制”，提高了民主评议的客观性与准确性；长沙等地引入了支出型贫困概念，规范了家庭收入计算评估办法。医疗救助方面，郴州苏仙区为贫困患者办理“一卡通”，整合各部门救助金，方便贫困户享受政策；区属公立医院减免20%自付费用，区财政设立了贫困户医疗救助金，补助60%剩余自付费用，贫困患者医疗费用自付比例可降低到10%以内。城乡居保方面，湖南省在全国率先通过谈判的方式，将16种不在现行医保目录内，但对于治疗重大疾病临床必需、疗效确切、价格昂贵的特殊药品纳入大病保险的范围；同时，按照总额限制、包干付费的原则，对尘肺病患者进行专项医疗救治救助，对贫困对象按照100%的比例予以救助。督察督办方面，怀化市麻阳县建立“互联网+监督”平台，每个村的便民服务站设置了终端机，通过群众投诉和大数据分析，及时发现违纪违规线索；目前，已取消2417人违规领取低保，清退不符合条件的贫困人口3300人。

## 二　存在的主要问题

1. 基层干部政策把握和执行水平参差不齐、家庭经济核对机制不完善，导致精准识别难

一是部分基层干部政策把握和执行水平偏低。农村兜底对象审核审批不严格，有人为划线、分配指标的现象，个别地方甚至存在优亲厚友、盘剥克扣、虚报冒领等违规违法行为。有的地方政策理解上存在偏差，将有劳动能力、只是暂时性困难的家庭也纳入了兜底保障范围，或将本应纳入特困供养的贫困重残人员以单人户的形式认定为兜底保障对象。个别地区搞土政策，享受低保政策就不再认定为贫困户，认定为贫困户就不享受低保扶持，导致一些符合条件的贫困人口未被纳入农村低保、符合条件的农村低保对象未被纳入建档立卡信息系统。

二是家庭收入、财产等信息核对机制不完善。一方面，农民人均纯收入指标在实际操作中，由于项目繁多、计算烦琐和地域差异而难以精准确定，尤其是湖南农村人口外出务工比例较高，部分基层干部对于务工收入的核算存在一些分歧；另外，扶贫部门与民政部门的信息核对口径和程序未统一，导致核对结果有出入。另一方面，核对手段相对单一，目前主要靠走村入户调查询问，虽然居民家庭经济状况核对平台已提供户籍、车辆等10类信息查询，但国土、住建、银行等部门关键信息未联网共享，且出于保密性考虑部分地区银行部门只提供户头数量、不提供存款数额，导致家庭财产难以准确查证。

2. 兜底对象清理整顿工作任务重、医疗救助金缺口大、基层力量薄弱、宣传不到位，导致工作落实难

一是基层兜底对象清退工作存在一定阻碍。由于农村低保和扶贫开发分别由民政和扶贫部门负责，有各自的识别标准和程序，且之前对接不充分，目前，湖南省只有60%左右的农村低保户被纳入建档立卡贫困户的范围，部分地区“拆户保”“政策保”现象比较严重，清退任务较重、阻碍较大。有些农村家庭的子女在外地成家立业，但户籍仍在老家，在考虑子女赡养能力的基础上，家庭的剩余成员按标准仍可享受低保，但并不宜纳入其在外地的子女，这部分“拆户保”较难清退。“政策保”由于涉及失地农民、移民、复退军人等特殊群体，基层信访维稳压力较大。

二是医疗救助金缺口大，“因病返贫”现象突出。湖南省对贫困人口提供基

本医保、大病保险和医疗救助相衔接的“三重医疗保障”，但数千至数万元不等的自付费用患者仍难以承担，因病致贫、返贫的比例较高。主要原因是资金投入遇到瓶颈、部分政策难落实。从医保方面看，湖南省已采取提高住院费用报销比例、降低大病保险补偿起付线等举措，加之医保缴费标准提高快、筹资压力较大，在保证基金收支平衡的前提下，未来政策优惠的空间有限，难以达到实际报销比例（90%）的要求。从医疗救助方面看，2016 年湖南省筹集资金 13.4 亿元，而据省人社厅测算，如严格落实现行救助政策，资金需求高达 30 亿元以上；考虑到未来各项救助的进一步提标扩面，资金会更加紧张；此外，医疗救助资金地方配套无明确规定，导致部分市县主要依靠中央和省两级财政的转移支付，配套严重不足，医疗救助政策难以全面落实。

三是基层力量薄弱。民政、人社、残联等部门反映基层在机构设置、人员配备、工作经费等方面存在困难。如，乡镇按每万人配备 1 名民政干部的要求一直没有落实；目前，湖南省乡镇基本只有 1～2 名民政助理员，且由乡镇直管、身兼数职，难以满足实际工作需要。

四是宣传不到位。调研中，一方面，部分兜底对象不清楚自己应该享受和已经享受了哪些保障政策；另一方面，省市县各级相关部门都有部分工作人员表示，医疗救助政策目前还有很多人不清楚，且认为迫于资金压力，不能广泛宣传兜底保障的部分政策。

3. 统筹协调机制不完善、信息共享严重滞后，导致部门协调难

一是统筹协调机制不完善。省内同为“五个一批”的异地搬迁扶贫、教育扶贫、产业扶贫等已出台相关规划或意见；省外贵州、湖北、广东等地也出台了兜底扶贫相关实施意见。湖南省民政、扶贫等部门虽联合出台了社会保障兜底工作方案、低保与扶贫政策衔接方案等，但推动资金统筹、政策对接的能力有限，协调机制不健全问题比较突出。

二是信息孤岛问题突出，信息共享交换机制严重滞后。目前，湖南省社会保障兜底相关职能部门的信息基本是本系统内使用，横向部门间的信息共享交换机制严重滞后。近期，扶贫和民政实现了信息共享，但由于没有统一的数据交换平台，仅实现了手动层面的信息对接，严重制约了信息的时效性。而人社与扶贫部门信息的手动对接也未实现，导致相关部门不能及时、准确地掌握贫困人口信息，致使建档立卡贫困人口全部纳入医疗救助范围的政策难以全面有效落地，政府代缴养老保险保费的群体也没有全部覆盖建档立卡贫困人员。

## 三　对策建议

1. 多措并举，精准识别兜底对象

一是严格识别标准。探索建立兜底保障对象认定的负面清单，明确不能纳入的情形。编制低保、兜底对象认定过程中典型问题与案例的手册，加强基层政策执行能力的培训，杜绝违规操作现象。

妥善处置“政策保”“人情保”“拆户保”等特殊群体。“政策保”群体，先保障再清退，确保工作平稳开展。对于失地农民、移民等群体，建议征地单位提取一定比例的土地出让收入、适当提高征地补偿标准，同时落实好就业技能培训补贴、养老保险保费代缴等政策，将符合条件的纳入产业帮扶项目范围。对于复退军人等群体，及时足额发放待安置期间生活费，推行“阳光安置”，加大就业培训力度。“人情保”群体坚决清退，工作落实不到位的，要严格追责。“拆护保”群体，建议民政联合公安等部门进行户籍核实与清理，探索建立跨区域协调机制，确保应保尽保、应退尽退。

二是规范识别过程。一方面，建议扶贫、民政、统计等部门联合制定湖南省农村贫困家庭收入计算评估指导意见，统一对象认定的收入标准和方法，尤其对务工收入依据区域、行业等因素制定省级指导标准。另一方面，拓宽省级居民家庭经济状况核对信息平台的数据共享范围，在已实现 10 类数据共享的基础上，加强与人社、国土、银行等部门的对接，实现居民保费缴纳、不动产、存款等重要信息的核对；借鉴永州市与中国人民银行中心支行联合出台金融资产查询细则的做法，破解存款查询的难题。此外，进一步规范审批审核，确保初审入户调查 100%，复审入户调查不低于 30%；规范民主评议程序，借鉴桂东等地经验，在全省推广民主评议“打分制”。

三是公开识别结果。拓宽信息公开内容，建议将兜底对象的所有相关信息在乡、村两级公开。创新信息公开方式，推行麻阳“互联网 + 监督”模式，加快建设全省“互联网 + 监督”平台，汇集全省兜底扶贫各部门数据资源，在互联网上最大限度公开兜底对象的相关信息，接受全社会的监督。

2. 精准施策，切实帮扶兜底对象

一是拓宽无劳力贫困户增收渠道。对于丧失劳动能力的贫困户，一方面，稳妥推进城乡低保提标，尽快达到国家平均水平；另一方面，还可通过以土地、帮扶资金等入股龙头企业的形式，获取土地流转金、资金分红等收益。如怀化洪江区菖蒲村建立生态黑猪养殖基地，53 户 207 人参与，每年每人利润分红 700 余元。

二是做好因残贫困户基本保障工作。完善残疾人生活保障机制，适度提高残疾人两项补贴标准，建议将两项补贴标准均由目前的 50 元/月提高至 90 元/月，实现残疾人家庭无障碍改造全覆盖。完善残疾人辅助器具配发网络，对于辅助器具的购买费用，建议通过财政资金给予补贴。建议将普遍性的残疾人康复项目纳入医保范畴。探索 PPP、BOT 等残疾人托养服务机构建设、运营新模式，推动残联兴办的托养服务机构吸引社会资金、扩大服务供给。

三是多措并举减少“因病返贫”现象。一方面，在积极争取中央加大对湖南省医疗救助资金支持的同时，增加本省医疗救助的财政配套投入。另一方面，探索建立“三个一”机制多渠道筹集资金。即，推广“一项试点”，借鉴湖南省尘肺病专项医疗救治救助经验，对全省贫困人口健康状况开展摸底调查，将覆盖面广、治疗费用高的病种，逐步纳入专项救治救助范围；成立“一支基金”，成立贫困人口医疗保障专项基金，对经基本医疗保险、大病保险和医疗救助等支付后的合规自付费用予以补助；研究“一项保险”，鼓励高校、科研院所与商业保险机构开展研究，开发出适合湖南省兜底对象健康状况的商业医疗保险险种。此外，建议进一步降低大病保险补偿起付线，由目前的 50% 降到 40%，切实减轻困难群众负担。

四是加强对湘西的支持。一方面，加大政策倾斜力度，以基本养老服务补贴为例，建议增加吉首市、古丈县、泸溪县、保靖县、永顺县等 5 个县市区的补贴资金，确保达到政策覆盖面的要求。另一方面，加大兜底资金支持力度，省财政相关资金应进一步有针对性地向湘西地区倾斜。同时，湘西地区干部群众应坚决克服等靠要思想，进一步增强脱贫攻坚的责任感和紧迫感。

3. 完善政策机制，形成兜底扶贫合力

一是借鉴贵州等地经验，出台省级层面兜底扶贫的实施方案，健全政府牵头、涉及社会救助政策实施相关部门参加的社会救助联席会议制度，加强协作、形成工作合力。

二是提高兜底扶贫相关部门的信息化水平，加强部门间的信息互联互通。一方面，建立扶贫、民政、人社等相关部门的信息交流与会商机制，逐步统一信息更新时间，增加扶贫部门信息台账开放的频次，提高信息的时效性。另一方面，充分利用现有全省电子政务外网、数据交换平台、网上政务系统等公共网络设施和平台解决扶贫工作中的信息交换共享问题，推动扶贫相关部门的业务系统与公共网络平台、应用系统的有效对接，实现相关部门间信息的共建共享。同时，强化民政、扶贫等相关部门的信息化建设，完善基础信息系统。提高民政社会救助信息系统、家庭经济状况核对信息平台的智能化水平。扶贫部门应依托全国扶贫开发信息系统建设湖南省的扶贫开发信息系统，并开发与其他扶贫相关部门的各类信息系统的接口。

三是加大政策扶持力度。一方面，加大政策向兜底扶贫困难多、任务重地区尤其是湘西州的倾斜力度，同时考虑物价上涨、生活水平提升、地方发展水平等因素，因地制宜制定各项保障的动态增长机制。另一方面，借鉴安徽等地经验，拓宽城乡居保个人缴费全额资助范围，实现低保对象、特困供养人员和贫困人口的全覆盖；细化分类施保的标准与规则，对特殊困难群体适当增发低保金。此外，梳理各项社保政策、做好衔接，如，对于养老保险，进一步明确政府代缴保费群体与代缴标准，建议将特困人员、兜底对象全部纳入，再逐步向建档立卡贫困人口放开。

四是充实基层力量。梳理基层民政、人社、残联等部门的服务事项，整合乡镇现有人员、经费、设备等经办资源，探索建立社会服务“微中心”试点，明确机构编制，推进工作重心下沉；借鉴凤凰实施“一村一名大学生村主干”计划，鼓励大学生投身于精准扶贫、民政救助及信访等急难险重工作。加大政府购买服务力度，明确购买主体、规范购买内容、完善购买机制、落实经费保障，项目适当向基层任务重、人手紧的事项倾斜。

五是加大宣传培训力度。一方面，通过广播电视、宣传标语、发放服务明白卡、走访宣讲、短信通知等多种形式，广泛宣传兜底脱贫的相关政策、标准和申请程序，做到兜底保障政策家喻户晓、人人明白。另一方面，加强对各级相关工作人员的培训，提高其对兜底扶贫工作的认识和政策把握水平，落实宣传讲解职责。

# 深化湖南县域金融生态建设对策研究

湖南省人民政府发展研究中心　中国人民银行长沙中心支行联合课题组

近年来，湖南省按照“政府主导、人行推动、部门配合、社会参与”的金融生态建设模式，以金融安全创建工作为抓手，大力推进县域金融生态建设，推动全省县域金融生态持续改善，县域经济加快转型升级。下一阶段，深化湖南省县域金融生态建设，要进一步加大对改革重点领域和薄弱环节的金融支持力度，实现县域经济与金融的良性互动发展。

## 一　制约县域金融生态建设的主要因素

——县域经济与金融发展尚未形成良性循环。一是县域经济发展基础总体仍偏弱。长期以来，湖南县域经济相比发达省市总体实力不强，是经济发展中的一块“短板”。当前，在宏观经济环境相对偏紧和产业结构调整的双重压力下，湖南县域经济发展面临更多困难。实体经济的有效需求不足，缺乏大批优质成长型企业或好的投资项目，影响县域金融的作用空间。二是金融资源配置不合理。大部分县市金融支持县域经济信贷总量增长较缓慢，信贷结构失衡，金融配置资源的核心作用没有得到有效发挥。如 2016 年衡阳市有 6 个县市存贷比均在 40% 以下，其中祁东县只有 26.7%。此外，城乡信贷发展不平衡，信贷集中度过高等问题也较为突出。农村新型农业经营主体由于经营周期长、投资大、见效慢、担保物匮乏，难以获得信贷支持。信贷集中向大客户、政府背景项目以及中长期领域集中的现象严重。湖南交通、水利等基础设施和金融业、租赁服务业等类平台新增贷款占比较高，对新兴行业投资产生挤出效应。2016 年末，全省战略新兴贷款余额同比下降 7.89%。三是金融风险隐患升高。受“去产能、去库存、去杠杆”等宏观政策影响，诸多金融风险在一些行业、领域、机构等集聚，防控压力持续增大。如“两高一剩”行业、涉农领域等贷款违约率升高，不良贷款率不断攀升；一些不规范的互联网金融、民间融资等风险向金融体系内传导；银行业隐性不良贷款上升，关注类贷款增加，信贷资产质量下迁压力较大。部分银行受经济下行、上级行政绩效考核、监管压力等多重因素影响，采取借新还旧、贷款展期、贷款重组、以同业投资承接表内外不良等多种方式隐瞒不良，延缓风险暴露。

——金融服务供给能力有待提高。一是县域金融基础设施仍较薄弱。县域层面虽已搭建多层次的金融服务框架，但组织体系仍不够完备，功能过于简单。国有商业银行收缩县域机构设置，部分改制后的农商行亦裁撤网点，证券、保险、信托等机构县域布点较少，村镇银行、小额贷款公司布局仍不完善。农村银行卡、融资、结算、支付等普惠金融发展仍滞后等。二是县域金融产品创新不足。商业银行贷款审批权限上收，沦为事实上的“存款组织行”和“贷款调查行”，难以满足县域金融的服务需求。信贷产品同质化严重，金融产品和服务的差别化、个性化及本土化难以实现。调研发现，县域贷款难不仅仅是金融机构“惜贷”问题，也存在县域经济体找不到合适的贷款品种而“惜借”的困境。三是部分机构防范风险能力较弱。部分金融机构内部控制存在风险。个别法人机构的单一客户贷款和前十大客户授信集中度过高，不良贷款率高于监管标准数倍。一些村镇银行过多依赖政府财政资金，存款结构不合理，稳定性较差，期限错配形成流动性风险隐患。

——金融发展的环境仍有待优化。一是信用体系建设滞后。信用信息共享机制建设缓慢，未能形成覆盖全社会的征信数据系统。企业、个人信用报告使用范围不广，守信联合激励和失信联合惩戒的有效机制尚不健全，制约社会信用体系建设的全面推进。二是金融法制政策环境不够优化。部分金融领域改革试点，如农村“三权分置”改革，受制于现行法律约束，难以全面开展。金融胜诉案件执行难问题仍较普遍，严重损害金融债权人的合法权益。金融生态建设考核及正向激励政策不完善，难以形成良好的长效机制。三是行政环境还需改善。地方政府干预银行信贷的行为仍时有发生。如在企业转制或破产中，仍存在放纵一些企业不规范改制而逃废金融机构信贷资金的行为。目前仍有一些县市未启动金融安全区创建工作，或在获批省级、市级金融安全区达标单位之后，工作措施虚化，金融创安效果不进反退。四是金融服务中介市场运行机制不健全。县域金融服务中介市场处于起步阶段，担保、资产评估、会计所、律所等机构数量少、实力较弱、费用高，无法满足经济金融发展的需要。部分金融中介机构诚信机制不健全、专业性不够，服务作用不明显。

## 二 深化县域金融生态建设的对策建议

——创新县域金融发展模式。一是突出特色产业化。加快发展县域特色产业是提升县域经济综合竞争力的必然要求，是湖南省委省政府一以贯之的重大决策。特色产业对县域经济带动作用显著。县域金融应立足服务特色产业发展，不断优化信贷资源配置，扩大县域法人金融机构信贷审批权限，加大对县域传统种植业、养殖业等转型升级，特色农副产品加工业、特色制造业、文化旅游业等特色产业发展的信贷支持力度，重点探索县域中小企业、“三农”、新型工业化等方面的信贷管理模式创新。二是突出普惠金融扶贫。大力发展普惠式金融，助推金融精准扶贫。在有序推进金融扶贫服务站、助农取款“村村通”、贫困户信贷评级授信等金融扶贫工作的基础上，进一步拓宽扶贫融资渠道，创新扶贫地区金融供给方式。积极搭建开放式扶贫平台，借助互联网实现金融资源与扶贫项目精准对接。建立政府、银行、保险三方合作机制，完善扶贫信贷风险补偿机制，丰富政策性农业保险品种，推广“三农”普惠保险服务，促进农村普惠金融可持续发展。

——提升县域金融服务能力。一是丰富县域金融组织体系。加大对中小法人金融机构的政策扶持力度，积极引导银行、证券、保险、信托等机构来县域设点，不断丰富金融业态。大力实施村镇银行发展计划，建设低成本、广覆盖、综合化经营的金融网点。借鉴国际先进经验，引导民间资本进入村镇银行、小贷公司、农村资金互助社等新型金融机构，培养和建立竞争性、多元化的县域金融市场。完善金融基础设施，加快金融网点下基层、进乡镇，有序增加 ATM、POS 等自助金融设备布放数，尽快实现所有行政村助农取款服务全覆盖。二是推进金融产品和服务创新。开发适合“三农”领域改革发展的多样化现代产品，支持农村新型经营主体发展，着力加强对补齐短板领域的金融支持，改进创业创新、小微企业、健康养老、就业等民生领域的金融服务。稳妥推进农村“两权”抵押贷款试点，创新担保方式，补充和完善抵押贷款条件，实现农村从过分依赖抵押物向挖掘抵押担保替代机制转变。保险机构要积极创新保险品种，推动农业保险发展，引入保险增信手段，发展保单质押贷款保险、小额贷款保证保险和借款人意外伤害保险业务，发挥保险资金融通作用。加强信贷信息化建设，积极推进手机银行、网上银行等业务，提高农村信贷业务处理和运作效率。

——完善信用体系建设。一是夯实征信体系建设基础。加快推进信用信息归集与整合、应用与共享，建立以征集、查询、评估、披露为主要内容的企业和个人信用档案，实现信用信息在银行、非银行机构之间的信息数据覆盖和资源共享。逐步建立信用等级评价标准和办法，有序开展信用评级，合理扩大信用记录运用范围，将信用报告作为政务活动、经济活动的重要参考。完善失信被执行人黑名单制度，形成联合惩戒失信、激励守信的信用建设大气候。积极培育各类信用市场主体，构建多层次、多样化的社会信用服务体系，不断加强行业引导和监管，提升金融服务专业化水准。二是突出农村征信体系建设重点。县域经济主要是“三农”和“小微”经济。小企业和农户信用体系建设是优化县域金融环境的重点任务。由中国人民银行牵头，协调地方政府和县域金融机构参与农村征信体系建设，引导金融机构建立农户和小微企业信用档案和信用数据库；中国人民银行支持金融机构债权维护和保全工作，建立“黑名单”信息共享机制，强化失信联合惩戒。推动建立农村信用担保体系，重视农户的信誉和道德品质，实行农户之间联合担保，增强担保实力。

——加强金融法治建设。一是健全金融法制体系。完善金融机构内控管理机制，强化金融机构公司治理、审慎合规经营。清理阻碍金融生态建设的地方性法规和政策文件，完善相关法律政策规定，如《物权法》《担保法》等关于农村“两权”抵押、互联网金融监管法治化以及信用法治建设等内容，形成科学完备的金融法制政策体系。细化金融司法联动协作规则，推动中国人民银行、金融办、银监会、公检法等机构开展信息共享、打击逃废债、金融不良资产核销和被执行人财产处置、企业信用修复等方面的协调合作，净化金融生态环境。二是坚持市场化、法治化风险处置机制。建立政府牵头的市场化、法治化风险处置机制，有效预防和化解金融风险。加强金融风险监测预警，健全区域金融稳定基础数据库和日常风险监测指标体系，改进风险评估方法，高度关注房地产、政府融资平台、互联网金融、民间融资等行业、领域风险，做好风险预警和应对预案，守住不发生系统性金融风险的底线。全面落实存款保险制度功能，完善金融机构退出机制、破产清算制度，加大“防非处非”工作力度，坚持用市场化、法治化手段化解金融风险，推动金融监管法治化、规范化。

——构建金融生态建设长效机制。一是强化组织制度保障。完善县域金融监管机构组织，强化金融人才队伍建设，解决县域金融办人财物保障不足的问题。充分发挥政府主导作用，健全金融生态协作、信息共享、突发事件应急管理等基础性制度，推动金融生态建设工作规范化。切实建立权责对称的地方金融监管体系，不断提升地方金融监管支持经济社会发展的能力和水平。二是健全考核约束机制。强化动态管理考核，对金融安全区达标单位实施动态管理，开展年度“回头看”，做到有进有出。注重对金融生态评估成果的运用，将金融生态环境建设纳入各级政府的目标考核范围，确保建设任务落实。建议出台具体的激励举措，推动金融资源倾斜，使创建成果突出地区能享受创建工作红利，充分调动各主体的积极性。三是加强金融风险教育与指导。加强对金融机构等的风险防范指导。梳理总结金融安全方面的典型案例，定期审查金融机构合同签订、信用卡发放、票据管理等方面存在的法律漏洞，提示法律风险。督促金融机构加强对内部从业人员的监督管理，降低风险。持续加强对社会公众，特别是老年人防范非法集资等的风险教育。

# 从大通湖看洞庭湖水环境治理对策*

湖南省人民政府发展研究中心调研组**

洞庭湖水环境治理是推进生态文明建设的重大工程，是洞庭湖生态经济区建设的重大任务。大通湖是洞庭湖重要组成部分，位于洞庭湖区的中心，是洞庭湖最大的内湖，面积12.4万亩，有“三湘第一湖”之称。洞庭湖水环境治理中，大通湖备受瞩目，其问题具有典型性和较强代表性。2017年以来，我们围绕大通湖水环境治理多次调研，力图通过这一“典型”剖析，把握水环境问题的症结并提出进一步治理的相关建议。

## 一 大通湖水环境治理现状

近年来，各级政府极为重视大通湖水环境的保护和治理。2012年，大通湖被列入省政府5个水环境重点保护湖库（其他4个为东江湖、水府庙水库、铁山水库、毛里湖）。2013年12月，国务院常务会议通过《水质较好湖泊生态环境保护总体规划（2013～2020）》，大通湖名列其中。这一规划指出，大通湖现状水质或目标水质好于Ⅲ类（含Ⅲ类），具有饮用水水源功能或重要生态功能。洞庭湖生态经济区建设中，大通湖功能分区属于湖体保护区，是洞庭湖水环境治理的重点之一。2016年益阳市政府成立大通湖水环境治理领导小组，编制了治理方案，明确了治理思路。

但大通湖水环境治理仍未达标。2013年后大通湖水环境持续恶化，2015年变为劣Ⅴ类。2015年10月至今，水体高锰酸盐指数、TN、TP均超过《地表水环境质量标准》（GB3838－2002）的Ⅲ类标准，水体富营养化，生物多样性低，水生态功能脆弱。2016年，大通湖成为全省60个国家考核地表水质断面中唯一

---

* 该报告获得湖南省委书记杜家毫的肯定性批示。

** 调研组组长：卞鹰；副组长：唐宇文；调研组成员：蔡建河、曾万涛、屈莉萍、陈琨、刘海涛、周亚兰。

的劣Ⅴ类水体，是全国唯一一个水质没有改善反而变差的湖泊。

地方政府对大通湖水环境治理备感压力。国家有关部门多次督导，省环保厅就大通湖水质劣Ⅴ类问题于2016年8月约谈益阳市政府和大通湖区管委会，2017年8月再次约谈。

## 二　大通湖水环境问题的主要成因

洞庭湖水环境问题的形成，存在多重因素的影响。既有短期因素，也有长期积累的问题。一些因素在大通湖具有典型表现。

### 1. 多种污染源形成叠加效应

一是过渡养殖污染。2015年，大通湖鱼类养殖总量超过环境允许容量3倍以上。大湖通过拦网分隔成三湖，三湖又通过矮围、网围分隔为很多小部分，网箱养殖总长度超过113公里，湖泊沦为众多围网养殖精养塘。经营者过渡养殖，大量增加水产养殖种类，增大放养密度；大量倾倒饲料、化肥、鸡粪并大量喷洒农药；以电鱼方式野蛮捕捞。过度养殖、投肥使得水质污染物超标；用电捕捞危害软体动物生存，而这些动物是湖泊生态系统中重要生物类群，在生态系统的物质循环和能量流动方面发挥着重要作用。

二是农业面源污染。湖区为农业高产稳产而大量施用农药、化肥。近年大通湖垸农业面源年均水污染物总氮1885吨，总磷157吨。农田土壤中的营养盐和有害物质随地表径流进入大通湖，加剧湖泊的水环境污染。

三是生活污水、畜禽废水污染。粪便和洗涤污水等生活污水氮、硫和磷含量高，是水体的重要污染源。养殖业产生的畜禽粪便量很大，粪便化学需氧量（COD）造成水体有机物污染。生活污水、畜禽废水通过大通湖周边38个入湖口流入大通湖。

### 2. 湖泊自净能力下降

这是泥沙淤积和围垦所致的长期累积效应。大通湖垸降水丰沛，雨量集中，易发生水土流失，多年来造成沟渠、内湖的泥沙淤积。20世纪大通湖围垦严重，面积从50年代的约133平方公里缩减至后来的82.67平方公里。泥沙淤积与围垦使河床抬高、湖面减少、水量减少，进而影响调蓄、破坏生物资源、降低了水体自净能力。

### 3. 过度开发加剧水环境的恶化

产业发展超过环境承载能力，加剧湖区水环境恶化。大通湖尤为典型，近年其渔业管理失序失控导致野蛮开发。大通湖养殖原由大通湖渔场经营，大通湖渔场为1956年成立的国有企业。2000年大通湖管理区成立后，渔场体制经历三次大的变化。第一次变化，从国有国营变国有集体经营。2000年分湖划块，大湖变为三湖，三个集体经营。第二次变化，大湖体制变为国有民营。2004年4月实施租赁承包，三年一租，三湖分别租赁给了三家水产养殖公司。第三次变化，国有非法“民营化”。2008年5月，大通湖渔场与他人签订《大通湖大湖养殖使用权等资产转让合同书》，将大通湖养殖使用权、大通湖全部资产以及“大通湖”牌商标转让49年，转让总价8520万元。同年9月大通湖生态水产股份有限公司成立，2010年9月公司改称大通湖天鸿渔业股份有限公司。第三次体制的变化，导致大通湖被掠夺式过度养殖，湖区水环境被严重损害，渔场居民权益无法保障。

4. 统筹协调难制约水环境保护与治理

相比其他区域，大通湖区存在的问题更明显。主要表现如下。

一是行政区划分割致难以形成保护与治理统一行动。大通湖水环境涉及整个大通湖垸，但大通湖垸在行政区划与管理上比较分散。行政区划上属于南县、沅江市，但行政管理又分4块，包括大通湖管理区、南县、沅江市和湖南省军区南湾湖农副业基地。大通湖管理区是益阳市政府派出机构，南湾湖基地地域范围属大通湖管理区，但行政事务相对独立。大通湖垸包括15个镇（乡、场）和1个基地，其中属大通湖区的有4镇1基地、属南县的有5乡镇、属沅江市的有5镇1场，大通湖湖岸有4个乡镇不属于大通湖区。大通湖渍堤周长49公里，属于大通湖管理区的只有12公里。这种架构，使大通湖水环境治理在行政上难以统筹协调。

第一，大通湖区管委会缺乏协调能力。大通湖地处大通湖区，一般认为，大通湖水环境保护治理直接责任在大通湖区管委会。事实上水环境还涉及南县、沅江市、基地所辖区域。但大通湖区管委会只能把关本区域事务，缺乏对其他区域的管理或协调能力。第二，各区域权责不对称影响治理力度。大通湖垸管理上分属4个主体，但水环境治理责任不完全一致，这可能影响各主体的治理积极性和工作力度，如在资金投入、排污控制、环境监测等方面力度有别。第三，对行政执法的双重管理影响管理效率。大通湖区没有行政执法权，行政执法权由益阳市政府委托大通湖区管委会比照县级政府职能在本区行使，市直部门与区直部门签订行政执法委托书。区直部门受区管委会管理，但在行政执法上又受制于市直部门。区对所辖4镇政府也只能行使行政执法监督权（含行政复议权）。这种双重管理方式，难免影响行政执法的效能。

二是部门缺乏协调致难以高效管理。大通湖水环境治理涉及水政、渔政、环保等众多部门，存在“九龙治水”的问题，谁都能管却谁也管不好。部门之间协调沟通不够，各方在生态环境保护方面职责不够明确，影响执法效率。

## 三 大通湖水环境治理的对策建议

大通湖水环境治理，要突出加强污染治理，消除存量、防控增量；突出生态优先，推动绿色转型发展，实现标本兼治；突出理顺体制机制、人与自然关系，形成生态文明建设的有力保障。总体来看，这也是洞庭湖水环境治理各市县要因地制宜把握的方向。

1. 全面落实水环境治理措施，防止污染反弹

省政府推动的洞庭湖水环境治理行动，导向明确、措施有力，要全面抓好落实。一是加快治理养殖污染。完成畜禽退养，划定畜禽养殖禁养区、限养区、适养区，按“一户一档、一县一卷”标准建立畜禽退养档案。关闭或搬迁禁养区内的畜禽规模养殖场（户）。全面撤除大通湖所有违规养殖的网围、矮围及附属建筑物，拆除养殖网箱和围栏，取缔饮用水源一级保护区内所有投饵投肥设施。二是治理水流环境，变“死水”为“活水”。加快沟渠塘坝清淤、河湖连通工程，加固堤防。启动大通湖换水工程，加快五七运河建闸。三是治理河湖沿岸垃圾。清理河湖沿岸陈年垃圾，建设村庄垃圾收集点、乡镇垃圾转运站。四是治理河湖沿岸工业污染。清理工业污染排污口，发现问题责令企业整改或关停。沿湖乡镇要加快建设污水处理厂。五是采取切实措施防止各类问题反弹。要着眼于建立常态化工作机制，维护污染治理、垃圾清理等成果，防止“一阵风”之后逐步复原。对因禽畜退养、网箱拆除等受损的居民，要合情合理落实补偿措施，妥善解决经济纠纷，保持社会稳定。

2. 推进湖泊水体生态修复，着力构建良性循环的水环境

要强化生态治理，通过湖体水生动植物的培养和恢复，尝试建立一种基于生态平衡的水生植物、动物、微生物群落，实现生物防治和生态平衡，提高水体自我净化能力。要通过科学研究和实践，积极探索各种可行途径，构建水域食物链良性循环、生态与经济效益兼具的大湖生态环境。例如，水葫芦能吸收很多有害物质，具有净化水质作用，但过多则危害生物多样性并影响水质。能否通过草鱼喂养、用以生产有机饲料等途径，实现水葫芦数量的动态平衡？还有如人工水草

技术的适度应用，人工水草可成为湖内有益细菌繁殖的温床，这些有益细菌可以以水中的有机物为养料生长，从而达到消耗有害物质，净化水质的目的。

要合理利用河湖保护带，改善大湖周边生态。将大通湖湖岸 1 公里纵深和主要入大通湖河流 100 米纵深辟为河湖保护带，清退耕地、鱼塘，湖岸 1 公里纵深发展自然湿地、植树造林，河流 100 米纵深建设防浪护岸植被带和生态保护坡。

3. 坚持生态优先，着力推动经济绿色转型发展

改善民生离不开经济发展，关键是落实生态优先、绿色发展要求，积极探索适应大湖经济区的科学、集约、高效可持续发展之路，真正实现生态、经济、社会效益统筹兼顾。

农业、渔业要加快转变发展方式，从“向规模要效益”转变为“向质量要效益”。要根据湖区生态承载能力，控制种植、养殖业规模和产量，但通过绿色、有机生产方式和优良品种，大幅度提高产品的品质与安全性，实现优质优价，力争“减量增效”。要创造以无公害、绿色、有机产品为支撑的种养业区域品牌“大通湖牌”。种植方面，大力推进化肥农药使用量零增长行动，推广测土配方施肥、秸秆还田，加快绿色生产技术推广应用；养殖业方面，大通湖渔场应实行天然喂养，严禁饲料、化肥、药物滥投乱用。加快限养区、适养区内的畜禽规模养殖场（户）升级改造养殖设施，实行对养殖废弃物的综合利用和无害化处理。

有序发展特色工业和服务业。工业重点围绕有区域特色的农副产品精深加工，打造产业集群，建设生态工业园区。工业企业要严格环保达标，严防环境污染。服务业要重点发展亲水旅游、湖区生产生活体验旅游、水上休闲娱乐、农副产品物流等产业。要大力推动一二三产业融合发展，探索湖区农渔业嘉年华、“互联网 + 大湖特色产业”等农村产业融合新业态。

4. 加强统筹协调，建立政府、企业、公众“三方共治”机制

要完善水环境治理机制，充分调动各方积极性，推动大通湖水环境共治共享、治理效果可持续。

要加强湖区政府联合协作。2017 年 8 月，益阳市成立市大通湖水环境治理工作组并进驻大通湖，以强化大通湖区、南县、沅江市及基地的大通湖水环境治理主体责任并实施联防联治。要以此为契机，湖区各县级政府、各乡镇构建紧密协作机制，步调一致推进水环境治理，做到统一行动计划、目标要求、治理时序、监管体系。要探索建立跨区域联合执法体制，整合执法机构和职能，成立益阳市大通湖垸联合执法大队，推进跨部门、跨区域联合行政执法。益阳市政府可

考虑将行政处罚权授予执法大队，实现执法大队的实体化。对破坏湖垸水环境的问题，发现一宗，处理一宗。

以落实责任、理顺体制为重点，发挥企业在治理水环境中的作用。明确生态红线，对污染企业严惩乃至关停。鼓励各类企业积极参与水环境治理，推动绿色生态技术的研发与推广。吸取大通湖渔业2008年“民营化”教训，建立合理的渔业发展体制。总体来看，湖垸养殖水域所有权多属国有或集体。水产养殖作为湖区重要特色产业，要将生态效益置于优先位置，并带动居民共同富裕。最为适宜的经营体制应为国有国营、集体经营或农民合作经营，要通过有效政策扶持，调动农民走集体经济、合作经济道路的积极性，探索生态与经济效益兼顾的发展模式。渔业“民营化”易致片面追求经济效益，宜慎之又慎。

湖区民众是水环境治理重要主体。要加强教育引导，使民众树立水污染防治、水生态保护和水资源管理意识，自觉选择垃圾分类、低碳节约生活方式，积极参与整治面源污染，形成全民对污染防治的监督网络。对因水环境治理而受损民众，要做好宣传说服工作、争取群众理解和支持，同时在技术培训、转产就业方面予以扶持。

5. 因势利导，逐步理顺湖区人与自然关系、行政管理关系

从长远看，高效率、低成本的治水，还在于适应湖区水系一体特点，将属于水的地还于水，将一体化的水域一体化管理。可考虑利用洞庭湖水环境治理契机，规划重构大通湖区局部人与自然关系，推进行政区划调整。

一是考虑湖区局部退田还湖。大通湖南面地域，原本就是围垦大通湖而成，现地势低洼，垸田低于湖底。地下水位高，汛期渗入垸内水量加大，导致稻田次生潜育化严重，产量低；同时影响冬季农田自流排水。建议对大通湖区千山红镇、沅江市四季红镇、南湾湖农副业基地等，考虑实施退田还湖、移民建镇，恢复或扩大大通湖水域面积。

二是考虑调整大通湖垸行政区划。大通湖管理区目前存在非行政区、湖垸管理分割等两个问题。事实上，全国不少大湖都是以湖为中心，以湖垸设立县级行政区。例如，我国第八大、湖北第二大淡水湖梁子湖，就是设立统一管理的梁子湖区，属于鄂州市的一个县级行政区；我国第五大淡水湖巢湖，安徽省就是在湖区设立县级巢湖市，辖5街道11镇1乡。大通湖是内湖且湖垸规模适当，以大通湖垸为地域范围设立大通湖县应是可行选择。大通湖县可包括湖垸范围内的15个镇（乡、场）和南湾湖基地，总面积1316.34平方公里，总人口75万人。南湾湖农副业基地原为军垦农场，是历史的产物。今后可考虑关闭基地，改制为镇。

6. 把握大局，争取国家加大对洞庭湖水环境治理与区域经济的支持力度

一是推动国家大力支持洞庭湖水环境治理。就整个流域而言，水环境局部与全局相互影响，局部治理必须与全局根治有机联动。因此，根治大通湖水环境要求根治洞庭湖，根治洞庭湖要求科学处理江湖关系、再造长江中上游良好水环境。建议国家按照“共抓大保护，不搞大开发”的要求，着眼长远和全局，科学制定“长江流域水环境治理规划”，加大项目建设资金投入，有序推动长江流域水环境治理与生态修复。鉴于洞庭湖作为长江流域径流量最大湖泊的重要地位，理应将洞庭湖作为长江流域水环境治理扶持的重点，合理划分中央、省、市事权，上下统筹协同，实现长效治理。

二是争取国家支持洞庭湖区国土的科学利用与保护。历史地看，无论是大通湖还是整个洞庭湖，数十年来水环境的恶化，均与各地过度开发、发展方式粗放有关。作为重要生态功能区与对污染高度敏感的地区，着眼于国家生态保护的千年大计，洞庭湖区的国土利用必须突出生态优先、控制开发强度。要切实贯彻主体功能区战略，根据洞庭湖流域各地区在水环境建设中的地位，科学划定限制开发、禁止开发区，合理压缩优化开发、重点开发区。要制定政策法规，大力推动洞庭湖区限制、禁止开发区的保护与治理，规范优化、重点开发区的开发强度和方向。中央、省级财政要加大对洞庭湖区落实主体功能区战略的支持力度，加快推动湖区生态文明建设、经济转型升级、居民共同富裕。长江下游发达地区应加大对洞庭湖区和其他中上游地区的生态补偿力度。

# 湖南省生态环境保护和两型社会建设的评价与对策*

## ——基于全国各省市区数据的比较分析

湖南省人民政府发展研究中心课题组**

目前对生态环境、两型社会和绿色发展的评价，存在评价指标过多、对民众的切身感受重视不够以及对各省间经济、人口、面积的差异考虑不全等问题，导致评价结果的准确性和公信力不足。为此，我中心构建了侧重强度、均量和民众感受的综合评价指数，对全国各省市区生态环境保护和两型社会建设水平进行了评价分析，从比较中发现湖南在生态环境保护和两型社会建设中存在的不足，进而提出了有针对性的对策建议。

## 一　侧重强度、均量和民众感受的综合评价指数构建

从资源节约、环境友好和生态保育三个方面，确定了节能、节水、节地、废弃物资源化利用、排放强度、主要污染物排放、减排能力、环境质量、生态资源、生态保护、治理修复11个二级指标，构建了包含36个三级具体指标的评价指标体系，采用层次分析法与经验判断相结合的方法确定各指标权重，得到各省市区的最终综合评价指数。

为了使各省区间的评价更加公平可比，我们在指标选择和指数计算方面突出了以下三点：一是注重强度指标，如将资源消耗量、污染排放量与经济总量相结合，选择了单位GDP能耗、水耗、用地量、废水排放量等指标；将自然保护区面积、湿地面积与辖区面积进行比较，将环境污染治理投资额与GDP

* 本文系2015年度中国特色社会主义理论体系研究中心重大项目“生态环境保护和两型社会建设研究”（2015YZD19）的阶段性研究成果，湖南省哲学社会科学基金基地项目“衡量湖南经济运行的特色指标体系构建与应用研究”（12JD43）的阶段成果。

** 课题组组长：唐宇文；课题组成员：谢坚持、李学文、黄玮、张诗逸；执笔：李学文。

进行比较，将节能环保支出与财政支出总额进行比较。二是突出均量指标，如将资源消耗和废水排放与人口总量结合，计算得到人均能源消耗量、综合用水量、废水排放量、生活垃圾清运量等指标；将主要污染物排放分摊到每公顷国土面积上，计算得到单位国土面积化学需氧量（COD）、砷铅、二氧化硫、氮氧化物、烟（粉）尘排放量和单位耕地面积化肥、农药使用量等指标，使得对污染物排放的评价更趋合理。三是重视群众切身感受，在权重方面降低资源节约等与经济发展高度相关但群众切身感受不强不深的指标权重，提高了生态资源拥有量、空气质量良好天数比重等评价指标的权重，使得评价结果更加符合大众的感受和认知。

## 二 湖南生态环境保护和两型社会建设评价结果分析

选择2014年样本数据，以全国除港澳台地区和西藏自治区（由于缺乏统计数据）外的30个省市区为对象进行比较分析，结果如下。

### 1. 总指数居全国第15位、中部第2位

从各指标的存量水平来看，2014年湖南省生态环境保护和两型社会建设水平处于全国中游、中部前列位置，总指数得分在全国居第15位，在中部仅次于江西省居第2位。福建、海南、广东总指数得分居全国前三位，得分高于湖南的14个省市中，东部、中部、西部和东北部地区分别有5个、1个、6个和2个省份。

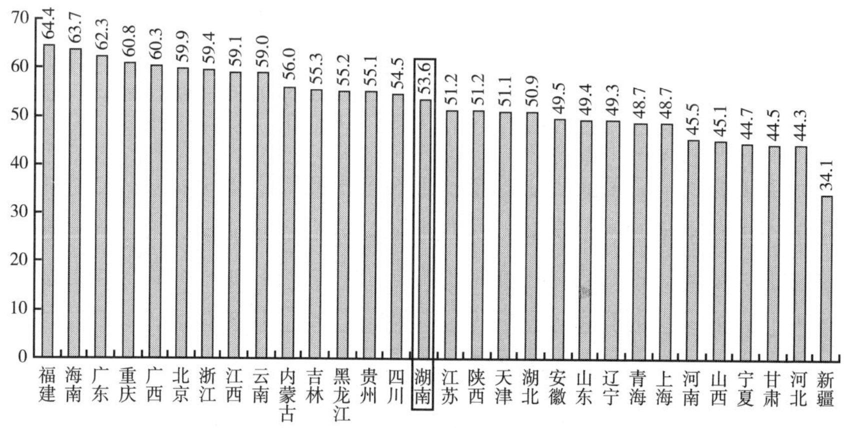


**图1 2014年中国各省生态环境保护和两型社会建设总指数**

2. 资源节约分项指数居全国第17位、中部第4位，节约能源和节约用地方面表现较好，节约用水和废弃物资源化利用水平相对落后

东部省份在资源节约分项指数得分方面整体表现较好。指数排名高于湖南的16个省份中，东部、中部、西部和东北部地区分别有8个、3个、4个和1个省份，全国排名前8位的省份都是东部地区省份，北京、广东、天津列全国前三位。中部地区中河南、安徽、湖北三省排名高于湖南。

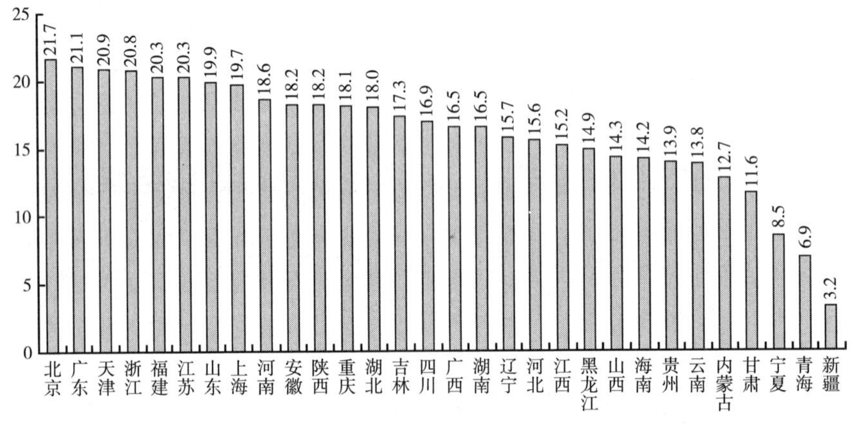


**图2　2014年中国各省资源节约分项指数得分和排位情况**

在资源节约的四个二级指数中，湖南省节约能源和节约用地排名靠前，节能指数居全国第11位、中部第2位，节地指数居全国第12位、中部第1位；但在节约用水和废弃物资源化利用方面排名不高，节水指数居全国第23位、中部第5位，废弃物资源化利用指数居全国第25位、中部第5位。

从具体评价指标来看，湖南省人均能源消耗量、单位GDP能耗、单位GDP建设用地使用面积、当年人均新增建设用地面积、城市每万人拥有公共交通车辆、六大高耗能行业占规模工业产值比重6个指标得分和排位情况表现较好；工业固体废弃物综合利用率、人均综合用水量、单位GDP水耗、工业用水重复利用率、耕地节水灌溉面积占耕地面积的比重5个指标在全国和中部地区的排名靠后。

3. 环境友好分项指数居全国第15位、中部第2位，排放强度、减排能力和环境质量排名较高，主要污染物排放排名靠后

西部省份在环境友好分项指数上的排名靠前。指数排名比湖南高的14个省份中，东部、中部、西部和东北部地区分别有5个、1个、7个和1个省，云南、

海南、福建列全国前三位。中部地区江西省排名全国第 6 位，湖北、安徽、山西、河南全国排名都在 20 位以后。

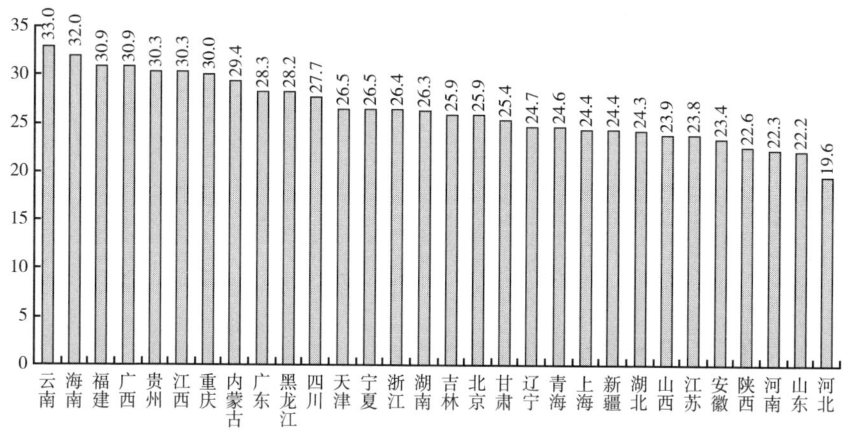


**图 3　2014 年中国各省环境友好分项指数得分和排位情况**

在环境友好方面的四个二级指数中，湖南省排放强度、减排能力和环境质量指数排名相对靠前，排放强度指数居全国第 11 位、中部第 2 位，减排能力指数居全国第 13 位、中部第 3 位，环境质量指数居全国第 15 位、中部第 2 位；但主要污染物排放指数排名靠后，仅居全国第 28 位、中部第 6 位，极大影响了环境友好分项指数的排名。

从具体评价指标来看，湖南省万元工业增加值废气排放量、城市生活垃圾无害化处理率、突发环境事件次数、万元工业增加值工业固废产生量、单位面积氮氧化物排放量、单位面积烟（粉）尘排放量、单位面积二氧化硫排放量、城市污水处率 8 个指标全国排位处于中上游位置；单位 GDP 铅砷排放量、单位耕地面积农药使用量和化肥使用量、单位 GDP 废水排放量、农村无害化卫生厕所普及率 5 个指标在各省市区中排在比较靠后的位置。

#### 4. 生态保育分项指数居全国第15位、中部第2位，生态资源和治理修复水平表现较好，生态保护水平整体不高

东部、西部地区生态保育水平整体相当。在生态保育分项指数高于湖南的 14 个省份中，东部、中部、西部和东北部地区分别有 5 个、1 个、6 个和 2 个省份，海南、青海、内蒙古列全国前三位。中部地区中江西省排名高于湖南省，高居全国第 4 位，山西、河南居全国第 26 位、第 29 位。

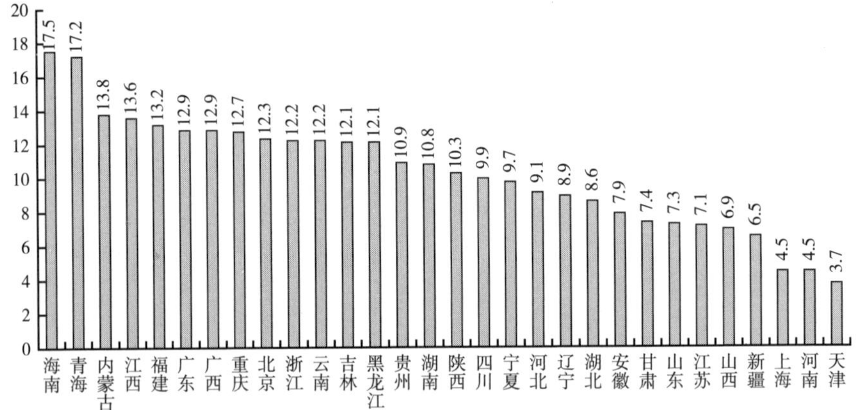


**图 4　2014 年中国各省生态保育分项指数得分和排位情况**

在生态方面的三个二级指数中，湖南省生态资源条件相对较好，生态资源指数居全国第 11 位、中部第 2 位；治理修复水平处于中游水平，治理修复指数居全国第 15 位、中部第 2 位；生态保护排名相对靠后，生态保护指数居全国第 20 位、中部第 3 位。

从具体评价指标来看，湖南省森林覆盖率、人均水资源量 2 个生态资源指标排名相对靠前；人均当年新增造林面积、节能环保支出占财政支出比重、湿地面积和自然保护区面积占辖区面积的比重指标排名处于中游位置；城市人均公园绿地面积、环境污染治理投资占 GDP 比重 2 个指标排名比较靠后。

## 三　提升湖南生态环境保护和两型社会建设水平的建议

从评价结果来看，按照绿色发展、生态文明建设的新要求来考量两型社会建设，湖南在资源节约、环境友好和生态保育方面仍有很多指标亟待改进和提高。

1. 着力推进节约用水和废弃物资源化利用，提升资源节约水平

一要大力推进节约用水，坚持最严格的水资源管理制度，强化细化对市县、重点企业和用水大户的水资源管理考核，严守“三条红线”；突出抓好占用水总量近 60% 的农业节约用水，创新体制机制，逐步推广农业水价综合改革试点经验，加大高效节水灌溉耕地建设力度，提高耕地节水灌溉面积占比；通过加强舆论宣传、加强教育引导和开展节水机构、节水城市、节水社会等示

范创建活动，进一步普及全民节水理念。二要着力提高废弃物资源化利用水平，加快推进工业固废资源化利用和无害化处置，重点推进粉煤灰、冶炼渣等转化为建筑和基础设施建设材料，尾矿提取稀有金属和淤泥制造肥料等；在有条件的产业、工业园区或工业用水大户推广发展循环用水系统、污水处理再利用等节水技术，提高工业用水重复利用率；加快农业废弃物资源化利用，严格落实汪洋副总理在全国畜禽养殖废弃物资源化利用会议上的讲话精神，就地就近使用农村能源和农用有机肥，畅通还田渠道，多形式推进养殖废弃物资源化利用。

2. 着力减少污染物排放和改善环境质量，提升环境友好水平

一要加大主要污染物的减排力度，着力控制废水、砷铅重金属和化学需氧量排放，继续推进总量减排，做好涉重金属重点行业落后产能淘汰工作，严格控制工业废水排放，进一步普及节水理念、推广节水产品，减少城镇生活污水排放，以减少废水排放总量控制主要污染物排放；深入推进企业清洁生产，鼓励有色金属冶炼、化工、采选等重点涉重金属企业，从管理、装备、工艺、技术等方面全方位提高清洁生产水平；进一步完善截污管网建设，提高城镇尤其是县城和乡镇生活污水收集率及处理率，优化处理工艺，提高污水处理深度，大幅度削减生活源污染物排放量；突出抓好农业面源污染防治，推进畜禽养殖业污染综合整治，大力发展适度规模养殖、生态养殖，加强对畜禽粪便、废渣、病变尸体的无害化处理；着力控制农业生产中农药和化肥使用量，推进新型肥料产品研发与推广，扩大测土配方施肥在设施农业及蔬菜、果树、茶叶等园艺作物上的应用，大力推广有机养分资源利用有效模式；提升植保装备水平，加快绿色防控技术推广，加速生物农药、高效低毒低残留农药推广应用。二要着力提高城市空气质量优良率，贯彻落实《湖南省大气污染防治条例》和《专项行动方案》，强化电力、钢铁、水泥、有色等重点行业及燃煤锅炉污染治理设施建设与改造，深化基建工地、渣土运输、露天烧烤等面源污染防治，发展公共交通，提升燃油品质，推广新能源汽车，推进机动车污染防治，通过多污染物、污染源协调减排提升空气和环境质量。

3. 着力加强生态保护和生态治理修复，提升生态保育水平

一要进一步加强生态保护，增加城市综合公园、带状公园、社区公园、专类公园数量，推进城市道路、重点片区绿化提质，推动城市绿化由零散的点状连成片、成带、成网，提高城市人均公园面积；加大对武陵、雪峰、南岭、罗霄等山地及湘、资、沅、澧等水系周边的湿地保护力度，稳步增加国家级、省级、市县

级自然保护区和湿地保护区数量，提高湿地和自然保护区面积占辖区面积的比重。二要深入做好生态治理修复工作，进一步推进湘江保护和治理“一号重点工程”、清水塘等历史遗留工矿土壤污染治理与修复、重金属污染耕地修复等重点工程，大力推广环境污染第三方治理、PPP 等新型商业模式，不断提高环境污染治理投资占 GDP 的比重。

# 政策评估

## 中共湖南省委、湖南省人民政府《关于建设长株潭国家自主创新示范区的若干意见》实施效果评估报告*

湖南省人民政府发展研究中心评估组**

为贯彻国务院关于建设长株潭国家自主创新示范区的批复精神，促进长株潭一体化发展，2015 年 11 月湖南省委省政府出台了《关于建设长株潭国家自主创新示范区的若干意见》（湘发〔2015〕19 号，以下简称《意见》）。根据省领导指示和《湖南省人民政府重大决策实施效果评估办法》（湘政办发〔2017〕45 号）的要求，近期我中心开展了《意见》的实施效果评估。现将评估情况报告如下。

### 一 政策概况

《意见》分成六大部分，焦点都是创新机制，具体包括创新人才培育和引

* 本报告获得湖南省委常委、常务副省长陈向群的肯定性批示。

** 评估组组长：卞鹰；副组长：唐宇文；成员：左宏、闫仲勇、龙花兰、张鹏飞、胡跃平；执笔：闫仲勇。

进、创新科技开发转化、创新创业创造主体培育、创新资源开放共享、创新投入支持、创新管理服务等6大机制，共20条（见表1），从70多个方面开展科技体制改革和机制创新。

**表1　《意见》主要内容**

| 政策项目 | 具体内容 | |
|---|---|---|
| 1. 创新人才培育和引进机制 | (1)完善人才引进培养机制 | (2)健全人才评价激励机制 |
| | (3)营造良好创新创业环境 | (4)优化科技经费使用结构 |
| 2. 创新科技开发转化机制 | (5)深化科研院所转制改革 | (6)推动科技成果转化 |
| | (7)促进技术转移转化试点 | (8)扶持新型研发机构发展 |
| 3. 创新创业创造主体培育机制 | (9)支持培育发展创新型产业和企业 | (10)支持建立企业研发准备金制度 |
| | (11)推进军民融合创新 | (12)大力发展众创空间 |
| 4. 创新资源开放共享机制 | (13)建立统一的公共科技服务平台 | (14)完善创新资源开放共享机制 |
| 5. 创新投入支持机制 | (15)加大财税支持力度 | (16)推进科技金融改革创新 |
| | (17)扩大政府采购 | |
| 6. 创新管理服务机制 | (18)加大统筹协调力度 | (19)提高行政服务水平 |
| | (20)完善示范区管理机制 | |

## 二　评估工作基本情况

为准确评估《意见》落实情况和实施效果，我们重点开展了5个方面的工作。一是成立由我中心领导牵头的评估工作小组。二是制定评估方案，明确评估目的、评估对象、评估内容、评估标准和评估方法。三是征集自评报告，向13个相关省直部门发函征集自评报告，收到材料13份。四是开展调查研究，到长株潭三市调研，召开3场专题座谈会，走访12家代表企业和高校院所，实地参观长沙腾讯众创空间、湘潭经开区和株洲动力谷自主创新园。此外，先后到国务院发展研究中心、上海张江、中关村等地学习先进经验。五是开展问卷调查，针对《意见》涉及内容，面向企业制定《湖南省创新政策评估调查问卷》，收到有效问卷134份。

## 三　评估主要内容

### （一）政策总体评价

——时效性：极强。2015 年 1 月，国务院下发《关于同意支持长株潭国家高新区建设国家自主创新示范区的批复》（以下简称《批复》），同意支持长沙、株洲、湘潭 3 个国家高新区建设国家自主创新示范区。同时，这一时期湖南省处于经济新常态和供给侧结构性改革的关键时期，经过 10 个月的论证，出台《意见》，不仅及时落实了国务院的《批复》，更为深化供给侧结构性改革、加快新旧动能转换、驱动经济新一轮发展抢得了先机，注入了新鲜动力。但后期由于没有及时出台《细则》，影响了《意见》的实施效果。

——完备性：重大创新政策缺失。《意见》在创新开放合作机制、创新市场机制、高校和科研院所管理机制、科技创新评价机制等重大创新机制以及大众创业万众创新、创新文化、科技服务机构等方面没有提出具体配套政策。

——规范性：有待加强。一是责任单位未明确。《意见》分工较为笼统，没有明确每项任务的牵头部门、参与部门，不利于各部门开展协作。二是部分条款归属不严谨，存在交叉重叠问题。如将扶持新型研发机构发展归入创新科技开发转化机制。

——可操作性：有待提高。《意见》部分内容具体、明确的条款执行得相对较好，如“建立新购大型科学仪器设施联合评议制度”；但一些原则性、探索性条款，以及非政府部门职能、主要由市场调节的内容执行起来相对较难，如“鼓励企业对外提供实验平台共享和产品研发服务”等。主要原因：一是缺乏责任部门导致协调难。二是很多“鼓励”类的条款缺乏执行的抓手。三是缺乏专业人才，对政策理解不透，执行不到位。如在知识产权方面，高水平知识产权运营人才匮乏，对知识产权“一知半解、生搬硬套”，存在“徒陈空文、等待观望”现象，导致相关政策难以落地。

——知晓度：较高。《意见》出台后，相关部门利用网站、微信、电视、广播、报纸等开展宣传。如省地税局印发研发费用加计扣除等政策宣传资料 3 万余份，分发各市州并要求各级办税服务大厅做到纳税人能及时获取。长株潭三市通过召开专题座谈会、送政策下基层等方式加大宣传力度，取得较好效果。调查问卷显示，不了解创新政策的企业仅占 2.3%。

## （二）政策落实情况

为推进长株潭国家自主创新示范区（以下简称“自创区”）发展，国家层面，成立了11个国家部委参与的自创区建设部际协调小组；省级层面，成立了省直27个部门和三市主要负责人为成员的省自创区建设工作领导小组，制定出台了《〈关于建设长株潭国家自主创新示范区的若干意见〉配套实施办法工作方案》等文件，较好完成了制度顶层设计和统筹协调工作；市区方面，长株潭三市高新区分别出台《建设国家自主创新示范区三年行动计划》等系列扶持政策。具体实施状况如下。

1. 创新人才培育和引进机制

省级层面：一是启动实施“长株潭高层次人才聚集工程”。二是设立2亿元人才发展专项资金。三是搭建院士专家工作站、博士后科研工作站等柔性引才平台。市区层面：一是出台人才引进政策。如“长沙人才新政22条”“株洲人才优先发展30条”等。二是完善柔性引才机制。如株洲探索“飞地式”人才引进机制，聘请62位国家“863”首席科学家、“千人计划”专家为动力谷专家顾问委员会委员。

2. 创新科技开发转化机制

国家层面：确定长沙为知识产权运营服务体系建设重点城市，批准设立中国（长沙）知识产权保护中心。省级层面：一是成立省知识产权交易中心，与19所高校院所、16个地州市县达成合作，12家单位获批国家科技成果评价试点机构，居全国之首。二是搭建省科技成果转化公共服务平台并上线运行。市区层面：一是完善成果转化激励机制。如湘潭明确成果、专利可最高作价70%入股投资。二是深化科研院所转制。如株洲深化科技特派员制度，鼓励科技特派员实行资金入股、科技入股。

3. 创新创业创造主体培育机制

省级层面：一是深化军民融合机制改革，提出创新院运行机制改革方案。二是支持和提升自创区重点产业。如在省新兴产业发展基金中设立50亿元的轨道交通装备产业发展子基金。市区层面：一是健全创业孵化体系。如长沙高新区开办麓谷创业学院，设立北京、深圳、广州三个异地联合孵化基地。二是推动军民融合。长沙着力打造“四个四”（四大任务、四大政策、四大基地、四大平台），湘潭成立市军民融合产业发展联盟，株洲建设南方军民融合协同创新中心。

4. 创新资源开放共享机制

省级层面：一是构建科技服务平台。2016年共建跨区域平台5个，新型产业技术研发机构13个、产业技术创新战略联盟70个。二是完善创新资源开放共享机制。推出科技创新券、科技服务业聚集区建设等措施。市区层面：一是加强技术平台支撑。长沙成立全国首个低碳技术交易中心，组建国际科技商务平台、全国首批基因检测技术应用示范中心；株洲成立了全国唯一IGBT国家级技术创新战略联盟；湘潭在全省率先组建产业技术协同创新研究院。二是启动创新资源开放共享服务试点。如株洲建立了大型科学仪器设施开放共享服务管理和补助机制。

5. 创新投入支持机制

省级层面：一是设立自创区建设专项资金。二是设立高新科技成果转化投资基金，长株潭地区总投资6623.6万元，带动效应超2倍。市区层面：一是创新知识产权质押。如长沙高新区推出无固定资产抵押、免担保的知识产权质押融资模式；株洲高新区在专利权质押贷款中开展投贷联动。二是构建投资基金发展体系。长沙高新区成立省内首支天使基金等20多支基金；株洲设立规模达6.3亿元的科技成果转化、动力谷产业发展等系列基金；湘潭设立7.5亿元的智能制造产业投资基金。

6. 创新管理服务机制

省级层面：一是进行自创区扩区。按照“一区三谷多园”的思路，将创新能力较强的园区纳入自创区区域，面积由原来的37.6平方公里扩展到523平方公里。二是建立绩效考核体系。将自创区建设纳入对长株潭三市党委、政府和省直部门的绩效考核体系，制定了考核方案。市区层面：提高行政服务水平。长沙完成电子营业执照和全程电子化改革，全面推行“四十三证合一”；湘潭启动办理“大并联审批”；株洲试点建立“一门式”政务服务平台。

### （三）政策实施效果评估

在《意见》的带动下，自创区创新创业生态持续优化，新产业新业态不断发展，取得了一批标志性成果，综合实力得到较大提升，有力地带动了城市群和自创区经济发展，实施效果明显。调查问卷显示，近3/4的企业认为创新政策实施效果很明显和比较明显，认为不明显的占比不足1.5%（见图1）。

一是优化了自创区创新创业生态。2016年自创区本科及以上从业人员占比达到44.6%，新增注册企业数6125家，新认定高新技术企业264家，高成长性

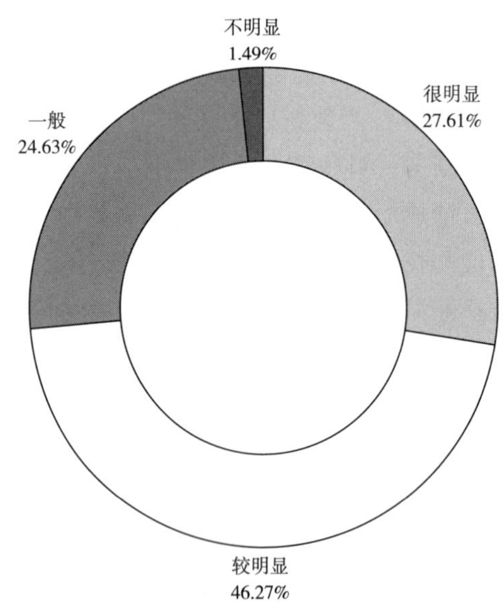


**图 1　创新政策实施效果情况**

数据来源：评估组调查问卷。

瞪羚企业 260 家，企业万元销售收入中 R&D 经费支出达到 360 元；众创空间和孵化器在孵企业 4095 家，获得创业风险投资机构的风险投资额超过 20 亿元。

二是促进了自创区新产业新业态发展。2016 年先进制造产业在规模工业中的占比为 47%，电子信息、新材料、节能环保、新能源等产业在自创区规模工业中的占比上升至 53%。移动互联网产业彰显引擎效应，谷歌、微软、IBM、甲骨文、腾讯等全球知名企业及 58 到家、亚信国际总部等重点项目落户自创区。2016 年完成高新技术产业增加值 1952 亿元，同比增长 18%，高于规模工业增加值增速 7 个百分点。

三是取得了一批标志性成果。长沙"麓谷·创新谷"第四期超级稻等一批"长沙创造"产品保持世界领先；株洲"中国动力谷"诞生全球首列虚拟轨道列车、世界首台储能式电力牵引轻轨车辆、国内首个拥有完全自主知识产权的航空发动机等一批高端新技术、新产品；湘潭"智造谷"诞生的深海钻机"海牛"等重大成果填补国内空白，湘电风能全国首台商业化 5 兆瓦海上风机成功吊装。

四是提升了自创区的综合实力。长沙、湘潭、株洲高新区全国综合实力排名分别由 2016 年的第 16 位、28 位、80 位提升至 2017 年的第 13 位、23 位、75 位，均提前超额实现自创区三年行动计划目标。

五是较好带动了长株潭城市群和自创区经济发展。科技部指出，长株潭等国家自创区成为保持经济中高速增长的重要力量。2016 年长株潭地区生产总值达13681.87 亿元，占全省的比重达到 43.79%，比 2015 年提高 2.6 个百分点；生产总值增速高达 9.0%，高出全省平均水平 1.1 个百分点。2016 年，自创区技工贸总收入达到 8330 亿元，同比增长 13%。

## （四）政策实施中存在的主要问题及原因

### 1. 没出台《细则》成为《意见》落实难的主因

按照《长株潭国家自主创新示范区建设目标任务分解表（2017～2019 年）》，2017 年要出台《意见》实施细则，但至今《细则》尚未出台，致使很多条款缺乏执行抓手和依据。如企业最关心的创新投入支持政策，《意见》提出“加大财税支持、推进科技金融改革创新”，但并没出台细则明确自创区资金投入的实施办法和管理方式，导致投入自创区建设的部分资金无法落实。如湘潭 2016 年 5000 万元的智造谷基金因政府部门担心用不好被追责、企业担心要还本付息而没有使用。

### 2. 考核评价导向导致创新氛围不浓

虽然建立了自创区绩效考核体系，但调研发现，当地政府对高新区和经开区的评价指标差不多，主要看经济指标，有关创新的考核评价还没有建立，对创新的鼓励和宽容不够，导致高新区把更多精力放在发展经济方面，而不敢也不愿意去试错、创新；另外，对科技创新型企业的评价侧重职称，忽视了技术和产品等创新因素。如湘潭 2016 年引进英国一家掌握核心技术的研发团队，因没有相应职称，在申请项目支持时屡屡碰壁。

### 3. 权限不足制约了自创区发展

当前长株潭三市基本上把相关权限下放至园区，而国家和省里在要素价格、高新技术企业认定、军民融合等方面的权限没有下放或授权，导致自创区一改革就涉及权限问题。如长株潭三市没有水电气价格改革权限，企业用电成本较高（见表 2），一般工商业销售电价高居全国前十，高出全国平均水平 10 多个百分点，导致部分企业迁至外省。再如，张江等地已将高新技术企业认定下放至园区，长株潭三市没有高新技术企业认定权限，需科技、财政、国税等多部门评审，限制了企业数量，长株潭三市高新技术企业数不到武汉的 60%，仅为张江的 1/4。

表 2　湖南一般工商业销售电价

单位：元/千瓦时，%

| 等级 | 价格 | 全国排名(由高到低) | 高出全国平均水平百分比 |
|---|---|---|---|
| 1 千瓦以下 | 0.855 | 7 | 10.9 |
| 1～10 千瓦 | 0.835 | 5 | 11.1 |
| 10～35 千瓦 | 0.815 | 5 | 11.3 |

数据来源：中国电力知库。

4. 高校院所体制机制制约了科技成果转化

囿于职务发明的专利权归属等制度问题，高校院所的科研人员在专利转让许可过程中缺乏自主性，能够直接产业化的成果较少。2015 年全省高校有效专利达 5302 件，但专利所有权转让及许可数仅 60 件，转化率为 1.13%，不及中部平均水平的 70%。

5. 资金、人才仍是制约自创区发展的重要因素

一是财政投入不足。调查问卷显示，长株潭地区 79% 的企业核心技术资金来源于企业自有资金，只有 7% 来自政府专项科研经费（见图 2）。在长沙调研

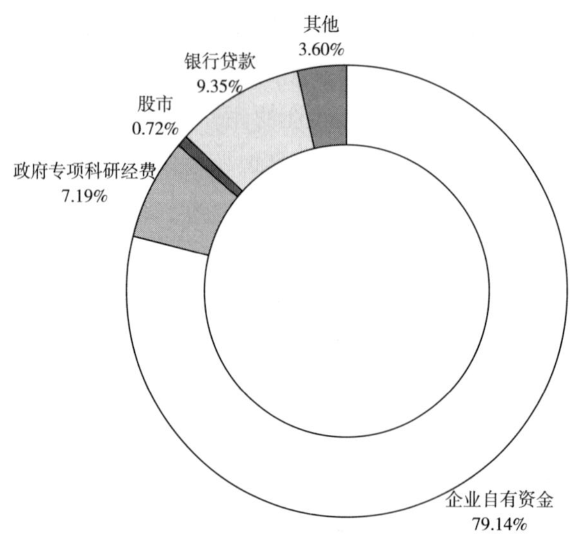


图 2　长株潭企业关键核心技术资金来源

数据来源：评估组调查问卷。

发现，长沙向人大提出科技投入15亿元，但实际直接用于支持创新的只有3亿元多；2016年长沙出台《长沙市加快北斗产业发展三年行动计划（2016～2018年)》，提出三年拿出5000万作为北斗产业发展专项资金，但财政科技投入不足，导致北斗专项资金落实困难。二是“有人才留不住”。由于待遇、环境等因素制约，人才外流现象严重。领英数据显示，长沙四所“211”大学毕业生留在长沙的仅有18%，76.8%的毕业生流向了北上广等国内一线城市和杭州、成都、南京、重庆等二线城市。圣湘生物表示专业技术人才在公司工作1～2年掌握技术后就流向浙江等东部发达省份，浙江等省份不仅工资高，人才还可以享受个人所得税减半等优惠政策。

6. 专业服务平台和机构发展滞后制约了政策的实施效果

省经信委反映，目前40%以上创业创新基地没有建立公共服务平台，50%左右的创业创新基地没有服务网站，大部分基地尚未充分利用省平台的资源优势。调查问卷显示，除希望得到财政支持外，超过1/5的企业最希望完善服务体系（建立完善的多层次中介服务体系和完善促进企业创新的金融服务体系，如信息咨询、人才培训、技术指导、贷款担保等）（见图3）。

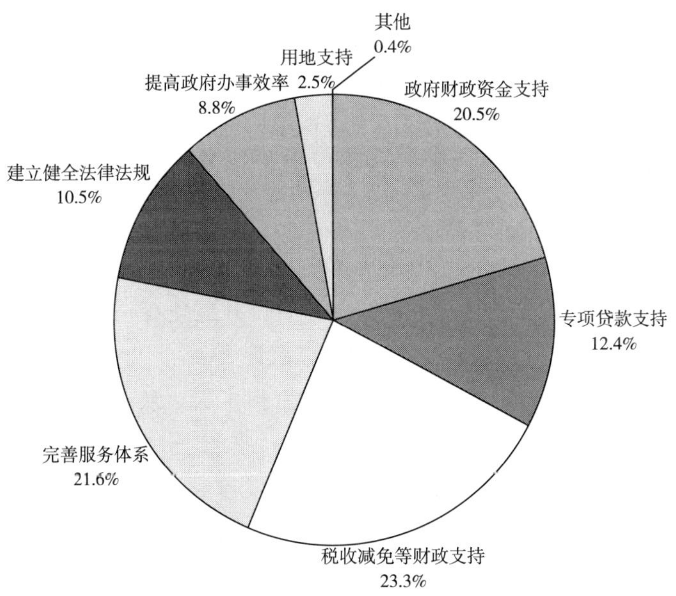


**图3　企业开展创新活动希望得到政府支持情况**

数据来源：评估组调查问卷。

## 四　评估结论

通过对《意见》执行情况和执行效果的评估，得到如下评估结论：《意见》制定时效性极强，知晓度较高，实施效果逐渐显现，但完备性、规范性、可操作性需进一步加强。《意见》出台之后的 2 年时间都没有出台相应的实施细则，部分条款在执行过程中缺乏有力抓手，在一定程度上影响了《意见》实施效果。除此之外，《意见》实施过程中还存在创新考核评价不完善，科技成果转化难，改革权限不足，人才、资金、服务机构短缺等制约自创区发展的现实问题。建议积极落实党的十九大报告、《批复》和省十一次党代会关于创新的要求，将创新纳入现代化经济体系统筹考虑和部署，在自创区积极开展创新政策先行先试，激发各类创新主体活力，加快创新型城市群建设。

## 五　政策建议

1. 结合“451”计划，出台《意见》的《细则》

结合“创新引领开放崛起”战略的“451”计划，在创新人才培育和引进、创新科技开发转化、创新创业创造主体培育、创新资源开放共享、创新投入支持、创新管理服务等方面出台可量化的具体的《细则》，制定可量化的目标，明确责任主体和每项具体任务的牵头部门、参与部门；同时增加创新发展市场机制、开放合作机制、高校和科研院所管理体制、科技创新评价机制等重大创新机制以及创新文化、科技服务体系等方面的内容；并将科研院所转制、科技成果转化、军民融合发展摆在更加优先和突出的位置，开展先行先试。

2. 结合自创区扩区，探索设立服务型自创区管委会

自创区扩区后，随着园区数量增多和面积扩大，势必会进一步增加自创区的管理和服务难度。建议借鉴张江国家自主创新示范区的做法，在省自创区建设工作领导小组基础上，成立省级自创区管委会，更加突出管委会的服务和协调功能。管委会重点加强对自创区的战略研究和统筹引导，引领对高新区、园区、企业的考核评价，更加体现科学技术、创新产品、高新技术产业等创新领域的价值；协调联系国家有关部委，推动重大政策、项目在自创区实施；协调指导各分园的建设和业务工作，帮助园区、企业解决发展中遇到的瓶颈问题。

3. 深化《意见》相关政策，比照中关村和张江进一步落实优惠政策和改革举措

按照《意见》提出的落实国家关于自主创新示范区的股权奖励个人所得税等政策要求，将支持国家和其他区域创新相关改革举措推广工作列为自创区重点工作。一方面，切实落实推广中关村自主创新示范区“6+4”政策，即2010年以来，国家在中关村自主创新示范区先行先试的促进创新的一系列政策。另一方面，按照国务院《关于推广支持创新相关改革举措的通知》要求，推广京津冀等8个区域在科技金融创新、创新创业政策环境、外籍人才引进、军民融合创新等方面的13项创新改革举措，推动政策制度创新，构建适应创新引领战略要求的新体制、新模式。

4. 强化关键要素保障，进一步制定和落实创新人才培育和研发投入相关政策

一是创造人才安居乐业舞台，用政策、制度、环境、产业留住人才。建立高层次人才“湖湘人才绿卡”服务制度，对持卡人按标准提供住房、配偶就业、子女入园入学、医疗、出入境和停居留便利、创业扶持等服务保障。优化人才创新创业环境，营造依法保护合法权益的法治环境、促进公平竞争诚信经营的市场环境、尊重和激励干事创业的社会氛围。发展特色产业和企业集聚人才，围绕移动互联网、轨道交通、智能制造等优势产业，加大人才引进力度。二是加大科技资金投入，提高R&D经费投入强度。拓宽创新融资渠道，重点加大财政科技投入。一方面，适当调整财政支出结构，重点向科技支出倾斜。另一方面，以自创区和长株潭“中国制造2025”试点示范城市群为载体，申报国家科技创新中心和国家制造业创新中心，举全省之力，在科技创新领域重大项目方面争取国家财政支持。

5. 优化配套发展环境，着重培育创新服务机构和平台

一是构建全省统一的创新服务公共平台。运用大数据等信息技术，整合集聚各类创新资源，建立全省统一的科技创新资源开放共享网络化服务平台，实现政策信息发布、专家信息库、文献检索下载、创新成果与需求发布、科技券服务、培训资料免费下载、仪器设施共享等功能。二是加强知识产权等方面服务中介机构的培育和引进，制定《科技服务中介服务条例》，建立信誉评价体系、考核评价办法。

6. 以深化改革为重点，授权或放权长株潭先行先试

重点在以下四个方面先行先试。一是扩大自创区创新管理权限。结合简政放权要求，将高新技术企业认定、水电气等要素价格、项目审批、金融投资、财税支持、管理体制创新等方面的权限下放至长株潭三市。二是将创建国家级军民融

合示范区纳入自创区的重点工作内容。向中央申请授权中央、军队驻湘相关单位参与自创区军民融合相关改革试验，授权在省级军民融合组织管理体系、工作运行体系和政策制度体系建设方面先行先试，支持自创区在航空航天、海洋工程装备、北斗导航、激光陀螺、无人机等领域推进军民融合深度发展，创建国家级军民融合创新示范区。三是深化科技成果混合所有制改革。在长株潭高校院所开展职务科技成果权属混合所有制改革试点，探索“先确权、后转化”的有效机制，对既有职务发明知识产权进行分割确权，允许职务发明知识产权由职务发明人与单位共同所有，以产权激发科技人员创新创业积极性，解决职务科技成果“最先一公里”问题。四是创新金融服务实体经济。推动自创区纳入国家投贷联动试点地区，在自创区开展离岸金融业务创新试点，争取沪深交易所金融创新产品在自创区试点。

# 湖南省人民政府《关于加快新材料产业发展的意见》实施效果评估报告*

湖南省人民政府发展研究中心评估组**

根据省领导指示和《湖南省人民政府重大决策实施效果评估办法》（湘政办发〔2017〕45 号），近期我中心组成专项调研组对《关于加快新材料产业发展的意见》（湘政发〔2015〕48 号）（以下简称《意见》）实施效果进行了评估。现将评估情况报告如下。

## 一　政策概况

### （一）政策出台背景

新材料作为国民经济先导产业及国防工业的重要保障，已成为各国战略竞争的焦点。互联网＋、材料基因组计划、增材制造等新技术新模式蓬勃兴起，新材料创新步伐不断加快。欧美日俄韩等 20 多个国家纷纷制定与新材料相关的产业发展战略，启动了 100 多项专项计划，大力促进本国新材料产业发展。湖南省新材料产业起步晚、底子薄，核心技术与专用装备水平相对落后，关键材料保障能力不足，整体仍处于培育发展阶段。为此，2009 年省政府发布《湖南省新材料产业振兴实施规划（2009～2011 年）》；2010 年在《关于加快培育发展战略性新兴产业的决定》和《湖南省加快培育和发展战略性新兴产业总体规划纲要》中，新材料产业被列为七大战略性新兴产业之一。2013 年出台了《湖南省战略性新兴产业新材料产业专项规划实施方案》，2015 年出台了本《意见》。

---

* 本报告获得湖南省委常委、常务副省长陈向群的肯定性批示。

** 评估组组长：卞鹰；评估组副组长：唐宇文；评估组成员：禹向群、李银霞、文必正、侯灵艺。

### （二）政策主要内容

《意见》明确了新材料产业发展重点和发展目标，提出要“重点发展先进复合材料、储能材料、硬质材料、金属新材料、化工新材料、特种无机非金属材料等六大领域，基本形成具有较强竞争优势的新材料产业格局”。《意见》提出，到“十三五”末：全省新材料产业产值年均增长 15% 以上；骨干优势企业规模进一步扩大，年销售收入过 100 亿元企业达 5 家以上，过 10 亿元企业达 50 家以上；总体技术水平明显提高，企业研发投入占销售收入的比重达 5% 左右，新增国家级创新平台 10 家以上。《意见》还提出了“加大研发投入，增强创新能力”“加快成果转化，激发创造活力”“支持重组改造，促进做大做强”“科学规划布局，推动集聚发展”等四个方面 11 条具体任务和“完善财税政策，推动创新发

**表 1　《意见》主要内容汇总**

| 发展目标 | 主要任务 | 政策保障 |
| --- | --- | --- |
| 1. 全省新材料产业产值年均增长 15% 以上。<br>2. 骨干优势企业规模进一步扩大，年销售收入过 100 亿元的企业达到 5 家以上，过 10 亿元的企业达到 50 家以上，产业集聚化、规模化发展态势基本形成。<br>3. 新材料总体技术水平明显提高，新材料企业研发投入占销售收入比重达 5% 左右，新增国家级创新平台 10 家以上。 | 加大研发投入，增强创新能力<br>1. 支持新材料企业加强技术创新能力建设。<br>2. 加强公共技术服务平台建设。<br>3. 支持开展新材料产业关键技术的产学研用联合攻关。<br>加快成果转化，激发创造活力<br>4. 激励科技成果的转化和应用。<br>5. 加大知识产权保护运用力度。<br>6. 支持省内高校科研成果产业化。<br>支持重组改造，促进做大做强<br>7. 鼓励开展强强联合、上下游整合等多种形式的企业并购重组。<br>8. 支持新材料企业发展壮大。<br>9. 支持重大项目建设。<br>科学规划布局，推动集聚发展<br>10. 加快产业集群发展。<br>11. 支持特色基地建设。 | 完善财税政策，推动创新发展。<br>1. 加大财政资金支持和统筹力度。<br>2. 落实税收政策。<br>3. 发挥政府采购政策功能。<br>加大金融支持，实现便捷融资<br>4. 创新银行金融服务方式。<br>5. 丰富社会融资新模式。<br>6. 支持扩大直接融资。<br>引进培养人才，强化智力保障<br>7. 支持将新材料领域高端人才引进纳入省内各类人才引进计划范畴。<br>8. 高校要对接产业发展。<br>强化土地保障，促进集约发展<br>9. 优先保障用地。<br>10. 提高土地利用率的，不再增收土地价款。<br>11. 加快办理产业园区用地手续。<br>提升服务效能，优化发展环境<br>12. 提高行政效能。<br>13. 减轻企业负担。<br>加强统筹协调，完善实施机制<br>14. 加强组织领导。<br>15. 加强规划引领。<br>16. 加强政策协调联动。<br>17. 加强政策落实情况督查。 |

展”“加大金融支持，实现便捷融资”“引进培养人才，强化智力保障”“强化土地保障，促进集约发展”“提升服务效能，优化发展环境”“加强统筹协调，完善实施机制”等方面17条具体保障措施。

## 二 评估工作基本情况

为准确评估《意见》的落实情况和实施效果，我们主要做了以下工作：一是成立由中心领导牵头的评估工作领导小组。二是制定评估方案和调研方案，明确评估目的、评估对象、评估内容和评估标准。三是开展调查研究。面向《意见》明确的16家责任单位（省直部门）和14个市州发函书面了解政策落实情况，收集自评材料10余万字；同时召开了多场专家座谈会了解相关情况，深入园区一线听取意见，先后到隆平高科技园、长沙经开区、宁乡高新区、益阳高新区、桂阳工业园、新邵经开区、双峰经开区等地进行调研和座谈，收到企业和政府部门反馈意见50余条；在省政府门户网站调查征集栏目中设置网上调查问卷，收到有效问卷75份。四是对收集到的自评报告、座谈记录、问卷结果进行整理、分析，撰写评估报告。

## 三 评估主要内容

### （一）政策时效性、完备性、可操作性和知晓度

——《意见》时效性强。新材料是新一代信息技术、先进轨道交通等战略性新兴产业发展和国民经济重大工程建设的支撑和先导。2015年《国务院关于印发〈中国制造2025〉的通知》（国发〔2015〕28号）将新材料、新一代信息技术、高端装备等产业列为重点产业。江苏、山东、深圳等省市相继出台专项支持政策。湖南省于2015年底出台《意见》，为湖南新材料产业发展打了一剂强心针，为下一步出台精准、有重点、可操作的配套措施指明了方向，文件时效性强。

——《意见》政策内容具有完备性。《意见》政策条款严谨，起草审查、决定公布、监督管理过程符合规范性文件管理要求，做到了依法行政。《意见》从“加大研发投入，增强创新能力”等四个方面提出11项主要任务（见表1），提出了“十三五”期间新材料发展重点和目标，在财税、金融、人才培养、土地

保障、服务效能、统筹协调等方面提出了具体扶持措施，完备性和有效性较好。

——《意见》的可操作性有待加强。《意见》在每一条重点任务和保障措施下都列出了多家责任单位，但具体政策内容更多地体现在宏观指导层面，表述多为“支持”“鼓励”“优先扶持”等指导性用语，对政策标准、实施流程和执行主体没有严格规定，可操作性受到一定影响。部分政策还停留在对已有政策的重申或归纳上，如“加强技术创新能力建设”“加强公共技术服务平台建设”“关键技术的产学研用联合攻关”等“按照相关规定优先给予一次性补助”，针对性差，也不可操作。

——《意见》的知晓度有待提高。由于《意见》没有含金量高的突破性政策，缺乏明确性的政策优惠内容，政策出台的相关新闻并未引起应有的轰动，企业普遍兴趣不高，知晓度较低。

### （二）政策实施情况

《意见》下发后，行业主管部门省经信委在全省经信系统认真组织宣贯，并按照《意见》要求，结合新材料产业实际，认真落实相关工作。整体来看，全省新材料产业呈现规模迅速扩大、关键技术不断突破、产品技术水平不断提高、聚集效应不断增强、国际化趋势逐步显现的良好发展态势。但随着经济转轨换挡，规上企业增速有所下降，做大总量、提升质量的压力越来越大，难以如期完成《意见》明确的年均增长 15% 以上的既定目标。

1. 强化产业政策引导

对接《中国制造 2025》，出台《湖南省贯彻〈中国制造 2025〉建设制造强省新材料产业五年行动计划（2016 ~ 2020)》，明确加快发展金属新材料、化工新材料、先进复合材料、先进储能材料、先进硬质材料、特种无机非金属材料，培育和发展高端石墨新材料及以石墨烯为代表的前沿新材料。

2. 完善行业基础管理

制定并适时修订《湖南省新材料产业产品统计指导目录》和《湖南省新材料产业统计报表制度》，完善了新材料产业统计监测体系。定期开展产业运行形势分析，编制《湖南省新材料产业年度发展报告》，反映产业现状，发布行业信息，合理搭建原辅、新材料、器件及构件、工程化应用产业链，并引导企业退出。

3. 支持新材料产业技术创新

一是支持创建国家技术创新示范企业、省级企业技术中心等多层次创新平台。目前全省共创建新材料国家技术创新示范企业 4 家，省级企业技术中心 44

家，2016～2017年给予新材料企业一次性平台奖励达775万元。二是支持建立新材料质量控制和技术评价公共服务平台。成立湖南航天新材料技术研究院，并设立湖南航天天麓新材料检测有限责任公司。三是支持关键技术产学研用联合攻关。紧扣新兴优势产业链需求，连续3年发布《制造业产业技术创新路线图》，其中与新材料有关的有锂电池材料、新型轻合金材料、电线电缆、微晶石墨、多产业链技术创新路线图，支持骨干企业牵头、相关企业和单位配合，突破一批关键、核心技术，推动产业链整体突破。开展“战略性新兴产业科技攻关与重大科技成果转化专项”，2015～2017年支持新材料产业关键技术和共性技术项目31个，金额6800万元。

4. 激励新材料产业科技成果转化和应用

每年发布《湖南省战略性新兴产业（先进制造业）重大关键共性技术发展导向目录》，并明确30项关键共性技术方向，重点突破一批产业转型升级的关键技术，推动创新资源向产业链关键环节、关键技术聚集。据省经信委统计，近四年有20家新材料企业获得财政资金支持研发工作，获得补助资金2600万元。

5. 支持省内高校新材料科研成果产业化

一是召开“湖南省新兴优势产业链合作对接会”，发布《湖南省工业新兴优势产业链产学研合作对接企业技术需求》《湖南省工业新兴优势产业链产学研合作对接科技成果转化项目》，为一大批新材料企业开展产研对接牵线搭桥。二是开展“百项重点专利转化推进计划”。以有强烈创新需求的中小微企业为主体，组织实施100项重点专利转化推进计划，将创新成果变成实实在在的产业活动。2015～2016年，有200个专利项目得到省级立项，有80个专利转化项目得到奖励，其中新材料项目有25个。

6. 精准支持重点新材料应用示范

出台《湖南省新材料企业认定管理办法》和《湖南省重点新材料产品首批次应用示范专项补助实施办法》，自2013年起每年认定一批新材料企业，对认定企业通过“重点新材料产品首批次应用示范补助专项”予以补助。四年来，省财政投入1亿元支持200个项重点新材料产品的首批次应用，带动市场销售100多亿元，促进了新材料产学研合作创新与应用推广。

7. 加强产业合作对接

组织开展产业合作对接活动，帮助企业开拓市场，促进产业之间、产业链上下游企业之间合作。2015年在深圳举办湘深先进电池材料及电池产业合作对接会，促成产需合作、科技成果与企业产业化合作及有关合作意向25个，其中现场签订15个。2016年在长沙举办中国（湖南）轻合金发展高峰论坛暨产业合作对接会，中国科学院金属研究所等14家应用企业分别与湘投金天、晟通集团签订价值约10亿元的合作协议，后又陆续举办“2017年湖南株洲硬质合金高峰论坛暨产需合作对接会”和“2017年湖南省先进钢铁材料产需合作对接会”。合作对接会，有效促进了湖南省新材料产业链上下游良性互动和协调发展。

8. 优先发展新兴优势新材料产业链

为深入推进制造强省建设，筛选出20条新兴优势产业链，其中与新材料有关的产业链就有新型轻合金、化工新材料、碳基材料、显示功能材料、先进陶瓷材料、先进硬质材料、先进储能材料及电动汽车等7条。2016年强省办发布《湖南工业新兴优势产业链行动计划》；2017年两办下发《关于加快推进工业新兴优势产业链发展的意见》，7条新材料产业链正在抓紧推进。

## （三）政策实施效果评估

1. 促进了省内新材料产业发展

《意见》的出台引发各级政府、部门关注。据新材料行业协会和企业反馈，《意见》出台鼓舞了新材料行业士气，尤其是被认定为新材料行业的企业表示，政策提振了发展信心。此外《意见》得到各职能部门配合，市州积极响应。衡阳市在省内率先成立新材料产业发展领导小组，并根据政策明确责任部门，细化政策内容，出台《关于加快工业经济发展的决定》《衡阳市关于支持重点产业链发展若干政策》等文件，促进了新材料产业发展。据科技厅统计，2016年全省纳入统计的711家规模以上新材料企业全口径收入5482.80亿元，全口径利润146.57亿元，共完成新材料产值3989.45亿元；实现增加值1020.47亿元，同比增长9.4%。各市州对《意见》给予高度评价，以益阳为例，政策出台以来新材料企业数从2015年的20家增加到2017年的34家。

2. 激发了科技创新和创业

据市州统计，《意见》第二章“加大研发投入和增强创新能力”，第三章“加快成果转化，激发创造活力”引发关注最高。市州自评认为，企业创新奖励政策作用较大，尤其对龙头企业和从事新材料研究的科研人员激励作用明显。仅2016年一年，全省新组建的国家高新技术产业化基地就达6家，产业基地1家，其中长沙望城国家有色金属新材料精深加工、郴州永兴国家稀贵金属再生利用基地、国家火炬株洲硬质合金特色产业基地等正在加速转型。

3. 加速了新兴产业链的形成

《意见》的出台使地方新材料产业链加速形成。到目前为止，基本形成了以绿色化工为主体的化工材料产业链，以碳素产业研发中心为主体的碳素材料产业链，以远大可建、东方雨虹为主体的结构材料产业链和以金博科技、鸿源稀土、科力远为主体的有色材料产业链。

4. 新材料产业集群特征初现

《意见》出台以来，对地方新材料产业的聚集发展起到一定促进作用。根据调研，常德、衡阳、岳阳、益阳、湘潭等市新材料产业均已迈入或者接近百亿产值规模，并在形成关联性产业链和集群中来势良好。同时，以技术为核心，形成多个地方性产业技术联盟。现有国家级产业技术创新战略联盟 1 家——有色金属钨及硬质合金产业技术创新联盟；省级产业技术创新战略联盟 6 家：先进电池材料及电池产业技术创新战略联盟、高性能铝合金材料产业技术创新战略联盟等。

## （四）政策实施中存在的主要问题及原因

1. 政策执行没有完全到位

《意见》没有完善相关的督查督导机制，相关配套政策不到位，导致政策执行弹性较大。以第 25 条“提高行政效能”为例。《意见》明确规定在新材料产业项目核准备案、高新技术企业和创新型企业认定等方面，减少、简化行政审批程序，除国家或省有明确规定外，环评、能评等审批不再作为项目核准前置条件，并指定省发改委、省经信委、省科技厅、省环保厅等为责任单位，但在实际操作中，以《意见》为依据，在项目落地过程中，相关部门都没有配套具体操作办法或执行细则，也没有问题反馈和责任追究机制，存在无法执行的问题。多地反映，《意见》涵盖财政、土地、人才等多方政策，但推动已有政策的落实效果不够理想，特别是一些政策落实到位涉及多个部门，需要多级衔接，既无领导机制又无考核办法，导致保障政策执行不到位。

2. 政策支持范围窄

一是根据国家《“十三五”国家战略性新兴产业发展规划》，新材料产业的重点任务是提高新材料基础支撑能力，组织实施新材料提质和协同应用工程。而目前《意见》对新材料产业发展的重点明确为先进复合材料、储能材料、硬质材料、金属新材料、化工新材料、特种无机非金属材料等六大领域，有必要拓宽扶持领域。二是《意见》所支持的新材料企业具有一定的资格门槛。关于企业认定，使用的是省经信委在 2012 年出台的湖南省《新材料企业的认定办法》，该“办法”远在

《意见》之前多年出台，具有调整必要，如果依原认定办法，能够被认定的企业范围较小。企业反映，企业遇到实际问题时，大量材料类企业不能通过《意见》得到帮助，或者即便有依据，也找不到解决办法，或者得不到相应帮助。

3. 政策重点不突出

《意见》因为涵盖内容全面，涉及发展目标、创新研发、成果转化、支持重组、推动集群、财政支持、金融支持、人才保障、要素保障和环境优化等 11 个方面，以致重点不突出。《意见》涉及扶持政策和措施共 30 条，相关省级责任部门有 16 个，其中需省发改委、省经信委牵头及参与负责的内容有 20 多条，省财政厅和省科技厅需要参与及负责的内容有 10 多条，仅此一个文件的综合考核点多达 105 项。重点不突出导致文件的可操作性不强，大量企业依据《意见》解决不了自身发展问题。

4. 财政资源难以支撑新材料产业发展需要

市州普遍对新材料产业扶持心有余而力不足，各地积极配合《意见》出台地方扶持政策，但实际操作中，财政状况对扶持效果制约较大。益阳明确表示财政资金对新材料产业发展支持力度不够大，许多企业或项目得不到支持，主要原因是没有设立新材料产业发展专项资金，扶持资金有限。

## 四　评估结论

综上所述，《意见》作为响应国家《中国制造 2025》的湖南新材料产业政策性文件，指导了新材料产业发展方向，凝聚了新材料企业发展向心力。各级政府高度重视，省直有关部门认真贯彻落实，各市州、县（市区）根据自身条件，积极争取政策支持，做好各项工作。但受制于行业特点和自身基础，相关政策仍需进一步完善，支持内容仍需进一步细化，可操作性仍需进一步增强，建议出台补充细则并加以实施。

## 五　政策建议

### （一）完善顶层设计，优化新材料产业服务链

一是建议比照国家新材料产业发展领导小组模式（见专栏），高标准配备湖南省新材料产业发展领导小组，明确工作职责，全力推进湖南省新材料产业快速健康发展。二是以实施“芙蓉人才行动计划”为统领，加大新材料产业人才引

进、培养、支持力度，增强对专家人才的吸引力、向心力。积极引进新材料产业高端人才，优化与新材料有关的省属高校、职业院校的学科专业设置和人才培养体系。健全现代职业教育，培养强基急需的高级技工型职业人才。构建技术培训体系，多层次、多元化、多特色培养各类专业人才。三是今后制定政策应尽量简化程序，明确责任考核主体，强化可操作性，建立和完善政策执行评估体系和通报制度，确保各项政策措施落到实处。

**专栏　国家新材料产业发展领导小组职责、组成及工作机构**

1. 主要职责：审议推动新材料产业发展的总体部署、重要规划，统筹研究重大政策、重大工程和重要工作安排，协调解决重点难点问题，指导督促各地区、各部门扎实开展工作。

2. 组成人员：组长：马凯（国务院副总理）；副组长：苗圩（工业和信息化部部长）、肖亚庆（国资委主任）、林念修（发展改革委副主任）、阴和俊（科技部副部长）、刘昆（财政部副部长）；成员：杜占元（教育部副部长）、徐乐江（工业和信息化副部长）、汤涛（人力资源和社会保障部副部长）、张骥（商务部部长助理）、潘功胜（人民银行副行长）、黄丹华（国资委副主任）、李国（海关总署副署长）、孙瑞标（税务总局副局长）、田世宏（质检总局党组成员、国家标准委主任）、许宪春（国家统计局副局长）、贺化（知识产权局副局长）、张亚平（中科院副院长）、徐德龙（工程院副院长）、王兆星（银监会副主席）、方星海（证监会副主席）、梁涛（保监会副主席）、高瑞平（自然科学基金会副主任）、张克俭（国防科工局副局长）、陆明（国家外专局副局长）、冯丹宇（中央军委装备发展部副部长）

3. 工作机构：领导小组办公室设在工业和信息化部，承担领导小组的日常工作。工业和信息化部副部长徐乐江兼任办公室主任，领导小组成员单位有关司局负责同志担任办公室成员。

注：本专栏所列成员均为时任。

## （二）创新投入方式，建立多层次资金链

一是整合各级财政资金，打破现有资金分配格局，集中财力办大事。按照产业定位，采取按区域、按产业聚集切块集中支持，滚动支持，把资金分配权、决

策权向市县倾斜。二是抓好现有税收优惠落实。用好用足现有税收优惠政策，只要符合国家相关政策，该减的减、该免的免。三是创新投入方式。要利用政府产业投资基金等新的财政投入方式，发挥财政资金的杠杆乘数作用，引导社会资本投入新材料产业。四是鼓励金融机构创新信贷产品和服务，合理加大信贷支持力度，支持符合条件的新材料企业上市融资、发行企业债券和公司债券。鼓励天使投资、创业投资、风险投资和私募股权投资支持初创型、成长型新材料企业发展。

## （三）加强产业上下游联动，打造湖南新材料全产业链

湖南新材料企业多，但普遍规模较小且分布散乱。一是加快产业结构调整。加强新材料运行检测分析，及时发布行业发展信息，合理构造一批新材料产业链，引导企业投资研发和生产高端应用。推动企业大幅降低能耗、物耗和水耗，引导企业开发绿色产品。二是突出打造特色专业园区。结合长株潭两型社会改革试验区、湘江新区等规划布局，综合考虑产业特点及资源能源、环境容量、市场空间等因素，合理引导新材料产业集中布局，突出建设一批示范基地。三是鼓励龙头企业将关键配套技术向外扩散，引导中小企业积极承接配套技术，培育一批特色新材料中小企业，形成大中小企业有效配套与协作、共生共赢的产业发展格局。

## （四）支持技术创新，聚焦成果转化，完善新材料产业发展创新链

一是整合省内科技资源，完善创新网络，健全企业、高校、科研机构协调机制。构建以企业为主体、市场为导向、产学研用相结合、有利于新材料产业发展的产学研合作机制。力争在新型轻合金材料、化工新材料、碳基材料、显示功能材料、先进陶瓷材料、先进硬质材料、先进储能材料及电动汽车、3D 打印及机器人等领域突破一批关键核心技术，研发一批具有核心竞争力的关键产品。二是制定湖南省新材料产业知识产权和标准化战略。实施严格的知识产权保护制度，严惩新材料领域侵犯知识产权和制售假冒伪劣商品行为，为企业提供知识产权维权援助服务。三是依托现有高校重点实验室、有关研究院所，建立公共服务、研发设计平台，率先在储能材料、有色金属材料、碳材料、精细化工材料、绿色建筑材料、磁性材料等领域实现技术突破。支持新材料企业创建国家级、省级创新平台，积极承担国家科研任务，开展政产学研用协同创新。四是健全新材料成果信息发布、技术转移和产业化服务体系，促进新材料领域科技成果转化。促进省内高校和省内企业自主选择、自愿合作，加快科研成果转化；支持具备产业化条件的科技成果来湘转化，着力建设一批高水平的新材料成果转化基地。

# 湖南省人民政府《关于加快发展服务外包产业的实施意见》实施效果评估报告*

湖南省人民政府发展研究中心评估组**

为加快推进湖南开放型经济发展，培育新的经济增长点，2015 年 6 月湖南省出台了《关于加快发展服务外包产业的实施意见》（湘政发〔2015〕26 号）（以下简称为《意见》）。根据省领导指示和《湖南省人民政府重大决策实施效果评估办法》（湘政办发〔2017〕45 号），近期我中心开展了对《意见》实施效果的评估工作。现将评估情况汇报如下。

## 一　政策概况

《意见》是湖南省推进服务外包产业发展的纲领性文件，对服务外包产业的总体要求、重点任务、保障措施、重点任务部门分工等做了明确规定（见表 1、表 2）。

**表 1　《意见》主要内容**

| 政策项目 | 具体内容 | |
|---|---|---|
| 一、总体要求 | （一）指导思想 | （二）发展目标 |
| 二、重点任务 | （三）优化产业区域布局 | （四）促进产业集聚发展 |
| | （五）协调发展离岸、在岸业务 | （六）培育壮大市场主体 |
| | （七）鼓励企业创新发展 | （八）加强人才队伍建设 |
| 三、保障措施 | （九）加大财政支持力度 | （十）落实现行税收优惠政策 |
| | （十一）构建多元化投融资渠道 | （十二）优化发展环境 |
| | （十三）提高公共服务水平 | （十四）加强统计分析体系建设 |
| | （十五）加强组织领导 | |
| 附件 | 重点任务分工及进度安排表 | |

* 本报告获得湖南省政府副省长何报翔的肯定性批示。

** 评估组组长：卞鹰；评估组副组长：唐宇文；评估组成员：谢坚持、廖仲华、李学文、黄玮、张诗逸。

**表 2　《意见》重点任务分工安排**

| 序号 | 工作任务 | 负责单位 |
| --- | --- | --- |
| 1 | 鼓励在湘金融机构将非核心业务外包给本地专业服务企业 | 人民银行长沙中心支行牵头,湖南省商务厅、湖南银监局、湖南证监局、湖南保监局参加 |
| 2 | 鼓励行政和企事业单位通过购买服务方式将一般性业务发包给本地专业服务企业 | 湖南省财政厅 |
| 3 | 鼓励在湘高等院校加强服务外包相关专业建设 | 湖南省教育厅牵头,省商务厅参加 |
| 4 | 支持服务外包企业拓展国内外市场 | 湖南省商务厅牵头,省财政厅参加 |
| 5 | 完善现有财政资金支持政策,优化资金安排和使用方向,引导社会资金加大对服务外包产业的投入 | 湖南省财政厅牵头,省商务厅参加 |
| 6 | 建设好 20 个左右主导产业突出、创新能力强的省级服务外包示范基地 | 湖南省商务厅牵头,省财政厅参加 |
| 7 | 鼓励省内金融机构创新服务,扩大支持服务外包产业投融资的规模和覆盖面 | 人民银行长沙中心支行牵头,湖南省商务厅、湖南银监局、湖南证监局、湖南保监局参加 |
| 8 | 落实服务外包现行税收优惠政策 | 湖南省国税局、省地税局 |
| 9 | 加强服务外包统计分析建设 | 湖南省商务厅牵头,省统计局参加 |

## 二　评估工作基本情况

《意见》涉及省直部门、市州政府、服务外包示范基地及服务外包企业。政策评估组在确定调研评估方案前，首先到省商务厅调研，了解政策出台背景、目标和实施概况，梳理文件涉及的部门和单位。评估组向湖南省商务厅、省财政厅、省国税局、省地税局、省教育厅、省统计局、人民银行长沙中心支行、湖南银监局、湖南证监局、湖南保监局 10 家直接责任部门发放自评通知和调查表，收集落实情况和意见建议；向长沙、株洲、湘潭、常德、益阳、衡阳、郴州、怀化 8 个获得服务外包发展资金支持的市州和全省 13 个服务外包示范基地收集政策实施效果自评材料；向 120 家服务外包企业发放调查问卷，回收有效问卷 85 份。同时，评估组还开展多层次实地调研，在长沙市政府、长沙高新区、郴州经开区就政策实施情况召开市直部门、企业座谈会，深入多家服务外包企业与负责人面对面交流，赴广东省学习服务外包产业的先进发展经验，广泛听取各方意见和建议。

## 三　评估主要内容

### （一）政策评价

——知晓度较高。从企业调查问卷结果看，所有企业表示很熟悉或了解文件的具体内容。一方面是因为企业自身非常关注本行业的政策变化；另一方面是政府政务公开比较及时透明，对企业的宣传比较到位，调查企业通过政府工作人员知晓政策的比例达到69%、通过网络知晓的比例达到53%。从地方相关政府部门的了解程度来看，也均对政策的优惠对象和申请程序有清晰认知。

——满意度较高。市州政府、示范基地积极评价《意见》，认为文件出台对推进当地服务外包产业发展有重要的指导意义；企业对政策的满意度也比较高。受访企业一致表示对《意见》的政策内容比较满意，政策实施对企业服务外包业务量的增长有益，其中35.3%的调查企业认为政策对于业务量增长有很大帮助，62.4%认为有一定帮助，只有2.3%认为没有帮助；45.9%的企业对地方政府落实政策的工作非常满意，54.1%比较满意，不够满意的主要原因如图1所示。

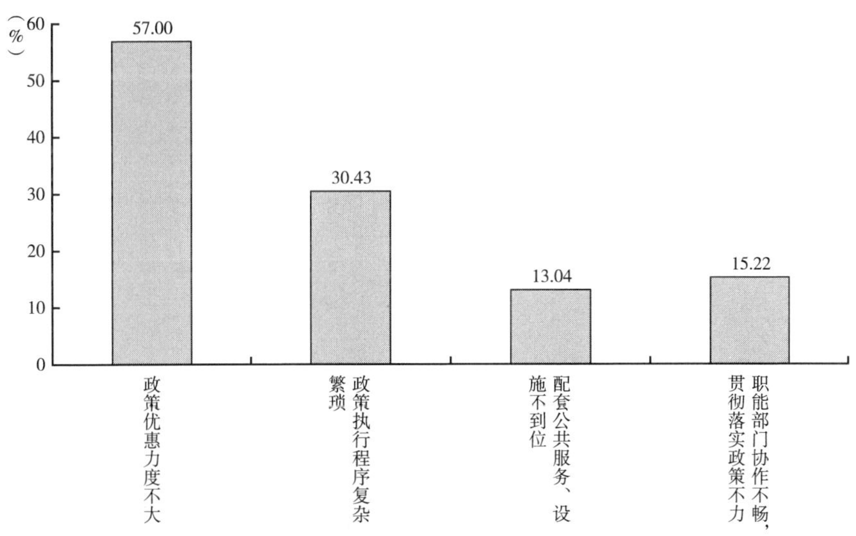


**图1　企业对当地政府落实政策工作效果不够满意的主要原因**

数据来源：评估组调查问卷。

——完备性有待提高。高达 48.2% 的调查企业认为《意见》政策设计不够完善；23.5% 认为政策内容并不是企业当前发展最需要最关心的。企业普遍反映在人才引进和培养、知识产权保护、政策优惠力度和范围等方面亟须实施细则。市州政府和示范基地认为政策在支持力度和适用范围上有改进空间，同时，政策优惠对象不能仅仅是离岸业务，在岸业务也应被明确纳入政策体系。

——规范性总体较好。《意见》明确了各重点任务责任部门及进度安排，市州政府、示范基地和服务外包企业均反映政策执行规范性较好。95.2% 的被调查企业认为地方政府政策执行过程中流程公开，4.8% 认为部分公开；88.2% 的企业认为政策操作流程透明，11.8% 认为一般；78.8% 的企业认为政策执行程序便捷，21.2% 认为一般。

——协调性有待加强。虽然《意见》明确了对责任主体、任务的划分，但文件内容多是原则性、鼓励性条款，缺少强制性要求，对部门和地方政府协作机制和落实政策的方式没有提出明确要求和具体考核指标，也缺少相应的监督和追责机制，实际操作中各级部门自主协调能力有限。政策内容上，服务外包税收优惠政策与高新技术企业税收优惠政策重合。和高新技术企业税收优惠政策相比，服务外包税收政策在优惠力度上基本相同，但高新技术企业税收优惠政策持续有效，技术先进型服务企业优惠政策目前仅持续到 2018 年 12 月 31 日。据调查，湖南省现有技术先进型服务企业大部分同时持有高新技术企业证书，选择享受服务外包政策优惠的企业较少。

——操作性有待增强。省级部门普遍认为政策可操作性较好，地方政府和示范基地作为政策落实地也认为文件具有一定可操作性，但只有 64.7% 的被调查企业认为政策的可操作性强，35.3% 认为有待加强。导致政策操作性不强的原因如图 2 所示。

### （二）政策落实情况

——强化顶层设计及政策配套。2016 年，省商务厅编制了《湖南服务外包产业“十三五”发展规划》，制定下发了《湖南省服务外包示范基地认定办法（试行）》，目前已认定 15 个省级服务外包示范基地。长沙作为全省唯一的国家级服务外包示范城市编制了《长沙市服务外包产业发展规划（2016～2020）》，长沙、益阳、株洲 3 市出台了加快服务外包产业发展专项政策措施，湘潭发布了《湘潭市服务外包产业发展的调研报告》。长沙高新区、益阳高新区针对基地内企业服务外包主营业务方向制定了扶持计划和具体办法。

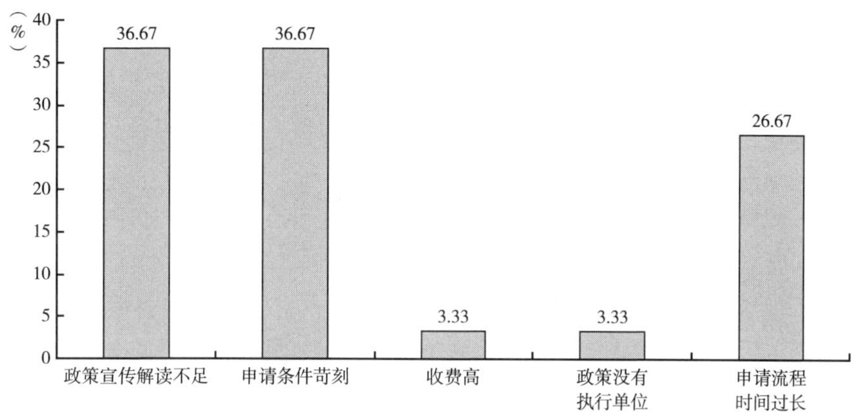


**图2　企业认为政策操作性不强的主要原因**

数据来源：评估组调查问卷。

——改进管理模式和运行机制。一是建立“一对一”政策帮扶机制。商务部门和国税局利用政策宣讲会、调研座谈会、重点联系企业机制、送政策上门等多种途径和方式，积极打通税收优惠政策落地的“最后一公里”，帮助园区和企业用足用好现有政策。二是推行退（免）税企业分类管理和退税无纸化管理模式，实现服务外包企业出口退税进度提速40%。三是实施税收优惠政策备案管理模式。对符合税收优惠政策条件的服务外包企业，只需按照要求提交减免税备案材料，一次报备即可在减免税政策存续期一直享受优惠。

——加强专业人才储备和培养。一是鼓励高校加强服务外包专业建设。省级教育部门加大了对服务外包专业建设的指导力度，组织制订了科学合理的专业建设规划、专业建设与发展实施方案和人才培养方案，确保专业建设工作有序开展。二是完善高校人才培养质量监控评价体系，确保人才培养质量。省教育厅对2014年前开发的35个高职学生专业技能抽查标准进行了全面修订和专家论证，进一步完善了学生专业技能抽查标准体系；在此基础上，实施了2017年高职院校专业技能抽查，总体合格率达到88.65%，毕业设计抽查总体合格率达90%。

——落实相关优惠政策。财政支持方面，2014年以来，为贯彻落实《意见》，省财政厅积极筹措资金10599.95万元，重点针对建设人才培训体系、获得国际资质认证、引进知名服务外包企业、建设省级服务外包示范基地等方面予以支持。长沙、益阳、株洲、常德、郴州5市财政通过专项资金、房租补贴、奖励补助等方式对服务外包产业发展予以资金支持。税收优惠方面，一是离岸服务外包业务适用增值税零税率政策，2015 年 6 月至今，全省国税系统办理离岸服务外包出口退税 706 万元；二是技术先进服务企业所得税优惠政策（该政策目前仅在长沙施行），2015 年 6 月至今，享受到技术先进服务企业所得税优惠政策的 1 家企业受惠金额达 156 万元。

——积极拓展市场。一是积极支持服务外包企业在湘业务的拓展。省保监局将辖内保险企业的物流运输、人力资源、查勘定损、道路救援、电话呼叫等非核心业务发包给在相关领域有专业优势的服务企业；省银监局辖内银行将软件开发、信用卡、专项法律顾问、债权清收等业务进行了外包，提升服务外包企业在湘业务的技术含量和附加值。二是积极帮助服务外包企业走向省外和国际市场。近年来，湖南省在中央财政支持的基础上，省级财政加大对外包企业参加境内外展会以及境外项目考察对接的配套支持力度，积极组织企业参加各类专业展会、进行业务洽谈和开展招商引企的推介活动。

——完善金融服务配套。一是加大信贷支持力度。2017 年 9 月末，湖南主要银行机构信贷支持外包概念客户 3264 户、余额 19919.43 万元，较 2017 年初增加 1563 户、7263 万元。二是精简化外汇业务流程。人民银行长沙中心支行不断完善外汇业务监测系统和平台，强化外汇收支事中事后监测核查，简化服务贸易外汇单证审核，服务贸易小额收付汇业务可在金融机构直接办理，允许有需求的企业集团将服务贸易外汇收入集中在境外存放，取消服务外包境内外投资项目行政许可，只要有真实合法的投资需求，企业均可在银行办理。三是加强保险服务配套。湖南保险业积极发展科技保险、信用保险、保证保险，为服务外包企业提供产品研发、技术出口、商业信用风险保障，为服务外包企业提供出口收汇保障、商账追收服务和保险项下的贸易融资便利等服务。

### （三）政策实施效果

——产业规模持续扩大，结构不断优化。2016 年，全省承接服务外包执行金额达 151.7 亿元，比 2014 年增加 36.3 亿元（见表 3）。2017 年 1 ~ 10 月，全省纳入商务部统计系统的服务外包执行金额达 161.9 亿元，同比增长 11.6%，其中承接国际服务外包业务执行金额同比增长 14.6%。从外包业务类别看，2016 年，全省信息技术外包、业务流程外包、知识流程外包分别占执行总额的 33%、47.8%、19.2%，代表行业高附加值的信息技术外包和知识流程外包分别增长 15.1%、17.1%，比服务外包执行金额增速高 0.4、2.4 个百分点，企业承接外包业务的专业化和信息化水平不断提升，外包领域向设计研发、人力资源管理、档案数字化、供应链管理、医学检验等新兴领域不断延伸，外包业务结构日趋优化。

**表 3　湖南省服务外包发展情况**

| 年度 | 承接服务外包执行金额（亿元） | 同比增长（%） | 承接国际服务外包执行金额（亿美元） | 同比增长（%） |
|---|---|---|---|---|
| 2014 | 115.4 | 21.9 | 4.49 | 39.9 |
| 2015 | 132.3 | 14.6 | 5.1 | 13.6 |
| 2016 | 151.7 | 14.7 | 5.4 | 5.9 |
| 2017 年 1～10 月 | 161.9 | 11.6 | 4.7 | 14.6 |

数据来源：湖南省商务厅。

——产业集聚效应开始显现。近年来，湖南省充分发挥长沙市“中国服务外包示范城市”的辐射带动作用，集中优势政策支持建设主导力强的省级服务外包示范基地，规模效应逐步显现，示范带领作用不断增强，主要发展指标增幅超过全省平均水平。长沙市省级服务外包示范基地累计达 7 个，形成了“一区多园、楼宇聚集、梯度转移”的产业格局，其中高新区聚集了全市 80% 以上的服务外包企业，服务外包业务量约占全市业务总量的 60% 以上，产业集群优势与带动效应凸显。

——企业竞争力大幅增强。全省服务外包企业积极参与国际分工，不断积累行业经验，承接、交付和管理能力大幅提升。截至 2017 年前 3 季度，全省纳入商务部统计系统的服务外包企业登记数首次突破 1000 家，达到 1053 家，其中 14 家企业入选“中国服务外包 100 强成长型企业”；外包企业获得各类国际资质认证 479 项，其中国家政策重点支持的 13 项国际资质认证共 321 项，取得各类国际资质认证的外包企业达 270 家，承接国际业务能力不断增强。

——人才基础不断夯实。2017 年，湖南省共有 59 所高校开设了服务外包相关专业，其中普通本专科院校 51 所，共开设 138 个服务外包相关专业，在校学生达 32900 余人；职业院校 8 所，在校生规模 2300 余人。截至 2017 年前 3 季度，湖南省拥有各类服务外包人才培训机构 64 家，服务外包企业从业总人数超过 19.7 万人，其中大学（含大专）毕业生占 71.4%，服务外包产业成为湖南省大学毕业生就业的重要渠道。

### （四）政策实施中亟待解决的主要问题

——部门联动机制不完善，未能形成发展合力。服务外包产业的发展离不开各级政府协同联动。一方面，省级部门之间的联动机制不够完善。服务外包产业涉及的部门众多，除了目前政策所提到的部门外，发改委、科技厅等相关部门未纳入协作，部门尚未建立联席会议工作机制。另一方面，地方政府政策落实效果存在差别。在申请到服务外包发展资金支持的 8 个地市中仅有 3 个出台了具体配套措施，仅有长沙市编制了产业发展规划；在资金支持上，虽然全省有五个地市设有专项资金，但由于市级商务部门鲜少有资金分配权，对于基地建设和企业支持常常捉襟见肘。因此，全省服务外包发展载体和平台建设滞后，公共服务和配套设施不完善，服务外包产业发展环境不佳。

——产业集聚效应不强，人才吸引力偏弱。从经营收入和员工数量来看，湖南省服务外包企业规模偏小，实力不强，特别是市场占有率高、拥有较强自主创新能力、能够为大学毕业生提供较多就业机会的优势骨干企业不多，缺乏重量级企业的支撑，吸纳大项目的能力弱，与外省市竞争无优势。服务外包产业具有高度人才导向的特性，产业集聚效应不强导致湖南省长期面临着基础人才流失较多、中高端人才紧缺的问题，进一步弱化了产业竞争力，形成恶性循环。调研中，企业普遍反映长沙市目前的人才政策没有针对服务外包产业急需的技能型人才的措施，人才难留、中高端人才难求的问题仍未解决。同时，目前服务外包人才培养缺乏行业标准，高校在服务外包专业建设和人才培养上不能完全符合行业企业的要求，人才供给与需求不匹配的现象仍然存在。

——政策优惠力度偏弱，适用范围偏小。一是财政支持力度不足。湖南省财政每年预算安排服务外包产业发展资金仅 1000 多万元，长沙市的预算不到深圳市的 1/6。二是税收优惠适用范围偏小且门槛过高。从政策享受主体认定范围来看，技术先进型服务企业仅涉及 3 大类 11 个小类，且必须获得科技部门资质认定才能完成备案；从政策侧重的业务方向来看，更倾向于离岸服务外包业务，对于湖南省占主导的在岸业务无针对性鼓励措施；从地域来看，技术先进型服务企业优惠政策目前仅适用长沙地区。调研中，企业普遍反映技术先进性企业的认定范围过窄、门槛过高且程序较为烦琐，长沙国税辖区内仅有 10 家技术先进性服务企业，享受到技术先进服务企业所得税优惠政策的仅 1 家，其余未享受企业均为主动放弃。

——公共服务平台缺位，信息统计制度不完善。在调研中，多家企业呼吁加强湖南省服务外包行业协会和公共服务平台的建设。目前，湖南省服务外包产业尚未建立起具备行业号召力的公共服务平台，政府与市场主体、行业内部之间缺乏信息互通的桥梁，在政策普及、行业研究、数据共享、业内交流、开拓市场等方面服务处于长期缺位的状态，使得湖南省服务外包企业管理分散，没能拧成一股绳，行业的整体发展潜力未能充分挖掘。同时，湖南省服务外包统计分析体系尚未完全建立，缺乏专业机构或组织进行数据采集和分析，完全依靠企业主动登入商务部门系统填报数据，很难保证数据的时效性和全面性。

## 四　评估结论

综上所述，《意见》为湖南省服务外包产业的发展指明了方向，给予了政策扶持和财税支持，但政策的完备性、协调性和可操作性有待提高，需尽快改进、补充和完善。要根据经济新常态下湖南省服务外包产业发展过程中面临的问题和挑战，按照《财政部税务总局商务部科技部国家发展改革委关于将技术先进型服务企业所得税政策推广至全国实施的通知》（财税〔2017〕79 号）和《中共湖南省委关于大力实施创新引领开放崛起战略的若干意见》（湘发〔2017〕8 号）等文件精神，进一步扩大政策受众面，增加扶持方式和支持力度，强化政策可操作性和约束性，确保政策更有效地落实。

## 五　政策建议

——增强产业共识。一是强化各级主要领导推动力。进一步统一思想，提高领导干部对服务外包业的认识，把服务外包业作为新的经济增长点培育。二是提高社会认识。加大宣传力度，通过电视、报纸、网络等多平台对服务外包产业进行全方位多层次系列报道，向广大企业和普通群众普及相关知识，提升社会接受程度。三是重视统计体系建设和统计分析工作。加强研究，明确服务外包产业的业务定义、分类原则、统计对象等；加强对服务外包企业的业务培训，积极引导企业主动入库、按时填报，及时清理平台上的“僵尸企业”，确保数据全面准确反映湖南省服务外包产业发展的整体状况。

——强化政策落实。一是强化部门协调。要纳入发改、科技等职能部门，建立联席会议工作机制；各部门要依据政策内容出台具体实施方案，切实履行部门职责，形成合力。借鉴深圳“政策直通车服务”模式，进一步强化政府部门的主动服务意识、提升服务效能。二是强化对市州的指导。敦促市州尽快出台可操作性强、区县直接适用的接地气产业规划和配套扶持政策。鼓励市州在政策允许的条件下，在评定、奖励等地方协同标准方面适当创新，如技术先进型服务企业达到自设标准，通过认定后可参照全国高新技术企业享受有关扶持政策。

——加大资金扶持力度。尤其要强化对在岸业务的支持。学习广东及江浙等省先进经验，引导有条件的市州、园区、服务外包示范基地分级设立服务外包产业发展专项配套资金，并根据实际情况，适当降低“离岸业务”门槛，通过奖补结合的方式，扶持企业发展。一方面，从开办奖励、购建租办公用房补贴、装修补贴、座席补贴、评级奖励、营业额奖励、税收扶持、通信补贴、用工补贴、培训补贴、人力资源服务、资质认证等方面全方位明确扶持标准；另一方面，对开拓国际市场或创建服务外包品牌并达到一定标准的服务外包企业给予一次性财政补助或奖励。

——加大人才引进和涵养力度。一是积极引进中高端人才。按照服务外包行业人才特点，制定满足其职业技能要求的人才优惠政策，积极引进行业领军人物、中高级专业技术人才和管理人才。加大对领军型、骨干型人才的奖励力度，给予一次性工作生活补助、培训费用补助、住房补贴等，鼓励其来湘创业、就业。二是鼓励企业涵养自有人才。引导企业通过提高待遇、技术参股、股权激励等方式，营造拴心留人的工作环境，积蓄人才资源。积极开展互动式人才培养，探索高校教师与企业资深人才的双向交流。三是建立服务外包产业人力资源储备库，积极引导毕业生在服务外包产业实现本地化就业。

——完善公共服务平台。一方面，政府以委托经营、购买服务等方式做好专业性服务平台的运营服务，为服务外包企业提供软件测试、科学计算、云计算服务、医药研发检验检测等技术服务和专业设备设施、数据存储、软件共享等资源共享服务，降低服务外包企业运营成本。另一方面，建立和完善以政府相关管理部门为主体的综合性公共服务平台，为服务外包企业提供政策咨询、注册登记、专利申请、知识产权的认定与保护、政府扶持资金的申请以及企业其他相关的服务；推进服务外包企业信息和服务外包人才网等公共信息服务平台建设。

——发挥专业组织作用。借鉴印度软件和服务业企业行业协会、广东省服务外包产业促进会的成功经验，成立市场化运作的专业组织或非营利机构，发挥其在政府与企业间的桥梁纽带作用，为服务外包企业提供政策宣讲、统计培训、展业辅导、信息咨询、市场拓展、人才培训、资格认证、展会服务、交流学习等服务。条件成熟时，可由其牵头建立服务外包专家库，参与政府有关产业政策的研究和修订；建立行业标准，规范市场秩序，建立企业信誉档案，评定企业信用等级等；加强服务外包产业整体形象创意设计和宣传策划，打造“湖南服务”品牌。

# 湖南省人民政府关于《促进海关特殊监管区域科学发展的若干政策措施》实施效果评估报告*

湖南省人民政府发展研究中心评估组**

为充分发挥海关特殊监管区域平台作用，助推湖南开放型经济发展，2015年6月，省政府出台了《促进海关特殊监管区域科学发展的若干政策措施》（湘政发〔2015〕29号，以下简称《措施》）。2017年10～12月，湖南省人民政府发展研究中心对湘政发〔2015〕29号文件实施效果进行了评估，情况如下。

## 一 概况

### （一）政策概况

《措施》从培育主导产业、加强用地和厂房保障、加强配套保障、强化人力资源保障、强化金融支持、优化政务服务六个方面，明确了促进湖南省海关特殊监管区域科学发展的18条政策措施（详见表1）。

表1 湖南省促进海关特殊监管区域科学发展主要政策措施一览

| 政策事项 | 具体措施 |
|---|---|
| 一、培育主导产业 | 1. 积极引进战略投资者<br>2. 鼓励支持加贸企业做大做强<br>3. 支持加贸传统产业转型升级 |
| 二、加强用地和厂房保障 | 4. 保障区内企业用地<br>5. 保障区外配套企业用地<br>6. 支持标准厂房和标准仓库建设 |

* 本报告获得湖南省政府副省长何报翔的肯定性批示。

** 评估组成员：卞鹰、唐宇文、彭蔓玲、刘琪、黄君。

续表

| 政策事项 | 具体措施 |
| --- | --- |
| 三、加强配套保障 | 7. 支持公共服务平台建设<br>8. 鼓励专业服务机构开展业务,支持生活配套设施建设<br>9. 鼓励企业节能减排,探索开展环评分类管理 |
| 四、强化人力资源保障 | 10. 保障企业用工需求<br>11. 协助企业开展培训<br>12. 积极引进各类人才 |
| 五、强化金融支持 | 13. 鼓励金融机构创新金融产品和服务<br>14. 鼓励企业多渠道融资<br>15. 发展符合区内中小企业需要的交叉型金融业务 |
| 六、优化政务服务 | 16. 改革创新政府管理方式<br>17. 创新保税监管模式等<br>18. 优化货物监管流程等 |

### （二）评估工作概况

评估组首先请湖南省商务厅、长沙海关、湖南出入境检验检疫局、湖南省财政厅、湖南省发改委等 13 个相关部门以及长沙、岳阳、湘潭、衡阳、郴州 5 个拥有综保区（出口加工区）的地市进行自评，提供自评报告，并到 5 市进行实地调研，重点了解相关政策落实情况及存在的问题等。同时，对相关企业开展问卷调查，共回收有效问卷 53 份，真实了解企业对政策实施的评价和诉求。然后，组织召开相关部门和部分综保区座谈会，就《措施》落实中存在的问题、难点和建设开放强省背景下如何进一步推动海关特殊监管区域发展进行深入交流探讨。最后，数易其稿，形成本报告。

## 二　评估主要内容

### （一）政策完备性、规范性、针对性、可操作性和知晓度评估

1.《措施》内容基本完备，条款严谨规范，但责任单位未明确

《措施》所列 18 条政策措施涵盖了促进湖南省海关特殊监管区域发展的主要方面，但并没有明确政策措施的实施责任主体及牵头单位，责任落实不明确。

2.《措施》针对性和可操作性待加强

《措施》绝大多数是鼓励性、指导性的条款，缺少真正可执行性强的“干货”，相关部门大部分也没有出台实施细则。另外，《措施》中政策条款主要针对大项目，缺乏对中小企业的具体支持政策。调研中很多地方与部门均反映，有关支持政策很难真正落地。被调查企业中认为《措施》可操作性较差的占22.64%、认为一般的占54.72%。

3.《措施》知晓度亟待提高

一方面，政策传达不到位。调研发现不论是省直还是相关地市，除商务、海关、商检等直接相关单位外，其他大部分职能部门在开展此次评估前对文件完全不知情。另一方面，企业对《措施》的知晓度不高。有35.09%的被调查企业表示完全不了解该政策，31.58%的表示部分了解。

## （二）政策落实情况

1. 培育主导产业工作稳步推进，但招商引资难度较大

一是对区内企业支持力度较大。2016年，省商务厅利用中央外经贸专项资金（加工贸易）给衡阳、岳阳、湘潭综保区各安排资金1000万元，支持区内加工贸易企业扩大进出口规模。2016年，岳阳市为区内31家贸易企业兑现奖金1220万元，郴州市支出317.62万元用于出口加工区企业补贴。

二是招商引资力度大，但效果不够明显。省级层面利用“港洽周”“沪洽周”等系列活动，组织开展招商引资活动。2016年8月份在深圳举办湖南特殊监管区专题招商推介会，成功引进一批加工贸易项目。各地也开展了有针对性的招商活动。但总体来看，目前湖南省海关特殊监管区域缺乏高端优质项目的支撑，缺少具有成长性、带动力强的龙头企业，区内企业仍以贸易公司和货代公司为主。

2. 用地和厂房保障落实到位

一是各地对入区企业在合规审查、用地报批等方面依法予以支持，并大力保证入区企业项目用地。

二是各地均已落实标准厂房、标准仓库工程报建“绿色通道”制度。同时加大财政支持力度，积极引导社会资金参与建设。如岳阳市城陵矶综保区仓储、标准化厂房及综合服务配套中心项目已纳入国家财政部及湖南省第二批PPP示范项目。

3. 加强配套保障部分落实，专业服务和生活配套设施建设需加强

一是大力推动公共服务平台建设。在湘潭、衡阳、岳阳和郴州综保区建设了园区外贸综合服务中心，为企业开展外贸提供全流程免费指导服务。省商务厅对湘潭综保区跨境贸易电子商务监管中心信息平台、衡阳综保区综保购电子商务平台、岳阳城陵矶综保区跨境贸易综合服务平台分别给予 50 万元资金支持。岳阳城陵矶综保区共为区内公共服务平台项目争取国家专项债券基金 3 亿元额度。

二是节能减排得到加强。各区域严禁产污量大的项目进入，郴州综保区劝退关停了 6 家环保不达标、高能耗的企业。

三是专业服务和生活配套设施建设需加快推进。目前，在区域内开展律师、会计、税务等各类专业服务的机构较少。对生活配套设施建设的支持力度加大，但总体来看，多数区域的员工生活配套区建设跟不上园区发展的步伐，休闲娱乐、餐饮、金融等配套不齐，教育、医疗机构发展滞后。54.35% 的被调查企业认为生活配套不方便。

4. 强化人力资源保障措施得到落实，但高端人才缺乏、部分企业用工难问题仍较突出

一是各地均采取了举办专场招聘会等形式协助区内企业招聘员工。长沙黄花综保区还明确为用工超过 5 千人的企业建设职工宿舍。

二是各地均通过人社部门推动园区企业与本地职业院校在学生就业和实习、企业培训等方面开展合作。如郴州 2017 年 9 月促成园区 8 家企业与 8 个职业院校签订了校企合作协议。省级层面从 2015 年开始对区域内符合条件的企业给予培训补贴。各地区内企业社保参保、跨省区域流动劳务人员社会保险及医疗保险的转移、接续工作也基本得到落实。

三是各地均出台了人才引进办法，如长沙人才新政 22 条等。

但目前各海关特殊监管区域引进的境内外高管和高级专业技术人才还比较少，高端专业人才缺乏；部分区域用工难问题较突出，调研中衡阳、郴州等地企业普遍反映招工难、用工缺口大。

5. 在强化金融支持方面进行了有益探索，但尚未全面推进

一是省级层面出台了《湖南省中小微外贸企业出口融资无抵押式担保 + 银行优惠贷款暂行管理办法》，在中西部地区率先探索引入担保公司并设立风险补偿金，对区域内有出口订单的企业开展无抵押担保融资，有效缓解了区域内进出口企业融资难、融资贵的问题。

二是岳阳、长沙等地进行了有益探索。岳阳城陵矶综保区管委会成立融资平

台，点对点服务入区企业，已累计争取各银行授信30.93亿元。长沙县明确对黄花综保区内达到一定标准的申请银行中长期贷款建设的项目，给予贷款利息一定比例的财政补贴；对达到一定标准的外贸企业申请无抵押担保贷款的，给予担保费一定比例的财政补贴。

6. 优化政务服务方面基本落实

一是各级各部门结合“放管服”改革，下放审批权限，精简相关行政手续。全省已对外商投资全面实施准入前国民待遇加负面清单管理模式，岳阳市对海关特殊监管区域下放65项市级行政审批权。推进政府管理由注重事前审批转为注重事中、事后监管，如各级海关结合放开QP系统准入、自报自缴等政策的推广，将执法作业前推后移，将监管尽可能放在事中事后环节。各地对入区重大项目实行全程代办和专员负责制，协助企业办理项目建设各项手续。

二是各级海关积极复制推广自贸试验区创新制度，结合通关一体化改革对多领域进行优化创新。目前可复制推广的自贸区经验中有14项涉及海关特殊监管区，除平行汽车进口外，其他在湖南省均已复制推广。《措施》中涉及海关的事项基本完成。湖南省各海关特殊监管区域已不实行单耗标准，以企业申报单耗据实核销。已全部实现“分送集报”“两单一审”作业模式。对部分企业在海关特殊监管区域间保税货物流转已按照“分送集报、自行运输”模式办理海关手续；特殊区域与口岸间货物流转已实现属地申报，企业可自行选择在口岸或者属地海关查验。

三是各级出入境检验检疫部门深化通关无纸化改革，对区域内进出口企业实现申报、计收费、检验、签证放行归档等各环节的无纸化运作，无纸化报检率达到97.2%。进口货物预检验、检验检疫分线监督管理、动植物及其产品检疫审批负面清单管理等三项制度创新已全面推行。

## （三）政策实施效果

1. 海关特殊监管区域进出口快速增长

根据省商务厅提供的数据，2017年1～9月，全省海关特殊监管区域共完成进出口23.75亿美元，超过2016年全年22.5亿美元的水平，同比增长75.9%。其中，岳阳城陵矶综保区完成进出口10.82亿美元，增长120.4%；郴州出口加工区完成进出口5.21亿美元，增长36.1%；湘潭综保区完成进出口5.54亿美元，增长16.6%；衡阳综保区完成进出口0.82亿美元，增长1128%；长沙黄花综保区完成进出口1.35亿美元。

2. 产业发展加快

一方面，各区域按照规划加速布局产业。长沙黄花综保区重点发展航空物流、临空制造，岳阳城陵矶综保区重点发展进口粮食、肉类、天然橡胶加工，郴州出口加工区重点发展有色金属加工、电子信息产品加工，湘潭综保区重点发展高端制造业、进口商品展示，衡阳综保区重点发展电子信息和先进装备业。截至2017年底，五个综保区共有注册企业313家，其中有进出口实绩的企业163家。另一方面，新型业态发展也有了起步。如岳阳城陵矶综保区加快推进跨境电商、国际快件和国际邮件查验监管场所建设，积极拓展和延伸综保区的平台功能；湘潭综保区上线“盘古通”跨境电商公共服务平台，建成一站式外贸综合服务体系。

3. 有力地提高了通关便利化水平

《措施》实施以来，各海关特殊监管区域通关便利化水平明显提高。2014～2017年9月底，货物在各区域海关报关平均所需时间，出口由4.12个小时缩短至1.16个小时，进口由43.46个小时缩短至10.15个小时；货物检验检疫平均放行时间，出口由4天缩短至3天，进口由11天缩短至6天（详见表2）。

**表2　进出口货物报关、报检平均所需时间变化情况**

| | 2014年 | 2015年 | 2016年 | 2017年9月底 |
|---|---|---|---|---|
| 进出口货物海关报关平均所需时间 | 进口:43.46小时<br>出口:4.12小时 | 进口:37.53小时<br>出口:7.95小时 | 进口:30.22小时<br>出口:2.28小时 | 进口:10.15小时<br>出口:1.16小时 |
| 进出口货物检验检疫平均放行时长 | 进口:11天<br>出口:4天 | 进口:10天<br>出口:4天 | 进口:9天;<br>出口:3天 | 进口:6天<br>出口:3天 |

数据来源：长沙海关、湖南出入境检验检疫局。

4. 带动了当地及全省开放型经济发展

各海关特殊监管区域为当地及全省外向型经济发展注入了全新活力。2017年1～9月，全省海关特殊监管区域进出口额增速达到75.9%，比同期全省进出口增速高出20个百分点。2016年，全省各海关特殊监管区域外贸进出口额占所在市州比重达23%，其中岳阳综保区超过70%。

## （四）存在的主要问题

1. 整体发展水平不高，地区间差距很大

目前，湖南省海关特殊监管区域数量在内陆省份中首屈一指，但整体发展水平不高，平台功能不强，区内产业和企业规模较小，对全省开放型经济的带动作用与郑州、成都等地相比差距巨大。湖南省海关特殊监管区域进出口额占全省进出口总额的比重不到10%，而河南新郑综保区、成都高新综保区2016年进出口额占本省进出口总额的比重分别达到67.0%和48.0%。

区域间发展差距极大，部分地区落实政策力度不够。岳阳、长沙两地制定了专门的海关特殊监管区域招商引资等政策，推进力度大，取得较好成效。岳阳城陵矶综保区企业数和进出口额均占到五个综保区合计的45%左右；长沙黄花综保区虽然才正式封关运行半年，区内注册企业已经达到124家，有进出口实绩的企业达到37家。而衡阳综保区作为全省第一家综保区，目前有进出口实绩的企业只有5家，2017年1~9月进出口额仅0.82亿美元（详见表3）。

**表3　湖南省各海关特殊监管区域企业数及进出口情况**

| | 长沙黄花综保区 | 岳阳城陵矶综保区 | 衡阳综保区 | 湘潭综保区 | 郴州综保区 |
|---|---|---|---|---|---|
| 2017年底注册企业数(家) | 124 | 96 | 28 | 54 | 11 |
| 2017年底有进出口实绩企业数(家) | 37 | 71 | 5 | 40 | 10 |
| 2017年1~9月进出口额(亿美元) | 1.35 | 10.82 | 0.82 | 5.54 | 5.21 |

数据来源：企业数由各海关特殊监管区域报送，进出口数据由省商务厅提供。

2. 制约发展的体制瓶颈亟待突破

根据国内外经验，海关特殊监管区域的发展需要成熟的地方性法规作为保障，目前我国上海浦东、北京天竺、浙江舟山、海口、贵阳、银川等地均已出台相关管理条例或办法，对海关特殊监管区域的功能定位、职能职责、行政权限、经济责任等进行了明确，而湖南省各海关特殊监管区域所在市均未出台相应的地方性法规，各海关特殊监管区域在管理机构设置、人员编制、职责权限等方面存在较大差异与不平衡，管理体制有待进一步理顺（详见表4）。

3. 制约发展的机制瓶颈亟待突破

省级层面还没有建立常态化的海关特殊监管区域发展工作协商推进机制，缺乏强有力的省级统筹，相关部门还没有完全形成信息共享、协同推进的合力。对于各海关特殊监管区域的产业布局和功能定位缺乏科学合理和具有前瞻性的统筹规划，各区产业发展方向、业务发展形态同质化现象较突出，各区域对争取纳入湖南自贸区申报范围、赋予各类口岸资质、申报跨境电商综合试验区等平台和试点的呼声都十分强烈。海关特殊监管区域对湖南省其他市州开放型经济发展的带动作用也尚未显现，没有形成省级统筹、各市资源共享的良性发展局面。

**表4 湖南省各海关特殊监管区域管委会情况**

| | 长沙黄花综保区 | 岳阳城陵矶综保区 | 衡阳综保区 | 湘潭综保区 | 郴州综保区 |
|---|---|---|---|---|---|
| 管委会级别 | 正处 | 正处 | 正处 | 正处 | 正处 |
| 管委会性质 | 目前管委会暂未配备正式班子及人员 | 市政府独立派出机构 | 与白沙洲工业园管委会“两块牌子、一套人马” | 与湘潭经开区管委会“两块牌子、一套人马” | 市政府独立派出机构 |
| 管委会人员编制数（人） | 38 | 20 | 12 | 18 | 21 |

资料来源：各海关特殊监管区域报送。

4. 制约发展的政策瓶颈亟待突破

一是区内外“政策倒挂”问题。2016 年 10 月国家税务总局、财政部、海关总署共同发文，在昆山、苏州、郑州、重庆等 7 家海关特殊监管区域开展企业增值税一般纳税人资格试点。由于湖南省没有试点资格，区内企业在国内采购料件无法按区外一般纳税人企业实行进项税收抵扣，对于出区内销货物也不能选择性征税，对区内企业开展委内加工限制又很严，这不仅严重制约湖南省海关特殊监管区域招商引资，也影响区内企业发展，衡阳富士康项目一直不愿进入衡阳综保区就是最典型的例子。

二是跨境电商试点问题。目前跨境电商保税备货模式在跨境电商综合试验区城市开展，内陆省份中重庆、成都、郑州、合肥等地是试点城市，而湖南省长沙等地跨境电商业务需求大，但没有此类综合试验区，这极大影响了湖南省海关特殊监管区域跨境电商业务的开展。

三是支持海关特殊监管区域发展的政策支持力度不够。如重庆对加工贸易进出口 1 美元补贴 3 ~4 分钱人民币（进出口双边计算就是 1 美元补贴 6 ~8 分钱人民币），远高于湖南省的补贴水平。另外贵州、重庆等地还设立了产业专项扶持资金用于补贴企业设备搬迁、物流运输、厂房装修等。企业问卷调查结果显示，有 47. 37% 的企业认为湖南省政策支持力度比邻省弱。

5. 制约发展的人才瓶颈有待突破

海关特殊监管区域政策专业性强、涉及面宽，而且政策和业态更新快，要求相关人员具备较高的专业素养，而湖南省海关特殊监管区域管委会普遍人员少、流动性大，且绝大多数是以前完全没有从事过相关工作的人员，无法满足发展需要。

## 三　评估结论

《措施》的出台，有效推动了湖南省海关特殊监管区域的发展，加速了产业的发展，大幅提高了通关便利化水平，为带动全省开放型经济发展做出了积极贡献。《措施》的大部分内容得到有效落实，重点工作有序推进。但同时也暴露了一些突出问题，主要有：政策本身存在责任单位不明确、可操作性强的“干货”少、支持力度相比邻省偏弱等不足；政策执行中存在少数地区和部门重视不够、工作力度不大等问题；海关特殊监管区域发展中存在整体水平不高、功能定位待优化、产业薄弱、区域间差距大等难题，同时，面临体制不顺、机构不健全、统筹推进机制不完善、区内外政策倒挂、专业人才紧缺等瓶颈制约。为进一步推动海关特殊监管区域健康快速发展，更有效地发挥其作为湖南省实施“开放崛起”战略重要平台的作用，建议根据建设开放强省的新要求对《措施》部分条款进行补充修正，出台补充细则，继续执行，并在加强高位推动、加强统筹协调、争取政策试点、拓展平台功能、加大招商力度、更有效推动政策落实等方面加大工作力度。

## 四　对策建议

### （一）健全法制保障，破解体制瓶颈

建议借鉴北京、上海、浙江等地的成功经验，条件成熟的海关特殊监管区域所在市尽快出台相应管理办法或条例，明确海关特殊监管区域管委会应该成为市级人民政府的派出机构，被赋予相对独立的管理体制和运行体制，在行政审批、财税管理、土地开发和服务保障等方面，从法律上赋予其相应的权限。

### （二）强化统筹协调，破解机制瓶颈

一是加强对海关特殊监管区域的统筹协调和资源整合，省级层面科学规划，进一步明确各区域的产业和功能定位，在重大项目布局、重点试点申报等方面有针对性地突出地方资源禀赋和特色，错位发展，避免同质竞争。同时加强全省口岸建设的系统谋划和布局，推进各海关特殊监管区域与口岸联动发展，提高保税

货物流转效率。二是健全协调推进机制，省级层面根据需要不定期召集省直有关部门，海关、检验检疫等监管部门，有关市政府和海关特殊监管区域参加专题会议，会商海关特殊监管区域建设中的重大问题，协调重大事项，形成统一指导、协调配合的工作机制。市人民政府建立相应联席会议制度，研究解决海关特殊监管区域建设、管理涉及的重大问题。管委会与市人民政府有关行政管理部门和所在地县级人民政府建立协调配合和联动执法的工作机制。

### （三）加强高位推动，破解政策瓶颈

一是高位推动，加快推进湖南自由贸易试验区申报工作，争取尽快获批，同时进一步抓好其他自贸试验区经验复制推广工作，做到边申报、边复制、边试验。二是建议以省政府名义向国务院相关部门积极呼吁和争取，尽早在湖南省海关特殊监管区域开展企业增值税一般纳税人资格试点，推广内销选择性征收关税，支持区内企业开展委内加工等业务。三是支持长沙等市申报跨境电子商务综合试验区，争取在全省各海关特殊监管区域全面开展跨境电商保税备货模式进口。四是加强对更高层次开放型经济的新趋势、新形式、新业态的研究，争取更多试点试验。五是进一步加大对海关特殊监管区域发展的政策支持力度，在企业融资、综合服务、新业态扶持等方面制定更明确具体的支持措施，并明确政策具体落实部门。

### （四）创新思路方法，破解招商难题

一是积极推进海关特殊监管区域功能拓展。加强海关特殊监管区域与省内外重点区域的对接协作，鼓励发展“飞地经济”和异地共建园区，探索合作共建、产业共育和利益共享新模式。二是深入挖掘省内进出口企业资源。加大工作力度，对本地乃至全省有进出口业务的大型生产类企业展开研究与对接，争取它们把最适合放在海关特殊监管区域的流程落实到位。三是创新招商方式，把招商引资和积极培育区内新业态结合起来。在积极引进保税加工类企业的同时，争取在融资租赁、境内外检验检测和维修、保税展示展销等方面有所突破和发展。

### （五）加强交流引进，破解人才瓶颈

一是建议借鉴湖南省从中央金融单位引进高层次金融人才来湘挂职副市长、园区管委会副主任的成功做法，从商务部、海关总署、国家质检总局等中

央部委引进优秀人才到海关特殊监管区域所在市州挂职或任职。二是建议建立口岸、海关、检验检疫、国税等监管部门同海关特殊监管区域管委会双向挂职的干部交流机制。三是鼓励在海关特殊监管区域推行政府雇员制、年薪制，招揽海内外富有大型园区管理经验的外向型经营管理人才或团队，提升管理运行效能。

# 中共湖南省委、湖南省人民政府《关于加快推进洞庭湖生态经济区建设的实施意见》实施效果评估报告

湖南省人民政府发展研究中心评估组*

为加快洞庭湖生态经济区建设，根据《国务院关于洞庭湖生态经济区规划的批复》（国函〔2014〕46号）精神，湖南省委、省政府于2014年9月出台《关于加快推进洞庭湖生态经济区建设的实施意见》（湘发〔2014〕19号）（以下简称《意见》）。《洞庭湖生态经济区规划》（以下简称《规划》）实施期至2020年，目前时间过半。中国特色社会主义进入新时代，生态文明、绿色发展的重要性更加凸显，开展生态经济区建设情况评估有助于更好地推动下一阶段工作。根据省领导指示，近期我中心对湘发〔2014〕19号文件实施效果开展评估。现将评估情况汇报如下。

## 一　政策概况

国务院批复的《规划》明确了洞庭湖生态经济区建设的基本原则、战略定位、发展目标、重点领域。省委省政府《意见》是推动生态经济区建设的行动指南。因此，对《意见》实施效果开展评估的落脚点在于《规划》。《意见》落实《规划》要求，部署生态经济区建设的实施步骤、主要任务、政策措施和工作保障。主要任务涵盖生态建设、经济建设两大方面，包括推进生态文明建设，推进重大基础设施、现代产业体系建设，推进城乡一体化、社会民生事业发展等。《意见》的附件《洞庭湖生态经济区建设行动计划》进一步明确了生态经济区建设的部门责任分工及有关安排。

* 评估组组长：卞鹰；评估组副组长：唐宇文；评估组成员：蔡建河、屈莉萍、曾万涛、陈琨、周亚兰、刘海涛。

## 二　评估工作基本情况

我中心对做好洞庭湖生态经济区建设评估工作高度重视，成立评估研究小组，有序开展工作。一是部门调研并搜集材料。到发改委等部分省直部门调研座谈，广泛搜集发改、水利、环保、林业、农委、国土、住建、交通、卫生等相关部门关于洞庭湖生态经济区建设的材料，了解政策目标和实施现状，探讨存在的问题和对策。二是征集自评报告。对洞庭湖生态经济区三市一区（岳阳、益阳、常德及望城区）征集自评报告，了解各区域成效与问题，征集各地对进一步加快洞庭湖生态经济区建设工作的建议。三是实地调研。2017 年 10 ~ 11 月，评估组先后赴湖区三市就政策实施情况开展调研，召开市、县座谈会，与相关地区和单位深入交流，得到翔实的第一手材料。四是撰写评估报告并修改完善。

## 三　评估主要内容

湖南将洞庭湖生态经济区建设作为全省区域协调发展重大战略，坚持生态文明建设、经济转型升级协同推进，各方面工作取得显著成效，但存在的问题不容忽视。

### （一）政策实施概况

切实加强领导。2014 年 9 月，成立由省长任组长、常务副省长和分管副省长为副组长的领导小组，研究部署生态经济区建设重点工作。省发改委设立洞庭湖处，三市一区相应成立归口发改部门管理的洞庭湖办，承担生态经济区建设统筹综合、督查考核等方面的具体事务，其他省直相关部门也专门配备了工作力量。湖区县市基本成立了洞庭湖生态经济区建设领导小组，建立了县直有关部门和乡镇、街道之间的协商沟通机制。

完善规划政策体系。为落实《意见》提出的任务，2015 年全省编制印发生态经济区水利、环境保护、生态建设、旅游、工业、交通、城镇、商贸流通业、国土资源、现代农业等 10 个专项规划，三市一区制定了生态经济区建设实施方案，形成了“1 + 10 + 4”的规划实施体系。2016 年，湖南、湖北共同编制了《洞庭湖生态经济区水环境综合治理实施方案》，并上报国务院。

抓好工作推进落实。省直相关部门与湖区市县制定工作计划，以项目建设为抓手，切实推进生态建设和产业转型发展。2015 年确立并着手推进“十大标志性工程”，即环湖路建设、蓄滞洪区建设、河湖连通工程、生态廊道工程、高标准农田建设工程、千亿园区培育工程、安全饮水工程、铁路工程建设、血吸虫病综合防控工程、城陵矶新港区建设；2016 年着手推进“五大专项行动”，即沟渠塘坝清淤增蓄、畜禽养殖污染整治、河湖围网养殖清理、河湖沿岸垃圾清理及重点工业污染源排查。为促进各项工作的落实，全省制定《洞庭湖生态经济区建设考核评价暂行办法》，对省直相关部门和湖区市县重大工程建设进行年度考评。加大工作督查督促力度，对任务完成好的部门和市县通报表彰，有力促进了建设工作。

### （二）政策实施效果

2014 年以来，围绕“生态建设”与“经济发展”两大核心任务，全省包括三市一区共同努力，突出重点，真抓实干，积极探索洞庭湖区生态修复、经济转型提质的新型发展路子，生态经济区建设取得扎实成效。

1. 生态经济区各项指标推进总体顺利

《洞庭湖生态经济区建设规划》提出包括 18 项指标在内的发展目标，其中生态类指标 8 项、经济类 6 项、民生类 4 项。从实施情况看，3 年来规划主要指标基本实现“时间过半，任务过半”。14 项提前完成或达到中期进度要求，但氨氮排放量、万元地区生产总值用水量、高标准农田面积和“三品一标”农产品认证比例等 4 项指标完成情况有所滞后。

生态类指标。2 项提前达标，4 项进展良好，2 项完成情况不够理想。2016 年湖区森林覆盖率 41. 96%，化学需氧量排放总量减少到 46. 26 万吨，均提前实现 2020 年目标。湖区枯水期生态水域面积达 1500 平方公里左右，基本完成中期目标；水功能区水质达标率岳阳、益阳两市和望城区超过 2020 年目标，常德市接近 2020 年目标；城镇污水集中处理率岳阳超过 2020 年目标，其他区域均在 91% 以上；县城以上城镇生活垃圾无害化处理率三市一区全部完成 2020 年目标。氨氮排放量、万元地区生产总值用水量离中期目标尚有差距。

经济类指标。1 项进展快速，3 项基本完成中期目标，2 项不够理想。2016 年旅游业总收入达到 1227. 5 亿元，预计可超额完成 2020 年目标。城镇化率达到 51. 95%，粮食总产量达到 1353. 97 万吨，农作物耕种综合机械化水平为 70% 左右，均达中期目标。高标准农田面积 680 万亩左右，“三品一标”农产品认证比例为 20. 6%，均较大幅度低于中期目标。

民生类指标。全部指标均完成中期目标，2016 年湖区城镇居民人均可支配收入、农村居民人均纯收入分别为 27173.43 元、13781.7 元，2012～2016 年均增长率分别为 7.38%、13.02%，预计 2020 年两项指标可超额完成。2016 年农村自来水普及率达到 80% 以上，湖区居民血吸虫病感染率降至 0.21% 以下，两项指标均接近 2020 年目标。

2. 生态文明建设取得实实在在的进展

洞庭湖区生态环境的问题积重难返。以推进生态经济区建设为契机，省委省政府和湖区县市以前所未有的工作力度，突出推进生态治理项目建设和专项行动，取得明显成效。

有序推进河湖疏浚连通与水利工程建设。一是推动内湖整治和河湖连通，提高河湖调储能力。岳阳推进南湖—芭蕉湖连通、常德推进沅澧大圈河湖连通、益阳推进南茅运河航运工程等。通过综合整治，南湖蓄水容积增加 920 万立方米，常德柳叶湖蓄水容积增加 1100 万立方米，南茅运河恢复排灌调蓄、水源供应、交通运输、生态旅游的综合功能。二是推进防洪保安建设。基本完成安化等 9 个蓄滞垸堤防加固工程，全面实施钱粮湖等三大垸安全建设和分洪闸工程，完成堤防加固 320 公里、河道疏浚 17.35 公里。完善排涝抗旱体系，推进城市防洪圈、水库（水闸）除险加固、大型灌排泵站更新改造工程。已初步构筑以堤防为基础，防洪水库、蓄滞洪区、河道整治相配套的湖区综合防洪减灾体系。

大力推进水环境治理。湖南筹措 22.25 亿元，实施五大专项行动，已取得阶段性成效。例如，重点工业污染源排查方面，至 2017 年 1 月共排查入湖入河排污口 482 个；排查重点企业 1805 家，关闭造纸、炼油、电镀等十小企业 455 家；排查工业园区 39 个，22 个已建污水集中处理设施，还有 4 个在建。河湖沿岸垃圾清理方面，至 2016 年底清理河湖岸线约 3100 公里，清理陈年垃圾、无证堆场、收旧收废点积存垃圾 8.3 万吨。生活污染治理方面，县以上城镇生活垃圾无害化处理率达到 99.7%，建成乡镇污水处理设施 47 个，建成污水管网 650 公里。综合治理使洞庭湖水环境呈改善趋势。2016 年 10 个断面为Ⅳ类、1 个为Ⅴ类，较 2015 年 3 个断面Ⅳ类、8 个Ⅴ类进步明显。

加强生态保护修复。一是划定生态保护红线。将生态经济区划分为湖体保护区、控制开发区、集约开发区和生态涵养带四类，重点生态功能区、生态敏感区和生态脆弱区全部纳入生态红线保护范围。二是加大湿地保护力度。实施百湖湿地修复工程，岳阳、益阳、常德三市湿地保护率分别达 76.6%、81%、70%。目前已建成 3 处国际重要湿地、4 处自然保护区，并在洞庭湖周边建立了包括黄盖湖和华容集成2个省级自然保护区、22个国家湿地公园及湿地保护小区等在内的湿地保护网络。三是强化生物多样性保护。重点加强候鸟栖息场所，江豚、中华鲟以及珍稀鱼类重要产卵区、洄游通道与主要渔业水域的保护。2016年洞庭湖自然保护区范围内的候鸟保护站增加至24个。建立水产种质资源保护区10个，水野生动物自然保护区4个。

3. 经济发展呈现速度比较平稳、结构逐步优化态势

2014年以来，洞庭湖区经济发展总体态势与全省一致，2016年地区生产总值8122.79亿元，占全省GDP的比重从2014年的25.5%提高到26%。湖区化经济转型升级压力为动力，产业结构逐步调整，基础设施进一步改善，城乡建设得到加强。

现代农业发展加快。一是加快旱涝保收高标准基本农田建设。2015年全面启动五大100万亩农田示范片区工程建设，2016年高标准农田已达680万亩。建成高档优质稻标准化生产基地47.4万亩。二是加快农业特色产业园建设。实施三个“百千万”工程，建设现代农业特色产业园省级示范园75个。大力发展现代养殖业，2014~2016年建成国家级畜禽规模养殖场15个、省级53个，无公害水产品标准化养殖示范小区22.88万亩。资阳区和汉寿县成功创建农业部渔业健康养殖示范县。三是推进现代农业综合配套改革试点。建设了一批商品粮基地核心区、高效生态农业先行区。益阳市及常德西湖西洞庭、桃源县获批国家现代农业示范区，益阳市南县被批准为全国三个涉农资金整合优化试点县之一。

工业结构调整稳步推进。开展千亿园区培育工程，2017年可建成望城经开区、益阳高新区、岳阳绿色化工产业园3个千亿园区。省级以上工业园区发展迅速，工业企业向园区集聚程度增高，2016年常德、岳阳园区工业增加值占规模工业比重分别达87.2%和67%。湖区先进装备制造、新材料、生物、新能源等新兴产业发展加快，两型产业比重有所提升。2016年岳阳高新技术产业增加值占GDP的比重为19.7%，高于2013年3个百分点；益阳高新技术产业增加值254.6亿元，常德达到270亿元。规模工业万元增加值能耗稳步下降，二氧化硫、化学需氧量等基本完成减排目标。汨罗循环经济产业园区、望城经济开发区铜官循环经济工业基地等循环经济试点与示范积极推进。

服务业实力显著增强。文化旅游业发展快速，2016年湖区旅游总收入1227.5亿元，接待境内外游客15343.87万人次，相比2013年分别增长87.05%和42.95%。打造“天下洞庭”整体旅游品牌，开发建设洞庭水上游、环湖游、湘楚文化游、世外桃源游等精品旅游线路，环湖生态文化旅游圈基本形成。平江

县、湘阴县等6个县区列入国家全域旅游示范区创建名单。现代物流业发展势头良好，重点建设城陵矶港、常德港、常德综合物流园等物流产业基地，岳阳市于2016年入选全国20个现代物流创新发展试点城市。加强口岸建设，组建湖南城陵矶国际港务集团有限公司，整合岳阳、长沙以及省内其他港口资源，实现统一经营、联动发展。电子商务快速发展。汨罗、平江等6个县市获批国家电子商务进农村示范县，建成岳阳电子商务产业园、益阳中南电子商务产业园等2个国际级电子商务示范基地。

基础设施进一步加强。环湖公路列入生态经济区重大标志性工程，已建成100多公里。石长铁路复线改造完成，长益常高铁开工建设。常德桃花源机场完成新一轮改扩建并投入使用。湘江长沙综合枢纽工程和湘江株洲至城陵矶2000吨级航道建成投产，新增2000吨级航道281公里，新增1000吨级及以上泊位10个。依托省电子政务外网和统一政务云平台，加快建设“数字洞庭”服务云平台。建成岳阳、常德、益阳3市城市空间格局变化监测以及岳阳市公共服务空间格局地理国情监测等2个国家级监测项目，为环境保护、防灾救灾等提供重要支撑。

城乡建设不断提质。湖乡特色城镇体系初步形成，岳阳市获评全国文明城市、全国宜居城市，常德市获评国家森林城市和全国绿化模范城市，益阳市成功创建国家森林城市、国家卫生城市，望城区成功获批全省首个省级生态区。津澧新城纳入国家新型城镇化和中小城市综合改革试点。建成营田、靖港等15个特色生态城镇，建设岳阳洞庭新城、常德北部新城、益阳东部新城、大通湖区城乡统筹发展示范区。常德海绵城市建设获得广泛好评。积极推进美丽乡村建设，各市争创省级美丽乡村建设示范村，如岳阳、常德分别有18、14个乡村入选。

### （三）政策实施过程中的问题与困难

#### 1. 政策缺乏实施细则

一是《意见》落实难度大。文件提出土地、财政、投资、金融、产业、环境等6大政策措施，但政策缺乏操作性实施细则。例如，财政政策指出要“适当增加省预算内重大项目前期经费，切块支持洞庭湖生态经济区建设重大项目开发储备、前期论证及申报工作”，但如何增加、怎样操作等都不明确，地方反映得不到落实。二是《规划》约束刚性不强。落实《规划》的一些项目在各地成本与经济社会效益不尽一致，由于缺乏配套的实施细则进行控制，各地在落实程度上存在差别。例如，沟渠清淤主要是解决重点地区8个县市区的疏浚问题，非重点地区县市区有观望和等靠心理。

2. 政策执行机制有待进一步完善

一是统筹工作机制欠缺。市县及部门之间统筹协调有待加强。《意见》执行涉及17个部门，各单位工作上尚未形成一个有机整体，之间存在数据使用口径不一、信息不能共享、项目不能同推、资金难以整合高效使用等问题。此外，洞庭湖生态经济区建设涉及长江流域水资源的调配，辖区跨湘鄂两省，需要国家科学协调江湖关系，两省之间也要建立高层协调与常态化交流机制，但目前相关机制欠缺。二是长效管护机制有待健全。很多地方河湖沿岸垃圾清理、河坝清淤等工程初见成效，但治理成果要长期巩固，还缺少长效维护机制。又如，湖区血吸虫防治有阶段性成果，但由于基层血防设施简陋、人员经费缺乏，效果要维持不容乐观。

3. 生态环境治理整体效果远未达标

一是产业污染问题仍然突出。农业方面，养殖粪污处理率低，畜禽规模养殖场污染防治设施配套率仅56.9%。天然水域水产养殖仍有投饵投肥，种植业化肥、农药施用强度高，农业面源污染成为湖区主要污染来源。工业方面，仍有15个省级以上园区未按要求建成污水集中处理设施和自动在线监控装置。湖区有工业排污口近600个，涉及800多家企业。化工、造纸、印染等重点行业25家工业企业还未完成清洁化改造。二是城乡环境治理任务艰巨。黑臭水体普遍，湖区三市建成区有39处较大的黑臭水体，区县有200余处黑臭水体。生活污染长期持续，湖区城镇每年生活污水排放量达5亿吨，区内有33处生活污水直排口。农村非正规垃圾堆放点多达310处289万立方米，30座垃圾填埋场滤液下渗。三是损害生态环境行为尚未禁绝。城乡非法采砂与洲滩湿地侵占问题突出，湖区采砂年产能超过5亿吨，远远超出许可开采量，严重侵蚀湿地洲滩。部分重点片区污染仍然严重，如大通湖、珊珀湖、冲天湖—柳叶湖—马家吉（月）河片区，2016年水质状况为劣V类；东风湖—吉家湖、安乐湖、华容河片区水质状况为V类。

4. 产业结构调整未达政策预期

洞庭湖区产业结构层次仍然较低。农业方面，基础设施依然薄弱，相当一部分水利设施年久失修。高产农田占比低，如益阳市不到耕地的30%。现代农业服务体系建设滞后，绿色产业基础薄弱，发展面临资金、技术、人才等诸多制约。工业方面，传统重化工业比重偏高，如岳阳2016年六大高能耗行业增加值占规模工业35%以上，能耗量占规模工业的78.3%；新兴产业增加值占比不到24%。湖区各地企业创新能力不足，产业技术升级较慢，缺乏带动力强的大型优势企业、产业集群。服务业方面，批零贸易、住宿餐饮、交通运输等传统服务业仍居主导地位，仓储物流、文化创意、电子商务、金融保险、旅游休闲等现代服务业比重依然不高，发展层次有待提升。

5. 资金投入不足严重阻碍政策实施

洞庭湖生态经济建设是国家重要战略，大战略需要大投入。一方面，生态环境保护和治理资金需求巨大。如围绕水环境根本治理，生态经济区规划实施17类重点工程和5大专项行动，共790个重点项目，湖南需要投资约2700亿元；另一方面，湖区经济结构调整、生态经济发展需要巨额投资。但目前各方面资金投入远不能满足需求，成为制约生态经济区建设的瓶颈。一是各级政府投入总体规模非常有限。从国家投入看，中央财政连续四年每年安排了6亿元转移支付资金，湖区近年还累计争取到国家重点流域水污染防治专项建设基金27.6亿元；从省级投入看，省财政已筹措22.25亿元支持5大专项行动，但尚未设立专门的洞庭湖专项，省发改委每年安排8000万元预算内洞庭湖专项资金；从县市投入看，各地近年积极加大配套资金投入，但洞庭湖区市县本身财力不强，有的还是国家级贫困县，总体投入能力不足。二是市场融资受多重因素制约。当前通过政策性银行、各类开发性基金以及其他市场化渠道融资机制仍不完善，尤其是很多生态项目具有公益性和外部性，难以通过招商引资或吸引社会投资增加投入。

## 四　评估结论

综上所述，自2014年实施《规划》、贯彻《意见》以来，围绕“生态建设”与“经济发展”两大核心任务，省委省政府和湖区市县高度重视，真抓实干，生态经济区建设取得显著成效。规划指标基本实现“时间过半，完成任务过半”，生态文明建设取得扎实进展，经济平稳较快增长，为下一步工作打下了良好基础。然而政策的完备性、可操作性还有待提高，需尽快修改完善。要根据十九大精神，按照中央环保督察反馈问题、三年行动计划确定的各项任务、洞庭湖生态环境专项整治推进大会梳理的问题等要求，设定洞庭湖生态经济区建设更合理更明确的预期目标，按年度分解到部门、到市县、到单位，加强政策约束性，增大考核力度，确保政策更有效地落实。

## 五　对策建议

### （一）强化新的发展理念，调整政策导向

一是努力探索洞庭湖区发展新战略。《规划》、《意见》成文于2014年，而在生态优先、绿色发展条件下，促进生态文明、经济发展、人民生活协同提升，是全新的大课题。贯彻十九大发展新理念，湖区市县发展战略目标需要调整优化，思路对策需要创新突破。要深入研究探索，立足湖区综合优势并增创新优势，对《规划》进行调整，开创大湖区域创新、绿色、协调、可持续发展新模式。二是调整政绩考核方式。生态建设和环境治理任务空前突出的条件下，对湖区考核应突出生态指标，在一定程度上淡化经济指标。要探索建立绿色国民经济核算考评机制，完善生态保护和环境治理考核指标体系，落实生态环境保护"一票否决"制度。三是合理调整《规划》指标。例如，根据环保新政策要求，化学需氧量排放总量、氨氮排放量等成为约束性指标，湖区应按照省定目标调整之以便控制；因产业结构调整，高标准农田面积、"三品一标"农产品认证比例等可能难以完成原定目标，应考虑调整预期目标。

### （二）深化体制机制创新，完善政策执行机制

一是创新统筹协调机制。流域层面，建立省部际联席会议制度。洞庭湖综合治理涉及多个部委、湘鄂两省、上下游地区，建议由国务院领导作为召集人，建立省部联席会议制度，定期召开专题会议，重点协调解决洞庭湖跨流域、跨部门、跨省的重大问题。区域层面，三市一区及荆州市应建立行政首长联席会议制度，推动工作交流、治理战略对接，协调解决跨区域、跨流域的重点难点问题。二是建立生态建设常态化联合工作机制。落实"河长制"、河流断面交接制，明确责任，加强督查。建立江河上下游联防联控机制，协调解决跨地区、跨流域重大环境问题。积极开展联合执法，共同应对环境突发事件。建立环境监测与信息交流机制，加强流域、区域内环境监测的合作。

### （三）抓好生态环境治理，建立长效工作机制

一是妥善处理生态治理中的矛盾。生态环境整治涉及多重利益关系调整。要积极做好各方面思想工作，认真回应和处理群众合理利益诉求。如针对围网拆

除、畜禽退养、退耕还湖等与群众存在利益冲突的事项，要深入现场了解群众心声，依法合情合理制定和落实补偿措施，妥善解决纠纷，保持社会稳定。二是建立长效机制巩固治理成果。对于血吸虫防治、河湖疏浚、垃圾清理等需要长期动态管理的项目，要着眼于建立常态化长效工作机制，维护治理成果。血防工作事关千万群众，需要加大财政资金投入，加强基层人员队伍建设和装备改善，确保工作做实做细。

### （四）加快产业结构调整，推动绿色发展

一是大力发展现代农业。从“向规模要效益”转变为“向质量要效益”，根据湖区生态承载能力，控制种植、养殖业规模，但通过绿色、有机生产方式和优良品种，大幅度提高产品品质与安全性，实现优质优价，力争“减量增效”。要创造以无公害、绿色、有机产品为支撑的种养业区域品牌“洞庭湖牌”。二是加快推进新型工业化，传统产业加快淘汰落后过剩产能，实行清洁生产技术改造，实现环保达标。加快发展“两型化”先进制造、新材料、新能源、生物医药、节能环保、农副产品精深加工等产业，打造一批大型优势企业、产业集群，支持一批管理先进、特色鲜明、产业集约发展的生态环保型产业园区做大做强。三是突出优势发展现代服务业。进一步壮大现代物流业，加快粮食物流、黑茶物流、商贸物流、农产品冷链物流等项目建设。加快推进城陵矶港区建设，打造长江中游区域性航运物流中心。打造“人文生态洞庭”系列旅游精品，依托历史、人文、生态、环境知名旅游资源，升级做强洞庭湖生态文化休闲旅游圈。推动一二三产业融合发展，探索湖区农渔业嘉年华、茶文化旅游节、“互联网＋大湖特色产业”等农村产业融合新业态。

### （五）加大资金投入力度，确保政策实施成效

一是积极争取国家资金支持。鉴于洞庭湖作为长江流域径流量最大湖泊的重要地位，争取国家将洞庭湖作为长江流域水环境建设重点区域，三峡工程后期扶持资金、重点流域治理资金等向洞庭湖区倾斜。因长江、洞庭湖关系变化实施的水资源调配工程，维系长江中下游流域生态安全项目，长江重要堤防、蓄滞洪区安全建设等项目，争取使其进入国家项目笼子。建议省里通过国家发改委等渠道向中央财政申报洞庭湖专项，争取中央比照太湖流域治理支持设立综合治理专项引导资金。二是加大省级财政专项投入。建议比照大湘南、大湘西等区域板块，省级财政设立洞庭湖专项，主要用于标志性工程建设和重大项目前期工

作、市县区项目建设的奖补，研究设立支持洞庭湖生态经济区建设的湖南省绿色 PPP 基金，发挥财政资金的杠杆作用和增信效应，吸引各类金融机构参与绿色 PPP 项目建设。三是建立和完善多元化融资机制。争取国开行、农发行等各类政策性银行，以及各类开发性基金加大对湖区项目建设的支持力度。搭建银企合作平台，鼓励各类金融机构加大信贷支持力度，加强招商引资，推动湖区产业结构调整优化。

# 中共湖南省委、湖南省人民政府《关于促进创新创业带动就业工作的实施意见》实施效果评估报告*

湖南省人民政府发展研究中心评估组**

为建立健全创新创业新机制，调动全社会力量，进一步扩大就业，中共湖南省委湖南省人民政府于2015年4月27日出台了《关于促进创新创业带动就业工作的实施意见》（湘发〔2015〕7号）（以下简称《意见》）。根据省领导指示和《湖南省人民政府重大决策实施效果评估办法》（湘政办发〔2017〕45号），最近我中心开展了《意见》实施效果评估工作。现将评估情况汇报如下。

## 一　政策概况

《意见》针对培育新的经济和就业增长点，促进创新创业带动就业工作，从实施引领计划，专家指导服务，信息化建设，资金、金融、税收支持以及强化落实责任等方面提出四个层次的意见（见表1）。

## 二　评估工作基本情况

2017年10～11月，我中心成立专题评估小组，综合采用自查、问卷调查、座谈等方法，对《意见》在湖南实施情况进行了认真细致的调研和评估：一是要求省人社厅和14个市州就《意见》的实施情况提交自查报告。二是前往长沙、

* 本报告获得湖南省委常委、常务副省长陈向群的肯定性批示。

** 评估组组长：卞鹰；评估组副组长：唐宇文；评估组成员：唐文玉、王颖、王灵芝；执笔：王颖。

表 1　促进创新创业带动就业工作的四大实施意见

| 实施项目 | 实施创新创业引领计划和创业带动就业促进计划 | 开展创新创业专家指导服务行动和创业就业信息化建设行动 | 加大对创业带动就业工作的扶持力度 | 强化创新创业带动就业工作责任 |
|---|---|---|---|---|
| 具体内容 | 1. 从 2015 年开始，5 年内新增创业主体 150 万个以上，通过鼓励创业带动 250 万以上城乡劳动力就业<br>2. 引领大众创新创业<br>3. 降低创新创业门槛<br>4. 提高创新创业能力<br>5. 加强创新创业项目对接<br>6. 促进困难群体创业就业 | 1. 开展创新创业专家指导服务行动<br>2. 开展创业就业信息化建设行动 | 1. 安排落实创新创业带动就业扶持资金<br>2. 鼓励民间资本加大对创新创业带动就业的投入<br>3. 加大金融服务力量，加大小额担保贷款支持力度<br>4. 全面落实税收优惠政策<br>5. 加大行政事业性收费减免和服务型收费优惠力度<br>6. 加强创业载体建设 | 1. 强化推动经济发展和扩大就业的联动责任<br>2. 落实阶段性创业就业工作的目标管理责任<br>3. 着力优化创新创业带动就业工作法治环境 |

株洲及常德进行实地调研和座谈。在长沙、常德两地分别组织人社、发改、财政、经贸、科技及企业、创业代表召开座谈会；选取长沙和株洲两个国家高新技术产业开发区进行实地考察，召集园区相关部门和创新创业企业代表开展座谈，重点了解《意见》落实的具体情况。三是在省政府门户网站上发布中共湖南省委湖南省人民政府《关于促进创新创业带动就业工作的实施意见》实施效果调查问卷，了解相关群体对落实情况的看法。

## 三　评估主要内容

### （一）政策实施概况

1. 实施创新创业引领计划和创业带动就业促进计划情况

2015 年以来，湖南省实现城镇新增就业 361. 54 万人、失业人员再就业 151. 15 万人，就业困难人员就业 54. 3 万人，新增市场主体 135. 04 万个，创新创业带动城乡就业人数约 200 万人，各项指标均超额完成了省委省政府下达的年度目标任务（见表 2）。

**表 2　实施创新创业引领计划和创业带动就业促进计划落实情况**

| 时间 | 新增市场主体户数(工商部门公布) | 带动城乡就业人数 |
|---|---|---|
| 2015 年 | 46.77 万户 | 85.11 万人 |
| 2016 年 | 56.5 万户 | 77.24 万人 |
| 2017 年 6 月底 | 31.77 万户 | 39.44 万人 |

数据来源：湖南省工商局、省人社厅。

在重点群体创新创业方面，三年来湖南省实施创业培训 25.99 万人，对培育创业主体有较大推动作用；发放创业担保贷款 73.47 亿元，直接扶持近 7.38 万人创业。一是引导高校毕业生创新创业。持续实施社会保险费率过渡试点、社会保险补贴、校园招聘活动补助、创业孵化服务等促进青年就业创业组合政策，有效确保高校毕业生就业率逐年提高，2015 年以来全省为 6.89 万高校毕业生实施创业培训。二是结合精准扶贫推动农村劳动力创业。引导返乡农民工创业，在全省 51 个贫困县市区实施贫困地区劳动力素质提升培训计划。目前全省农民工创业者 42.09 万人，创办经济实体 27 万余个，带动就业人数约 112 万人。三是统筹做好留学归国人员、军队退役人员、去产能企业分流安置人员等重点群体创业扶持。

2. 开展创新创业专家指导服务行动情况

一是规范创业培训师资队伍建设。从 2016 年起加强全省创业培训师资规范管理，共评选 1714 名创业培训讲师。建立了湖南省大学生创新创业导师库，为普通高校培训持证创业培训导师 600 余名。二是完善创业培训体系。出台《湖南省创业培训管理办法》，提高创业培训补贴标准，加强创业培训管理，提升创业培训实战性和针对性，推动实施网络创业培训课程技术体系，目前全省认定 227 家创业培训定点机构。三是加强创业服务专家咨询团和创业培训讲师团建设。从各市州选择了一批具备企业管理专业背景和创业创新实践经验的专家和创业培训师资库专家，组成省级创业服务专家咨询团和创业培训讲师团，同时指导市州同步建立各级“两团”队伍。

3. 创业就业信息化建设情况

为加快推动全省公共就业服务信息化建设，省人社厅下发了《关于加快全省公共就业服务信息平台建设的通知》（湘人社函〔2015〕140 号）。公共就业服务信息平台整合了就业与失业管理、职业培训、职业介绍、技能鉴定等八项业务，共有离校未就业高校毕业生实名制登记管理、就业失业登记证管理、就业困难人员认定等 19 个子系统，并推出“e 就业”互联网移动终端信息服务平台，初步构建了覆盖省、市（州）、县（区）、乡镇（街道）、社区的五级平台。

4. 创业带动就业工作情况

一是压实工作责任。2015 年以来，将创新创业带动城乡就业纳入绩效评估范畴；按季开展就业形势研判调度，利用省就业和农民工工作领导小组平台积极开展议事协调。二是加大政策扶持力度。进一步完善积极就业创业政策体系，细化对创新创业的全方位扶持；对接国家“大众创业、万众创新”战略，省发改、人社、经信、科技等联合就加快众创空间发展、实施创新驱动发展战略、湘江新区国家双创示范基地建设等举措加以协同推进。三是强化资金支持力度。制定《湖南省创新创业带动就业扶持资金管理暂行办法》（湘财社〔2015〕35 号），省财政每年不少于 2 亿元专项用于推进创业带动就业工作，2015 年以来共投入 6.08 亿元，用于鼓励全省开展创新创业专家服务团和创新创业项目库建设。人社、财政部门从就业专项资金中支持共青团、妇联等社会团体推动青年创业活动，每年补充湖南青年创业就业基金 1000 万元，安排省妇联 200 万元专项资金专门用于妇女创业就业培训引导。2015 年，省人社、财政部门与株洲市合作，支持湖南省青年创新创业引导基金试点 2000 万元，从基金管理架构、募集计划、风险防范等方面进行尝试探索。四是优化创业贷款。涵盖了所有城乡创业者，带动就业效果明显。近年来，平均每年成功扶持的创业人数达 3.9 万人。五是加强载体建设。2015 年以来，湖南省共选拔湖南省创新创业带动就业优质初创企业 199 家，自主创业个体工商户 200 家，创业带动就业示范基地 50 家，“省级创业孵化基地”83 家，创新创业带动就业示范县市区 10 个、示范街道乡镇 50 个、示范社区村 100 个，使示范典型和孵化载体实现点面各类型、横纵全覆盖。

### （二）政策实施效果

2015 年以来，湖南以湘发〔2015〕7 号为总纲领，直面经济转型发展和结构深度调整的复杂局面，抓住当前工作的关键环节和核心因素，取得良好的施政效果。主要表现在以下几个方面。

1. 控制失业率，提高居民收入，促进社会稳定和发展

2015 年以来，湖南省城镇登记失业率维持约 4.2% 的低位运行态势。到 2017 年 6 月，求人倍率在 1.09 ~ -1.23 区间，保持了岗位需求大于求职需求的态势。重点群体就业稳中有升，2016 年底就业率达 99.6%。农村劳动力转移就业率稳定上升，2017 年 6 月底全省外出务工农民工 1529.32 万人，较 2015 年底增加 26.82 万人，已完成贫困人口转移就业 68.19 万人。同时，《意

见》的实施，使更多人员通过创业创新增加了收入，从而促进社会公平、社会发展和稳定。

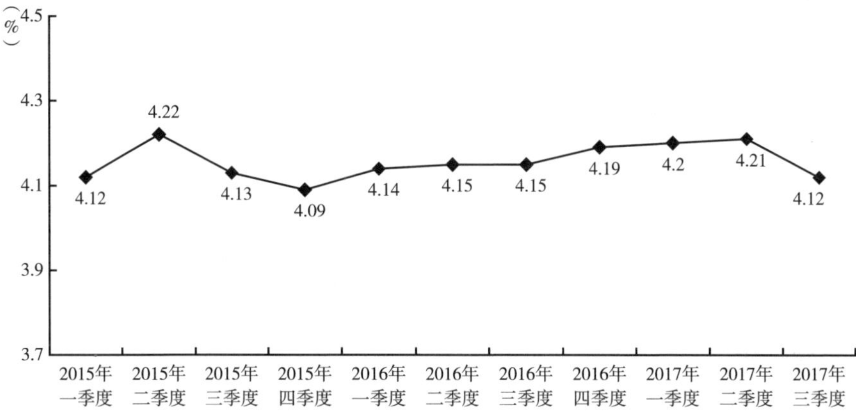


**图1　2015～2017年度全省城镇登记失业率变化情况**

数据来源：湖南省统计局网站。

2. 培养新的经济增长点，发展新的消费模式，提高供给与需求契合度

双创蓬勃兴起，催生了众多市场新力量，促进了观念更新、制度创新和生产经营管理方式变革，成为推动新旧动能转换、结构转型升级的重要力量。通过创新创业提升已有产品质量，促进供给模式与需求模式的契合，带动更多的人开办新企业，开发新产品，开拓新市场，不断满足个性化、差别化、多样化和高端化的消费需求，从而促进了消费，拉动经济增长。

3. 着力发展了民营经济，促进了市场竞争，增强发展动力

《意见》的贯彻落实，激发了广大群众的智慧和创造力，调动了人才积极性、主动性和创造性，充分释放了全社会创新潜力和创业活力，使创新发展成为全社会的自觉行动，催生大批民营小微企业，促进了市场的有效竞争，增强了市场活力和发展动力。

## （三）政策实施中存在的主要问题及原因

1. 政策环境有待完善

一是政出多门且部门间协调不足。各相关部门职责、职能相互交叉重合，制定的政策零散，未能形成政策洼地，政府的引导和政策激励作用难以发挥出来，尤其是各级各部门服务资源和扶持资金缺乏集约化管理和统一调配，政策实施效

益难以提升。二是部分政策缺乏具体操作细则或面临调整。如关于党政机关、事业单位的创业相关政策缺乏具体的操作细则，无法具体落实；因公益性岗位军退人员占比过大，退出操作难度较大；在涉及户籍人员享受就业政策方面，湖南省部分就业扶持政策只有城镇户籍人员才能享受，户籍制度改革后，就业扶持政策面临调整。三是政策宣传渠道和方式需进一步拓展和完善。全社会关注支持创业的总体氛围不够浓厚，创业者对各部门的创新创业扶持政策不熟悉，不清楚扶持具体实施细则，创业政策宣传渠道还有待拓展。四是信息化服务手段亟须完善。涉及创新创业职能部门信息互通不充分，未建立全省互联互通的创业就业信息服务平台，涉及创新创业的资金、项目、科技支撑、专家服务等核心要素信息无法实现充分对接。

2. 投融资力度不足

一是门槛高，创业担保贷款发放总体规模突破难。尤其是在创业者申请创业担保贷款方面，要求除首套房贷、车贷、助学贷款、扶贫贷款外，家庭成员均无贷款记录，而均存在贷款记录，使大量小微企业创业者面临“玻璃门”政策。二是政策资金投入不足。落实创新创业扶持政策，如创业孵化基地建设、创业服务、给予创业担保贷款贴息等各项政策的落实，需要大量资金的支持。但目前有些市州就业扶持资金过多地倾向于社会保险补贴和公益性岗位补贴等保障性支出，用在创新创业扶持上的资金十分有限。三是创业融资渠道不广。政府政策性资金有限，对民间资本的撬动力和引导性不足。创业担保贷款涉及的4项资金，按现行政策均不能从就业补助资金中列支，使创业担保贷款资金难以得到充足保证。虽然出台了各种扶持政策，但仍不能满足创新创业企业对天使投资、投融资、并购基金等投融资服务的需求。

3. 服务体系有待进一步健全

一是创业培训服务、创业指导服务无法满足经济转型过程中各类新兴业态、新兴领域、新兴模式的创业需要。创业就业培训课程内容设置难以适应当前社会实际需求，培训先交钱后报销的付费模式导致课程停摆，培训师资力量欠缺，培训补贴标准过低。二是创新创业就业服务体系尚未形成。各园区仍缺乏专业化的中介服务机构，不具备整合孵化资源的能力，创新创业就业的公共服务体系尚未形成。三是对于创业失败对象的相关保障和转型自立的帮扶措施有限。

4. 区域间创新创业带动就业的能力相差较大

长株潭三市创新创业带动就业的能力较强，具体表现在：一是长沙因经济、资源等优势，可选项目较其他地市多，资金储备多，带动就业能力明显较

强。二是长株潭三市高校、科研院所等资源集中，尤其是“985”“211”等重点高校，高端科研技术较多，产学研协同体系初步形成规模，成果转化水平明显高于其他区域。三是高层次创业主体集中在长株潭三市，尤其是在长沙出台21条人才政策的引导下，长沙人才集聚效应突出，对带动就业起到了巨大的推动作用。

## （四）评价与反映

通过在湖南省人民政府门户网站发布《意见》实施群众满意度调查问卷，共回收有效问卷379份，问卷从被调查者基本情况和政策制定、执行、效果等四个维度涉及27个问题，调查结果在一定程度上能够反映不同群体对于湖南省促进创新创业带动就业工作的看法。

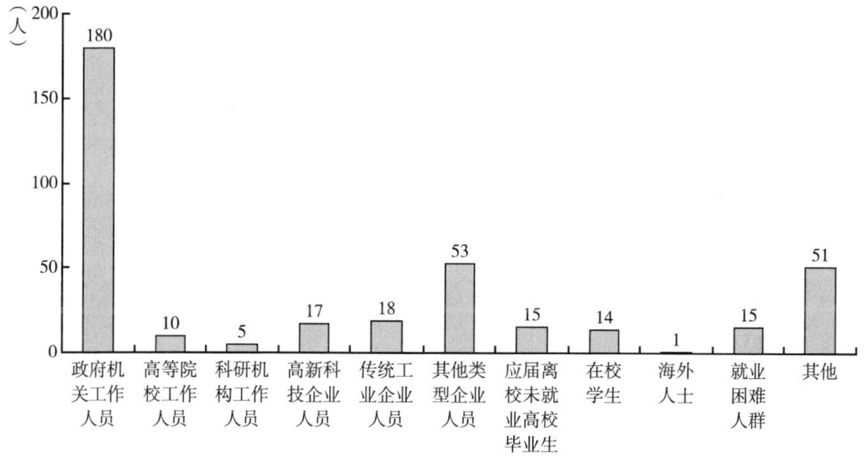


**图2　被调查对象身份情况**

数据来源：评估组网上调查。

——对《意见》贯彻落实总体评价较高，认为其对促进湖南创新创业带动就业工作作用大。数据显示，56.61%的被调查者认为《意见》落实效果很好，34.92%的被调查者认为比较好，总体满意度较高（见图3）。近90%的被调查者认为《意见》的实施对促进湖南创新创业带动就业工作有积极作用。

——被调查者认为，《意见》各具体条款中，“实施创新创业引领计划和创业带动就业促进计划”效果最好。在四大举措中，47.86%的被调查者认为“实施创新创业引领计划和创业带动就业促进计划”效果最好，其次是“加大对创

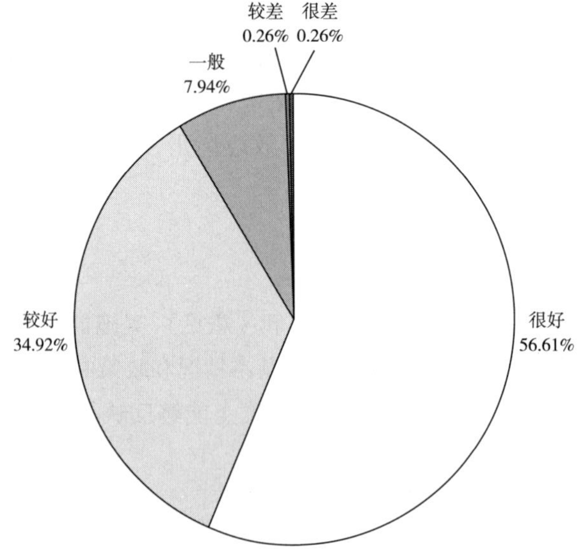


**图 3　对《意见》落实情况的评价**

数据来源：评估组网上调查。

业带动就业工作的扶持力度”“开展创新创业专家指导服务行动和创业就业信息化建设行动”两项，占比分别为 29.14%、19.79%。

——被调查者认为，应届离校未就业高校毕业生、高新科技企业人员及就业困难等群体受益面最大。在对实施效果群体受益的多项选择调查中，15.26% 的被调查者认为对“应届离校未就业高校毕业生”的实施效果最好。其次是“高新科技企业人员”“就业困难人群”“其他类型企业人员”，分别占 12.87%、11.06%、11.06%。认为对“科研机构工作人员”“传统工业企业人员”“高等院校工作人员”实施效果好的占比为 9.83%、9.69% 和 9.62%（见图 4）。

——被调查者认为，湖南创新创业带动就业政策仍存在改进空间。21.69% 的被调查者认为《意见》基本有效，应改进后继续施行；73.1% 的被调查者认为还需增补具体实施措施或政策意见。关于未充分享受政策益处的原因，45.95% 的被调查者认为《意见》力度过小，对企业吸引力不大；22.97% 的认为申请手续繁杂，享受政策成本过高；9.19% 认为有关职能部门拒绝执行或拖延推诿；8.65% 认为在宣传力度上欠缺。可见，湖南创新创业带动就业意见仍有待继续完善。

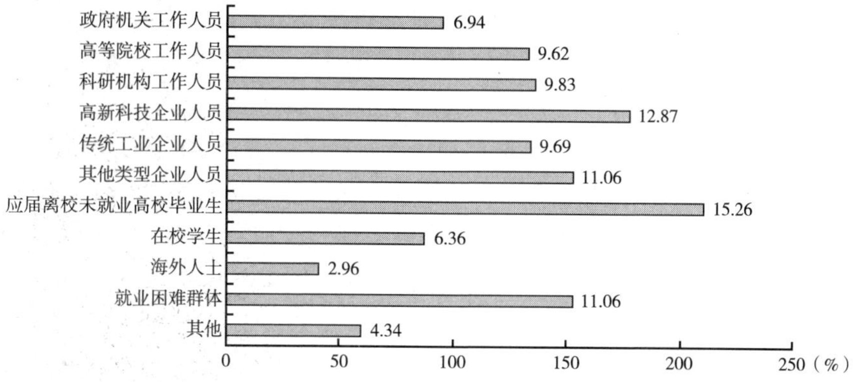


**图4 创新创业带动就业实施效果群体对比（多项选择）**

数据来源：评估组网上调查。

## 四 评估结论

中共湖南省委、湖南省人民政府《关于促进创新创业带动就业工作的实施意见》（湘发〔2015〕7号）在一定程度上推动了湖南省就业工作，在控制失业率、提高居民收入、培养新的经济增长点、增强发展动力等方面取得了较好的经济社会成效。但在实施过程中，还存在着政策环境欠完善、投融资力度不足、服务体系不健全、区域间创新创业带动就业能力相差较大等问题。建议统筹协调，进一步优化政策实施环境，加强载体建设，开展创业融资渠道探索，建立健全就业创业服务体系，推进公共就业服务信息化建设和应用工作，形成创新创业带动就业长效机制。

## 五 进一步促进创新创业带动就业工作的建议

### （一）完善协同机制，充分发挥政策聚合效应

一是统筹协调。建议各市州创新创业指导服务机构协调整合各部门的创新创业政策，整体提供政策咨询、指导等服务。厘清各类“双创”政策文件执行主体，尽量让各项关联政策和资金能够“集中打捆”使用，发挥政策的聚合效应。根据各地产业发展基础，以政策、项目引导各区域集聚同类资源，并主动承接江浙等地创新创业溢出资源，实现创新创业的差异化战略，提高就业带动效应。二

是进一步简政放权、优化服务。参照沿海发达省市创新创业政策，增强制度供给，提升完善创新创业政策体系，包括产业、财税、金融、社保政策等；降低政策准入门槛，减少附加条款，加大政策扶持力度，激励措施完善，完善相关法律法规，营造均等普惠环境。三是梳理细化优惠政策。针对多而杂的状况，相关部门应认真梳理细化相关政策，建立优惠政策库，汇编成册，公开发放。同时，开展全方位、立体化的宣传，如推出专项二维码公众号、创新创业就业App、微信服务群等，及时更新政策条款，指导大众充分利用政策创新、创业。四是进一步加强政策对接。《实施意见》应与省委、省政府的发展战略、重大决策有机结合，如对接《湖南省贯彻〈中国制造2025〉建设制造强省五年行动计划（2016~2020年）》《湖南工业新兴优势产业链行动计划》等重要文件精神，对围绕“制造强省”12大重点产业、20个新兴优势产业链发展的创业项目，优先给予扶持、重点培育。五是充分发挥先行先试区域作用，探索创新创业带动就业工作的容错机制。

### （二）继续加强创新创业载体建设，激发发展活力

一是大力强化孵化育成体系建设，加快创新创业成果转化。以构建众创空间、孵化器等创业服务平台为载体，有效整合资源，完善服务模式，营造良好的创新创业生态环境，激发创新创业者的活力。促进创新与创业并进，提升孵化能力。进一步深化产学研合作，继续引导和推动创业孵化与科研院所相结合，不断完善技术支撑服务，开发新产品，开拓新市场，培育新产业，加快创新创业成果转化。二是打造特色“双创”平台，提升大平台引领能力。积极打造特色“双创”平台，充分发挥产业园区创新驱动的“龙头”作用，打造创新发展的“绿色引擎”。发挥大平台引领作用，积极打造具有地域特色的创新创业平台，构建大众创业、万众创新的大格局。

### （三）进一步健全完善就业创业服务体系，优化服务环境

一是继续提升培训服务质量。进一步完善职业培训补贴政策，提高补贴标准，扩大补贴范围，简化审批流程。要以创业项目带动为依托，不断完善创业实训和全程服务的新模式，建立创业培训与创业政策支持、小额担保贷款、创业咨询、创业孵化等相结合的工作体系。强化品牌建设，大力开展订单、定向、定岗式培训和特色品牌、精品专业培训。拓宽定点机构范畴或建立灵活补贴机制，出台政府购买创业培训服务和后续服务的具体办法。二是优化创新创业指导服务体

系。进一步探索政府购买公共就业创业成果形式，丰富创新创业指导及孵化服务，建议建立政府购买公共服务清单，将相关创新创业服务内容列入清单，提高对创新创业主体的融资、人力资源等服务的水平，完善创业辅导等配套服务，加快发展财务咨询、市场营销、现代物流等第三方专业化服务。加强创业培训师资库、创业指导专家库、创业项目资源库“三库”建设。三是不断完善创新人才服务机制。加大创新创业团队和科技领军人才的引进力度，加快人才奖励和资助相关政策的具体落实，引导和鼓励回国创业高端人才和境外高端人才来湘创办高科技企业。引导和鼓励成功创业者、知名企业家、天使和创业投资人、专家学者等担任兼职创业导师，全面细化、落实高校、科研院所等专业技术人员离岗创业政策。四是抓好重点群体就业的服务活动。研究实施失业人员跟进式、定制式服务模式，提高失业服务和就业援助针对性。完善社区公益性岗位管理模式，指导各区县（市）合理开发岗位。组织跨区域劳务对接和招聘活动，开展多层次、多形式的就业创业服务专项活动。

### （四）进一步加强对创业融资渠道的探索，形成促就业创业长效机制

一是不断加强政府对创业融资的引导。继续加强对政策性资金和民间资本市场化运作相结合的研究，建议在经济发达地区开展相关资金运作试点。继续健全省级创新创业联席会议制度，探讨全省创业担保贷款工作推进实施方案，做好对全省创业担保贷款工作发展方向的引路导航。二是建议进一步优化小额担保贷款操作流程。在保证贷款回收率的前提下，放宽对贷款申请人及其家庭成员（以户为单位）商业贷款记录的限制，并简化手续，缩短办理周期，提高贷款额度，创新防范风险措施，为创业者解决融资难题。三是有针对性地加强资金扶持和引导。建议整合各部门相关创新创业扶持资金，分类成立创新创业扶持基金，重点有针对性扶持和引进科技含量高的创业项目。通过财政引导，发展天使投资和设立风险资金池，实现科技支行审贷绿色通道突破、基层银行绩效评价考核突破、提高放贷坏账容忍度突破，吸引更多的社会资本加大对中小微企业创业创新的投入。四是重点加大科技金融扶持力度。建立政府科技贷款风险补偿和风险分担机制，加快开展科技信贷，大力发展知识产权质押融资，切实解决创新型融资难问题。

### （五）全面提升创业就业信息化建设实施效果，推动精细化服务

一是建议省政府统筹推动公共就业创业信息化建设。打通相关政府职能部门

要素信息共享通道，制定统一的公共创新创业平台服务标准和考核评价体系，疏通政策性、制度性屏障。二是进一步强化基层公共就业服务平台建设。在已建成乡镇、社区人社服务平台的基础上，抓好人社业务进入服务中心、人社业务上网工作。推进“互联网 + 就业服务”，加强企业与未就业劳动力网上模糊匹配工作，努力实现就业管理和就业服务工作全程信息化。

# 湖南省“先照后证”改革后加强事中事后监管的实施意见落实情况评估报告

湖南省人民政府发展研究中心评估组*

受湖南省委改革办委托，2017年4~7月，湖南省人民政府发展研究中心就中央十八届三中全会以来湖南省“先照后证”改革后加强事中事后监管的实施意见落实情况进行了第三方评估。

## 一 评估概述

十八届三中全会以来，湖南省不断深化商事制度改革后续市场监管，先后出台了《湖南省人民政府关于“先照后证”改革后加强事中事后监管的实施意见》（湘政发〔2016〕7号）、《湖南省工商登记制度改革后续市场监管工作意见》（湘政办发〔2014〕79号）、《湖南省人民政府办公厅关于深化商事制度改革的实施意见》（湘政办发〔2015〕41号）等一系列政策文件，主要涉及后置审批事项目录管理、明确监管责任、改进监管方式、创新监管模式、加强市场监管、建立完善信用信息共享交换平台、建立联合惩戒机制、构建社会共治格局等重点任务和加强组织实施的具体措施，具体见表1。

为准确评估该项改革的落实情况，评估组通过自查、实地考察、座谈会、重点访谈、问卷调查、网络调查等多种形式，采取定性分析和定量分析结合的方法，综合进行评估。

首先，评估组请43个相关省直部门和14个市州进行自查，提供自查报告。随后，到长沙、郴州、娄底、湘西、涟源等地进行调研，实地察看“双告知”“双随机”抽查落实情况、部门信息推送交换情况、企业信用信息共享公示及平台建设情况、企业内部监管情况、综合执法情况等，重点了解实施意见落实中存

* 评估组成员：唐宇文、彭蔓玲、刘琪、黄君、罗会逸。

**表 1　湖南省“先照后证”改革后加强事中事后监管主要政策文件及内容一览**

| 文件名 | 主要内容 |
|---|---|
| 《湖南省人民政府关于“先照后证”改革后加强事中事后监管的实施意见》(湘政发〔2016〕7 号) | 实行工商登记后置审批事项目录管理<br>明确市场监管责任<br>工商、市场监管部门履行“双告知”职责<br>实施“双随机”抽查<br>进一步完善国家企业信用信息公示系统(湖南)<br>加快完善全省信用信息共享交换平台<br>探索大数据监管模式<br>建立健全联合惩戒机制<br>构建社会共治格局 |
| 《湖南省工商登记制度改革后续市场监管工作意见》(湘政办发〔2014〕79 号) | 市场准入监管<br>市场行为监管<br>信用信息监管<br>证照经营监管 |
| 《湖南省人民政府办公厅关于深化商事制度改革的实施意见》(湘政办发〔2015〕41 号) | 创新监管理念,形成社会共治局面<br>明确监管责任,建立新型监管体系<br>改进监管方式,建立综合执法新机制<br>转变监管模式,提升执法监管效能<br>构建互联共享信息平台,建立联合惩戒机制 |
| 《湖南省在行政管理事项中使用信用记录和信用报告等信用产品的实施方案》(湘政办发〔2016〕83 号) | 推动在行政管理事项中使用信用产品<br>发挥征信市场在提供信用记录方面的作用<br>建立健全守信激励和失信惩戒联合奖惩机制 |
| 《湖南省人民政府办公厅关于运用大数据加强对市场主体服务和监管的实施意见》(湘政办发〔2015〕104 号) | 建立多部门网上项目并联审批平台<br>推动政府部门整合门户资源<br>拓展信用记录和信用产品应用领域<br>加强统计监测和数据加工服务<br>创新市场经营交易行为监管方式<br>建设完善全省统一信用信息交换平台<br>建立失信黑名单制度<br>建立产品信息溯源制度<br>加强对电子商务领域的市场监管<br>大力推进企业信息公示<br>积极推进政府内部信息交换共享 |

在的问题和困难、企业对改革的评价等，收集第一手资料。同时，对全省 14 个市州开展企业问卷调查，共回收有效问卷 311 份；在省政府门户网站进行网络问卷调查，回收有效问卷 146 份，真实了解了全社会对改革的评价和需求。然后，到省工商局和省发改委进行重点调研。在此基础上，组织 20 多个省直相关部门

召开座谈会，就加强“先照后证”改革后事中事后监管过程中面临的困难和存在的问题、如何进一步加强监管进行了深入的交流探讨。最后，数易其稿，形成本报告。

评估组认为，十八届三中全会以来，湖南省不断加大“先照后证”改革后加强事中事后监管的力度，取得积极进展和成效。市场监管职责基本厘清，监管方式不断改进，监管机制逐步健全，互联共享信息平台逐步建立，监管体系初步构成。总体来看，该项改革对维护市场秩序、激发市场主体创业热情、增强企业诚信意识、规范部门监管执法行为发挥了积极作用。但也存在部分改革措施落实不理想，后续监管不到位，信息共享严重滞后，基层监管力量不能满足需要等突出问题，亟待在后续改革中加以解决。

评估组建议：下一步要把推动部门间信息共享作为加强事中事后监管的关键点，进一步理顺监管体制机制，纵深推进综合执法改革，强化责任落实。

## 二　总体情况

### （一）“先照后证”改革后加强事中事后监管的实施意见落实的基本情况

1. 实行工商登记后置审批事项目录管理得到落实

2016 年 4 月，省编办、省工商局联合编制了《湖南省工商登记后置审批事项目录》，以省政府名义向社会公布并实行动态管理。《湖南省工商登记后置审批事项目录》发布以后，国务院取消和调整了一批行政审批事项，目前，省编办、省工商局正在开展相应的梳理工作，待清理完毕，将及时公布修订后的《湖南省工商登记后置审批事项目录》。

2. 明确市场监管责任基本落实

（1）市场监管职责基本厘清。明确了“谁审批、谁监管，谁主管、谁监管”的原则，省、市两级基本厘清了监管部门的监管职责，对部门间协同监管提出了具体要求，初步杜绝了只审批、不监管的现象，初步做到了监管的全面覆盖，初步构建了职责清晰、协同监管的事中事后监管格局。

（2）后置审批事项实行后置审批落实到位。2016 年 4 月颁布的《湖南省工商登记后置审批事项目录》明确的湖南省工商登记后置审批事项一共 222 项，涉及 39 个部门，其中 42 项为国家有关部门审批，其余 180 项为省级审批许可或者审批权限下放至市县有关部门的事项均已落实后置审批。另外，《湖南省工商登记后置审批事项目录》颁布后，又有10项事项国务院已取消或者由审批改成备案，相关部门也已落实到位。

（3）《湖南省市场监管办法》即将颁布实施。《湖南省市场监管办法》目前已完成送审稿，待审核通过后正式颁布实施。

3. 工商、市场监管部门履行“双告知”职责部分落实

（1）工商、市场监管部门对企业的告知责任落实到位，工商部门按要求通过国家企业信用信息公示系统（湖南），将市场主体登记注册信息推送至省级信用信息共享交换平台。企业问卷调查结果显示，94.7%的被调查企业在办理注册登记时按要求提交了取得审批许可前不从事相关经营活动的承诺书；91.0%的被调查企业在申办营业执照或变更登记范围时，相关职能部门有告知企业未来所需办理的后置审批事项。

（2）工商部门向后置审批部门推送了“双告知”信息，但出于宣传、培训不到位等原因，相关审批部门或行业主管部门认领相关信息并推送审批许可信息的落实情况不佳。根据39个有后置审批事项的部门提供的自评报告统计，目前还有省财政厅、省国土厅等7个部门未通过省信用信息共享交换平台及时查询认领涉及本部门审批事项或者属于本部门主管职责的市场主体的登记注册信息，省经信委等4个部门部分落实（见表2）。调研中很多基层部门也都反映上级行业主管部门没有将属于本地本部门主管职责的市场主体登记注册信息反馈下来，所以无从对相关对象进行监管。

**表2　各部门通过省信用信息共享交换平台认领相关信息并推送审批许可信息落实情况（截至2017年5月底）**

| 任务内容 | 落实情况 |
| --- | --- |
| 通过省信用信息共享交换平台认领相关信息并推送审批许可信息 | 尚未落实：省财政厅、省国土厅、省住建厅、省新闻出版广电局、省通信管理局、湖南出入境检验检疫局、国家能源局湖南监管办等<br>部分落实：省经信委、省商务厅、省文化厅、省文物局<br>其余部门落实 |

（3）长沙、郴州、常德、永州、岳阳、邵阳等6个市建设了本市市场主体服务管理信息平台，基本实现了本行政区域内工商登记信息和审批许可信息的双向推送。

4. 实施“双随机”抽查落实不到位

（1）省市两级各部门“双随机”抽查工作落实进展偏慢。2016 年 11 月，湖南省出台《湖南省市场监管部门“双随机”抽查工作实施办法》后，省工商局、省经信委、省文化厅、省卫计委、省农委、省国土资源厅、省环保厅、省食药监局、省统计局、人民银行长沙中心支行、长沙海关、省烟草专卖局等部门相继制定出台了本部门推行“双随机、一公开”工作的实施方案，目前正在按“一单、两库、一细则”的要求推进相关工作，但总体看，绝大多数部门没有建立“检查人员库”，少数部门还没有推行“双随机”抽查制度。全省 14 个市州的各部门也正逐步推行“双随机”抽查制度，但进展较慢。

（2）全省统一的市场监管信息平台初步建立，跨部门跨行业的联合随机抽查仅在个别地方开展。依托省电子政务外网平台和国家企业信用信息公示系统（湖南）初步建设了全省部门协同监管平台，2017 年底将接受国家工商总局的验收。目前该平台具备开展跨部门跨行业联合随机抽查的基础条件，但应用该平台的仅有省地税、省食药监局等少数几个部门，真正的跨部门跨行业联合随机抽查仅在个别地方开展，还没有推行。

（3）工商、市场监管部门公示市场主体情况基本落实，但公示工商以外其他部门的内容偏少。自 2014 年 10 月 1 日《企业信息公示暂行条例》施行以来，全省工商、市场监管部门履行公示市场主体信息的法定职责，将可以向社会公示的监管信息及时向社会公示。但公示的内容仅包含工商登记和监管信息、纳税信息以及来自法院的违法信息等，其他诚信相关信息缺乏。

5. 通过国家企业信用信息公示系统（湖南）归集涉企公示信息工作部分落实不到位

（1）完善湖南法人库和国家企业信用信息公示系统（湖南）任务逐步落实。湖南法人库已于 2016 年初步建成，后续根据业务需求进一步完善。国家企业信用信息公示系统（湖南）已于 2016 年 12 月 7 日通过国家工商总局验收，目前正在对系统进行进一步完善升级。

（2）行政许可和行政处罚等信用信息 7 天双公示制度落实不到位。省工商局反映，相关部门依托国家企业信用信息公示系统（湖南）归集公示行政许可、行政处罚等信息很不理想，目前仅有 19 家部门与省工商局签订了《信息资源共享建设合作协议》，而实际有信息公示责任的部门有 50 多家。省发改委反映，2016 年底，省政府部署了全省的双公示工作，明确了主要任务、进度要求、标准格式等，对市州要求从 2016 年 3 月开始报送双公示信息，并在“信用湖南”

网站公示。目前市州绝大部分部门没有部署开展相关工作，少数单位虽有公示但没按标准格式公示，或者只在本部门网站公示，没有按要求推送至“信用湖南”网站公示。

（3）法院的有关市场主体“司法协助”信息已在国家企业信用信息公示系统（湖南）中依法公示，其他司法活动中的涉企信息暂未实现共享对接。

6. 信用信息共享交换平台建设落实不够到位

（1）通过省信用信息共享交换平台实现部门间信息共享交换亟须加强。目前，全省信用信息共享交换平台企业信息交换平台初步建成，截至 2017 年 4 月底，归集了 40 余家成员单位 6194 个数据项的 2100 余万条信用信息。但相关的 54 家部门（其中省直 45 家）中仅 36 家是共享平台成员单位，而实际推送信息的部门不到 30 家，一些关键、核心部门的信用信息还没有进来，且报送的信息也存在不准确、不及时、不全面等问题。调研中，省市县各级部门反映最多的也是部门间信息传递、共享交换渠道不畅通的问题。信用信息共享交换平台建设现状与“2016 年底前，初步实现工商部门、审批部门、行政主管部门及其他部门之间的信息实时传递和无障碍交换”的要求，相差甚远。

（2）14 个市州中有 9 个市建成本行政区域信用信息共享交换平台，县（市、区）一级基本暂未启动。长沙、湘潭、常德、益阳、邵阳、衡阳、岳阳、张家界、怀化 9 个市完成本行政区域信用信息共享交换平台建设，并初步实现与省级平台的互联互通、交换共享。郴州、株洲、永州、娄底、湘西 5 个市州尚未完成本地本行政区域信用信息共享交换平台建设。

7. 探索大数据监管模式进行了初步尝试，但未真正破题

省工商局建立了较完备的企业法人库，在国家企业信用信息公示系统（湖南）平台开发了大数据监管模块，但目前尚未全面应用。常德市研发出涉企信息归集与部门事中事后监管平台，将企业与经济发展、社会民生等关联起来，形成市场主体发展、市场主体信用状况及经营风险预警、市场秩序三大案例分析报告体系，为政府招商引资、研判各行业对经济和就业的影响等提供数据决策支撑。但从总体来看，运用大数据进行监管作为一种新兴的模式和理念，还没有真正破题，数据基础和人员素质都有很大差距，需要加大推进力度。

8. 建立健全联合惩戒机制落实不到位

（1）探索推进统一市场监管和综合执法模式开始试点。2016 年 5 月，省编办印发《关于开展综合行政体制改革试点工作的意见》，在邵阳、耒阳、吉首 3 市开展试点，以整合政府部门之间相同相近的执法职能、归并执法机构、统一执

法力量为重点，积极推进系统内和跨部门、跨领域综合执法，3 个试点市共撤销或整合执法机构 37 个，将精简的 20% 人员力量下沉到基层执法一线，部分区域执法机构承接市级政府部门下放的行政执法事项达 1217 项，初步实现综合行政执法区域全覆盖。

（2）县级工商、质监、食药监部门基本完成机构整合。全省各县市区的工商、质监、食药监部门已基本完成机构整合，绝大多数为“三合一”，少数地方为工商、质监“二合一”。

（3）建立健全联合惩戒机制各地各部门有了初步推进，但受制于信息共享不充分，联合惩戒机制尚未真正建立。省工商局与省高院建立合作机制，对被全国各级人民法院列入失信被执行人名单的自然人（即老赖）进行限制，截至 2017 年 5 月，全省工商部门共拦截被执行人 5172 人，限制被执行人 14405 次。各地各部门对被载入经营异常名录或“黑名单”、有其他违法记录的失信企业及其相关责任人，在经营、投融资、注册新公司、政府采购、工程招投标、国有土地出让、颁发荣誉等方面予以限制，但由于目前部门间信息尚未实现真正共享，所以虽然有了相关的规定，但在实际操作时面临很大的困难，联合惩戒机制尚未真正建立。

9. 构建社会共治格局还处于初步探索阶段

全省各市州围绕构建社会共治格局进行了一系列的有益探索，如：长沙市工商局利用网站、微信公众号、微博等新媒体及时收集群众举报违法经营行为的信息，2016 年全年通过新媒体受理咨询、投诉、举报信息 2000 余条，办结率为 100%。郴州市 2016 年引进了第三方公众信用平台——11315 全国企业征信系统，为企业建立网上信用档案，为大众消费、投资融资、银行信贷、商务合作等活动提供指南，为政府采购、招标投标、市场准入等事项提供参考。湘潭市工商局 2017 年计划将抽查工作中的财务审核部分委托给第三方机构，提高行政效能。但从总体来看，构建社会共治格局还没有制度化、系统化、规范化。

10. 组织实施有待进一步加强

（1）加强组织领导各级各部门落实基本到位。全省 14 个市州依托本地商事制度改革工作领导小组大力推动“先照后证”改革后加强事中事后监管工作。其中，邵阳市还专门建立了市“先照后证”改革后加强事中事后监管联席会议制度，统筹协调全市“先照后证”改革后加强事中事后监管工作，各县市区和相关部门都建立相应的工作机制，形成全市上下联动、协调配合的工作格局。同时，各市州大多也出台了本地“先照后证”改革后加强后续市场监管工作的实施意见，进一步明确细化监管责任和分工。省人社、国土、住建、交通、农委、食药监、安监、统计等省直部门也以成立部门领导小组、出台部门落实意见等方式推进本部门“先照后证”改革后加强事中事后监管工作。但是，调研中我们也发现，有个别部门的同志对本项工作的重要性认识不够，对相关政策缺乏基本的了解。

（2）加强宣传引导有待进一步落实。调研中，省市县各级各部门对相关政策文件不熟悉不了解的情况比较普遍存在。

（3）强化督促检查有待进一步加大力度。娄底市、张家界市把事中事后监管作为商事制度改革的一项重要内容纳入对市直各相关部门的绩效考核；永州市委、市政府将商事制度改革落实情况列入对县区政府和市直相关部门年度考核、列入对县区党政和市直相关部门正职执行力考核范围；郴州、湘潭、湘西自治州等地对相关政策的落实情况进行了专项督查。但总体来说，不论是省直部门还是市州县各级政府对于落实情况还缺少必要的督促检查，也普遍尚未建立健全追责问责机制。

## （二）主要成效

1. 进一步激发了市场活力

加强“先照后证”改革后事中事后监管有效规范了市场秩序，进一步激发了市场主体的创业热情，市场主体迅速发展。2016 年，全省新登记注册各类市场主体 56. 5 万户，增长 20. 8%，增速较上年提高 10. 5 个百分点。新登记市场主体资本总额 10566. 18 亿元，增长 44. 2%，增速较上年提高 5. 7 个百分点。其中，新登记注册企业 13. 67 万户，较上年增长 25. 7%，新登记注册企业注册资本 9555. 03 亿元，增长 46. 6%；新登记注册个体工商户 41. 25 万户，较上年增长 10. 2%，出资金额 565. 53 亿元，增长 29. 5%；新登记注册农民专业合作社 1. 6 万户，较上年增长 23. 5%，出资金额 445. 62 亿元，增长 19. 3%。

2. 规范了政府部门的执法行为

“双随机”抽查方式的推广，有效杜绝了“看谁不顺眼”就去检查、“人情执法”等现象，用制度限制监管部门的自由裁量权，推动全省各级执法部门的检查行为不断规范，减少了对企业正常经营的干扰。企业问卷调查结果显示，认为相关部门对企业的抽查行为规范或者比较规范的占 94. 1%；认为相关部门的抽查行为对企业正常生产经营活动有利的占 47. 6%，认为没什么影响的占 45. 4%，只有 7% 的被调查企业认为部门的抽查行为对企业的正常生产经营有干扰。

3. 促进了企业增强诚信意识和守信经营

各级市场监管部门要求企业自主报送年报信息和即时信息，全省 2015 年度企业年报率达到 88. 37% ，超过全国平均水平。同时加强对企业各类违法失信行为的公示力度，方便了市场主体查询合作伙伴的信用状况。企业调查问卷结果显示，有 69. 5% 的被调查企业曾经通过“企业信用信息公示系统”和“信用湖南”网站查询与本企业有业务往来关系的企业的信用情况并将之作为重要参考，这也倒逼市场主体更加注重诚信建设、合法守信经营。

4. 政策实施效果得到企业及社会各界的基本认可

湖南省“先照后证”改革后事中事后监管系列政策文件的实施，规范了市场秩序，优化了市场环境，改善了政府形象，得到了企业和社会的基本认可。企业问卷调查结果显示，认为湖南省相关政策实施效果成效显著和比较显著的企业分别占受调查企业总数的 36. 1% 和 50. 3% ；认为湖南省政策实施效果比邻省强或者与邻省相当的分别占总数的 30. 3% 和 59% 。43 个提交自评报告的省直相关部门中有 31 个部门对政策实施的总体效果进行了评价，认为好或者较好的分别占 71% 和 29% 。

## （三）突出亮点

1. 长沙市商事服务管理信息平台建设全国领先

为加强商事制度改革后对商事主体的事中事后监管，2014 年 8 月，长沙市在全国范围内较早建设的商事服务管理信息平台上线试运行，目前该商事服务管理信息平台已经覆盖市、区县（市）所有审批部门以及行业管理部门，实现了商事主体信息的及时交换、共享和公示。商事主体在办理注册登记后次日，长沙市商事服务管理信息平台将相关市场主体信息自动推送到相关的审批部门以及行业管理部门，相关部门将在收到信息后建立许可审批监管台账，联系督促市场主体申报办理许可审批，并将办证情况及时上传到信息平台，根据职责做好后续监管工作。2015 年，长沙市工商局又依托国家企业信用信息公示系统（湖南），在全国范围内第一个开发并投入使用长沙市商事主体电子地理监管系统，将全市所有商事主体在地图上直观标注，并且能按地域、行业、企业性质进行相应的监管，对于新办商事主体的标注、回访以及专项检查任务，都在该系统上进行，有效地缩小了监管的范围，降低了执法人员日常监管的工作难度。

2. 常德市“双随机”抽查探索了有益经验

常德市建立了市场主体信息库和执法人员名录库，按照权力清单制定抽查事项。除投诉举报、大数据监测、转办交办外，市场主体的监督检查都要通过“双随机”抽查的方式进行；实现清单上随机抽查事项的全覆盖；组织开展系统内各业务条线的联合抽查，实现对同一市场主体的多项检查一次性完成；探索开展政府部门间随机联查工作，逐步实现“一份表格管检查”。

## 三　困难和问题

### （一）顶层设计中的困难和问题

1. 相关法律法规不配套

一方面，《湖南省市场监管办法》《湖南信用信息共享交换平台信息归集管理办法》尚未出台；《湖南省市场监管部门“双随机”抽查工作实施办法》《湖南省企业信用信息归集共享办法》没有进行规范性文件备案，效力等级不高。另一方面，现行行政管理相关法律法规多数是建立在“先证后照”“以批代管”的传统管理模式上，改革后市场准入涉及的工商法律法规已做出相应调整，但其他部门审批和监管所依据的相关法律法规还没有及时调整，还存在商事制度改革与部门条例和要求冲突的情况。如，按照信息公开共享的要求，公安部门应报送“车辆登记信息”“驾驶证信息”“交通违法信息”等信用信息，但据省公安厅介绍，对于人口信息和机动车、驾驶人信息等涉及公民个人隐私、警务工作秘密的内容，公安部明文规定不能直接对外提供全量或批量数据，只能以核查、对比方式提供信息共享服务。

2. 缺乏涉企信息统一归集的地方性法规，导致部门间信息共享滞后

由于《湖南信用信息共享交换平台信息归集管理办法》尚未出台，对于共享交换平台的信息认领、反馈和各监管部门涉企信息的归集、上传还没有严格规定，共享交换平台与其他业务部门内部业务系统对接没有统一规范，一些部门对于上传信息到省级平台不积极、不配合，部门间信息共享滞后，条块分割、信息孤岛问题仍然存在。信息归集共享不能全面到位，“一处失信、处处受限”的联合惩戒机制就难以形成。调研中，省直部门和市州均对此反映强烈。

3. 各类系统平台缺乏整合

调研中部分部门和市州反映，目前诸多系统平台重复建设，有必要整合完善。一方面，工商部门牵头的国家企业信用信息公示系统、发改委牵头的社会信用信息共享交换平台以及其他各部门开发的业务系统平台同时建设，部分功能重

复，且均要求推广应用，导致使用人员和相关执法人员疲于应付。“信用湖南”平台和“国家企业信用信息公示系统（湖南）”都要求归集涉企信息，造成重复录入。另一方面，部分市州自行建设的协同监管平台中部分功能与省级平台重复。

### （二）协同推进中的困难和问题

1. 部分省直部门特别是基层政府部门对事中事后监管的认识亟待提高

一是对市场监管“谁审批、谁监管，谁主管、谁监管”的“四个谁”原则和应承担的监管责任认识不到位。一些部门，尤其是基层部门对行业的管理局限于管自己发证的市场主体，对没有审批发证的，就不监管或推给其他部门，查处无证经营行为职责也形同虚设。二是“重审批轻监管”“以审批代监管”现象还一定程度上存在。一些部门对事前审批卡得紧，对事后监管却放得松。后置审批中还存在自由裁量权大、程序烦琐、效能低下等问题。

2. 部分领域工商登记部门和行政审批许可部门要求不统一，影响行政效率

实行“先照后证”改革后，企业主体因为先到工商办理营业执照，其门槛和要求相对较低，但行业许可证办理的条件可能又相对较高，有可能在行业主管部门办理许可审批时引起争议。不少行业监管部门均反映在机构名称核准、经营范围确认、行业或区域企业数量设置限制等方面都存在通过了工商登记，却不符合行业监管要求的情况。比如《湖南省盐业体制改革实施方案》明确要求“不再核准新增食盐定点生产企业，确保生产企业数量只减不增；以现有食盐定点生产企业和食盐批发企业为基数，不再核准新增食盐批发企业”，这就导致企业在工商部门办了营业执照，却无法取得食盐生产或者批发许可证的情况。

### （三）基层落实中的困难和问题

1. 基层执法人员不足难以满足加强事中事后监管需要

随着市场主体的增加和监管方式的转变，基层行政资源明显不足，调研过程中许多部门普遍反映“人手少、任务重”，影响后续监管工作的效能。反映最多也是最强烈的是2015年以来，全省工商、质检体制调整后，县级层面的工商、质检和食药监部门，有的“三合一”，有的“二合一”，都进行了机构的整合。但是基层部门整合目前更多还是停留在“物理整合”上，形合神不合，内部管理没有跟上，融合没有到位，机构名称、执法标识、执法手段、执法力量等都还不统一。同时，因为原来质监、食药监两家没有基层所，县级工商部门与食药、

质监三局合一后，基层所基本上是原工商所的人员承担着工商、质监、食药监三家的监管服务职能，造成典型的“小马拉大车”局面，对重点领域、重点地域的监管执法能力也相应减弱。

2. 基层执法能力无法满足开展“双随机”抽查的需要

调研过程中，基层普遍反映，随机抽取执法人员，执法人员的专业性难以保证。按一定比例随机抽取检查对象，对于烟花爆竹、食品生产经营等需要重点监管的行业而言，会影响检查的质量，从而可能导致安全事故。

### （四）群众反映强烈的热点难点问题

1. 部分领域缺乏有效监管手段

随着经济的迅速发展，市场监管领域不断扩大，新兴行业层出不穷，经营手法花样翻新，对网络购物、互联网金融、民间借贷等新兴行业的监管，缺乏专门的人才和有效的监管手段，存在不少的监管盲区，市场秩序较为混乱，风险隐患较大。

2. “有照无证”经营现象一定程度存在

“先照后证”改革后，随着准入门槛的降低，对市场主体的后续监管难度也明显增大。前置审批改后置审批，部分市场主体办了营业执照后，不去相关主管部门办理许可证就直接从事需要办理许可证的经营活动，由于部分行业主管部门没有及时认领工商部门推送的“双告知”信息，以致无法进行有效监管，扰乱了市场秩序。

3. 企业虚报注册资本现象一定程度存在

工商登记注册资本由实缴制改成认缴制后，部分企业故意虚高认缴注册资本，以期在市场竞争中获取超过自身实力的资质。

## 四　对策建议

### （一）强力推进信用信息共享，破解事中事后监管瓶颈

1. 完善信用信息共享的法规保障，依法破除部门壁垒

借鉴湖北、上海等省市信用信息归集管理办法上升为地方性法规的做法，在湖南省原有相关规范性文件的基础上，制定出台湖南省涉企信息统一归集的地方性法规，进一步细化信息采集、共享、使用的具体规定和程序，以及部门固守信息壁垒的责任追究方式。

2. 建议进一步优化省信用信息共享交换平台，可考虑充分利用国家企业信用信息公示系统（湖南）统一归集各级各部门涉企信用信息

一方面，针对基层反映的目前信息归集平台重复建设、信息重复推送问题，建议充分发挥国家企业信用信息公示系统（湖南）省、市、县、镇四级全覆盖，市场主体基础信息掌握最全面等优势，加强省级层面的统筹和顶层设计，增强国家企业信用信息公示系统（湖南）归集涉企信用信息的功能，涉企信用信息尽可能归集到国家企业信用信息公示系统（湖南），形成省信用信息共享交换平台的企业平台。另一方面，加强市级信用信息共享交换平台建设，强化省级平台与市州、行业平台的互联互通，加快构建覆盖全省各行各业的信用信息共享交换网络体系。同时，进一步规范信息报送内容，拓展信息报送单位。

3. 完善监督考核机制，促进信用信息共享工作落实

健全监督考核机制，将涉企信息共享纳入对省直部门的绩效考核评分；开展抽查和监测，定期通报信息共享工作情况，对积极支持信息共享的部门给予公示、表彰，对未按要求提供信息或拖延提供信息的部门采取约谈等相应督办措施，定期发布省直各部门信息共享排名情况，激发各部门积极性。

## （二）健全相关体制机制，凝聚联合监管合力

1. 完善配套制度建设

建议以地方立法的形式明确市场监管主体和监管内容，并制定实施细则，明确监管职责边界，细化监管责任，避免推诿扯皮，防止因监管不到位或缺位出现监管真空。同时，加强对各级各部门“先照后证”改革后加强事中事后监管相关政策落实情况的考核督查，将落实情况纳入对各级政府和部门的年度绩效考核，以考核促落实。

2. 健全“双随机”抽查机制

一是针对调研中基层反映的实施双随机抽查时检查人员专业性难以保证的问题，改变片面追求随机人员范围而“将全体执法人员作为随机检查人员”这一不切实际的做法，各地可以按执法人员类别建立专业人才库，根据不同的检查需要抽取不同类型的人才。二是针对调研中基层反映的实施双随机抽查时重点监管领域监管难以保证的问题，建议省级层面统一制定与基层监管实际相符的抽查清单，进一步明确抽查依据、抽查主体、抽查内容、抽查方式等。对重点领域建立联合抽查机制，科学整合对同一市场主体的多个检查事项，逐步实现计划先行、一次完成的目标。

3. 加快健全联合惩戒机制

健全企业经营异常名录，实施“黑名单”制度，各部门应将企业失信记录及时纳入同级信用信息平台，并向社会公布，加大失信行为联合惩戒力度，在全省范围内建立企业失信行为对应的约束范围和约束标准的统一体系，形成有效震慑，形成“一处失信、处处受限”的局面。

4. 建立市场监管的社会参与体系

进一步加大政策的宣传力度，提高社会各界对政策的知晓度。同时，建议将行业协会、专家学者、市民代表、信用机构纳入监督管理综合体系，拓展社会公众监管参与渠道，在某些重点领域政府购买服务，引入专业人士，提高现有执法人员素质，加快构建政府监管、行业自律、舆论监督、公众参与的综合监管体系。

### （三）纵深推进综合执法改革，重点提升基层执法能力

创新机构编制管理，妥善解决综合行政执法涉及的机构编制问题，根据执法层级和部门执法职责调整情况，及时调整行政执法机构设置，划转人员编制，推动执法力量向基层和一线倾斜。

1. 加快推进基层工商、质监、食药监完成由“物理整合”到“化学融合”的转变

加强省级层面的统筹，推进全省范围内“三局合一”后办案文书规范、证照落款一致、办案程序统一、执法制服统一等相关事宜的同步实施。加强市级工商、质监、食药监部门的统筹协调，通过联席会议、联合执法等形式整合上级部门工作职能，合理配置内设机构，指导、规范上下级部门之间工作内容的协调。加强县域内基层执法所建设，合理配置执法人员，保证重点区域和重点领域的执法能力。强化专业化队伍建设，加强对执法人员的专业培训，实现“全才”和“专才”合理配置。

2. 探索综合执法新模式

一是探索实行区域内综合执法。鼓励有条件的县市区、园区整合区域内相关执法机构和职能，设置综合行政执法机构，综合行政执法机构作为同级政府工作部门，依法独立行使有关行政执法权。二是积极推进跨部门跨行业联合执法。在城市管理、交通运输、农业农村、商务、生态保护、公共安全、民生事业、市场监管等与群众生产生活密切相关、执法频率高、多头执法扰民问题突出、专业技术要求适宜的领域，推行跨部门跨行业联合执法。

# 湖南推进“放管服”改革第三方评估报告

湖南省人民政府发展研究中心评估组*

受省委改革办委托，湖南省人民政府发展研究中心就中央十八届三中全会以来湖南省推进“放管服”改革工作情况进行了第三方评估，现将评估结果报告如下。

## 一　评估概述

2017 年 4 ~5 月，湖南省人民政府发展研究中心组成“放管服”改革第三方评估小组，综合采用市州自查、现场座谈、网上问卷调研等方法，对湖南推进“放管服”改革的情况进行了认真细致的调研和评估。一是由省工商局、省编办及我中心组织了针对企业、市场主体、基层干部、政府部门以及专家学者的三场座谈会。二是要求全省 14 个市州就“放管服”改革工作推进情况进行自查并提交自查报告。三是通过在省政府门户网站上发布湖南“放管服”改革满意度调查问卷，共回收有效问卷 680 份，问卷从简政放权、放管结合、优化服务等三个维度设计了 17 道问题，从定量角度了解相关群体对改革的看法。四是赴株洲、永州两市进行实地调研，召开了部门及企业、专家学者座谈会，并深入政务服务中心进行实地调研，与基层办事人员直接交流和沟通。

评估主要涉及国发〔2015〕29 号《国务院关于印发 2015 年推进简政放权放管结合转变政府职能工作方案的通知》、国发〔2016〕30 号《国务院关于印发 2016 年推进简政放权放管结合优化服务改革工作要点的通知》以及湘政发〔2015〕30 号《湖南省人民政府关于印发〈湖南省 2015 年推进简政放权放管结合转变政府职能工作方案〉的通知》三个文件，内容包括“放管服”改革目标、改革任务和工作要求、2016 年工作要点三个方面，具体内容见表 1。

---

* 评估组成员：唐宇文、唐文玉、王颖、王灵芝、邓润平。

表 1 推进“放管服”改革相关文件的具体内容

| “放管服”改革目标 | 改革任务和工作要求 | 2016 年工作要点 |
| --- | --- | --- |
| 推进简政放权、放管结合和转变政府职能工作，要适应改革发展新形势、新任务，从分头分层级推进向纵横联动、协同并进转变，从减少审批向放权、监管、服务并重转变，统筹推进行政审批、投资审批、职业资格、收费管理、商事制度、教科文卫体等领域改革，着力解决跨领域、跨部门、跨层级的重大问题 | 一、改革任务<br>深入推进行政审批改革<br>深入推进投资审批改革<br>深入推进职业资格改革<br>深入推进收费清理改革<br>深入推进商事制度改革<br>深入推进教科文卫体领域相关改革<br>深入推进监管方式创新，着力优化政府服务<br>进一步强化改革保障机制<br>二、工作要求<br>加强组织领导<br>加强统筹协调<br>加强地方指导<br>加强舆论引导 | 一、简政放权<br>继续深化行政审批改革<br>深入推进投资审批改革<br>扎实做好职业资格改革<br>持续推进商事制度改革<br>积极开展收费清理改革和监督检查<br>扩大高校和科研院所自主权<br>以政务公开推动简政放权<br>二、加强监管创新<br>实施公正监管<br>推进综合监管<br>探索审慎监管<br>促进各类市场主体公平竞争<br>三、优化政府服务<br>提高“双创”服务效率、提高公共服务供给效率、提高政务服务效率，加快推动形成更有吸引力的国际化、法治化、便利化营商环境 |

通过评估，调研小组认为国务院和湖南省关于推进简政放权、放管结合、优化服务改革三个文件的实施，推动了湖南“放管服”改革工作的有序开展，在激发市场活力、改善营商环境、促进大众创业万众创新方面取得了较大成效。但三个文件在实施过程中存在缺乏顶层设计、放权不同步不到位、事中事后监管权责体系有待健全、政务服务质量不高等问题，建议湖南省加强对改革的整体规划，从顶层设计着手，理顺体制机制，加强协调配合，健全监管，提升“互联网+政务服务”质量，积极将“放管服”工作向整体性、协调性、效应性目标推进。

## 二 总体情况

### （一）“放管服”改革的基本情况

1. 行政审批改革

省本级行政审批事项从原来的 2543 项精简到行政许可 296 项、非行政许可审批事项全部取消；省市县三级政府均比中央规定时间提前1年以上公布权力清单、责任清单，省本级保留的行政权力精简38%；省政府向长沙下放省级经济社会管理权限72项，向其他13个市州下放权限47项目；扩大县（市）经济社会管理权限260项，赋予13个省直管县市级经济社会管理权限406项。

市州层面，长沙市在全国省会城市中率先公布权力、责任、流程三张清单，市级行政职权精简62%，审批提速65%。湘潭市首创1+3清单管理模式（政府权力总清单和投资负面清单、流程清单、监管清单），并率先实现了与“省政府三清单一目录监管平台”的数据对接。株洲市在政务服务中心设立审批首席代表，负责所在部门审批项目受理，独立行使部门授权的审批职权，审批效能大幅提高。

2. 投资审批改革

湖南省出台了《湖南省政府核准投资项目管理办法》，取消企业投资审批项目36项，下放市、县政府投资审批26项。制定《湖南省外商投资准入管理目录》，除禁止类共11个行业门类37条，限制类共12个行业门类58条外，其他12个行业门类354条，外商均可进入投资。全面应用投资项目在线审批平台，截至2017年3月，共受理审批、核准、备案3类投资项目13008个，项目投资总额72791亿元，全省已实现网上受理、办理、监管一条龙服务。

市州层面，张家界市开展投资建设项目审批制度改革，进行了设立市投资决策委员会、投资建设项目“多评合一”、投资建设项目区域性评价以及有限放开测绘中介市场等四大创新。益阳市对于实行备案制的企业投资项目，均在当地发改部门备案。2016年，全市30多个项目的核准和备案全部由原来的省、市批复变更为区县（市）批复，有效降低了项目单位前期工作的行政成本。

3. 职业资格改革

自2013年以来，国务院分7批取消职业资格许可和认定事项共434项，其中专业技术人员职业资格154项，技能人员职业资格280项，占职业资格许可和认定事项的70%以上。湖南省紧跟国家部署，全面清理不合规的资格限制，最大限度降低就业创业创新门槛，为用人单位和各类人才松绑减负。目前，对应国家取消的项目，湖南省已全部对应取消，未自行设置国家职业资格考试。

市州层面，郴州市目前已完成职业资格许可认定事项清理整顿工作，上级要求取消的职业资格全部落实到位，已取消72项职业资格工种。娄底市成立了市职业资格清理整顿工作领导小组，对市本级各类职业资格考试、鉴定、培训、发证等收费活动进行了全面清理，重点检查社会组织涉及职业资格相关活动情况。

4. 收费清理改革

收费管理方面，已公布全省行政事业性收费和政府性基金、涉企行政事业性收费、考试考务费等有关目录清单。2016 年，全省累计取消收费项目和降低行政事业性收费标准 44 项，涉及质检、交通等 10 个部门，共计为企业减负 27 亿元以上。以一级项目计算，全省行政事业型收费项数由 2015 年的 90 项减至 72 项，涉企行政事业型收费项目数由 2015 年 63 项减至 49 项，价格调节基金年减负约 15.4 亿元。清理规范行政审批中介服务方面，分三批共清理规范了省政府部门行政审批中介服务事项 178 项，其中取消 69 项、保留 109 项，对保留事项实行清单管理，完成了省国际工程咨询中心、省环科院及 14 家市州环保局下辖科研所的环评机构与所属部门的脱钩改制。

市州层面，在清理收费项目方面，怀化市对外公布了 25 项市本级涉企行政事业性收费项目清单，13 项市本级涉企政府性基金项目清单，45 项涉企经营服务性收费清单。在清理规范中介服务方面，常德市通过对行政审批受理条件的审核，共梳理了咨询、评估、设计、检测等类别的中介服务事项 66 个，涉及单位 17 家，作为市本级第一批公布的行政审批中介服务事项目录，并以文件予以公布。

5. 商事制度改革

省级层面，改注册资本实缴登记制为认缴登记制，改企业、个体工商户年检验照制度为年报公示制度，放宽企业注册资本、住所、名称、经营范围、集团登记条件，试行集群注册登记，工商登记前置审批项目由 239 项精简至 37 项，企业营业执照、税务登记证、机构代码证、社会保险登记证、统计登记证全面实现“多证合一”；个体工商户全面实现营业执照和税务登记证“两证整合”。

市州层面，各市州均按时间按规定全面铺开注册资本登记制度、先照后证工商登记前置审批制度、多证合一登记制度、工商登记全程电子化等多项改革，切实为企业松绑，激发了投资热情，优化了产业结构。其中，岳阳市作为商事制度综合配套改革试点市，积极推行电子营业执照和企业全程电子化登记改革，实行部分园区企业集群登记试点工作。

6. 加强监管创新

全省积极深化市场监管制度改革，依法厘清各行政审批部门、行业主管部门的监管职责。完善信息平台，建设开通全国企业信用信息公示系统（湖南），归集 572.9 万户市场主体基础信息，公示行政处罚信息 4.27 万条、经营异常名录信息 21.1 万条。改革监管方式，改企业年检验照制度为年报公示制度，建立了全省统一的经营异常名录、信用约束机制和“双随机”、“双告知”、大数据监管等新型监管方式和机制，推动各行政审批和行业主管部门依托全国企业信用信息公示系统（湖南），实现对失信企业依法进行联合惩戒、限制。2016 年，省工商局与省高院合作拦截被执行人 4174 人，限制被执行人 11709 次。

市州层面，在推进联合执法方面，邵阳市、吉首市、耒阳市 3 个国家综合执法改革试点市实现了“多帽合一、联合监管”，精简 20% 的人员力量下沉到基层执法一线。永州市全面推进文化产业转型，因地制宜开展文化市场监管长效机制的初步探索，启动建立由市场决定技术创新项目和经费分配的机制试点工作，探索建立市场决定评价成果的机制。

7. 优化政府服务

全省初步建立了五级政务服务平台，开通了网上政务服务系统，并与全国投资项目在线审批监管平台和全国企业信用信息公示系统等部门平台相对接，省本级行政审批上网率达到 100%，市县两级行政审批上网率达 90% 以上。全省企业登记由法定的 15 个工作日普遍缩短到 3 ~5 个工作日，投资项目在线审批时限缩减 70%，“五证合一”改革后在提高行政效能、降低企业成本方面的效应更为明显。

市州层面，各市州积极创新服务方式，推行“两集中、两到位”，不断优化审批流程，实行“并联审批”“承诺时限”“一窗综合受理、多头联动联办”，提升行政审批服务质量和效率。着力提高基层便民服务能力，目前全省乡镇（街道）便民服务中心实现全覆盖，90% 以上的村（社区）建立了便民服务点，服务功能逐步完善。

## （二）“放管服”改革的主要成效

1. 激发市场活力和社会创造力

简政放权等改革在一定程度上克服了政府向市场“乱伸手”以及权力部门化、部门利益化、利益行政化等“顽疾”。网络问卷调查发现，90% 的被调查者认为湖南省“放管服”有利于发挥市场在资源配置中的决定性作用和更好地促使政府履行宏观调控职能，为市场松了绑，为企业添了力，给市场注入新的活力和发展动力。近年来，全省新登记市场主体和注册资本金总额连续实现高速增长，其中 2014 年增幅为 14. 24% 和 34. 75%，2015 年增幅为 10. 31% 和 31. 86%，2016 年增幅达到 20. 83% 和 44. 20%。截至 2016 年底，全省实有市场主体 290. 89 万户，注册资本金总额 48628. 67 亿元。市场主体总量的快速增长，为全省经济发展和就业创业提供了有力支撑。

2. 拉动创新创业就业效果明显

"放管服"改革释放的红利显现，创业创新对经济发展的支撑作用不断增强。2015 年全省新登记个体私营经济从业人员和雇工 113.32 万人，占到全省新增城镇就业总数的近 7 成。2016 年，新登记私营企业和个体工商户从业人员 255.06 万。

3. 提高了政府公信力

"放管服"改革一方面使得行政准入效能显著提升，特别是"三证合一"和"五证合一"的先后实行，在提高行政审批效能、降低企业办事成本方面效应明显。在网络 680 份有效调查问卷中，339 人认为"放管服"改革的推进，让企业在各种办事流程中节省了大量时间，办事效率大大提高，299 人认为办事效率有所提高。另一方面，改革促进了廉洁政府建设。简政放权等改革减少了政府对微观经济领域的干预，减少政府设租寻租的机会与土壤。特别是在地方政府层面，通过行政审批制度改革，政府和人民群众的距离拉近，增强了群众的获得感，提高了市场主体的安全感，政府的公信力也随之提高。政府网络调查数据显示，湖南"放管服"改革总体很满意和比较满意的，分别占 43%、38%，超过 85% 的被调查者认为自己是改革的受益者。

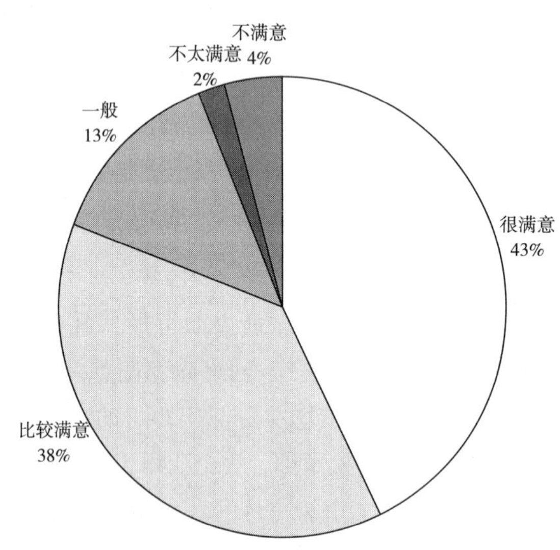


**图 1　对湖南省"放管服"改革总体评价**

数据来源：评估组网上调查。

### （三）“放管服”改革的突出亮点

亮点一：增强发展活力，打造“放管服”改革湖南升级版。加大“放”的力度，强化“管”的能力，提升“服”的水平，湖南坚持因地制宜落实改革任务，争当改革“先行者”，持续推进“放管服”改革向纵深发展，凸显湖南“放管服”升级版模式。

亮点二：行政审批制度改革和商事制度改革成效明显。2014 年以来，湖南省在简政放权方面进行了一系列改革，在提高行政审批效能、降低企业办事成本方面效应显著，成为政府职能转变中的一大亮点。商事制度改革后，新登记的企业数占到全省企业总数的 59.16%，新设企业保持旺盛增长势头。在对“简政放权”具体改革事项满意度的多项选择网络调查中，分别有 594、529 人选择了行政审批制度改革和商事制度改革，被调查者对这两项改革的满意度最高。

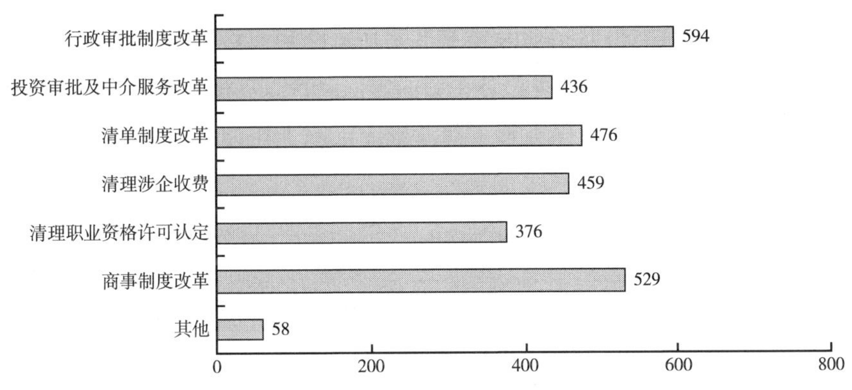


**图 2　“简政放权”中成效较大的改革事项（多选）**

数据来源：评估组网上调查。

亮点三：积极运用物联网、云计算、大数据等技术，实施智能监管。使用智能化执法终端，实现监管和执法办案的全程信息化，提高市场监管效能；整合抽查抽检、网络市场监测、违法失信、投诉举报等相关信息，加强监管风险监测研判，做到早发现、早预警，已成为湖南享誉全国的改革新亮点。

亮点四：开展“放管服”综合配套改革试点，助力经济社会发展。市州改革试点先行先试，将政策与实践经验结合起来，有利于及时发现和解决问题，为“放管服”改革在全省推开积累经验，有利于政府效能提升、经济产业结构优化，社会稳定发展。

## 三　困难和问题

### （一）顶层设计中的困难和问题

一是缺乏整体的、统一的“放管服”改革规划。“放管服”改革涉及面较广，各单项改革虽由不同政府部门牵头实施，但相互之间存在不同程度的联系和交叉。如行政审批、投资审批、商事制度改革，分别由省编办、省发改委、省工商局牵头实施，涉及行政审批制度的精简、清理和下放。因此，迫切需要出台整体的放管服改革规划，建立相应的统筹协调机制，以解决跨领域、跨部门、跨层级的重大改革问题。二是缺乏改革的法律依据。过去执行的法律法规出台时间较长、部门语境较多、计划经济表述较强，无法适应目前的“放管服”改革，有的甚至采取与政策法规“打擦边球”的做法先行先试，致使改革中项目审批落地实施本身、各职能部门及相关审批人员责任风险相对较大。三是在顶层设计中，对作为直接服务机构的政务服务中心的定位及其与各相关入驻部门之间的关系，还未予以正式明确，不仅不利于政务服务中心工作的开展，也不利于“放管服”改革措施的落地。

### （二）协同推进中的困难和问题

在协同推进中主要是放权不同步不到位的问题，尤其是在企业投资项目审批领域中，审批权限的下放不协调问题普遍存在，具体表现在：一是部门关联审批“你放我不放”。据省直、地市政府部门反映，许多经营投资需要多个部门并联审批，但不同部门之间简政放权并不同步，因涉及不同领域不同部门，在改革调整中还需要时间磨合。二是同项改革“上改下不改”。在简政放权过程中，一些改革存在自上而下力度层层递减、成效层层“打折”的现象，特别是直接与企业、民众打交道的县、乡两级政府简政放权力度明显不够，致使改革未能落实到“最后一公里”。这其中有思想认识问题（不肯放权或者玩“数字游戏”），也有基层因为人员力量和业务能力不足，对审批权限难以消化和承接的问题。三是公共服务领域“明放暗不放”。教育、医疗等公共服务领域虽然市场和投资准入都基本放开了，但实际经营过程中，民营企业无法享受与国有公办机构一样的待遇，比如爱尔眼科医院反映的民营医院在分级转诊和医保保险比例、报销限额等方面都受到限制，严重制约了行业的发展。

## （三）基层落实中的困难和问题

一是“重审批、轻监管”的现象在很大范围内存在，有些直接将前置审批调整成后置审批，甚至形成脱离监管的“隐形审批”。二是“谁审批、谁监管，谁主管、谁监管”的原则未有效落实。部门观念未完全转变，过分强调“谁审批、谁监管”，而忽视“谁主管、谁监管”原则，部门监管职责不明确，影响监管原则的落实。三是信用监管、协同监管和社会共治还处于探索阶段。四是在取消下放审批权后，面对“宽进”带来的市场主体和投资项目的大量增加，一些地方和部门还未及时调整完善监管体制机制，未建立相应的监管业务流程和监管工作方式。比如，体坛传媒集团反映基层工商部门还存在收费现象，传媒集团下属机构在邵阳一基层工商部门登记时，被要求缴纳“劳动者权益保护基金”，且私营企业与全民所有制企业在标准上还有所不同，可见监管不到位也是乱收费现象存在的原因之一。另外，基层监管力量无法适应市场主体发展现状，也是基层落实面临的主要矛盾。据株洲市工商部门反映，自 2016 年流通领域食品安全监管职能划转和着手实施新“三定”以来，城区系统在职人员剧减，加之人员结构和知识结构严重老化，导致市场监管和行政执法工作受到严重影响，无法适应市场主体“井喷式”增长现状。

## （四）群众反映强烈的热点难点问题

群众反映的热点难点问题主要集中在政务服务质量方面，突出表现在：一是调动各方服务举措还未与企业要求相对接，优化服务停留在形式上，服务质量和效能不高，未真正实现推动发展的效应。网络问卷调查数据显示，17.35% 的人认为改革以后企业的办事成本大大提高，服务质量和效率有待进一步提升。二是在“互联网 + 政务服务”上未实现方便群众的目标。作为深化“放管服”改革的重要手段，部门和市州均反映，互联网政务服务资源共享较差，各部门开发的办事服务系统未相互打通，群众办事重复提交材料难以避免，办事人员来回录入不同系统工作繁杂，与先进省市相比存在较大的差距。以社会信用体系为例，虽然国家工商总局建立企业信用信息公示系统，但与之并存的还有其他信用信息公示系统，并且分属不同的层级和部门，相关单位和部门数据上缺乏互联互通和同步共享，导致“一处违法、处处受限”的联合惩戒机制难以全面实现。在推进网上办事、提高行政效率方面，目前湖南省互联网政务服务能力不强，服务事项比较有限，规范性有待加强，要素、流程存在差异，这些均不利于服务效率的提升。

## 四　对策建议

### （一）加强对改革的整体规划和统一设计

一是围绕贯彻全国和湖南省深化“放管服”改革电视电话会议和《国务院办公厅关于印发全国深化简政放权放管结合优化服务改革电视电话会议重点任务分工方案的通知》（国办发〔2017〕57 号）精神，尽快出台湖南省深化“放管服”改革的实施意见，对改革进行统筹规划和部署，并按年度印发工作要点。加强对改革内容的统一设计，制定统一的“放管服”改革清单，并对各个领域、各个环节的改革任务进行细化、量化，明确改革的路线图、时间表、任务书，加强对落实情况的考核评估，健全工作机理机制和责任追究机制。借鉴国务院第四次大督查和江苏做法，开展营商环境评价，倒逼部门、市州积极推动落实。坚持民意为先和问题导向，主动让企业、群众、专家等有关各方全面参与到改革设计中来，推动改革由下往上转变。二是加强政务服务中心的建设、指导和管理工作。加快推进省级政务服务中心的筹备组建工作，积极推动省级政务服务事项“两集中、两到位”改革。考虑到改革推进阶段市州政务服务中心在体制机制方面的难点，省委深改办和省政府办公厅应加大对改革涉及的省级相关职能部门的协调、调度，增强对市州政务服务中心各项工作的指导，建议完善政务服务中心对各进驻单位窗口的绩效考核，将成绩直接计入各单位年底考核评定，加强服务单位的“责任感”。三是在对各项改革试点区的政策措施进行深入细致评估的基础上，积极推广试点市州的成功经验。四是开展减证便民专项行动。全省范围内，按照“谁设定、谁清理”和“四个一律取消”原则，全面清理各级政府机关及所属事业单位在行使行政职权和提供公共服务时要求行政相对人提供的所有证明材料，公布取消清单和保留清单，最大限度减少群众和企业办事时要提供的证明资料。

### （二）加快适应“放管服”改革的法律法规的修订和出台

一是协调解决国家部委现行法规条文与改革举措间存在的冲突，建议加快立法进程，及时确认改革成果，强化中央、省和市州的协同性，建议凡是牵涉改革修法立法项目，实施“一同修法立项、一同立法调研、同步推进、同步实施”

的立法机制，为改革提供最大的立法支持。二是围绕改革举措，继续对全省现行相关法规、规章、文件进行全面清理，对于不符合“放管服”改革精神、不符合市场经济体制要求、不符合政府职能转变需要的规章，要加快制订完善。继续对各级政府和部门行政权力和行政职责进行统一界定，加快制定和完善权力清单体系，严格规范和限制政府部门的自由裁量权，促进行政权力运行规范化。

### （三）着力注重改革的整体性和协调性

一是建议在审批权力下放过程中循序渐进，根据实际分步下放，做到放一个事，跟进调整一批、考核一批。二是要走出思想误区，加强改革中部门内部层级的沟通，调动改革末端的积极性，形成自下而上互通的共识和改革传导机制。三是创新服务理念。建议研究企业和公民服务需求周期问题，通过加强服务配套，为企业开办、成长和退出提供“一条龙”服务，切实提高服务“双创”的效率，实现放、管、服三方整体、协调推进。四是调配行政资源和人员编制，充实基层力量，优化人员结构，加强基层业务能力的培训，以适应“放管服”改革对人才的需求。

### （四）继续加强事中事后监管

一是理顺监管体制，划清不同监管部门的职责边界，按照“谁主管、谁监管”的原则，切实重视主管部门的监管责任，推动监管责任落实。积极稳妥地开展行政综合执法试点，解决多头执法、重复执法和监管不到位的问题。三是创新监管方式和手段，推进大数据技术在市场监管中的运用，加快构建以信息归集共享为基础、以信息公示为手段、以信用监管为核心的新型市场监管制度。积极推进企业评价、公众评价和第三方评价，完善行政权力网上公开透明运行机制。建立科学、规范的抽查制度、责任追溯制度、经营异常名录和违法经营者黑名单制度。三是完善常态化监管机制，采取随机抽查、飞行检查、专项督查、事后稽查和绩效评价等方式，提高监管水平。

### （五）提升“互联网 + 政务服务”质量

一是加快“互联网 + 政务服务”平台建设。依托省级电子政务统一云平台，以全省现有政务服务资源以及网上政务服务和电子监察系统为基础，建设全省统一入口、整体联动、部门协同、数据互通、一网办理的“互联网 + 政务服务”体系和全省统一网上政务服务平台，实现以统一身份认证系统和电子证照库为基础的“一号”申请，以分类设置综合服务窗口和网上统一申报窗口为平台的“一窗”受理，以网上政务大厅和政务服务平台为支撑的“一网”通办，形成网上服务与实体服务、线上服务与线下服务相结合的一体式新型政府服务模式，实现互联网与政务服务深度融合。二是推动资源共享。加快推动政务信息系统互联和公共数据共享，编制政务信息资源目录，完善数据共享交换平台，加快推动人口信息、法人单位信息、自然资源和空间地理信息、电子证照信息等基础信息资源的建设和在部门间实现无条件共享。

图书在版编目(CIP)数据

新时代　新气象　新作为：2018 年湖南发展研究报告／卞鹰主编. --北京：社会科学文献出版社，2018.5

ISBN 978-7-5201-2633-5

Ⅰ.①新…　Ⅱ.①卞…　Ⅲ.①区域经济发展-研究报告-湖南-2018　Ⅳ.①F127.64

中国版本图书馆 CIP 数据核字（2018）第 085918 号

新时代　新气象　新作为

——2018 年湖南发展研究报告

主　　编／卞　鹰
副 主 编／唐宇文

出 版 人／谢寿光
项目统筹／邓泳红　桂　芳
责任编辑／桂　芳　贺拥军

出　　版／社会科学文献出版社·皮书出版分社（010）59367127
地址：北京市北三环中路甲 29 号院华龙大厦　邮编：100029
网址：www.ssap.com.cn
发　　行／市场营销中心（010）59367081　59367018
印　　装／三河市龙林印务有限公司

规　　格／开　本：787mm×1092mm　1/16
印　张：28.25　字　数：518 千字
版　　次／2018 年 5 月第 1 版　2018 年 5 月第 1 次印刷
书　　号／ISBN 978-7-5201-2633-5
定　　价／128.00 元